U0027290

張文治編

國學治要
第五編上

古文治要

中華書局印行

古文治要卷一序

古文十七家

古文之名立於唐之韓柳蓋以變革六朝駢儷之弊或稱為散文謂其文不用偶用韻者實不盡然大抵古文之根源在於積理養氣其文辭必求雅馴而立言貴有益於世今讀韓柳所作未嘗不章句整齊聲調鏗鏘但其變通有法不拘一格斷非摹擬剽竊所能為功耳是故歷代為文之士巧歷不能計而卓爾名家為世宗仰者韓柳前後固可屈指而數也吾因是考之歷代古文選本見其集中所載往往濫收雜取否即限於一隅罕能扼其要領繁簡適中不禁慨然有感於古文名家不易而選本適用亦難間有能見其大取去合度者其書以人統文限定家數於總集中而兼具別集之長所取者多為一代之翹楚可資師法如張溥之漢魏六朝百三家集茅坤之唐宋八大家文鈔李祖陶之元明八大家文選清文錄等編案其體例似較他本為約而善然其纂錄皆過於繁博又時代隔斷不能上下古今而觀其會通讀者仍多遺憾焉故本編特詳參諸本舍短取長要以適合於學者之入門研讀為主爰有十七家古文之選遠溯晚周近訖清季二千年作者其統宗所在源流相承均提綱挈領一目瞭然共計錄文二百餘篇雖為卷帙所限未能盡集各家之美大而有物有序傳

誦海內之作。約略具此。此學者尚沈潛反復於此有得則自知其兼收並蓄誇多鬭靡者之無

當於治古文也。然以其立意不同各有專編。故不複及。學者合而參之可也。

舉經諸子及馬史班書。其文皆華實並茂。爲後世古文之根源。

古文治要卷一目錄

古文十七家

古文治要卷二序

歷代各家名文

古文十七家之選旣竟。或叩之曰。子此卷以人爲主。於吾國古文大家之源流。可云得其要略矣。然而歷代各家之文。筆其名貴一世者。今皆以不在前選家數之內。一切摒棄。豈不缺漏之甚乎。謹應之曰。誠然。於是復援諸子理學等編之例。更立此卷。以文爲主。不限家數。與前選互爲經緯。相輔而行。約得百首。雖其中所錄之作。別無奇篇祕籍。以資博覽。然昔人有言。譬之日月。雖終古常見。而光景常新。蓋文若此類者。今固不得而去也。綜而論之。此卷所錄其作者不拘一派。其文體不拘駢散。從其義頓而爲名。則有忠義感憤之言。有仁孝悲憫之辭。有達人閒適之篇。亦有才士壞麗之作。或以事理勝。或以氣勢勝。或動人在委曲入情。或得趣在自然成文。要之載事辨理。陶情養志。期立言於不朽。盡感化之能事。與彼十七家者固無異道。是卷雖局於篇幅。不能求備。而又不能竟廢。學者亦可由是而得其用心之方矣。

〔案此卷託始於宋。屈原宋玉師弟之作。便少兩卷。互作於經史諸子之類。不容採入。文以前選范十仲淹之厚。不淹足及。始強推采者。其南於宋玉屈宋者雖不師乏陶養。一尤小說少。故詩不之作。於互經史農之厚以最後難之。勉強推采者較多。學者可合觀之。論斯文源流詳備矣。於盡文章感化之能率事。蓋由時代而爲渾〕

古文治要卷二目錄

歷代各家名文

古文治要卷一

古文十七家

屈平

周戰國時楚宗室字原懷王時為三閭大夫甚見信任上官大夫斬尚害其能讒之王怒疏平平憂愁幽思而作離騷後懷王為張儀所欺平諫不聽卒客死於秦頃襄王立復用讒謫平於江濱平於是作漁父諸篇以見志五月五日遂懷石自沈汨羅江而死案平離騷等作上續三百篇其體勢雖濩渢宏長與風雅不類而其著作之旨趣則無二道漢藝文志詩賦略載平與其弟子宋玉景差諸賦自為一類大要皆抒情託志比興深微又篇中多用楚人語言及楚地名物故劉向王逸先後集其所作題曰楚詞其文雖皆有韻而與散文之體為近歷代古文總集多加采錄古文家亦往往擬作或變通其體要莫不推本屈平蓋吾國學者之專以文辭成一大家者實自平始也

離騷

帝高陽之苗裔兮朕皇考曰伯庸攝提貞於孟陬兮惟庚寅吾以降皇覽揆余於初度兮肇錫余以嘉名名余曰正則兮字余曰靈均紛吾既有此內美兮又重之以修能扈江離與辟芷兮紉秋蘭以為佩汩余若將不及兮恐年歲之不吾與朝搴阰之木蘭兮夕攬洲之宿莽日月忽其不淹兮春與秋其代序惟草木之零落兮恐美人之遲暮不撫壯而棄穢兮何不

改乎此度也乘騏驥以馳騁兮來吾導夫先路昔三后之純粹兮固衆芳之所在雜申椒與

菌桂兮豈惟紉夫蕙茝彼堯舜之耿介兮既遵道而得路何桀紂之昌披兮夫惟捷徑以窘

步惟黨人之偷樂兮路幽昧以險隘豈余身之憚殃兮恐皇輿之敗績忽奔走以先後兮及

前王之踵武荃不察余之中情兮反信讒而齌怒余固知謇謇之爲患兮忍而不能舍也指

九天以爲正兮夫惟靈修之故也初既與余成言兮後悔遁而有他余既不難夫離別兮傷

靈修之數化余既滋蘭之九畹兮又樹蕙之百畝畦留夷與揭車兮雜杜衡與芳芷冀枝葉

之峻茂兮願竢時乎吾將刈雖萎絕其亦何傷兮哀衆芳之蕪穢衆皆競進以貪婪兮憑不

厭乎求索羌內恕己以量人兮各興心而嫉妒忽馳騖以追逐兮非余心之所急老冉冉其

將至兮恐修名之不立朝飲木蘭之墜露兮夕餐秋菊之落英苟余情其信姱以練要兮長

顑頷亦何傷兮擥木根以結茝兮貫薜荔之落蘂矯菌桂以紉蕙兮索胡繩之纚纚謇吾法夫

前修兮非時俗之所服雖不周於今之人兮願依彭咸之遺則長太息以掩涕兮哀民生之

多艱余雖好修姱以鞿羈兮謇朝誶而夕替既替余以蕙纕兮又申之以攬茝亦余心之所

善兮雖九死其猶未悔怨靈修之浩蕩兮終不察夫人心衆女嫉余之蛾眉兮謠諑謂余以

善淫固時俗之工巧兮偭規矩而改錯背繩墨以追曲兮競周容以爲度忳鬱邑余侘傺兮

吾獨窮困乎此時也寧溘死以流亡兮余不忍爲此態也鷙鳥之不羣兮自前代而固然何

方圓之能周兮夫孰異道而相安屈心以抑志兮忍尤而攘詬伏清白以死直兮固前聖之

所厚悔相道之不察兮延佇乎吾將反迴朕車以復路兮及行迷之未遠步余馬於蘭皋兮

馳椒邱且焉止息進不入以離尤兮退將復修吾初服制菱荷以為衣兮集芙蓉以為裳不

吾知其亦已兮苟余情其信芳高余冠之岌岌兮長余佩之陸離芳與澤其雜糅兮唯昭質

其猶未虧忽反顧以游目兮將往觀乎四荒佩繽紛其繁飾兮芳菲菲其彌章人生各有所

樂兮余獨好修以為常雖體解吾猶未變兮豈余心之可懲女嬃之嬋媛兮申申

其詈予曰鯀婞直以亡身兮終然殀乎羽之野汝何博謇而好修兮紛獨有此姱節薋菉葹

以盈室兮判獨離而不服衆不可戶說兮孰云察余之中情世並舉而好朋兮夫何煢獨而

不予聽依前聖之節中兮喟憑心而歷茲濟沅湘以南征兮就重華而陳辭啟九辯與九歌

兮夏康娛以自縱不顧難以圖後兮五子用失乎家巷羿淫游以佚田兮又好射夫封狐固

亂流其鮮終兮浞又貪夫厥家澆身被服彊圉兮縱欲而不忍日康娛而自忘兮厥首用夫

顛隕夏桀之常違兮乃遂焉而逢殃后辛之菹醢兮殷宗用而不長湯禹嚴而祗敬兮周論

道而莫差舉賢而授能兮循繩墨而不頗皇天無私阿兮覽民德焉錯輔夫維聖哲以茂行

兮苟得用此下土瞻前而顧後兮相觀民之計極夫孰非義而可用兮孰非善而可服阰余

身而危死兮覽余初其猶未悔不量鑿而正枘兮固前修以菹醢曾歔欷余鬱悒兮哀朕時

之不當。攬茹蕙以掩涕兮。霑余襟之浪浪。跪敷衽以陳辭兮。耿吾既得此中正。駟玉虬以乘

鷖兮。溘埃風余上征。朝發軔於蒼梧兮。夕余至乎縣圃。欲少留此靈瑣兮。日忽忽其將暮吾

令羲和弭節兮。望崦嵫而勿迫。路漫漫其修遠兮。吾將上下而求索。飲余馬於咸池兮。總余

轡乎扶桑。折若木以拂日兮。聊須臾以相羊。前望舒使先驅兮。後飛廉使奔屬。鸞皇為余先

戒兮雷師告余以未具。吾令鳳鳥飛騰兮。又繼之以日夜。飄風屯其相離兮。帥雲霓而來御。

紛總總其離合兮。斑陸離其上下。吾令帝閽開關兮。倚閶闔而望予。時曖曖其將罷兮。結幽

蘭而延佇。世溷濁而不分兮。好蔽美而嫉妒。朝吾將濟於白水兮。登閬風而緤馬。忽反顧以

流涕兮。哀高邱之無女。溘吾游此春宮兮。折瓊枝以繼佩。及榮華之未落兮。相下女之可貽。

吾令豐隆乘雲兮。求宓妃之所在。解佩纕以結言兮。吾令蹇修以為理。紛總總其離合兮。忽

緯繣其難遷。夕歸次於窮石兮。朝濯髮乎洧盤。保厥美以驕傲兮。日康娛以淫游。雖信美而

無禮兮來違棄而改求。覽相觀於四極兮。周流乎天余乃下。望瑤臺之偃蹇兮。見有娀之佚

女吾令鴆為媒兮。鴆告余以不好。雄鳩之鳴逝兮。余猶惡其佻巧。心猶豫而狐疑兮。欲自適

而不可。鳳鳥既受詒兮。恐高辛之先我。欲遠集而無所止兮。聊浮游以逍遙。及少康之未家

兮留有虞之二姚。理弱而媒拙兮。恐導言之不固。時溷濁而嫉賢兮。好蔽美而稱惡。閨中既

以邃遠兮。哲王又不寤。懷朕情而不發兮。余焉能忍與此終古。索瓊茅以筳篿兮。命靈氛為

余占之曰兩美其必合兮孰信修而慕之思九州之博大兮豈唯是其有女曰勉遠逝而無
狐疑兮孰求美而釋汝何所獨無芳草兮爾何懷乎故宇世幽昧以眩曜兮孰云察余之美
惡人好惡其不同兮惟此黨人其獨異戶服艾以盈要兮謂幽蘭其不可佩覽察草木其猶
未得兮豈珵美之能當蘇糞壤以充幃兮謂申椒其不芳欲從靈氛之吉占兮心猶豫而狐
疑巫咸將夕降兮懷椒糈而要之百神翳其備降兮九疑繽其並迎皇剡剡其揚靈兮告余
以吉故曰勉升降以上下兮求矩矱之所同湯禹儼而求合兮摯咎繇而能調苟中情其好
修兮何必用夫行媒說操築於傅巖兮武丁用而不疑呂望之鼓刀兮遭周文而得舉甯戚
之謳歌兮齊桓聞以該輔及年歲之未晏兮時亦猶其未央恐鵜鴂之先鳴兮使百草為之
不芳何瓊佩之偃蹇兮眾薆然而蔽之惟此黨人之不亮兮恐嫉妬而折之時繽紛其變易
兮又何可以淹留蘭芷變而不芳兮荃蕙化而為茅何昔日之芳草兮今直為此蕭艾也豈
其有他故兮莫好修之害也余以蘭為可恃兮羌無實而容長委厥美以從俗兮苟得列乎
眾芳椒專佞以慢慆兮樧又欲充夫佩幃既干進而務入兮又何芳之能祗固時俗之從流
兮又孰能無變化覽椒蘭其若茲兮又況揭車與江離惟茲佩之可貴兮委厥美而歷茲芳
菲菲而難虧兮芬至今猶未沬和調度以自娛兮聊浮游而求女及余飾之方壯兮周流觀
乎上下靈氛既告余以吉占兮歷吉日乎吾將行折瓊枝以為羞兮精瓊爢以為粻為余駕

飛龍兮雜瑤象以爲車何離心之可同兮吾將遠逝以自疏邅吾道夫崑崙兮路修遠以周

流揚雲霓之唵藹兮鳴玉鸞之啾啾朝發軔於天津兮夕余至乎西極鳳皇翼其承旗兮高

翱翔之翼翼忽吾行此流沙兮遵赤水而容與麾蛟龍使梁津兮詔西皇使涉予路修遠以

多艱兮騰衆車使徑待路不周以左轉兮指西海以爲期屯余車其千乘兮齊玉軑而並馳

駕八龍之婉婉兮載雲旗之委移抑志而弭節兮神高馳之邈邈奏九歌而舞韶兮聊假日

以婾樂陟升皇之赫戲兮忽臨睨夫舊鄉僕夫悲余馬懷兮蜷局顧而不行亂曰已矣哉國

無人莫我知兮又何懷乎故都既莫足與爲美政兮吾將從彭咸之所居

九章

惜誦以致愍兮發憤以抒情所非忠而言之兮指蒼天以爲正令五帝以折中兮戒六神與

嚮服俾山川以備御兮命咎繇使聽直竭忠誠而事君兮反離羣而贅肬忘儇媚以背衆兮

待明君其知之言與行其可迹兮情與貌其不變故相臣莫若君兮所以證之不遠吾誼先

君而後身兮羌衆人之所仇也專惟君而無他兮又衆兆之所讎壹心而不豫兮羌不可

保也疾親君而無他兮有招禍之道也思君其莫我忠兮忽忘身之賤貧事君而不貳兮迷

不知寵之門忠何辜以遇罰兮亦非余心之所志也行不羣以顚越兮又衆兆之所咍也紛

逢尤以離謗兮謇不可釋也情沈抑而不達兮又蔽而莫之白也心鬱悒余侘傺兮又莫察

余之中情固煩言不可結而詒兮願陳志而無路退靜默而莫余知兮進號呼又莫吾聞申佗傺之煩惑兮中悶瞀之忳忳昔余夢登天兮魂中道而無杭吾使厲神占之兮曰有志極而無旁終危獨以離異兮曰君可思而不可恃故衆口其鑠金兮初若是而逢殆懲於羹者而吹齏兮何不變此志也欲釋階而登天兮猶有曩之態也衆駭遽以離心兮又何以爲此伴也同極而異路兮又何以爲此援也晉申生之孝子兮父信讒而不好行婞直而不豫兮鮌功用而不就吾聞作忠以造怨兮忽謂之過言九折臂而成醫兮至今而知其信然繒弋機而在上兮罻羅張而在下設張辟以娛君兮願側身而無所欲儃佪以干傺兮恐重患而離尤欲高飛而遠集兮君罔謂女何之欲橫奔而失路兮蓋堅志而不忍背膺牉以交痛兮心鬱結而紆軫擣木蘭以矯蕙兮糳申椒以爲糧播江離與滋菊兮願春日以爲糗芳恐情質之不信兮故重著以自明矯茲媚以私處兮願曾思而遠身

右惜誦

余幼好此奇服兮年既老而不衰帶長鋏之陸離兮冠切雲之崔嵬被明月兮佩寶璐世溷濁而莫余知兮吾方高馳而不顧駕青虯兮驂白螭吾與重華游兮瑤之圃登崑崙兮食玉英與天地兮比壽與日月兮齊光哀南夷之莫吾知兮旦余濟乎江湘乘鄂渚而反顧兮欸秋冬之緒風步余馬兮山皋邸余車兮方林乘舲船余上沅兮齊吳榜以擊汰船容與而不

進兮淹回水而疑滯朝發枉渚兮夕宿辰陽苟余心其端直兮雖僻遠其何傷入溆浦余

佪兮迷不知吾之所如深林杳以冥冥兮乃猿狖之所居山峻高以蔽日兮下幽晦以多雨

霰雪紛其無垠兮雲霏霏而承宇哀吾生之無樂兮幽獨處乎山中吾不能變心而從俗兮

固將愁苦而終窮接輿髡首兮桑扈臝行忠不必用兮賢不必以伍子逢殃兮比干菹醢與

前世而皆然兮吾又何怨乎今之人余將董道而不豫兮固將重昏而終身亂曰鸞鳥鳳皇

日以遠兮燕雀烏鵲巢堂壇兮露申辛夷死林薄兮腥臊并御芳不得薄兮陰陽易位時不

當兮懷信侘傺忽乎吾將行兮

右涉江

皇天之不純命兮何百姓之震愆民離散而相失兮方仲春而東遷去故鄉而就遠兮遵江

夏以流亡出國門而軫懷兮甲之鼂吾以行發郢都而去閭兮怊荒忽其焉極楫齊揚以容

與兮哀見君而不再得望長楸而太息兮涕淫淫其若霰過夏首而西浮兮顧龍門而不見

心嬋媛而傷懷兮眇不知其所蹠順風波以從流兮焉洋洋而為客淩陽侯之氾濫兮忽翱

翔之焉薄心絓結而不解兮思蹇產而不釋將運舟而下浮兮上洞庭而下江去終古之所

居兮今逍遙而來東羌靈魂之欲歸兮何須臾而忘返背夏浦而西思兮哀故都之日遠登

大墳以遠望兮聊以舒吾憂心哀州土之平樂兮悲江介之遺風當陵陽之焉至兮淼南渡

之焉。如曾不知夏之爲邱兮。孰兩東門之可蕪。心不怡之長久兮。憂與愁其相接。惟郢路之

遼遠兮。江與夏之不可涉。忽若不信兮。至今九年而不復。慘鬱鬱而不通兮。蹇侘傺而含慼。

外承歡之汋約兮。諶荏弱而難持。忠湛湛而願進兮。妒被離而鄣之。彼堯舜之抗行兮。瞭杳

杳而薄天。衆讒人之嫉妒兮。被以不慈之僞名。憎慍愉之修美兮。好夫人之慷慨。衆蹀蹀而

日進兮。美超遠而踰邁。亂曰。曼余目以流觀兮。冀一反之何時。鳥飛返故鄉兮。狐死必首邱。

信非吾罪而棄逐兮。何日夜而忘之。

右哀郢

心鬱鬱之憂思兮。獨永歎乎增傷。思蹇產之不釋兮。曼遭夜之方長。悲秋風之動容兮。何回

極之浮浮。數惟蓀之多怒兮。傷余心之憂憂。願遙赴而橫奔兮。覽民尤以自鎮。結微情以陳

詞兮。矯以遺夫美人。昔君與我成言兮。曰黃昏以爲期。羌中道而回畔兮。反既有此他志。憍

吾以其美好兮。覽余以其修姱。與余言而不信兮。蓋爲余而造怒。願承間而自察兮。心震悼

而不敢。悲夷猶而冀進兮。心怛傷之憺憺。茲歷情以陳辭兮。荃詳聾而不聞。固切人之不媚

兮。衆果以我爲患。初吾所陳之耿著兮。豈至今其庸亡。何獨樂斯之蹇蹇兮。願荃美之可完。

望三五以爲像兮。指彭咸以爲儀。夫何極而不至兮。故遠聞而難虧。善不由外來兮。名不可

以虛作。孰無施而有報兮。孰不實而有穫。少歌曰。與美人抽怨兮。并日夜而無正。憍吾以其

美好兮敖朕辭而不聽倡曰有鳥自南兮來集漢北好姱佳麗兮胖獨處此異域既惸獨而

不羣兮又無良媒在其側道卓遠而日忘兮願自申而不得望北山而流涕兮臨流水而太

息望孟夏之短夜兮何晦明之若歲惟郢路之遼遠兮魂一夕而九逝曾不知路之曲直兮

南指月與列星願徑逝而不得兮魂識路之營營何靈魂之信直兮而吾心不與吾心同理

弱而媒不通兮尚不知余之從容亂曰長瀨湍流泝江潭兮狂顧南行聊以娛心兮軫石崴

嵬蹇吾願兮超回志度行隱進兮低佪夷猶宿北姑兮煩冤瞀容實沛徂兮愁歎苦神靈遙

思兮路遠處幽又無行媒兮道思作頌聊以自救兮憂心不遂斯言誰告兮

右抽思

滔滔孟夏兮草木莽莽傷懷永哀兮汩徂南土眴兮杳杳孔靜幽默鬱結紆軫兮離慜而長

鞠撫情效志兮冤屈而自抑刓方以為圜兮常度未替易初本迪兮君子所鄙章畫志墨兮

前圖未改內厚質直兮大人所盛巧倕不斲兮孰察其揆正玄文處幽兮矇瞍謂之不章離

婁微睇兮瞽以為無明變白以為黑兮倒上以為下鳳皇在笯兮雞鶩翔舞同糅玉石兮一

概而相量夫惟黨人之鄙固兮羌不知余之所臧任重載盛兮陷滯而不濟懷瑾握瑜兮窮

不知所示邑犬羣吠兮吠所怪也非俊疑傑兮固庸態也文質疏內兮眾不知余之異采材

樸委積兮莫知余之所有重仁襲義兮謹厚以為豐重華不可遌兮孰知余之從容古固有

不並兮。豈知其何故也。湯禹久遠兮邈而不可慕也。懲違改忿兮抑心而自彊離愍而不遷

兮願志之有像。進路北次兮日昧昧其將暮舒憂娛哀兮限之以大故。亂曰浩浩沅湘分流

汨兮修路幽蔽道遠忽兮曾吟恒悲永歎喟兮世既莫吾知人心不可謂兮懷情抱質獨無

正兮伯樂既沒驥焉程兮民生稟命各有所錯兮定心廣志余何畏懼兮知死不可讓願勿

愛兮明告君子吾將以為類兮。

右懷沙

思美人兮擥涕而竚眙媒絕路阻兮言不可結而詒蹇蹇之煩冤兮陷滯而不發申旦以舒

中情兮志沈菀而莫達願寄言於浮雲兮遇豐隆而不將因歸鳥而致辭兮羌迅高而難當

高辛之靈晟兮遭玄鳥而致詒欲變節以從俗兮愧易初而屈志獨歷年而離愍兮羌馮心

猶未化寧隱閔而壽考兮何變易之可為知前轍之不遂兮未改此度車既覆而馬顧兮蹇

獨懷此異路勒騏驥而更駕兮造父為我操之遷逡次而勿驅兮聊假日以須時指嶓家之

西隈兮與纁黃以為期開春發歲兮白日出之悠悠吾將蕩志而愉樂兮遵江夏以娛憂擥

大薄之芳茝兮搴長洲之宿莽惜吾不及古之人兮吾誰與玩此芳草解萹薄與雜菜兮備

以為交佩佩繽紛以繚轉兮遂萎絕而離異吾且儃佪以娛憂兮觀南人之變態竊快在其

中心兮揚厥憑而不竢芳與澤其雜糅兮羌芳華自中出紛郁郁其遠蒸兮滿內而外揚情

與質信可保兮羌居蔽而聞章。令薛荔以爲理兮憚舉趾而緣木。因芙蓉以爲媒兮憚褰裳而濡足登高吾不說兮入下吾不能固朕形之不服兮然容與而狐疑廣遂前畫兮未改此度也命則處幽吾將罷兮願及白日之未暮也獨煢煢而南行兮思彭咸之故也

右思美人

惜往日之曾信兮受命詔以昭詩奉先功以照下兮明法度之嫌疑國富彊而法立兮屬貞臣而日娭祕密事之載心兮雖過失猶弗治心純厖而不泄兮遭讒人而嫉之君含怒而待臣兮不清澂其然否蔽晦君之聰明兮虛惑誤又以欺弗參驗以考實兮遠遷臣而弗信讒諛之溷濁兮盛氣志而過之何貞臣之無辜兮被讒謗而見尤憊光景而誠信兮身幽隱而備之臨沅湘之玄淵兮遂自忍而沈流卒沒身而絕名兮惜壅君之不昭君無度而弗察兮使芳草爲藪幽焉舒情而抽信兮恬死亡而不聊獨鄣壅而蔽隱兮使貞臣而無由聞百里之爲虜兮伊尹烹於庖廚呂望屠於朝歌兮甯戚歌而飯牛不逢湯武與桓繆兮世孰云而知之吳信讒而弗味兮子胥死而後憂介子忠而立枯兮文公寤而追求封介山而爲之禁兮報大德之優游思久故之親身兮因縞素而哭之或忠信而死節兮或訑謾而不疑弗省察而按實兮聽讒人之虛辭芳與澤其雜糅兮孰申旦而別之何芳草之早殀兮微霜降而下戒諒聰不明而蔽壅兮使讒諛而日得自前世之嫉賢兮謂蕙若其不可佩妒佳冶之

芬芳兮蕪穢而自好。雖有西施之美容兮。讒人以自代。願陳情以白行兮。得罪過之不

意情冤見之日明兮。如列宿之錯置。乘騏驥而馳騁兮。無轡銜而自載。乘氾泭以下流兮。無

舟檝而自備。背法度而心治兮。辟與此其無異。寧溘死而流亡兮。恐禍殃之有再不畢辭以

赴淵兮。惜雍君之不識。

右惜往日

后皇嘉樹橘徠服兮。受命不遷。生南國兮。深固難徙。更壹志兮。綠葉素榮。紛其可喜兮。曾枝

剡棘圓果摶兮。青黃雜糅。文章爛兮。精色內白。類任道兮。紛縕宜脩。姱而不醜兮。嗟爾幼志

有以異兮。獨立不遷。豈不可喜兮。深固難徙。廓其無求兮。蘇世獨立橫而不流兮。閉心自慎

終不過失兮。秉德無私。參天地兮。願歲并謝。與長友兮。淑離不淫梗其有理兮。年歲雖少可

師長兮。行比伯夷。置以為像兮。

右橘頌

悲回風之搖蕙兮。心冤結而內傷。物有微而隕性兮。聲有隱而先倡。夫何彭咸之造思兮。暨

志介而不忘。萬變其情豈可蓋兮。就虛偽之可長。鳥獸鳴以號羣兮。草苴比而不芳。魚葺鱗

以自別兮。蛟龍隱其文章。故荼薺不同畝兮。蘭茝幽而獨芳。惟佳人之永都兮。更統世而自

貺眇遠志之所及兮。憐浮雲之相羊介眇志之所惑兮。竊賦詩之所明惟佳人之獨懷兮。折

芳椒以自處曾歔欷之嗟嗟兮獨隱伏而思慮淒淒兮思不眠以至曙終長夜之

曼曼兮掩此哀而不去竊從容以周流兮自恃傷太息之愍憐兮氣於邑而不可

止糺思心以爲纕兮編愁苦以爲膺折若木以蔽光兮隨飄風之所仍存髣髴而不見兮心

踴躍其若湯撫珮衽以案志兮超惘惘而遂行歲曶曶其若頹兮時亦冉冉而將至蘋蘅槁

而節離兮芳已歇而不比憐思心之不可懲兮證此言之不可聊寧溘死而流亡兮不忍此

心之常愁苦孤子吟而抆淚兮放子出而不還孰能思而不隱兮照彭咸之所聞登石巒以遠

望兮路眇眇之默默入景響之無應兮聞省想而不得愁鬱鬱之無快兮居戚戚而不可

解心羈羈而不開兮氣繚轉而自縞穆眇眇之無垠兮莽芒芒之無儀聲有隱而相感兮物

有純而不可爲邈漫漫之不可量兮縹綿綿之不可紆愁悄悄之常悲兮翩冥冥之不可娛

淩大波而流風兮託彭咸之所居上高巖之峭岸兮處雌蜺之標顛據青冥而攄虹兮遂儵

忽而捫天吸湛露之浮涼兮漱凝霜之雰雰依風穴以自息兮忽傾寤以嬋媛馮崑崙以瞰

霧兮隱岷山以清江憚涌湍之礚礚兮聽波聲之洶洶紛容容之無經兮罔茫茫之無紀軋

洋洋之無從兮馳委蛇之焉止漂翻翻其上下兮翼遙遙其左右氾潏潏其前後兮伴張弛

之信期觀炎氣之相仍兮窺煙液之所積悲霜雪之俱下兮聽潮水之相擊借光景以往來

兮施黃棘之枉策求介子之所存兮見伯夷之放迹心調度而弗去兮刻著志之無適曰吾

怨往昔之所冀兮。悼來者之悐悐。浮江淮而入海兮。從子胥而自適。望大河之洲渚兮。悲申

屠之抗迹。諫君而不聽兮。重任石之何益。心絓結而不解兮。思蹇產而不釋。

右悲回風

九歌

吉日兮辰良。穆將愉兮上皇。撫長劍兮玉珥。璆鏘鳴兮琳琅。瑤席兮玉瑱。盍將把兮瓊芳。蕙

肴蒸兮蘭藉。奠桂酒兮椒漿。揚枹兮拊鼓。疏緩節兮安歌。陳竽瑟兮浩倡。靈偃蹇兮姣服。芳

菲菲兮滿堂。五音紛兮繁會。君欣欣兮樂康。

右東皇太一

浴蘭湯兮沐芳。華采衣兮若英。靈連蜷兮既留。爛昭昭兮未央。蹇將憺兮壽宮。與日月兮齊

光。龍駕兮帝服。聊翶游兮周章。靈皇皇兮既降。猋遠舉兮雲中。覽冀州兮有餘。橫四海兮焉

窮。思夫君兮太息。極勞心兮忡忡。

右雲中君

君不行兮夷猶。蹇誰留兮中洲。美要眇兮宜修。沛吾乘兮桂舟。令沅湘兮無波。使江水兮安

流。望夫君兮未來。吹參差兮誰思。駕飛龍兮北征。邅吾道兮洞庭。薜荔柏兮蕙綢。蓀橈兮

蘭旌。望涔陽兮極浦。橫大江兮揚靈。揚靈兮未極。女嬋媛兮爲余太息。橫流涕兮潺湲。隱思

君兮恍惚桂棹兮蘭枻斲冰兮積雪采薜荔兮水中搴芙蓉兮木末心不同兮媒勞恩不甚

兮輕絕石瀨兮淺淺飛龍兮翩翩交不忠兮怨長期不信兮告余以不閒朝騁騖兮江皋夕

弭節兮北渚鳥次兮屋上水周兮堂下捐余玦兮江中遺余佩兮澧浦采芳洲兮杜若將以

遺兮下女時不可兮再得聊逍遙兮容與

右湘君

帝子降兮北渚目眇眇兮愁予嫋嫋兮秋風洞庭波兮木葉下登白薠兮騁望與佳期兮夕

張鳥萃兮蘋中罾何爲兮木上沅有芷兮澧有蘭思公子兮未敢言慌惚兮遠望觀流水兮

潺湲麋何食兮庭中蛟何爲兮水裔朝馳余馬兮江皋夕濟兮西澨聞佳人兮召予將騰駕

兮偕逝築室兮水中葺之兮荷蓋蓀壁兮紫壇播芳椒兮成堂桂棟兮蘭橑辛夷楣兮藥

房罔薜荔兮爲帷擗蕙櫋兮既張白玉兮爲鎮疏石蘭兮爲芳芷葺兮荷屋繚之兮杜衡合

百草兮實庭建芳馨兮廡門九疑繽兮並迎靈之來兮如雲捐余袂兮江中遺余褋兮澧浦

搴汀洲兮杜若將以遺兮遠者時不可兮驟得聊逍遙兮容與

右湘夫人

廣開兮天門紛吾乘兮玄雲令飄風兮先驅使涷雨兮灑塵君迴翔兮以下踰空桑兮從女

紛總總兮九州何壽夭兮在予高飛兮安翔乘清氣兮御陰陽吾與君兮齋速導帝之兮九

坑。靈衣兮被被玉佩兮陸離壹陰兮壹陽衆莫知兮余所爲折疏麻兮瑤華將以遺兮離居。

老冉冉兮既極不寖近兮愈疏乘龍兮轔轔高馳兮沖天結桂枝兮延佇羌愈思兮愁人。愁

人兮奈何願若今兮無虧固人命兮有當孰離合兮可爲

右大司命

秋蘭兮蘪蕪羅生兮堂下綠葉兮素華芳菲菲兮襲予夫人兮自有美子荃何以兮愁秋

蘭兮青青綠葉兮紫莖滿堂兮美人忽獨與予兮目成入不言兮出不辭乘迴風兮載雲旗

悲莫悲兮生別離樂莫樂兮新相知荷衣兮蕙帶儵而來兮忽而逝夕宿兮帝郊君誰須兮

雲之際與女沐兮咸池晞女髮兮陽之河望美人兮未來臨風悅兮浩歌孔蓋兮翠旌登九

天兮撫彗星竦長劍兮擁幼艾荃獨宜兮爲民正

右少司命

暾將出兮東方照吾檻兮扶桑撫余馬兮安驅夜皎皎兮既明。駕龍輈兮乘雷載雲旗兮委

蛇長太息兮將上心低徊兮顧懷羌聲色兮娛人觀者憺兮忘歸緪瑟兮交鼓簫鐘兮瑤簴

鳴篪兮吹竽思靈保兮賢姱翾飛兮翠曾展詩兮會舞應律兮合節靈之來兮蔽日青雲衣

兮白霓裳舉長矢兮射天狼操余弧兮反淪降援北斗兮酌桂漿撰余轡兮高馳翔杳冥冥

兮以東行

右東君

與女游兮九河衝風起兮橫波。乘水車兮荷蓋駕兩龍兮驂螭。登崑崙兮四望。心飛揚兮浩蕩日將暮兮悵忘歸惟極浦兮寤懷魚鱗屋兮龍堂紫貝闕兮朱宮。靈何爲兮水中。乘白黿兮逐文魚與女游兮河之渚流澌紛兮將來下子交手兮東行送美人兮南浦波滔滔兮來迎魚鄰鄰兮媵予

右河伯

若有人兮山之阿被薜荔兮帶女蘿既含睇兮又宜笑子慕予兮善窈窕乘赤豹兮從文狸辛夷車兮結桂旗被石蘭兮帶杜衡折芳馨兮遺所思余處幽篁兮終不見天路險難兮獨後來表獨立兮山之上雲容容兮而在下杳冥冥兮羌晝晦東風飄兮神靈雨留靈修兮憺忘歸歲既晏兮孰華予采三秀兮於山間石磊磊兮葛蔓蔓怨公子兮悵忘歸君思我兮不得閒山中人兮芳杜若飲石泉兮蔭松柏君思我兮然疑作雷填填兮雨冥冥猿啾啾兮狖夜鳴風颯颯兮木蕭蕭思公子兮徒離憂

右山鬼

操吳戈兮被犀甲車錯轂兮短兵接。旌蔽日兮敵若雲矢交墜兮士爭先陵予陳兮躐予行。左驂殪兮右刃傷霾兩輪兮縶四馬援玉枹兮擊鳴鼓天時懟兮威靈怒嚴殺盡兮棄原野

悲時俗之迫阨兮願輕舉而遠游。質菲薄而無因兮焉託乘而上浮。遭沈濁而汙穢兮獨鬱

結其誰語夜耿耿而不寐兮魂營營而至曙惟天地之無窮兮哀人生之長勤往者余弗及

兮來者吾不聞步徙倚而遙思兮怊惝悅而乖懷意荒忽而流蕩兮心愁悽而增悲神儵忽

而不反兮形枯槁而獨留內惟省以端操兮求正氣之所由漠虛靜以恬愉兮澹無為而自

得聞赤松之清塵兮願承風乎遺則貴眞人之休德兮美往世之登仙與化去而不見兮名

聲著而日延奇傅說之託辰星兮羨韓衆之得一形穆穆以浸遠兮離人羣而遁逸因氣變

而遂曾舉兮忽神奔而鬼怪時髣髴以遙見兮精皎皎以往來超氛埃而淑郵兮終不反其

故都免衆患而不懼兮世莫知其所如恐天時之代序兮耀靈曄而西征微霜降而下淪兮

悼芳草之先零聊仿佯而逍遙兮永歷年而無成誰可與玩斯遺芳兮長鄉風而舒情高陽

遠游

成禮兮會鼓傳芭兮代舞姱女倡兮容與。春蘭兮秋菊長無絕兮終古。

右禮魂

終剛強兮不可陵。身既死兮神以靈。魂魄毅兮為鬼雄。

右國殤

出不入兮往不返。平原忽兮路超遠帶長劍兮挾秦弓。首身離兮心不懲。誠既勇兮又以武。

邈以遠兮余將焉所程。重曰春秋忽其不淹兮奚久留此故居軒轅不可攀援兮吾將從王喬而戲娛飡六氣而飲沆瀣兮漱正陽而含朝霞保神明之清澄兮精氣入而麤穢除順凱風以從游兮至南巢而壹息見王子而宿之兮審壹氣之和德曰道可受兮而不可傳其小無內兮其大無垠毋滑而魂兮彼將自然壹氣孔神兮於中夜存虛以待之兮無為之先庶類以成兮此德之門聞至貴而遂徂兮忽乎吾行仍羽人於丹邱兮留不死之舊鄉朝濯髮於湯谷兮夕晞予身兮九陽吸飛泉之微液兮懷琬琰之華英玉色頩以脕顏兮精純粹而始壯質銷鑠以汋約兮神要眇以淫放嘉南州之炎德兮麗桂樹之冬榮山蕭條而無獸兮野寂漠而無人載營魄而登霞兮掩浮雲而上征命天閽其開關兮排閶闔而望予召豐隆使先導兮問大微之所居集重陽入帝宮兮造旬始而觀清都朝發軔於大儀兮夕始臨乎於微閭屯余車之萬乘兮紛容與而並馳駕八龍之婉婉兮載雲旗之逶迤建雄虹之采旄兮五色雜而炫燿服偃蹇以低昂兮驂連蜷以驕驁騎膠葛以雜亂兮斑漫衍而方行撰余轡而正策兮吾將過乎句芒歷太皓以右轉兮前飛廉以啟路陽杲杲其未光兮凌天地以徑度風伯為余先驅兮氛埃辟而清涼鳳皇翼其承旗兮遇蓐收乎西皇擥彗星以為旍兮舉斗柄以為麾叛陸離其上下兮游驚霧之流波時曖曃其曭莽兮召玄武而奔屬後文昌使掌行兮選署眾神以並轂路曼曼其修遠兮徐弭節而高厲左雨師使徑侍兮右雷公

以爲衞欲度世以忘歸兮意恣睢以担撟內欣欣而自美兮聊愉娛以淫樂涉青雲以汎濫

游兮忽臨睨夫舊鄉僕夫懷余心悲兮邊馬顧而不行思舊故以想像兮長太息而掩涕汜

容與而遐舉兮聊抑志而自弭指炎神而直馳兮吾將往乎南疑覽方外之荒忽兮沛罔瀁

而自浮祝融戒而蹕御兮騰告鸞鳥迎宓妃張咸池奏承雲兮二女御九韶歌使湘靈鼓瑟

兮令海若舞馮夷玄螭蟲象並出進兮形蟉虬而逶蛇雌蜺便娟以增撓兮鸞鳥軒翥而翔

飛音樂博衍無終極兮焉乃逝以徘徊舒并節以馳騖兮逴絕垠乎寒門軼迅風於清源兮

從顓頊乎增冰歷玄冥以邪徑兮乘間維以反顧召黔嬴而見之兮爲余先乎平路經營四

方兮周流六漠上至列缺兮降望大壑下崢嶸而無地兮上寥廓而無天視儵忽而無見兮

聽惝怳而無聞超無爲以至清兮與泰初而爲鄰

卜居

屈原既放三年不得復見竭智盡忠蔽鄣於讒心煩意亂不知所從乃往見太卜鄭詹尹曰

余有所疑願因先生決之詹尹乃端策拂龜曰君將何以敎之屈原曰吾寧悃悃款款朴以

忠乎將送往勞來斯無窮乎寧誅鋤草茅以力耕乎將游大人以成名乎寧正言不諱以危

身乎將從俗富貴以媮生乎寧超然高舉以保眞乎將哫訾慄斯喔咿嚅唲以事婦人乎寧

廉潔正直以自清乎將突梯滑稽如脂如韋以絜楹乎寧昂昂若千里之駒乎將氾氾若水

中之鳧乎與波上下偸以全吾軀乎寧與騏驥抗軛乎將隨駑馬之迹乎寧與黃鵠比翼乎

將與雞鶩爭食乎此孰吉孰凶何去何從世溷濁而不清蟬翼爲重千鈞爲輕黃鐘毀棄瓦

釜雷鳴讒人高張賢士無名吁嗟默默兮誰知吾之廉貞詹尹乃釋策而謝曰夫尺有所短

寸有所長物有所不足智有所不明數有所不逮神有所不通用君之心行君之意龜策誠

不能知此事

漁父

屈原既放游於江潭行吟澤畔顏色憔悴形容枯槁漁父見而問之曰子非三閭大夫與何

故至於斯屈原曰世人皆濁我獨清衆人皆醉我獨醒是以見放漁父曰聖人不凝滯於萬

物而能與世推移舉世皆濁何不淈其泥而揚其波衆人皆醉何不餔其糟而歠其醨何故

深思高舉自令放爲屈原曰吾聞之新沐者必彈冠新浴者必振衣安能以身之察察受物

之汶汶者乎寧赴湘流葬於江魚之腹中安能以皓皓之白蒙世俗之塵埃乎漁父莞爾而

笑鼓枻而去乃歌曰滄浪之水清兮可以濯我纓滄浪之水濁兮可以濯我足遂去不復與

言。

古文治要卷一

古文十七家

賈誼

賈誼　漢洛陽人年十八以能誦詩屬文稱於郡中文帝詔為博士時年二十餘歲中超遷至大中大夫誼請改正朔易服色制法度與禮樂絳灌等毀之出為長沙王太傅既辭往聞長沙卑溼自以壽不得長又以讁去意不自得及渡湘水為賦以弔屈原居三年有鵩鳥飛入含止於座隅乃為賦以自廣後歲餘復拜梁王太傅上治安策即陳政事疏　數千言居數年梁王墮馬死誼自傷為傅無狀哭泣歲餘亦卒年三十三以誼與屈原合傳載其賦論數篇漢書復益以疏策其文雄儁宏肆歷代見稱蓋卓然為西漢古文一大家不獨以論事明切見稱也（案世俗通行之賈誼新書十卷先儒多謂其書大牢割裂史漢所載之文分立篇目由於後人之采輯附益不盡可信其文亦不及史漢所載遠甚故今不錄）

過秦論上

秦孝公據殽函之固擁雍州之地君臣固守而窺周室有席卷天下包舉宇內囊括四海之意并吞八荒之心當是時商君佐之內立法度務耕織修守戰之備外連衡而鬥諸侯於是秦人拱手而取西河之外孝公既沒惠文武昭襄蒙故業因遺策南取漢中西舉巴蜀東割膏腴之地收要害之郡諸侯恐懼會盟而謀弱秦不愛珍器重寶肥饒之地以致天下之士

合從締交相與爲一當此之時齊有孟嘗趙有平原楚有春申魏有信陵此四君者皆明智

而忠信寬厚而愛人尊賢重士約從離橫兼韓魏燕趙齊楚宋衞中山之衆於是六國之士

有甯越徐尙蘇秦杜赫之屬爲之謀齊明周最陳軫召滑樓緩翟景蘇厲樂毅之徒通其意

吳起孫臏帶佗兒良王廖田忌廉頗趙奢之倫制其兵嘗以十倍之地百萬之衆叩關而攻

秦秦人開關延敵九國之師逡巡遁逃而不敢進秦無亡矢遺鏃之費而天下諸侯已困矣

於是從散約解爭割地而奉秦秦有餘力而制其獘追亡逐北伏尸百萬流血漂鹵因利乘

便宰割天下分裂河山彊國請服弱國入朝延及孝文王莊襄王享國日淺國家無事及至

秦王（篇中秦王字史記本漢書俱作始皇）續六世之餘烈振長策而馭宇內吞二周而亡諸侯履至尊而制

六合執捶拊以鞭笞天下威鎮四海南取百越之地以爲桂林象郡百越之君俛首係頸委

命下吏乃使蒙恬北築長城而守藩籬卻匈奴七百餘里胡人不敢南下而牧馬士不敢彎

弓而報怨於是廢先王之道焚百家之言以愚黔首墮名城殺豪傑收天下之兵聚之咸陽

銷鋒鐻鑄以爲金人十二以弱天下之民然後踐華爲城因河爲池據億丈之城臨不測之

谿以爲固良將勁弩守要害之處信臣精卒陳利兵而誰何天下已定秦王之心自以爲關

中之固金城千里子孫帝王萬世之業也秦王既歿餘威振於殊俗然而陳涉甕牖繩樞之

子甿隸之人而遷徙之徒材能不及中人非有仲尼墨翟之賢陶朱猗頓之富躡足行伍之

間而倔起什伯之中。率罷散之卒。將數百之衆。轉而攻秦。斬木為兵。揭竿為旗。天下雲集響應。贏糧而景從。山東豪俊遂並起而亡秦族矣。且夫天下非小弱也。雍州之地。殽函之固。自若也。陳涉之位。非尊於齊楚燕趙韓魏宋衞中山之君也。鋤耰棘矜。非銛於鈎戟長鎩也。謫戍之衆。非抗於九國之師。深謀遠慮。行軍用兵之道。非及曩時之士也。然而成敗異變。功業相反也。試使山東之國與陳涉度長絜大。比權量力。則不可同年而語矣。然而秦以區區之地。致萬乘之權。招八州而朝同列。百有餘年矣。然後以六合為家。殽函為宮。一夫作難而七廟隳。身死人手。為天下笑者。何也。仁義不施而攻守之勢異也。

陳政事疏

臣竊惟事勢可為痛哭者一。可為流涕者二。〔姚鼐曰此二字疑本是一字。俊人論匈奴一事而流涕句耳。非有二也。俗人或逐於起為處。二。一〕可為長太息者六。〔姚鼐曰長太息者六。西山先生引新書者末敢信。以生為真賈生之侯官文也。若果同於一天子者補之。蓋謂新書者末為論積貯。郎載於食貨志者是已。如此孟堅必不刪削之。意謂此一段而已。〕若其它背理而傷道者難徧以疏舉。進言者皆曰天下已安已治矣。臣獨以為未也。曰安且治者非愚則諛皆非事實知治亂之體者也。夫抱火厝之積薪之下而寢其上。火未及燃因謂之安。方今之勢何以異此。本末舛逆首尾衡決。國制搶攘非甚有紀。胡可謂治。陛下何不壹令臣得孰數之於前。因陳治安之策。試詳擇焉。夫射獵之娛與安危之機孰急。使為治勢。智慮苦身體。乏鐘鼓之樂勿為可也。樂與今同而加之

諸侯軌道兵革不動民保首領匈奴賓服四荒鄉風百姓素樸獄訟衰息大數既得則天下
順治海內之氣清和咸理生爲明帝殘爲明神名譽之美垂於無窮禮祖有功而宗有德使
顧成之廟稱爲太宗上配太祖與漢亡極建久安長治之業以承祖廟以奉六親至
孝也以幸天下以育羣生至仁也立經陳紀經重同得後可以爲萬世法程雖有愚幼不肖至
之嗣猶得蒙業而安至明也以陛下之明達因使少知治體者得佐下風致此非難也其具
可素陳於前願幸無忽臣謹稽之天地驗之往古按之當今之務日夜念此至孰也雖使舜
禹復生爲陛下計亡以易此夫樹國固必相疑之勢下數被其殃其憂甚非所以安
上而全下也今或親弟謀爲東帝親兄之子西鄉而擊今吳又見告矣天子春秋鼎盛行義
未過德澤有加焉猶如是況莫大諸侯權力且十此者乎然而天下少安何也大國之王
幼弱未壯漢之所置傅相方握其事數年之後諸侯之王大抵皆冠血氣方剛漢之傅相稱
病而賜罷彼自丞尉以上徧置私人如此有異淮南濟北之爲邪此時而欲爲治安雖堯舜
不治黃帝日日中必蘩操刀必割今令此道順而全安甚易不肯早爲已迺墮骨肉之屬而
抗剄之豈有異秦之季世乎夫以天子之位乘今之時因天之助尚憚以危爲安以亂爲治
假設陛下居齊桓之處將不合諸侯而匡天下乎臣又知陛下有所必不能矣假設天下如
曩時淮陰侯尙王楚鯨布王淮南彭越王梁韓信王韓張敖王趙貫高爲相盧綰王燕陳豨

在代令此六七公者皆亡恙當是時而陛下即天子位能自安乎臣有以知陛下之不能也

天下殽亂高皇帝與諸公併起非有仄室之勢以豫席之也諸公幸者迺爲中涓其次廑得

舍人材之不逮至遠也高皇帝以明聖威武即天子位割膏腴之地以王諸公多者百餘城。

少者乃三四十縣惠至渥也然其後十年之間反者九起陛下之與諸公非親角材而臣之

也又非身封王之也自高皇帝不能以是一歲爲安故臣知陛下之不能也然尚有可諉者

曰疏臣請試言其親者假令悼惠王王齊元王王楚中子王趙幽王王淮陽共王王梁靈王

王燕厲王王淮南六七貴人皆亡恙當是時陛下即位能爲治乎臣又知陛下之不能也若

此諸王雖名爲臣實皆有布衣昆弟之心慮亡不帝制而天子自爲者擅爵人放死皐甚者

或戴黃屋漢法令非行也雖行不軌如厲王者之令之不肯聽召之安可致乎幸而來至法安

可得加動一親戚天下圜視而起陛下之臣雖有悍如馮敬者適啓其口匕首已陷其胸矣

陛下雖賢誰與領此故疏者必危親者必亂已然之效也其異姓負彊而動者漢已幸勝之

矣又不易其所以然同姓襲是跡而動既有徵矣其勢盡又復然殃禍之變未知所移明帝

處之尚不能以安後世將如之何屠牛坦一朝解十二牛而芒刃不頓者所排擊剝割皆眾

理解也至於髖髀之所非斤則斧夫仁義恩厚人主之芒刃也權勢法制人主之斤斧也今

諸侯王皆眾髖髀也釋斤斧之用而欲嬰以芒刃臣以爲不缺則折胡不用之淮南濟北勢

不可也。臣竊跡前事大抵彊者先反淮陰王楚最彊則先反韓信倚胡則又反貫高因趙
資則又反陳豨兵精則又反彭越用梁則又反黥布用淮南則又反盧綰最弱最後反長沙
迺在二萬五千戶耳功少而最完勢疏而最忠非獨性異人也亦形勢然也曩令樊酈絳灌
據數十城而王今雖以殘亡可也令信越之倫列爲徹侯而居雖至今存可也然則天下之
大計可知已欲諸王皆忠附則莫若令如長沙王欲臣子之勿菹醢則莫若令如樊酈等。
欲天下之治安莫若衆建諸侯而少其力力少則易使以義國小則亡邪心令海內之勢如
身之使臂臂之使指莫不制從諸侯之君不敢有異心輻輳並進而歸命天子雖在細民且
知其安故天下咸知陛下之明割地定制令齊楚趙各爲若干國使悼惠王幽王元王之子
孫畢以次各受祖之分地地盡而止及燕梁它國皆然其分地衆而子孫少者建以爲國空
而置之須其子孫生者舉使君之諸侯之地其削頗入漢者爲徙其侯國及封其子孫也所
以數償之一寸之地一人之衆天子亡所利焉誠以定治而已故天下咸知陛下之廉地制
壹定宗室子孫莫慮不王天下無倍畔之心故天下咸知陛下之仁法立而
犯令行而不逆貫高利幾之謀不生柴奇開章之計不萌細民鄉善大臣致順故天下咸知
陛下之義臥赤子天下之上而安植遺腹朝委裘而天下不亂當時大治後世誦聖壹動而
五業附陛下誰憚而久不爲此天下之勢方病大瘇一脛之大幾如要一指之大幾如股平

居不可屈信一二指搐身慮亡聊失令不治必爲錮疾後雖有扁鵲不能爲已病非徒瘇也

又苦跖盭元王之子帝之從弟也今之王者從弟之子也惠王之子親兄子也今之王者兄

子之子也親者或亡分地以安天下疏者或制大權以偪天子臣故曰非徒病瘇也又苦跖

盭可痛哭者此病是也天下之勢方倒縣凡天子者天下之首何也上也蠻夷者天下之足

何也下也今匈奴嫚侮侵掠至不敬也爲天下患至亡已也而漢歲致金絮綵繒以奉之

狄徵令是主上之操也天子共貢是臣下之禮也足反居上首顧居下倒縣如此莫之能解

猶爲國有人乎非亶倒縣而已又類辟且病痱夫辟者一面病痱者一方痛今西邊北邊之

郡雖有長爵不輕得復五尺以上不輕得息候望烽燧不得臥將吏被介冑而睡臣故曰

一方病矣醫能治之而上不使可爲流涕者此也陛下何忍以帝皇之號爲戎人諸侯勢既

卑辱而禍不息長此安窮進謀者率以爲是固不可解也亡具甚矣臣竊料匈奴之衆不過

漢一大縣以天下之大困於一縣之衆其爲執事者羞之陛下何不試以臣爲屬國之官以

主匈奴行臣之計請必係單于之頸而制其命伏中行說而笞其背舉匈奴之衆唯上之令

今不獵猛敵而獵田彘不搏反寇而搏畜菟翫細娛而不圖大患非所以爲安也德可遠施

威可遠加而直數百里外威令不信可爲流涕者此也今民賣僮者爲之繡衣絲履偏諸緣

内之閑中是古天子后服所以廟而不宴者也而庶人得以衣婢妾白縠之表薄紈之裏緁

以偏諸美者黼繡是古天子之服今富人大賈嘉會召客者以被牆古者以奉一帝一后而

節適今庶人屋壁得爲帝服倡優下賤得爲后飾然而天下不屈者殆未有也且帝之身自

衣皁綈而富民牆屋被文繡天子之后以緣其領庶人孽妾緣其履此臣所謂舛也夫百人

作之不能衣一人欲天下亡寒胡可得也一人耕之十八聚而食之欲天下亡饑不可得也

饑寒切於民之肌膚欲其亡爲姦邪不可得也國已屈矣盜賊直須時耳然而獻計者曰毋

動爲大耳夫夫俗至大不敬也至亡等也至冒上也進計者猶曰毋爲可爲長太息者此也商

君遺禮義棄仁恩并心於進取行之二歲秦俗日敗故秦人家富子壯則出分家貧子壯則

出贅借父耰鉏慮有德色母取箕帚立而誶語抱哺其子與公併倨婦姑不相說則反脣而

相稽其慈子耆利不同禽獸者亡幾耳然并心而赴時猶曰蹶六國兼天下功成求得矣終

不知反廉愧之節仁義之厚信并兼之法遂進取之業天下大敗衆掩寡智欺愚勇威怯壯

陵衰其亂至矣是以大賢起之威震海內德從天下曩之爲秦者今轉而爲漢矣然其遺風

餘俗猶尚未改今世以侈靡相競而上亡制度棄禮誼捐廉恥日甚可謂月異而歲不同矣

逐利不已慮非顧行也今其甚者殺父兄矣盜者剟寢戶之簾搴兩廟之器白晝大都之中

剟吏而奪之金矯僞者出幾十萬石粟賦六百餘萬錢乘傳而行郡國此其亡行義之尤至

者也而大臣特以簿書不報期會之間以爲大故至於俗流失世壞敗因恬而不知怪慮不

三〇

動於耳目以爲是適然耳夫移風易俗使天下回心而鄉道類非俗吏之所能爲也俗吏之所務在於刀筆筐篋而不知大體陛下又不自憂竊爲陛下惜之夫立君臣等上下使父子有禮六親有紀此非天之所爲人之所設也夫人之所設不爲不立不植則僵不修則壞管子曰禮義廉恥是謂四維四維不張國乃滅亡使管子愚人也則可管子而少知治體則是豈可不爲寒心哉秦滅四維而不張故君臣乖亂六親殃戮姦人並起萬民離叛凡十三歲社稷爲虛今四維猶未備也故姦人幾幸而衆心疑惑豈如今定經制令君君臣臣上下有差父子六親各得其宜姦人亡所幾幸而羣臣衆信上不疑惑此業壹定世世常安而後有所持循矣若夫經制不定是猶度江河亡維楫中流而遇風波船必覆矣可爲長太息者此也夏爲天子十有餘世而殷受之殷爲天子二十餘世而周受之周爲天子三十餘世而秦受之秦爲天子二世而亡人性不甚相遠也何三代之君有道之長而秦無道之暴也其故可知也古之王者太子迺生固舉以禮使士負之有司齊肅端冕見之南郊見於天也過闕則下過廟則趨孝子之道也故迺自爲赤子而教固已行矣昔者成王幼在繈抱之中召公爲太保周公爲太傅太公爲太師保保其身體傅傅之德意師道之教訓此三公之職也於是爲置三少皆上大夫也曰少保少傅少師是與太子宴者也故迺孩提有識三公三少固明孝仁禮義以道習之逐去邪人不使見惡行於是皆選天下之端士孝悌博聞有道術者以

三一

衛翼之使與太子居處出入故太子迺生而見正事聞正言行正道左右前後皆正人也夫
習與正人居之不能毋正猶生長於齊不能不齊言也習與不正人居之不能毋不正猶生
長於楚之地不能不楚言也故擇其所者必先受業迺得嘗之擇其所樂必先有習迺得爲
之孔子曰少成若天性習慣如自然及太子少長知妃色則入于學學者所學之宮也學禮
曰帝入東學而貴仁則親疏有序而恩相及矣帝入南學上齒而貴信則長幼有差而
民不誣矣帝入西學上賢而貴德則聖智在位而功不遺矣帝入北學上貴而尊爵則貴賤
有等而下不隃矣帝入太學承師問道退習而考於太傅太傅罰其不則而匡其不及則憝
智長而治道得矣此五學者既成於上則百姓黎民化輯於下矣及太子既冠成人免於保
傅之嚴則有記過之史徹膳之宰進善之旌誹謗之木敢諫之鼓瞽史誦詩工誦箴諫大夫
進謀士傳民語習與智長故切而不愧化與心成故中道若性三代之禮春朝朝日秋暮夕
月所以明有敬也春秋入學坐國老執醬而親饋之所以明有孝也行以鸞和步中采齊趣
中肆夏所以明有度也其於禽獸見其生不食其死聞其聲不食其肉故遠庖廚所以長恩
且明有仁也夫三代之所以長久者以其輔翼太子有此具也及秦而不然其俗固非貴辭
讓也所上者告訐也固非貴禮義也所上者刑罰也使趙高傅胡亥而教之獄所習者非斬
劓人則夷人之三族也故胡亥今日卽位則明日射人忠諫者謂之誹謗深計者謂之妖言

其視殺人若刈草菅然豈惟胡亥之性惡哉彼其所以道之者非其理故也鄙諺曰不習為

吏視已成事又曰前車覆後車誡夫三代之所以長久者其已事可知也然而不能從者是

不法聖智也秦世之所以亟絕者其轍跡可見也然而不避是後車又將覆也夫存亡之變

治亂之機其要在是矣天下之命縣於太子太子之善在於早諭教與選左右夫心未濫而

先諭教則化易成也開於道術智誼之指則教之力也若其服習積貫則左右而已夫胡粵

之人生而同聲嗜欲不異及其長而成俗累數譯而不能相通行雖死而不相為者則教習

然也臣故曰選左右早諭教最急夫教得而左右正則太子正矣太子正而天下定矣書曰

一人有慶兆民賴之此時務也凡人之智能見已然不能見將然夫禮者禁於將然之前而

法者禁於已然之後是故法之所用易見而禮之所為至難知也若夫慶賞以勸善刑罰以

懲惡先王執此之政堅如金石行此之令信如四時據此之公無私如天地耳豈顧不用哉

然而曰禮云禮云者貴絕惡於未萌而起教於微眇使民日遷善遠辠而不自知也孔子曰

聽訟吾猶人也必也使毋訟乎為人主計者莫如先審取舍取舍之極定於內面安危之萌

應於外矣安者非一日而安也危者非一日而危也皆以積漸然不可不察也人主之所積

在其取舍以禮義治之者積禮義以刑罰治之者積刑罰刑罰積而民怨背禮義積而民和

親故世主欲民之善同而所以使民善者或異或道之以德教或歐之以法令道之以德教

者。德教洽而民氣樂敺之以法令者法令極而民風哀哀樂之感禍福之應也秦王之欲尊

宗廟而安子孫與湯武同然而湯武廣大其德行六七百歲而弗失秦王治天下十餘歲則

大敗此亡它故也湯武之定取舍審而秦王之定取舍不審矣夫天下大器也今人之置器

置諸安處則安置諸危處則危天下之情與器亡以異在天子之所置之湯武置天下於仁

義禮樂而德澤洽禽獸草木廣裕德被蠻貊四夷累子孫數十世此天下所共聞也秦王置

天下於法令刑罰德澤亡一有而怨毒盈於世下憎惡之如仇讎禍幾及身子孫誅絕此天

下之所共見也是非其明效大驗邪人之言曰聽言之道必以其事觀之則言者莫敢妄言

今或言禮誼之不如法令教化之不如刑罰人主胡不引殷周秦事以觀之也人主之尊譬

如堂羣臣如陛衆庶如地故陛九級上廉遠地則堂高陛亡級廉近地則堂卑高者難攀卑

者易陵理勢然也故古者聖王制爲等列內有公卿大夫士外有公侯伯子男然後有官師

小吏延及庶人等級分明而天子加焉故其尊不可及也里諺曰欲投鼠而忌器此善諭也

鼠近於器尚憚不投恐傷其器況於貴臣之近主乎廉恥節禮以治君子故有賜死而亡戮

辱是以黥劓之辠不及大夫以其離主上不遠也禮不敢齒君之路馬蹴其芻者有罰見君

之几杖則起遭君之乘車則下入正門則趨君之寵臣雖或有過刑戮之辠不加其身者尊

君之故也此所以爲主上豫遠不敬也所以體貌大臣而厲其節也今自王侯三公之貴皆

天子之所改容而禮之也古天子之所謂伯父伯舅也而令與眾庶同黥劓髡刖笞僇偶棄市

之法然則堂不亡陛乎被戮辱者不泰迫乎廉恥不行大臣無迺握權大官而有徒隸亡

恥之心乎夫望夷之事二世見當以重法者投鼠而不忌器之習也臣聞之履雖鮮不加於

枕冠雖敝不以苴履夫嘗已在貴寵之位天子改容而體貌之矣吏民嘗俯伏以敬畏之矣

今而有過帝令廢之可也退之可也賜之死可也滅之可也若夫束縛之係緤之輸之司寇

編之徒官司寇小吏嘗罵而榜笞之殆非所以令眾庶見也夫卑賤者習知尊貴者之一旦

吾亦迺可以加此也非所以習天下也非尊尊貴貴之化也夫天子之所嘗敬眾庶之所嘗

寵死而死耳賤人安宜得如此而頓辱之哉豫讓事中行之君智伯伐而滅之移事智伯及

趙滅智伯豫讓釁面吞炭必報襄子五起而不中人問豫子豫子曰中行眾人畜我我故眾

人事之智伯國士遇我我故國士報之故此一豫讓也反君事讎行若狗彘已而抗節致忠

行出乎烈士人主使然也故主上遇其大臣如遇犬馬彼將犬馬自為也如遇官徒彼將官

徒自為也頑頓亡恥奰詬亡節廉恥不立且不自好苟若而可故見利則逝見便則奪主上

有敗則因而挺之矣主上有患則吾苟免而已立而觀之耳有便吾身者則欺賣而利之耳

人主將何便於此羣下至眾而主上至少也所託財器職業者粹於羣下也俱亡恥苟安

則主上最病故古者禮不及庶人刑不至大夫所以厲寵臣之節也古者大臣有坐不廉而

廢者不謂不廉曰簠簋不飭坐汙穢淫亂男女亡別者不曰汙穢曰帷薄不修坐罷軟不勝

任者不謂罷軟曰下官不職故貴大臣定有其皋矣猶未斥然正以譴之也尙遷就而爲之

諱也故其在大譴大何之域者聞譴何則白冠氂纓盤水加劍造請室而請皋耳上不執縛

係引而行也其有中罪者聞命而自弛上不使人頸盩而加也其有大皋者聞命則北面再

拜跪而自裁上不使捽抑而刑之也曰子大夫自有過耳吾遇子有禮矣遇有禮故羣臣自

憙嬰以廉恥故人矜節行上設廉恥禮義以遇其臣而臣不以節行報其上者則非人類也

故化成俗定則爲人臣者主耳忘身國耳忘家公耳忘私利不苟就不苟去惟義所在上

之化也故父兄之臣誠死宗廟社稷輔翼之臣誠死君上守圉扞敵之臣誠

死城郭封疆故曰聖人有金城者比物此志也彼且爲我死故吾得與之俱生彼且爲我亡

故吾得與之俱存夫將爲我危故吾得與之皆安顧行而忘利守節而伏義故可以託不御

之權可以寄六尺之孤此屬廉恥行禮誼之所致也主上何喪焉此之不爲而顧彼之久行

故曰可爲長太息者此也

論積貯疏

筦子曰倉廩實而知禮節民不足而可治者自古及今未之嘗聞古之人曰一夫不耕或受

之饑一女不織或受之寒生之有時而用之無度則物力必屈古之治天下至纖至悉也故

其畜積足恃今背本而趨末食者甚眾是天下之大殘也淫侈之俗日日以長是天下之大

賊也殘賊公行莫之或止大命將泛莫之振救生之者甚少而靡之者甚多天下財產何得

不蹶漢之為漢幾四十年矣公私之積猶可哀痛失時不雨民且狼顧歲惡不入請賣爵子

既聞耳矣安有為天下阽危者若是而上不驚者世之有饑穰天之行也禹湯被之矣即不

幸有方二三千里之旱國何以相恤卒然邊境有急數十百萬之眾國何以餽之兵旱相乘

天下大屈有勇力者聚徒而衡擊罷夫羸老易子而齩其骨政治未畢通也遠方之能疑者

並舉而爭起矣乃駭而圖之豈將有及乎夫積貯者天下之大命也苟粟多而財有餘何為

而不成以攻則取以守則固以戰則勝懷敵附遠何招而不至今敺民而歸之農皆著於本

使天下各食其力末技游食之民轉而緣南畮則畜積足而人樂其所矣可以為富安天下

而直為此廩廩也竊為陛下惜之

惜誓

惜余年老而日衰兮歲忽忽而不反登蒼天而高舉兮歷眾山而日遠觀江河之紆曲兮離

四海之霑濡攀北極而一息兮吸沈瀣以充虛飛朱鳥使先驅兮駕太乙之象輿蒼龍蚴虬

於左驂兮白虎騁而為右騑建日月以為蓋兮載玉女於後車馳鶩於杳冥之中兮休息乎

崑崙之墟樂窮極而不厭兮願從容乎神明涉丹水而馳騁兮右大夏之遺風黃鵠之一舉

兮知山川之紆曲再舉兮睹天地之圓方臨中國之眾人兮回託飆乎尚羊乃至少原之壄

兮赤松王喬皆在旁二子擁瑟而調均兮余因稱乎清商澹然而自樂兮吸眾氣而翱翔念

我長生而久僊兮不如反余之故鄉黃鵠後時而寄處兮鴟鴉羣而制之神龍失水而陸居

兮爲螻蟻之所裁夫黃鵠神龍猶如此兮況賢者之逢亂世哉壽冉冉而日衰兮固儃回而

不息流從而不止兮眾枉聚而矯直或偷合而苟進兮或隱居而深藏苟稱量之不審兮

固權槩而就衡或推迻而苟容兮或直言之諤諤傷誠是之不察兮并紉茅絲以爲索方世

俗之幽昏兮眩白黑之美惡放山淵之龜玉兮相與貴夫礫石梅伯數諫而至醢兮來順革

志而用國悲仁人之盡節兮反爲小人之所賊比干忠諫而剖心兮箕子被髮而佯狂水背

流而源竭兮木去根而不長非重軀以慮難兮惜傷身之無功已矣哉獨不見夫鸞鳳之高

翔兮乃集大皇之壄循四極而回周兮見盛德而後下彼聖人之神德兮遠濁世而自藏使

麒麟可得羈而係兮又何以異乎犬羊

鵩鳥賦

單閼之歲兮四月孟夏庚子日斜兮鵩集余舍止於坐隅兮貌甚閒暇異物來萃兮私怪其

故發書占之兮讖言其度曰野鳥入室兮主人將去請問於鵩兮余去何之吉乎告我凶言

其災淹速之度兮語余其期鵩乃歎息舉首奮翼口不能言請對以臆萬物變化兮固無休

息斡流而遷兮。或推而還。形氣轉續兮變化而嬗。沕穆無窮兮胡可勝言。禍兮福所倚福兮禍所伏兮憂喜聚門兮吉凶同域。彼吳彊大兮夫差以敗越棲會稽兮句踐霸世。斯游遂成兮卒被五刑。傅說胥靡兮乃相武丁夫禍之與福兮何異糾纆。命不可說兮孰知其極。水激則旱兮矢激則遠萬物回薄兮振盪相轉。雲蒸雨降兮糾錯相紛大鈞播物兮坱圠無垠。天不可預慮兮道不可預謀遲速有命兮焉識其時。且夫天地為鑪兮造化為工陰陽為炭兮萬物為銅合散消息兮安有常則。千變萬化兮未始有極忽然為人兮何足控摶化為異物兮又何足患兮小智自私兮賤彼貴我達人大觀兮物無不可貪夫徇財兮烈士徇名夸者死權兮品庶每生怵迫之徒兮或趨西東大人不曲兮意變齊同愚士繫俗兮窘若囚拘至人遺物兮獨與道俱眾人惑惑兮好惡積億真人恬漠兮獨與道息釋智遺形兮超然自喪寥廓忽荒兮與道翱翔乘流則逝兮得坻則止縱軀委命兮不私與己其生兮若浮其死兮若休澹乎若深淵之靜泛乎若不繫之舟不以生故自寶兮養空而浮德人無累兮知命不憂細故蒂芥兮何足以疑。

弔屈原賦

恭承嘉惠兮竢罪長沙。側聞屈原兮自湛汨羅造託湘流兮敬弔先生。遭世罔極兮迺隕厥身鳴虖哀哉兮逢時不祥。鸞鳳伏竄兮鴟梟翱翔闒茸尊顯兮讒諛得志賢聖逆曳兮方正

倒植。謂隨夷潄兮。謂跖蹻廉莫邪爲鈍兮。鉛刀爲銛吁嗟默默生之亡故兮。斡棄周鼎而寶

康瓠兮。騰駕罷牛驂蹇驢兮。驥垂兩耳服鹽車兮。章父薦屨漸不可久兮。嗟苦先生獨離此

咎兮。諱曰已矣國其莫吾知兮子獨壹鬱其誰語兮鳳縹縹其高逝兮夫固自引而遠去襲九

淵之神龍兮沕淵潛以自珍彌融爥以隱處兮夫豈從蝦與蛭螾所貴聖之神德兮遠濁世

而自臧使麒麟可係而羈兮豈云異夫犬羊般紛紛其離此郵兮亦夫子之辜也歷九州而

相其君兮何必懷此都也鳳皇翔於千仞兮覽德輝而下之見細德之險微兮搖增翮而去

之彼尋常之汙瀆兮豈容吞舟之魚橫江湖之鱣鯨兮固將制於螻螘

古文治要卷一

國學治要五

古文十七家

司馬相如

漢成都人字長卿少時好讀書擊劍景帝時為武騎常侍病免客遊梁與鄒陽枚乘莊忌之徒同舍乃著子虛之賦旋歸蜀武帝立讀其子虛賦而善之乃召至復著上林賦以進遂以為郎後通西南夷有功尋拜文園令病免居茂陵帝使求其書而相如已死遺札言封禪事相如為人豪宕不拘細行然頗通小學工於文辭所作諸賦瑋瑰雄壯其始極陳富麗既乃歸之諷諫一變騷人抒情託志之義而自創為漢賦一體揚雄以下多傲為之終未有能過之者說者謂其體蓋出於諸子之縱橫家云

諫獵書

臣聞物有同類而殊能者故力稱烏獲捷言慶忌勇期賁育臣之愚竊以為人誠有之獸亦宜然今陛下好陵阻險射猛獸卒然遇軼材之獸駭不存之地犯屬車之清塵輿不及還轅人不暇施巧雖有烏獲逢蒙之伎力不得用枯木朽株盡為害矣是胡越起於轂下而羌夷接軫也豈不殆哉雖萬全無患然本非天子之所宜近也且夫清道而後行中道而後馳猶時有銜橛之變而況涉乎蓬蒿馳乎邱墳前有利獸之樂而內無存變之意其為害也不亦難矣夫輕萬乘之重不以為安樂出萬有一危之塗以為娛臣竊為陛下不取也蓋明者遠

見於未萌而智者避危於無形禍固多藏於隱微而發於人之所忽者也故鄙諺曰家累千
金坐不垂堂此言雖小可以喻大臣願陛下留意幸察

諭巴蜀檄

告巴蜀太守蠻夷自擅不討之日久矣時侵犯邊境勞士大夫陛下卽位存撫天下安集中
國然後興師出兵北征匈奴單于怖駭交臂受事屈膝請和康居西域重譯納貢稽首來享
移師東指閩越相誅右弔番禺太子入朝南夷之君西僰之長常效貢職不敢惰怠延頸舉
踵喁喁然皆鄉風慕義欲爲臣妾道里遼遠山川阻深不能自致夫不順者已誅而爲善者
未賞故遣中郎將往賓之發巴蜀之士各五百人以奉幣帛衛使者不然靡有兵革之事戰
鬪之患今聞其乃發軍興制驚懼子弟憂患長老郡又擅爲轉粟運輸皆非陛下之意也當
行者或亡逃自賊殺亦非人臣之節也夫邊郡之士聞烽舉燧燔皆攝弓而馳荷戈而走流
汗相屬惟恐居後觸白刃冒流矢議不反顧計不旋踵人懷怒心如報私讎彼豈樂死惡生
非編列之民而與巴蜀異主哉計深慮遠急國家之難而樂盡人臣之道也故有剖符之封
析圭而爵位爲通侯處列東第終則遺顯號於後世傳土地於子孫行事甚忠敬居位甚安
佚名聲施於無窮功烈著而不滅是以賢人君子肝腦塗中原膏液潤野草而不辭也今奉
幣使至南夷卽自賊殺或亡逃抵誅身死無名諡爲至愚恥及父母爲天下笑人之度量相

越豈不遠哉然此非獨行者之罪也父兄教之不先子弟率之不謹寡廉鮮恥而俗不長厚也其被刑戮不亦宜乎陛下患使者有司之若彼悼不肖愚民之如此故遣信使曉諭百姓以發卒之事因數之以不忠死亡之罪讓三老孝弟以不敎誨之過方今田時重煩百姓已親見近縣恐遠所谿谷山澤之民不徧聞檄到亟下縣道使咸諭陛下意毋忽

難蜀父老

漢興七十有八載德茂存乎六世威武紛紜湛恩汪濊生霑濡洋溢乎方外於是乃命使西征隨流而攘風之所被罔不披靡因朝冉從駹定笮存邛略斯榆舉苞蒲結軌還轅東向將報至於蜀都者老大夫搢紳先生之徒二十有七人儼然造焉辭畢進曰蓋聞天子之牧夷狄也其義羈縻勿絕而已今疲三郡之士通夜郎之途三年於茲而功不竟士卒勞倦萬民不贍今又接之以西夷百姓力屈恐不能卒業此亦使者之累也竊爲左右患之且夫邛笮西夷之與中國並也歷年茲多不可記已仁者不以德來彊者不以力并意者其殆不可乎今割齊民以附夷狄敝所恃以事無用鄙人固陋不識所謂使者曰烏謂此乎必若所云則是蜀不變服而巴不化俗也僕嘗惡聞若說然斯事體大固非觀者之所覯也余之行急其詳不可得聞已請爲大夫粗陳其略蓋世必有非常之人然後有非常之事有非常之事然後有非常之功夫非常者固常人之所異也故曰非常之原黎民懼焉及臻厥成天下晏

如也。昔者洪水沸出氾濫溢溢民人登降移徙崎嶇而不安。夏后氏慼之。乃堙洪塞源決江

流河灑沈澹災東歸之於海而天下永寧。當斯之勤豈唯民哉。而身親其勞躬腠

胝無胈膚不生毛故休烈顯乎無窮聲稱浹乎于茲且夫賢君之踐位也豈特委瑣齷齪拘

文牽俗修誦習傳當世取說云爾哉。必將崇論閎議創業垂統爲萬世規故馳騖乎兼容并

包而勤思乎參天貳地。且詩不云乎普天之下莫非王土率土之濱莫非王臣。是以六合之

內八方之外浸淫衍溢懷生之物有不浸潤於澤者賢君恥之今封疆之內冠帶之倫咸獲

嘉祉靡有缺遺矣。而夷狄殊俗之國遼絕異黨之域舟車不通人跡罕到政教未加流風猶

微內之則犯義侵禮於邊境外之則邪行橫作放殺其上君臣易位尊卑失序父兄不辜幼

孤爲奴繫縲號泣內嚮而怨曰蓋聞中國有至仁焉德洋而恩普物靡不得其所今獨曷爲

遺己舉踵思慕若枯旱之望雨鷙夫爲之垂涕況乎上聖又焉能已故北出師以討彊胡南

馳使以誚勁越四面風德二方之君鱗集仰流願得受號者以億計故乃關沫若徼牂牁鏤

靈山梁孫原創道德之塗垂仁義之統博恩廣施遠撫長駕使疏逖不閉昧得輝

乎光明以偃甲兵於此而息討伐於彼遐邇一體中外禔福不亦康乎夫拯民於沈溺奉至

尊之休德反衰世之陵夷繼周氏之絕業斯乃天子之亟務也百姓雖勞又惡可以已乎哉

且夫王者固未嘗不始於憂勤而終於逸樂者也然則受命之符合在於此方將增太山之

封加梁父之事。嗚和鑾揚樂頌。上咸五下登三。觀者未覩旨聽者未聞音。猶鶩鴨已翔乎寥

廓之宇而羅者猶視乎藪澤。悲夫於是諸大夫茫然喪其所懷來失厥所以進喟然並稱曰

允哉漢德此鄙人之所願聞也。百姓雖勞請以身先之。敞罔靡徙遷延而辭避。

子虛賦

楚使子虛使於齊王悉發車騎與使者出畋。畋罷子虛過姓烏有先生亡是公存焉坐定烏

有先生問曰今日畋樂乎子虛曰樂。獲多乎曰少。然則何樂。對曰僕樂齊王之欲夸僕以車

騎之眾而僕對以雲夢之事也曰可得聞乎子虛曰可。王車駕千乘選徒萬騎畋於海濱列

卒滿澤罘網彌山掩兔轔鹿射麋腳麟騖於鹽浦割鮮染輪射中獲多矜而自功顧謂僕曰

楚亦有平原廣澤游獵之地饒樂若此者乎楚王之獵孰與寡人乎僕下車對曰臣楚國之

鄙人也幸得宿衛十有餘年時從出游游於後園覽於有無然猶未能徧覩也又焉足以言

其外澤乎齊王曰雖然略以子之所聞見而言之僕對曰唯唯臣聞楚有七澤嘗見其一未

覩其餘也臣之所見蓋特其小小者耳名曰雲夢雲夢者方九百里其中有山焉其山則盤

紆茀鬱隆崇崒崒岑嶜參差日月蔽虧交錯糾紛上干青雲罷池陂陀下屬江河其土則丹

青赭堊雌黃白坿錫碧金銀眾色炫燿照爛龍鱗其石則赤玉玫瑰琳珉昆吾瑊玏玄厲碝

石碔砆其東則有蕙圃蘅蘭茝若芎藭菖蒲江蘺蘪蕪諸柘巴苴其南則有平原廣澤登降

陁靡案衍壇曼緣以大江限以巫山其高燥則生葳菥苞荔薛莎青薠其卑溼則生藏莨蒹
葭東薔彫胡蓮藕菰蘆菴閭軒于眾物居之不可勝圖其西則有湧泉清池激水推移外發
芙蓉菱華內隱鉅石白沙其中則有神龜蛟鼉瑇瑁鼈黿其北則有陰林其樹楩枏豫樟桂
椒木蘭糵離朱楊櫨梨楟栗橘柚芬芳其上則有鵷鶵孔鸞騰遠射干其下則有白虎元豹
蟃蜒貙豻於是乎使專諸之倫手格此獸楚王乃駕馴駁之駟乘彫玉之輿靡魚鬚之橈
旃曳明月之珠旗建干將之雄戟左烏號之彫弓右夏服之勁箭陽子驂乘孅阿爲御案節
未舒卽陵狡獸蹴蛩蛩轞距野馬轀騊駼乘遺風射游騏倏眒倩浰雷動猋至星流霆
擊弓不虛發中必決眦洞胸達掖絕乎心繫獲若雨獸殫草薉於是楚王乃弭節徘徊翱
翔容與覽乎陰林觀壯士之暴怒與猛獸之恐懼徼郄受詘觀眾物之變態於是鄭女曼
姬被阿緆揄紵縞雜纖羅垂霧縠襞襀褰縐紆徐委曲鬱橈谿谷紛紛裶裶揚袘戌削蜚纖
垂髾扶輿猗靡翕呷萃蔡下摩蘭蕙上拂羽蓋錯翡翠之葳蕤繆繞玉綏眇眇忽忽若神仙
之髣髴於是乃相與獠於蕙圃媻姍勃窣上乎金隄揜翡翠射鵔鸃微矰出纖繳施弋白
鵠連駕鵝雙鶬下玄鶴加怠而後發游於清池浮文鷁揚旌栧張翠帷建羽蓋網瑇瑁鉤紫
貝摐金鼓吹鳴籟榜人歌聲流喝水蟲駭波鴻沸涌泉起奔揚會礚石相擊硠硠礚礚若雷
霆之聲聞乎數百里之外將息獠者擊靈鼓起烽燧車按行騎就隊纚乎淫淫般乎裔裔於

是楚王乃登雲陽之臺泊乎無為澹乎自持勺藥之和具而後御之不若大王終日馳騁曾不下輿將割鮮炙自以為娛臣竊觀之齊殆不如於是齊王無以應僕也烏有先生曰是何言之過也足下不遠千里來貺齊國王悉發境內之士備車騎之眾與使者出畋乃欲戮力致獲以娛左右何名為夸哉問楚地之有無者願聞大國之風烈先生之餘論也今足下不稱楚王之德厚而盛推雲夢以為高奢言淫樂而顯侈靡竊為足下不取也必若所言固非楚國之美也無而言之是害足下之信也彰君惡傷私義二者無一可而先生行之必且輕於齊而累於楚矣且齊東陼鉅海南有琅邪觀乎成山射乎之罘浮渤澥游孟諸邪與肅慎為鄰右以湯谷為界秋田乎青邱彷徨乎海外吞若雲夢者八九其於胸中曾不蔕芥若乃俶儻瑰瑋異方殊類珍怪鳥獸萬端鱗崪充牣其中不可勝記禹不能名离不能計然在諸侯之位不敢言游戲之樂苑囿之大先生又見客是以王辭不復何為無以應哉

上林賦

亡是公听然而笑曰楚則失矣而齊亦未為得也夫使諸侯納貢者非為財幣所以述職也封疆畫界者非為守禦所以禁淫也今齊列為東藩而外私肅慎捐國踰限越海而田其於義固未可也且夫二君之論不務明君臣之義正諸侯之禮徒事爭游戲之樂苑囿之大欲以奢侈相勝荒淫相越此不可以揚名發譽而適足以貶君自損也且夫齊楚之事又焉足

道乎君未覩夫巨麗也獨不聞天子之上林乎左蒼梧右西極丹水更其南紫淵徑其北終始灞滻出入涇渭酆鎬潦潏紆餘委蛇經營乎其內蕩蕩乎八川分流相背而異態東南北馳騖往來出乎椒邱之闕行乎洲淤之浦經乎桂林之中過乎泱漭之野汨乎混流順阿而下赴隘陜之口觸穹石激堆埼沸乎暴怒洶湧澎湃滭弗宓汩偪側泌瀄橫流逆折轉騰潎洌滂濞沆溉穹隆雲橈宛潭膠盭踰波趨浥泲泲下瀨批巖衝擁奔揚滯沛臨坻注壑瀺灂霣墜沈沈隱隱砰磅訇礚潏潏淈淈湁潗鼎沸馳波跳沫汨潒漂疾悠遠長懷寂漻無聲肆乎永歸然後灝溔潢漾安翔徐回翱翔乎滈滈東注太湖衍溢陂池於是乎蛟龍赤螭䱏䲛漸離鰅鰫鰬魠禺禺魼鰨揵鰭掉尾振鱗奮翼潛處乎深巖魚鱉讙聲萬物眾夥明月珠子的皪江靡蜀石黃碝水玉磊砢磷磷爛爛采色澔汗叢積乎其中鴻鵠鷫鴇駕鵝屬玉交精旋目煩鶩庸渠箴疵鵁盧羣浮乎其上汎淫泛濫隨風澹淡與波搖蕩掩薄水渚唼喋菁藻咀嚼菱藕於是乎崇山矗矗巃嵸崔巍深林巨木嶄巖嵾嵯九嵕嶻嶭南山峩峩巖阤甗錡摧崣崛崎振溪通谷蹇產溝瀆呀豁閜砑阜陵別隖崴魁嵔廆崛崱隱轔鬱𡾋登降施靡陂池貏豸沇溶淫鬻散渙夷陸亭皋千里靡不被築掩以綠蕙被以江離糅以蘪蕪雜以留夷布結縷攢戾莎揭車衡蘭藁本射干茈薑蘘荷葴持若蓀鮮支黃礫蔣芧青薠布濩宏澤延曼太原離靡廣衍應風披靡吐芳揚烈郁郁菲菲眾香發越肸蠁布寫唵薆咇茀於是

乎周覽泛觀縝紛軋芴芒恍惚視之無端察之無涯日出東沼入乎西陂其南則隆冬生

長涌水躍波其獸則獱旄貘犛沈牛麈麋赤首圜題窮奇象犀其北則盛夏含凍裂地涉冰

揭河其獸則麒麟角端騊駼橐駝蛩蛩驒騱駃騠驢羸於是乎離宮別館彌山跨谷高廊四

注重坐曲閣華榱璧璫輦道纚屬步櫩周流長途中宿夷嶕築堂累臺增成巖突洞房頫杳

眇而無見仰攀橑而捫天奔星更於閨闥宛虹扡於楯軒青龍蚴蟉於東廂象輿婉僤於西

清靈圖燕於閒館偓佺之倫暴於南榮醴泉涌於清室通川過於中庭盤石振崖嶔巖倚傾

嵯峨嶵嶫刻削崢嶸玫瑰碧琳珊瑚叢生崏玉旁唐玢豳文鱗赤瑕駁犖雜臿其間晁采琬

琰和氏出焉於是乎盧橘夏孰黃甘橙楱枇杷橪柿厚朴楟梬棗楊梅櫻桃蒲陶隱夫薁

櫟荅遝離支羅乎後宮列於北園迆邱陵下平原揚翠葉杌紫莖發紅華煌煌扈扈

照曜鉅野沙棠櫟櫧華楓枰櫨留落胥邪仁頻并閭欃檀木蘭豫章女貞長千仞大連抱夸

條直暢實葉葰楙攢立叢倚連卷欐佹崔錯癹骫阬衡閜砢垂條扶疏落英幡纚紛溶箾蓼

猗柅從風瀏莅芔歙蓋象金石之聲管籥之音偨池茈虒旋還乎後宮雜襲累輯被山緣谷

循坂下隰視之無端究之無窮於是乎玄猿素雌蜼玃飛蠝蛭蜩蠗蝚獑胡縠蛫棲息乎其

間長嘯哀鳴翩幡互經夭蟜枝格偃蹇杪顛踰絕梁騰殊榛捷垂條掉希間牢落陸離爛熳

遠遷若此者數百千處娛游往來宮宿館舍庖廚不徙後宮不移百官備具於是乎背秋涉

冬天子校獵乘鏤象六玉虬拖蜺旌靡雲旗前皮軒後道游孫叔奉轡衛公參乘扈從橫行

出乎四校之中鼓嚴簿縱獵者河江爲阹泰山爲櫓車騎靁起殷天動地先後陸離散別

追淫淫裔裔緣陵流澤雲布雨施牛貔豹搏豺狼手熊羆足壄羊蒙鶡蘇絝白虎被斑衣跨

壄馬凌三嵕之危下磧歷之坻徑峻赴險越壑水推蜚廉弄獬豸格蝦蛤鋋猛氏羂要褭

射封豕箭不苟害解脰陷腦弓不虛發應聲而倒於是乎乘輿弭節徘徊翶翔往來睨部曲

之進退覽將帥之變態然後浸淫促節儵夐遠去流離輕禽蹴履狡獸轔白鹿捷狡兔赤

電遺光耀追怪物出宇宙彎蕃弱射游梟飛遽擇肉而後發先中而命處弦矢分

藝殪仆然後揚節而上浮凌風歷駭猋乘虛無與神俱魠玄鶴亂昆雞遒孔鸞拂

翳鳥捎鳳皇捷鴛鶵掩焦明道盡塗殫迴車而還招搖乎襄羊降集乎北紘率乎直指唵觀

反鄉蹷石關歷封巒過鳷鵲望露寒下棠梨息宜春西馳宣曲濯鷁牛首登龍臺掩細柳觀

士大夫之勤略均獵者之所得獲徒車之所轔轢步騎之所蹂若人臣之所蹂藉與其窮極

倦紃驚憚讋伏不被創刃而死者他他藉藉塡阬滿谷掩平彌澤於是乎游戲懈怠置酒乎

顥天之臺張樂乎膠葛之㝢撞千石之鐘立萬石之虡建翠華之旗樹靈鼉之鼓奏陶唐氏

之舞聽葛天氏之歌千人倡萬人和山陵爲之震動川谷爲之蕩波巴俞宋蔡淮南千遮文

成顛歌族居遞奏金鼓迭起鏗鎗闛鞈洞心駭耳荊吳鄭衛之聲韶濩武象之樂陰淫案衍

之音鄢郢繽紛激楚結風俳優侏儒狄鞮之倡所以娛耳目樂心意者麗靡爛漫於前靡曼

美色於後若夫青琴宓妃之徒絕殊離俗妖冶嫺都靚糚刻飾便嬛綽約柔橈嬛嬛嫵媚孅

弱曳獨繭之褕袘眇閻易以邮削便姍嫳屑與俗殊服芬芳漚鬱酷烈淑郁皓齒粲爛宜笑

的皪長眉連娟微睇綿藐色授魂與心愉於側酒中樂酣天子芒然而思似若有亡曰

嗟乎此太奢侈朕以覽聽餘閒無事棄日順天道以殺伐時休息於此恐後葉靡麗遂往而

不返非所以為繼嗣創業垂統也於是乎乃解酒罷獵而命有司曰地可墾闢悉為農郊以

瞻萌隸頹牆填壍使山澤之人得至焉實陂池而勿禁虛宮館而勿仞發倉廩以救貧窮補

不足恤鰥寡存孤獨出德號省刑罰改制度易服色革正朔與天下為更始於是曆吉日以

齋戒襲朝服乘法駕建華旗鳴玉鸞游於六藝之囿馳鶩乎仁義之塗覽觀春秋之林射貍

首兼騶虞弋玄鶴舞干戚載雲罕掩羣雅悲伐檀樂樂胥修容乎禮園翱翔乎書圃述易道

放怪獸登明堂坐清廟次羣臣奏得失四海之內靡不受獲於斯之時天下大悅向風而聽

隨流而化芔然興道而遷義刑錯而不用德隆於三王而功羨於五帝若此故獵乃可喜也

若夫終日馳騁勞神苦形罷車馬之用抏士卒之精費府庫之財而無德厚之恩務在獨樂

不顧衆庶忘國家之政貪雉兔之獲則仁者不由也從此觀之齊楚之事豈不哀哉地方不

過千里而囿居九百是草木不得墾闢而民無所食也夫以諸侯之細而樂萬乘之僕恐

百姓被其尤也於是二子愀然改容超若自失逡巡避席曰鄙人固陋不知忌諱乃今日見

教謹受命矣。

哀二世賦

登陂陁之長坂兮坌入曾宮之嵯峨臨曲江之隑州兮望南山之參差嚴巖深山之谾谾兮

通谷谽乎嵠谷汩淢靸以永逝兮注平皋之廣衍觀衆樹之蓊薆兮覽竹林之榛榛東馳土

山兮北揭石瀨彌節容與兮歷弔二世持身不謹兮亡國失勢信讒不寤兮宗廟滅絕烏乎

操行之不得兮墓蕪穢而不修兮魂亡歸而不食

長門賦

孝武皇帝陳皇后時得幸頗妒別在長門宮愁悶悲思聞蜀郡成都司馬相如天下工爲文

奉黃金百斤爲相如文君取酒因於解悲愁之辭而相如爲文以悟主上皇后復得幸其辭

曰

夫何一佳人兮步逍遙以自虞魂踰佚而不返兮形枯槁而獨居言我朝往而暮來兮飲食

樂而忘人心慊移而不省故兮交得意而相親伊予志之慢愚兮懷貞慤之歡心願賜問而

自進兮得尚君之玉音奉虛言而望誠兮期城南之離宮修薄具而自設兮君曾不肯乎幸

臨廓獨潛而專精兮天飄飄而疾風登蘭臺而遙望兮神愉悅而外淫浮雲鬱而四塞兮天

窈窈而晝陰兮雷殷殷而響起兮聲象君之車音飄風迴而赴閨兮舉帷幄之襜襜桂樹交而

相紛兮芳酷烈之誾誾孔雀集而相存兮玄猿嘯而長吟翡翠脅翼而來萃兮鸞鳳飛而北

南心憑噫而不舒兮邪氣壯而攻中下蘭臺而周覽兮步從容於深宮正殿塊以造天兮鬱

並起而穹崇間徙倚於東廂兮觀夫靡靡而無窮擠玉戶以撼金鋪兮聲噌吰而似鐘音刻

木蘭以爲榱兮飾文杏以爲梁羅丰茸之游樹兮離樓梧而相撐施瑰木之欂櫨兮委參差

以椽梁時髣髴以物類兮象積石之將將五色炫以相曜兮爛耀耀而成光緻錯石之瓴甓

以象瑇瑁之文章張羅綺之幔帷兮垂楚組之連綱撫柱楣以從容兮覽曲臺之央央白鶴

噭以哀號兮孤雌跱於枯楊日黃昏而望絕兮悵獨託於空堂懸明月以自照兮徂清夜於

洞房援雅琴以變調兮奏愁思之不可長案流徵以卻轉兮聲幼妙而復揚貫歷覽其中操

兮意慷慨而自卬左右悲而垂淚兮涕流離而從橫舒息悒而增欷兮蹝履起而彷徨

秌以自窮兮數昔日之諐殃無面目兮遂頹思而就床摶芬若以爲枕兮席荃蘭而

茝香忽寢寐而夢想兮魂若君之在旁惕寤覺而無見兮魂迋迋若有亡眾雞鳴而愁予兮

起視月之精光觀眾星之行列矣畢昴出於東方望中庭之藹藹兮若季秋之降霜夜曼曼

其若歲兮懷鬱鬱其不可再更澹偃蹇而待曙兮荒亭亭而復明妾人竊自悲兮究年歲而

不敢忘

古文治要卷一

古文十七家

劉向　漢楚元王交四世孫字子政本名更生初爲諫大夫宣帝詔選名儒俊材向以通達能屬文與焉元帝時與蕭望之等同心輔政爲弘恭石顯等所陷幾不能免成帝時復起累官光祿大夫中壘校尉時外戚王氏擅權帝數欲用向爲九卿爲王氏及諸大臣所阻官終不遷向爲人簡易無威儀專積思於經術嘗授詔領校祕書每書皆撮其旨意總爲別錄在朝數上封事極論時政得失其言多痛切發於至誠其文尤渾融道逸懇極姸唐韓愈古文泰斗其稱古之作者數人雖賈董不及而獨屈指於向可以知其所至矣卒年七十二所著有洪範五行傳列女傳列仙傳新序說苑等書

戰國策序

周室自文武始興崇道德隆禮義設辟雍泮宮庠序之教陳禮樂絃歌移風之化敍人倫正夫婦天下莫不曉然論孝弟之義敦篤之行故仁義之道滿乎天下卒致之刑措四十餘年遠方慕義莫不賓服雅頌歌詠以思其德下及康昭之後雖有衰德其綱紀尚明及春秋時已四五百載矣然其餘業遺烈流而未滅五霸之起尊事周室五霸之後時君雖無德人臣輔其君者若鄭之子產晉之叔向齊之晏嬰挾君輔政以並立於中國猶以義相支持歌說

以相感聘觀以相交期會以相一盟誓以相救天子之命猶有所行會享之國猶有所恥小
國得有所依百姓得有所息故孔子曰能以禮讓爲國乎何有周之流化豈不大哉及春秋
之後衆賢輔國者既沒而禮義衰矣孔子雖論詩書定禮樂王道粲然分明以四夫無勢化
之者七十二人而已皆天下之俊也時君莫尚之是以王道遂用不興故曰非威不立非勢
不行仲尼既沒之後田氏取齊六卿分晉道德大廢上下失序至秦孝公捐禮讓而貴戰爭
棄仁義而用詐譎苟以取彊而已矣夫篡盜之人列爲侯王詐譎之國興立爲彊是以轉相
放效後嗣師之遂相吞併大兼小暴師經歲流血滿野父子不相親兄弟不相安夫婦離
散莫保其命湣然道德絕矣晚世益甚萬乘之國七千乘之國五敵侔爭權蓋爲戰國貪饕
無恥競進無厭國異政教各自制斷上無天子下無方伯力功爭強勝者爲右兵革不休詐
僞並起當此之時雖有道德不得設施有謀之彊負阻而恃固連與交質重約結誓以守其
國故孟子孫卿儒術之士棄捐於世而遊說權謀之徒見貴於俗是以蘇秦張儀公孫衍陳
軫代屬之屬主從橫短長之說左右傾側蘇秦爲從張儀爲橫則秦帝從則楚王所在國
重所去國輕當此之時秦國最雄諸方弱蘇秦結之合六國爲一以儐背秦人恐懼
不敢闚兵於關中天下不交兵者二十有九年然秦國勢便形利權謀之士咸先馳之蘇秦
初欲橫秦弗用故東合從及蘇秦死後張儀連橫諸侯聽之西向事秦是故始皇因四塞之

國。據崤函之阻。跨隴蜀之饒。聽眾人之策。乘六世之烈。以蠶食六國兼諸侯。幷有天下使於詐謀之積終無信篤之誠無道德之教仁義之化以綴天下之心任刑法以為治信小術以為道遂燔燒詩書坑殺儒士上小堯下邈三王二世愈甚惠不下施情不上達君臣相疑骨肉相疏化道淺薄綱紀壞敗民不見義而懸於不寧撫天下十四歲天下大潰詐偽之弊也其比王德豈不遠哉孔子曰道之以政齊之以刑民免而無恥道之以德齊之以禮有恥且格夫使天下有所恥故化可致也苟以詐偽偷活取容自上為之何以率下秦之敗也不亦宜乎戰國之時君德淺薄為之謀策者不得不因勢而為資據時而為畫故其謀扶急持傾為一切之權雖不可以臨教化兵革救急之勢也皆高才秀士度時君之所能行出奇策異智轉危為安運亡為存亦可喜皆可觀。

論起昌陵疏

臣聞易曰安不忘危存不忘亡是以身安而國家可保也故聖賢之君博觀終始窮極事情。而是非分明王者必通三統明天命所授者博非獨一姓也孔子論詩至於殷士膚敏祼將于京嘖然歎曰大哉天命善不可不傳于子孫是以富貴無常不如是則王公其何以戒慎民萌何以勸勉蓋傷微子之事周而痛殷之亡也雖有堯舜之聖不能化丹朱之子雖有禹湯之德不能訓末孫之桀紂自古及今未有不亡之國也昔高皇帝既滅秦將都雒陽感寤劉敬之言自以德不及周。而賢于秦遂徙都關中。依周之德。因秦之阻。世之長短以德為效。

故常戰慄不敢諱亡孔子所謂富貴無常蓋謂此也孝文皇帝居霸陵北臨廁意悽愴悲懷

顧謂羣臣曰嗟乎以北山石為椁用紵絮斵陳漆其間豈可動哉張釋之進曰使其中有可

欲雖錮南山猶有隙使其中無可欲雖無石椁又何慼焉夫死者無終極而國家有廢興故

釋之言為無窮計也孝文寤焉遂薄葬不起山墳易曰古之葬者厚衣之以薪葬之中野

不封不樹後世聖人易之以棺椁棺椁之作自黃帝始黃帝葬於橋山堯葬濟陰邱隴皆小。

葬具甚微舜葬蒼梧二妃不從禹葬會稽不改其列殷湯無葬處文武周公葬于畢秦穆公

葬于雍橐泉宮祈年館下樗里子葬于武庫皆無邱隴之處此聖帝明王賢君智士遠覽獨

慮無窮之計也其賢臣孝子亦承命順意而薄葬之此誠奉安君父忠孝之至也夫周公武

王弟也葬兄甚微孔子葬母于防稱古墓而不墳曰丘東西南北之人也不可不識也為四

尺墳遇雨而崩弟子修之以告孔子流涕曰吾聞之古者不修墓蓋非之也延陵季子

適齊而反其子死葬于嬴博之間穿不及泉斂以時服封墳掩坎其高可隱而號曰骨肉復

歸于土命也魂氣則無不之也夫嬴博去吳千有餘里季子不歸葬孔子往觀曰延陵季子

于禮合矣故仲尼孝子而延陵慈父舜禹忠臣周公弟其葬君親骨肉皆微薄矣非苟為

儉誠便于體也宋桓司馬為石椁仲尼曰不如速朽秦相呂不韋集知略之士而造春秋亦

言薄葬之義皆明于事情者也逮至吳王闔閭違禮厚葬十有餘年越人發之及秦惠文武

昭嚴襄五王皆大作邱隴多其瘞藏咸盡發掘暴露甚足悲也秦始皇帝葬于驪山之阿下

錮三泉上崇山墳其高五十餘丈周回五里有餘石椁爲游館人膏爲燈燭水銀爲江海黃

金爲鳧雁珍寶之藏機械之變棺椁之麗宮館之盛不可勝原又多殺宮人生薶工匠計以

數萬天下苦其役而反之驪山之作未成而周章百萬之師至其下矣項籍燔其宮室營宇

往者咸見發掘其後牧兒亡羊羊入其鑿牧人持火照求羊失火燒其藏椁自古及今葬未

有盛如始皇者也數年之間外被項籍之災內罹牧豎之禍豈不哀哉是故德彌厚者葬彌

薄知愈深者葬愈微無德寡知其葬愈厚邱隴彌高宮廟甚麗發掘必速由是觀之明暗之

效葬之吉凶昭然可見矣周德既衰而奢侈宣王賢而中興更爲儉宮室小寢廟詩人美之

斯干之詩是也上章道宮室之如制下章言子孫之眾多也及魯嚴公刻飾宗廟多築臺囿

後嗣再絕春秋刺焉周宣如彼而昌魯秦如此而絕是則奢儉之得失也陛下即位躬親節

儉始營初陵其制約小天下莫不稱賢及徙昌陵增埤爲高積土爲山發民墳墓積以數

萬營起邑居期日迫卒功費大萬百餘死者恨于下生者愁于上怨氣感動陰陽因之以饑

饉物故流離以十萬數臣甚愍焉以死者爲有知發人之墓其害多矣若其無知又安用大

謀之賢知則不說以示眾庶則苦之若苟以說夫淫侈之人又何爲哉陛下慈仁篤美甚

厚聰明疏達蓋世宜宏漢家之德崇劉氏之美光昭五帝三王而顧與暴秦亂君竸為奢侈

比方邱隴說愚夫之目隆一時之觀違賢知之心亡萬世之安臣竊為陛下羞之惟陛下上

覽明聖黃帝堯舜禹湯文武周公仲尼之制下觀賢知穆公延陵樗里張釋之之意孝文皇

帝去墳薄葬以儉安神可以為則秦昭始皇增山厚藏以侈生害足以為戒初陵之橅宜從

公卿大臣之議以息眾庶

論甘延壽等疏

郅支單于四殺使者吏士以百數事暴揚外國傷威毀重羣臣皆閔陛下赫然欲誅之意

未嘗有忘西域都護延壽副校尉湯承聖指倚神靈總百蠻之君檻城郭之兵出百死入絕

城遂蹈康居五重城搴歙侯之旗斬郅支之首縣旌萬里之外揚威昆山之西掃谷吉之

恥立昭明之功萬夷懾伏莫不懼震呼韓邪單于見郅支巳誅且喜且懼鄉風馳義稽首來

賓願守北藩累世稱臣立千載之功建萬世之安羣臣之勳莫大焉昔周大夫方叔吉甫為

宣王誅獫狁而百蠻從其詩曰嘽嘽焞焞如霆如雷顯允方叔征伐獫狁蠻荊來威易曰有

嘉折首獲匪其醜言美誅惡之人而諸不順者皆來從也今延壽湯所誅震雖易之折

詩之雷霆不能及也論大功者不錄小過舉大美者不疵細瑕司馬法曰軍賞不踰月欲民

速得為善之利也蓋急武功重用人也吉甫之歸周厚賜之其詩曰吉甫宴喜既多受祉來

歸自鎬我行永久千里之鎬猶以爲遠況萬里之外其勤至矣延壽湯既未獲受祉之報反

屈捐命之功久挫于刀筆之前非所以勸有功厲戎士也昔齊桓公前有尊周之功後有滅

項之罪君子以功覆過而爲之諱行事貳師將軍李廣利捐五萬之師靡億萬之費經四年

之勞而僅獲駿馬三十匹雖斬宛王毋鼓之首猶不足以復費其私罪惡甚多孝武以爲萬

里征伐不錄其過遂封拜兩侯三卿二千石百有餘人今康居國強于大宛郅支之號重于

宛王殺使者罪甚于留馬而延壽湯不煩漢士不費斗糧比于貳師功德百之且常惠隨欲

擊之烏孫鄭吉迎自來之日逐猶皆裂土受爵故言威武勤勞則大于方叔吉甫列功則高

則優于齊桓貳師近事之功則高于安遠長羅而大功未著小惡數布臣竊痛之宜以時解

縣通籍除過勿治尊寵爵位以勸有功

使人上變事書

竊聞故前將軍蕭望之等皆忠正無私欲致大治忤於貴戚尙書今道路人聞望之等復進

以爲且復見毀讒必曰嘗有過之臣不宜復用是大不然臣聞春秋地震爲在位執政太盛

也不爲三獨夫動亦已明矣且往者高皇帝時季布有罪至於夷滅後赦以爲將軍高后孝

文之間卒爲名臣孝武帝時兒寬有重罪繫按道侯韓說諫曰前吾邱壽王死陛下至今恨

之今殺寬後將復大恨矣上感其言遂貰寬復用之位至御史大夫御史大夫未有及寬者

也及董仲舒坐災異書生父偃取奏之下吏。罪至不道幸蒙不誅復爲大中大夫膠西相以老病免歸漢有所欲與常有詔問仲舒爲世儒宗定議有益天下孝宣皇帝時夏侯勝坐誹謗繫獄三年免爲庶人宣帝復用勝至長信少府太子太傅名敢直言天下美之若乃羣臣多此比類難一二記有過之臣無負國家有益天下此四臣者足以觀矣前弘恭奏望之等獄決三月地大震恭移病出後復視事天陰雨雪由是言之地動殆爲恭等臣愚以爲宜退恭顯以章蔽善之罰進望之等以通賢者之路如此太平之門開災異之原塞矣

條災異封事

臣前幸得以骨肉備九卿奉法不謹乃復蒙恩竊見災異並起天地失常徵表爲國欲終不言念忠臣雖在刓歇猶不忘君惓惓之義也況重以骨肉之親又加以舊恩未報乎欲竭愚誠又恐越職然惟二恩一抒愚意退就農畝死無所恨臣聞舜命九官濟濟相讓和之至也衆賢和於朝則萬物和於野故簫韶九成而鳳皇來儀擊石拊石百獸率舞四海之內靡不和寧及至周文開基西郊雜遝衆賢罔不肅和崇讓之風以銷分爭之訟文王既沒周公思慕歌詠文王之德其詩曰於穆清廟肅雍顯相濟濟多士秉文之德當此之時武王周公繼政朝臣和於內萬國和於外故盡得其驩心以事其先祖其詩曰有來雝雝至止蕭蕭相維辟公天子穆穆言四方皆以和來也諸侯和於下天應報於上故周頌曰

降福穰穰又曰飴我釐麰釐麰麥也始自天降此皆以和致和獲天助也下至幽厲之際朝
廷不和轉相非怨詩人疾而憂之曰民之無良相方一怨衆小在位而從邪議歡歡相是而
背君子故其詩曰歡歡訾訾亦孔之哀謀之其臧則具是違謀之不臧則具是依君子獨處
守正不撓衆枉勉強以從王事則反見憎毒讒愬故其詩曰密勿從事不敢告勞無罪無辜
讒口嗸嗸當是之時日月薄蝕而無光其詩曰日月鞠凶四國無政不用其良天變見於
微此日月微今此下民亦孔之哀又曰日月告凶辛卯日有食之亦孔之醜又曰彼月而
上地變動於下水泉沸騰山谷易處其詩曰百川沸騰山冢崒崩高岸為谷深谷為陵哀今
之人胡憯莫懲霜降失節不以其時其詩曰正月繁霜我心憂傷民之訛言亦孔之將言民
以是為非衆大也此皆不和賢不肖易位之所致也自此之後天下大亂篡殺殃禍並作
厲王奔彘幽王見殺至乎平王末年魯隱之始即位也周大夫祭伯乖離不和出奔于魯而
春秋為諱不言來奔傷其禍殃自此始也是後尹氏世卿而專恣諸侯背畔而不朝周室卑
微二百四十二年之間日食三十六地震五山陵崩阤二彗星三見夜常星不見夜中星隕
如雨一火災十四長狄入三國五石隕墜六鶂退飛多麋有蜮蜚鴝鵒來巢者皆一見晝冥
晦雨木冰李梅冬實七月霜降草木不死八月殺菽大雨雹雨雪雷霆失序相乘水旱饑蝝
螽螟蠡午並起當是時禍亂輒應弒君三十六亡國五十二諸侯奔走不得保其社稷者不

可勝數也周室多禍敗其師於貿戎伐其郊鄭傷桓王戎執其使衛侯朔召不往齊逆命

而助朔五大夫爭權三君更立莫能正理遂至陵夷不能復興由此觀之和氣致祥乖氣致

異祥多者其國安異衆者其國危天地之常經古今之通義也今陛下開三代之業招文學

之士優游寬容使得並進今賢不肖渾淆白黑不分邪正雜糅忠讒並進章交公車人滿北

軍朝臣舛午膠戾乖剌更相讒愬轉相是非傳授增加文書紛糾前後錯繆毀譽渾亂所以

營惑耳目感移心意不可勝載分曹為黨往往羣朋將同心以陷正臣正臣進者治之表也

正臣陷者亂之機也乘治亂之機未知執任而災異數見此臣所以寒心者也乘夫權藉勢

之人子弟鱗集于朝羽翼陰附者衆輻湊于前毀譽將必用以終乖離之咎是以日月無光

雪霜夏隕海水沸出陵谷易處列星失行皆怨氣之所致也夫遵衰周之軌迹循詩人之所

刺而欲以成太平致雅頌猶卻行而求及前人也初元以來六年矣案春秋六年之中災異

未有稠如今者也夫有春秋之異無孔子之救猶不能解紛況甚于春秋原其所以然者

讒邪並進也讒邪之所以並進者緣上多疑心既已用賢臣而行善政如或譖之則賢人退

而善政還夫執狐疑之心者來讒賊之口持不斷之意者開羣枉之門讒邪進則衆賢退

枉盛則正事消故易有否泰小人道長君子道消君子道消則政日亂故為否否者閉而亂

也君子道長小人道消小人道消則政日治故為泰泰者通而治也詩又云雨雪麃麃見晛

聿消與易同義昔者鯀共工驩兜與舜禹雜處堯朝周公與管蔡並居周位當是時迭進相

毀流言相謗豈可勝道哉帝堯舜禹周公而消共工管蔡故以大治榮華至今孔

子與季孟偕仕于魯李斯與叔孫通俱宦于秦定公始皇賢季孟李斯而消孔子叔孫故以

大亂汙辱至今故治亂榮辱之端在所信任信任既賢在于堅固而不移詩云我心匪石不

可轉也言守善篤也易曰渙汙其大號言號令如汙汙出而不反者也今出善令未能踰時

而反汙也用賢未能三旬而退是轉石也論語曰見不善如探湯今二府奏佞諂不當

在位歷年而不去故出令則如反汙用賢則如轉石去佞則如拔山如此望陰陽之調不亦

難乎是以羣小窺見間隙緣飾文字巧言醜詆流言飛文譁于民間故詩云憂心悄悄慍于

羣小小人成羣誠足愠也昔孔子與顏淵子貢更相稱譽不爲朋黨禹稷與臯陶傳相汲引

不爲比周何則忠于爲國無邪心也故賢人在上位則引其類而聚之于朝易曰飛龍在天

大人聚也在下位則思與其類俱進易曰拔茅茹以其彙征吉在上則引其類在下則推其

類故湯用伊尹不仁者遠而衆賢至類相致也今佞邪與賢臣並在交戟之內合黨共詆譖

善依惡歙歙誩誩數設危險之言欲以傾移主上如忽然用之此天地之所以先戒災異之

所以重至者也自古明聖未有無誅而治者也故舜有四放之罰而孔子有兩觀之誅然後

聖化可得而行也今以陛下明知誠深思天地之心迹察兩觀之誅覽否泰之卦觀雨雪之

詩歷周唐之所進以爲法。原秦魯之所消以爲戒。考祥應之福省災異之禍爲揆當世之變放遠佞邪之黨壞散險詖之聚杜閉羣枉之門廣開衆正之路決斷狐疑分別猶豫使是非炳然可知則百異消滅而衆祥並至太平之基萬世之利也臣幸得託肺腑誠見陰陽不調。不敢不通所聞竊推春秋災異以效今事一二條其所以不宜宣泄臣謹重封昧死上

極諫外家封事

臣聞人君莫不欲安然而常危莫不欲存然而常亡失御臣之術也夫大臣操權柄持國政未有不爲害者也昔晉有六卿齊有田崔衛有孫寧魯有季孟常掌國事世執朝柄終後田氏取齊六卿分晉崔杼弑其君光孫林父寧殖出其君衎弑其君剽季氏八佾舞于庭三家者以雍徹並專國政卒逐昭公周大夫尹氏筦朝事濁亂王室子朝子猛更立連年乃定故經曰王室亂又曰尹氏殺王子克甚之也春秋舉成敗錄禍福如此類甚衆皆陰盛而陽微下失臣道之所致也故書曰臣之有作威作福害于而家凶于而國孔子曰祿去公室政逮大夫危亡之兆秦昭王舅穰侯及涇陽華陽君專國擅勢上假太后之威三人者權重于昭王家富于秦國國甚危殆賴范雎之言而秦復存二世委任趙高專權自恣壅蔽大臣終有閻樂望夷之禍秦遂以亡近事不遠即漢所代也漢興諸呂無道擅相尊王呂產呂祿席太后之寵據將相之位兼南北軍之衆擁梁趙王之尊驕盈無厭欲危劉氏賴忠正大臣絳

侯朱虛侯等竭誠盡節以誅滅之。然後劉氏復安。今王氏一姓乘朱輪華轂者二十三人。青紫貂蟬充盈幄內。魚鱗左右。大將軍秉事用權。五侯驕奢僭盛。並作威福。擊斷自恣。行汙而寄治身。私而託公。依東宮之尊。假甥舅之親。以為威重。尚書九卿州牧郡守皆出其門。筦執樞機朋黨比周。稱譽者登進。忤恨者誅傷。遊談者助之說。執政者為之言。排擯宗室。孤弱公族。其有智能者尤非毀而不進。遠絕宗室之任。不令得給事朝省。恐其與己分權。數稱燕王蓋主以疑上心。避諱呂霍而弗肯稱。內有管蔡之萌。外假周公之論。兄弟據重。宗族磐互。歷上古至秦漢外戚僭貴。未有如王氏者也。雖周皇甫秦穰侯漢武安呂霍上官之屬皆不及也。物盛必有非常之變先見。為其人徵象。孝昭帝時冠石立于泰山。仆柳起于上林。而孝宣帝卽位今王氏先祖墳墓在濟南者。其梓柱生枝葉。扶疏上出屋。根垂地中。雖立石起柳無以過此之明也。事勢不兩大。王氏與劉氏亦且不並立。如下有泰山之安。則上有累卵之危。陛下為人子孫。守持宗廟。而令國祚移于外親。降為皂隸。縱不為身。奈宗廟何。婦人內夫家。外父母家。此亦非皇太后之福也。孝宣皇帝不與舅平昌樂昌侯權。所以全安之也。夫明者起福于無形。銷患于未然。宜發明詔。吐德音。援近宗室。親而納信。黜遠外戚。毋授以政。皆罷令就第。以則效先帝之所行。厚安外戚。全其宗族。誠東宮之意。外家之福也。王氏永存。保其爵祿。劉氏常安。不失社稷。所以襃睦外內之姓。子子孫孫無疆之計也。如不行此策。田氏復見於今六卿必起于漢。爲後嗣憂昭昭甚明不可不深圖不可不蚤慮易曰君不密則失臣。

臣不密則失身幾事不密則害成惟陛下深留聖思審固幾密覽往事之戒以折中取信居

萬安之實用保宗廟久承皇太后。天下幸甚。

說成帝與禮樂

與辟雍設庠序陳禮樂隆雅頌之聲盛揖讓之容以風化天下。如此而不治者。未之有也或

曰不能具禮禮以養人爲本如有過差是過而養人也刑罰之過或至死傷今之刑非皋陶

之法也。而有司請定法。削則削筆則筆救時務也。至於禮樂則曰不敢。是敢於殺人不敢於

養人也。爲其俎豆管絃之間小不備因是絕而不爲。是去小不備而就大不備大不備莫

甚焉夫敎化之比於刑法刑法輕是舍所重而急所輕也且敎化所恃以爲治也刑法以助

治也今廢所恃而獨立其所助非所以致太平也。自京師有諍逆不順之子孫至於陷大辟

受刑戮者不絕繇不習五常之道也夫承千歲之衰周繼暴秦之餘敝民漸漬惡俗貪饕險

詖不閑義禮不示以大化而獨敺以刑罰終已不改故曰道之以禮樂而民和睦初叔孫通

將制定禮儀見非於齊魯之士然卒爲漢儒宗業亞後嗣斯成法也

古文治要卷一

古文十七家

揚雄　漢成都人字子雲少好學不爲章句訓詁通而已博覽無所不見口吃不能劇談默而好深湛之思年四十餘來遊京師成帝詔對承明庭奏甘泉河東長楊羽獵四賦遂以爲郎給事黃門歷成哀平三朝而官不遷王莽時卒年七十一按雄爲學最好模擬作太玄以擬易作法言以擬論語後人多譏其徒爲貌似不能恢宏儒學其文亦然諸賦仿司馬相如州箴仿虞箴反離騷仿離騷解嘲仿東方朔客難然雄本博羣書深通小學其文賦諸作謀篇造句法度謹嚴往來馳騁尤稱雄健所模擬者雖不能盡過前人而實兼有前人之勝故自韓愈以下多推服焉有揚子雲集

諫不受單于朝書

臣聞六經之治貴於未亂兵家之勝貴於未戰二者皆微然而大事之本不可不察也今單于上書求朝國家不許而辭之臣愚以爲漢與匈奴從此隙矣夫北地之狄五帝所不能臣三王所不能制其不可使隙甚明臣不敢遠稱請引秦以來明之以秦始皇之強蒙恬之威帶甲四十餘萬然不敢窺西河迺築長城以界之會漢初興以高祖之威靈三十萬衆困於平城士或七日不食時奇譎之士石畫之臣甚衆卒其所以脫者世莫得而言也又高皇后

嘗忿匈奴羣臣廷議樊噲請以十萬衆橫行匈奴中季布曰噲可斬也妄阿順指於是大臣

權書遺之然後匈奴之結解中國之憂平及孝文時匈奴侵暴北邊候騎至雍甘泉京師大

駭發三將軍屯細柳棘門霸上以備之數月迺罷孝武卽位設馬邑之權欲誘匈奴使韓安

國將三十萬衆徼於便墜匈奴覺之而去徒費財勞師一虜不可得見況單于之面乎其後

深惟社稷之計規恢萬載之策迺大興師數十萬使衞青霍去病操兵前後十餘年於是浮

西河絕大幕破寘顏襲王庭窮極其地追奔逐北封狼居胥山禪於姑衍以臨翰海虜名王

貴人以百數自是之後匈奴震怖益求和親然而未肯稱臣也且夫前世豈樂傾無量之費

役無罪之人快心於狠望之北哉以爲不一勞者不久佚不漸費者不永寧是以忍百萬之

師以摧餓虎之喙運府庫之財塡盧山之壑而不悔也至本始之初匈奴有桀心欲掠烏孫

侵公主迺發五將之師十五萬騎獵其南而長羅侯以烏孫五萬騎震其西皆至質而還時

鮮有所獲徒奮揚威武明漢兵若風雷耳雖空行空反匈奴故北狄不服中國未得

高枕安寢也逮至元康神爵之間大化神明鴻恩溥洽而匈奴內亂五單于爭立日逐呼韓

邪攜國歸死扶伏稱臣然尙羈縻之計不顓制自此之後欲朝者不距不欲者不彊何者外

國天性忿鷙形容魁健負力怙氣難化以善易隸以惡其強難詘其和難得故未服之時勞

師遠攻傾國殫貨伏尸流血破堅拔敵如彼之難也旣服之後慰薦撫循交接賂遺威儀俯

仰如此之偏也。往時嘗屠大宛之城。蹈烏桓之壘。探姑繒之壁。籍蕩姐之場。艾朝鮮之旃。拔兩越之旗。近不過旬月之役。遠不離二時之勞。固已犁其庭掃其閭。郡縣而置之。雲徹席捲。後無餘菑。惟北狄爲不然。眞中國之堅敵也。三垂比之懸矣。前世重之茲甚。未易可輕也。今單于歸義。懷款誠之心。欲離其庭。陳見於前。此迺上界之遺策。神靈之所想望。國家雖費。不得已者也。奈何距以來厭之辭。疏以無日之期。消往昔之恩。開將來之隙。夫款而隙之。使有恨心。負前言。緣往辭。歸怨於漢。因以自絕。終無北面之心。威之不可諭之不能。焉得不爲大憂乎。夫明者視於無形。聽者聽於無聲。先於未然。即蒙恬樊噲不復施。棘門細柳不復備。馬邑之策安所設。衞霍之功何得用。五將之威安所震。不然。壹有隙之後。雖智者勞心於內。辯者轂擊於外。猶不若未然之時也。且往者圖西域。制車師。置城郭都護三十六國。費歲以大萬計者。豈爲康居烏孫能踰白龍堆而寇西邊哉。迺以制匈奴也。夫百年勞之。一日失之。費十而愛一。臣竊爲國不安也。惟陛下少留意於未亂未戰。以遏邊萌之禍。

州箴

洋洋冀州。鴻原大陸。岳陽是都。島夷皮服。潺潺河流。表以碣石。三后攸降。列爲侯伯。降周之末。趙魏是宅。冀土麋沸。炫沄如湯。更盛更衰。載從載衡。陪臣擅命。天王是替。趙魏相反。秦拾其弊。北築長城。恢夏之場。漢興定制。改列藩王。仰覽前世。厥力孔多。初安如山。後崩如崖。故治不忘亂安不忘危周室自怗云焉有予隳六國奮矯渠絕其維牧臣司冀敢告在階。

右冀州牧箴

悠悠濟河兗州之寓九河既導雷夏攸處草繇木條漆絲絺紵濟潔既通降邱宅土成湯五徙卒都於亳盤庚北渡牧野是宅丁感雉雊祖已伊忠愛正厥事遂緒高宗陵遲顚覆湯緒西伯戡黎祖伊奔走致大威命不恐不震婦言是用牝雞是晨三仁既知武果戎殷牧野之禽豈復能耽甲子之朝豈復能笑有國雖久必畏天咎有民雖長必懼人殃箕子欷歔。厥居為墟牧臣司兗敢告執書

右兗州牧箴

范范青州海岱是極鹽鐵之地鉛松怪石犂水攸歸萊夷作牧貢篚以時莫怠莫違昔在文武封呂於齊厥土塗泥在邱之營五侯九伯是討是征馬殆其御御失其度周室荒亂小白以霸諸侯僉服復尊京師小白既沒周卒陵遲嗟茲天王附命下土失其法度喪其文武牧臣司青敢告執矩。

右青州牧箴

海岱伊淮東海是渚徐州之士邑于蕃宇大野既瀦有羽有蒙孤桐蠙珠泗沂攸同實列蕃蔽侯衞東方民好農蠶大野以康帝癸及辛不祗不恪沈湎於酒而忘其東作天命湯武剿

絕其緒。祗降周任。姜鎮於琅邪。姜姓絕苗。田氏攸都。事由細微。不慮不圖。禍如邱山。本在萌芽。牧臣司徐敢告僕夫。

右徐州牧箴

矯矯揚州。江漢之滸。彭蠡既瀦。陽鳥攸處。橘柚羽貝。瑤琨篠簜。閩越北垠。沅湘攸往。獷矣淮夷。蠢蠢荊蠻。翩彼昭王。南征不旋。人咸躓於垤。莫躓於山。咸跌於汚。莫跌於川。明哲不云我昭。童蒙不云我昏。湯武聖而師伊呂。桀紂悖而誅逢干。蓋邇之不可不察。遠之不可不親。靡有孝而逆父。罔有義而忘君。太伯遜位。基吳紹類。夫差一誤。太伯無祚。周室不匡。句踐入霸。當周之隆。裳裳重譯。春秋之末。侯甸叛道。元首不可不思。股肱不可不擎。堯勤屢省。舜盛欽謀。牧臣司揚。敢告執籌。

右揚州牧箴

幽幽巫山。在荊之陽。江漢朝宗。其流湯湯。夏君遭浮。荊衡是調。雲夢塗泥。包甄菁茅。金玉砥礪。象齒元龜。貢筐百物。世世以饒。戰戰慄慄。至桀荒淫。曰我帝在位。若天有日。不順庶國。孰敢余奪。亦有成湯。果秉其鉞。放之南巢。號之以桀。南巢茫茫。包楚與荊。風懷以悍。氣銳以剛。有道後服。無道先彊。世雖安平。無敢逸豫。牧臣司荊敢告執御。

右荊州牧箴

郁郁荊河伊雒是經榮播桑漆惟用攸成。田田相拏廬廬相距夏殷不都。成周攸處豫野所居。爰在鶉墟四陲咸宅寓內莫如陪臣執命不慮不圖王室陵遲喪其爪牙靡哲聖捐失其正方伯不維韓卒擅命文武孔純至厲作昏成康孔寧至于幽作傾故有天下者毋曰我大莫或余敗毋曰我疆克余亡夏宅九州至于季世放于南巢成康太平降及周微帶蔽屏營屏營不起施于孫子至耽爲極實絕周祀牧臣司豫敢告柱史

右豫州牧箴

嚴嚴岷山古曰梁州華陽西極黑水南流茫茫洪波鯀堙降陸于時八都厥民不隕禹導江沱岷嶓啟乾遠近底貢罄錯丹絲麻絛暢有粳有稻自京徂畛民攸溫飽帝有桀紂湎沈頗僻過絕苗民滅夏殷績爰周受命復古之常厲夷業破絕爲荒秦作無道三方潰叛義兵征暴逐國於漢拓開疆宇恢梁之野列爲十二羲虞夏牧臣司梁是職是圖經營盛衰敢告士夫。

右益州牧箴

黑水西河橫截崑崙指闔圖畫爲雍垠上侵積石下礙龍門自彼氐羌莫敢不來庭莫敢不來匡每在季主常失厥緒侯紀不貢荒侵其寓陵運衰微秦據以尸與兵山東六國顛沛上帝不寧命漢作京隴山以祖列爲西荒南排勁越北啟疆胡并連屬國一護攸都蓋安不

…忘危。盛不譚襄。牧臣司雍。敢告綴衣。

右雍州牧箴

蕩蕩平川。惟冀之別。北阨幽都。戎夏交俉。伊昔唐虞。實為平陸。周末薦臻。於獯鬻。晉溺其倍。周使不阻。六國擅權。燕趙本都。東限穢貊。羨及東胡。彊秦北排。蒙公城疆。大漢初定。介狄之荒。元戎屢征。如風之騰。義兵涉漠。偃我邊萌。既定且康。復古虞唐。盛不可不圖。衰不可或忘。隄潰蟻穴。器漏鍼芒。牧臣司幽。敢告侍旁。

右幽州牧箴

雍別朔方。河水悠悠。北辟獯虐。南界涇流。盡茲朔土。正直幽方。自昔何為。莫敢不來貢。莫敢不來王。周穆退征。犬戎不享。爰貊伊德。侵玩上國。宣王命將。攘之涇北。宗周罔職。日用爽蹉。既不俎豆。又不干戈。犬戎作難。斃於驪阿。太上曜德。其次曜兵。德兵俱顛。靡不悴荒。牧臣司并。敢告執綱。

右并州牧箴

交州荒裔。水與天際。越裳是南。荒國之外。爰是開闢。不羈不絆。周公攝阼。白雉是獻。昭王陵遲。周室是亂。越裳絕貢。荊楚逆叛。四國內侵。蠶食周宗。臻於季赧。遂入滅亡。大漢受命。中國兼該。南海之宇。聖武是恢。稍稍受羈。逐臻黃支。杭海三萬。來牽其犀。盛不可不憂。隆不可不

懼。顧瞻陵遲而忘其規摹。亡國多逸豫。而存國多難。泉竭中虛。池竭瀨乾。牧臣司交。敢告執

憲。

右交州牧箴

趙充國頌

明靈惟宣。戎有先零。先零猖狂。侵漢西疆。漢命虎臣。惟後將軍。整我六師。是討是震。既臨其

域。喻以威德。有守矜功。謂之弗克。請奮其旅。於罕之羌。天子命我。從之鮮陽。營平守節。屢奏

封章。料敵制勝。威謀靡亢。遂克西戎。還師於京。鬼方賓服。罔有不庭。昔周之宣。有方有虎。詩

人歌功。乃列於雅。在漢中興。充國作武。赳赳桓桓。亦紹厥後。

羽獵賦

孝成帝時羽獵。雄從以為昔在二帝三王。宮觀臺榭沼池苑囿林麓藪澤。財足以奉宗廟御

賓客充庖廚而已。不奪百姓膏腴穀土桑柘之地。女有餘布。男有餘粟。國家殷富。上下交足。

故甘露零其庭。醴泉流其唐。鳳皇巢其樹。黃龍游其沼。麒麟臻其囿。神爵棲其林。昔者禹任

益虞而上下和。草木茂。成湯好田而天下用足。文王圉百里。民以為尚小。齊宣王圉四十里

民以為大。夫裕民之與奪民也。武帝廣開上林。東南至宜春鼎湖御宿昆吾。旁南山西至長

楊五柞。北繞黃山。濱渭而東。周袤數百里。穿昆明池。象滇河。營建章鳳闕神明馺娑。漸臺太

液象海水周流方丈瀛洲蓬萊遊佹儢窮妙極麗雖頗割其三垂以瞻齊民然至羽獵甲

車戎馬器械儲偫禁禦所營尙泰奢麗誇詡非堯舜成湯文武三驅之意也又恐後世復修

前好不折中以泉臺故聊因校獵賦以風之其辭曰

或稱羲農豈帝王之彌文哉論者云各亦並時而得宜奚必同條而共貫則泰山之封

焉得七十而有二儀有以創業垂統者俱不見其爽邇遷三五孰知其是非遂作頌曰麗哉

神聖處於元宮富旣與地平侔贅貴正與天乎比崇齊桓曾不足使扶轂嚴未足以爲騶

乘狹三王之阨僻嶠高舉而大與歷五帝之寥廓涉三皇之登閎建道德以爲師友仁義與

之爲朋於是元冬季月天地隆烈萬物權輿於內㫚落於外帝將惟田于靈之囿開北垠受

不周之制以終始顓頊元冥之統乃詔虞人典澤東延昆鄰西馳閭闔儲偫戎卒夾道

斬叢棘夷野藪自浒渭經營酆鎬章皇周流出入日月天與地杳爾乃虎落三嵏以爲司

馬圍經百里而爲殿門外則正南極海邪界虞淵漭流茫碣以崇山營合圍會然後先置

乎白楊之南昆明靈沼之東貢育之倫蒙盾負羽杖鏌邪而羅者以萬計其餘荷垂天之罼

張竟㙮之罘麗日月之朱竿曳彗星之飛旗靑雲爲紛虹蜺爲繯屬之乎崑崙之墟澳若天

星之羅浩如濤水之波淫淫與與前後遮繰槍爲闉明月爲候熒惑司命天弧發射鮮扁

陸離駢衍佖路徼車輕武鴻絧緌獵殷殷軫軫被陵緣岅窮夐極遠者相與列乎高原之上

羽騎營營，昀分殊事，繽紛往來。輾轔不絕，若光若滅者，布乎青林之下。於是天子乃以陽罷，

始出乎元宮，撞鴻鐘，建九旒，六白虎，載靈輿，蚩尤並轂，蒙公先驅。立歷天之旂，曳捎星之旃。

霹靂烈缺，吐火施鞭，萃從淋離，廓落蕪戲。八鎮而開關飛廉雲師，吸嚊瀟率，鱗羅布列，

以龍䮓啾蹌蹌入西園，切神光望平樂，徑竹林蹂蕙圃，踐蘭唐，舉烽烈火彎者施技方馳，

千駟狡騎萬帥虓虎之陳，從橫輻森拉雷厲纚騎礚礚洶洶旭旭天動地岋羡漫半散蕭

條數千里外若夫壯士慷慨殊鄉別趣東西南北騁嗜欲地蒼稀跋蹴浮麕斯巨狿

搏元猿騰空虛距連卷蹄天嬌焕潤門莫莫紛紛山谷為之風森林叢為之生塵及至獲夷

之徒蹴松柏掌蓁蓁蒙籠轔轔輕飛屨般首帶修蚰鉤赤豹摯象犀跐㰰唐陂車騎雲

會登降闇藹藹泰華為旐熊耳為綴木仆山還漫若天外儲與平大浦聊浪乎宇內於是天清

日晏逢蒙列眦羿氏控弦皇車幽輾光抶電擊逢之則碎近之則破鳥不及飛獸不得過軍

蹴部曲隊重各案行伍壁壘崑天旋神挾彎翼乎徐至於上蘭移圍徙陳浸淫

驚師駭僕刮野掃地及至罕車飛揚武騎聿皇躡飛豹羂陽追天寶出一方應駓聲擊流光

野盡山窮囊括其雌雄沈沈溶溶遙噱乎紘中三軍芒然窮兇闖與亘觀夫剿禽之纚踰犀

兕之抵觸熊羆之挐攫虎豹之淩遽徒角槍題柱壁辣讐怖魂亡觸輻關脰妄發期中

進退履獲創淫輪夷邱累陵聚於是禽殫中衰相與集於靖冥之館以臨珍池灌以岐梁溢

以江河東瞰目盡西暢亡涯。隨珠和氏焯爍其陂。玉石嶜嵯眩燿青熒。漢女水潛怪物暗冥。不可殫形玄鸞孔雀翡翠垂榮。王雎關關鴻雁嚶嚶。羣娭乎其中嚬嚬昆鳴黿鼉驚振鷺上下砰磷鬱若雷霆乃使文身之伎水格鱗蟲淩堅犯嚴淵排碣薄索蛟螭蹈䃟獱撠黿黿拔鼉蠵入洞穴出蒼梧乘鉅鱗騎京魚浮彭蠡目有虞方椎夜光之流離剖明月之胎珠來享抗鞭洛水之宓妃餉屈原與彭胥於茲乎鴻生鉅儒俄軒冕雜衣裳修唐典雅頌揖讓於前昭光振耀響忽如神仁聲惠於北狄武誼動於南鄰是以旃裘之王胡貉之長移珍來享手稱臣前入圍口後陳盧山羣公常伯楊梁翟之徒嚾然並稱曰崇哉乎德雖有唐虞大夏成周之隆何以侈茲夫古之觀東嶽禪梁基此世也其誰與哉上猶謙讓而未俞也方將上獵三靈之光下決醴泉之滋發黃龍之穴窺鳳皇之巢臨麒麟之囿幸神雀之林奢雲夢侈孟諸非章華是靈臺罕徂離宮而輟觀遊土事不飾木功不彫承民乎農桑勸之以弗息儁男女使莫違恐貧窮者不徧被洋溢之饒開禁苑散公儲創道德之囿宏仁惠之虞馳弋乎神明之囿覽觀乎羣臣之有亡放雉兔收置罘麋鹿芻蕘與百姓共之蓋所以臻茲也於是醇洪鬯之德豐茂世之規加勞三皇勛勤五帝不亦至乎乃祗莊雍睦之徒立君臣之節崇賢聖之業未遑苑囿之麗遊獵之靡也因迴軫還衡背阿房反未央

長楊賦

明年上將大誇胡人以多禽獸秋命右扶風發民入南山西自褒斜東至宏農南驅漢中。張
羅網罝罘捕熊羆豪豬虎豹狖玃狐兔麋鹿載以檻車輸長楊射熊館以網爲周陏縱禽獸
其中胡人手搏之自取其獲上親臨觀焉是時農民不得收斂雄從至射熊館還上長楊
賦聊因筆墨之成文章故藉翰林以爲主人子墨爲客卿以諷其辭曰
子墨客卿問於翰林主人曰蓋聞聖主之養民也仁霑而恩洽動不爲身今年獵長楊先命
右扶風左太華而右褒斜棧罻薜而爲弋紆南山以爲罝羅千乘於林莽列萬騎於山隅帥
軍踔陜錫戎獲胡搤熊羆拖豪豬木擁槍纍以爲儲胥此天下之窮覽極觀也雖然亦頗擾
於農人三旬有餘其塵至矣而功不圖恐不識者外之則以爲娛樂之游內之則不以爲乾
豆之事豈爲民乎哉且人君以玄默爲神淡泊爲德今樂遠出以露威靈搖動以罷車甲
本非人主之急務也蒙竊惑焉翰林主人曰吁客何謂茲邪若客所謂知其一未睹其二見
其外不識其內也僕嘗倦談不能一二其詳請略舉其凡而客自覽其切焉客曰唯唯主人
曰昔有彊秦封豕其土竄窳其民鑿齒之徒相與磨牙而爭之豪俊麇沸雲擾羣黎爲之不
康於是上帝眷顧高祖高祖奉命順斗極運天關橫巨海漂崑崙提劍而叱之所過麾城搞
邑下將降旗一日之戰不可殫記當此之勤頭蓬不暇梳飢不及餐鞮鍪生蟣蝨介胄被霑
汗以爲萬姓請命乎皇天迺展民之所詘振民之所乏規億載恢帝業七年之間而天下密

如也逮至聖文隨風乘流方垂意於至寧躬服節儉絺衣不敝革鞜不穿大廈不居木器無

文於是後宮賤瑪瑁卻翡翠之飾除彫琢之巧惡麗靡而不近斥芬芳而不御抑

止絲竹晏衍之樂憎聞鄭衞幼眇之聲是以玉衡正而太階平也其後熏鬻作虐東夷橫畔

羌戎睚眦聞相亂退眠爲之不安中國蒙被其難於是聖武勃怒爰整其旅迺命驃衞紛

紜沸渭雲合電發猋騰波流機駭蟪疾如奔星擊如震霆碎轒輼破穹廬腦沙幕髓余吾

遂躐乎王庭敺橐駝燒熅蠡分剹單于磔裂屬國夷阬谷拔鹵莽刈山石蹂屍輿廝係累老

弱吮疕癬者金鏃淫夷者數十萬人皆稽顙樹頷扶服蛾伏二十餘年矣尙不敢惕息夫天

兵四臨幽都先加迴戈邪指南越節夷麋節西征羌僰東馳是以退方疏俗殊鄰絕黨之域

自上仁所不化茂德所不綏莫不蹻足抗首請獻厥珍使海內澹然永無邊城之災金革之

患今朝廷純仁遵道顯義幷包書林聖風雲麋英華沈浮洋溢八區普天所覆莫不沾濡士

有不談王道者則樵夫笑之意者以爲事罔隆而不殺物靡盛而不虧故不

危迺時以有年出兵栟習馬長楊簡力狡獸校武票禽迺萃然登南山瞰

烏弋西壓月䲡東震日域又恐後代迷於一時之事常以此爲國家之大務淫荒田獵陵夷

而不禦也是以車不安軔日未靡旆從者髣髴屬而還亦所以奉太尊之烈遵文武之度

復三王之田反五帝之虞使農不輟耰工不下機婚姻以時男女莫違出愷弟行簡易矜劬

勞。休力役見百年存孤弱帥與之同苦樂然後陳鐘鼓之樂。鳴韶磬之和建碣磋之虡拮隔

鳴球掉八列之舞酌允鑠肴樂胥聽廟中之雍雍受神人之福祜歌投頌吹合雅其勤若此

故真神之所勞也方將侯元符以禪梁父之基增泰山之高延光於將來比榮乎往號豈徒

欲淫覽浮觀馳騁秔稻之地周流梨栗之林蹂踐芻蕘誇衆庶狄獲之收多麋鹿之獲

哉且盲者不見咫尺而離婁燭千里之隅客徒愛胡人之獲我禽獸曾不知我亦已獲其王

侯言未卒墨客降席再拜稽首曰大哉體乎允非小人之所能及也迺今日發矇廓然已昭

矣。

解嘲

哀帝時丁傅董賢用事諸附離之者起家至二千石時雄方草創太玄有以自守泊如也人

有嘲雄以玄之尚白而雄解之號曰解嘲其辭曰

客嘲揚子曰吾聞上世之士人綱人紀不生則已生必上尊人君下榮父母析人之珪儋人

之爵懷人之符分人之祿紆青拖紫朱丹其轂今吾子幸得遭盛明之世處不諱之朝與羣

賢同行歷金門上玉堂有日矣曾不能畫一奇出一策上說人主下談公卿目如燿星舌如

電光一從一橫論者莫當顧默而作太玄五千文枝葉扶疏獨說數十餘萬言深者入黃泉

高者出蒼天大者含元氣細者入無閒然而位不過侍郎擢纔給事黃門意者玄得無尚白

乎何為官之拓落也揚子笑而應之曰客徒欲朱丹吾轂不知一跌將赤吾之族也往者周

綱解結羣鹿爭逸離為十二合為六七四分五剖并為戰國士無常君國無定臣得士者富

失士者貧矯翼厲翮恣意所存故士或自盛以橐或鑿坯以遁是故鄒衍以頡頏而取世資

孟軻雖連蹇猶為萬乘師今大漢左東海右渠搜前番禺後陶塗東南一尉西北一候徼以

糾墨製以鑕鈇散以禮樂風以詩書曠以歲月結以倚廬是以天下之士雷動雲合魚鱗雜

襲咸營於八區家家自以為稷契人人自以為皋陶戴縰垂纓而談者皆擬於阿衡五尺童

子羞比晏嬰與夷吾當途者升青雲失路者委溝渠旦握權則為卿相夕失勢則為匹夫譬

若江湖之崖渤澥之島乘雁集不為之多雙鳧飛不為之少昔三仁去而殷墟二老歸而周

熾子胥死而吳亡種蠡存而越霸五羖入而秦喜樂毅出而燕懼范雎以折摺而危穰侯蔡

澤以噤吟而笑唐舉故當其有事也非蕭曹子房平勃樊霍則不能安當其無事也章句之

徒相與坐而守之亦無所患故世亂則聖哲馳騖而不足世治則庸夫高枕而有餘夫上世

之士或解縛而相或釋褐而傅或倚夷門而笑或橫江潭而漁或七十說而不遇或立談間

而封侯或枉千乘於陋巷或擁篲而先驅是以士頗得信其舌而奮其筆窒隙蹈瑕而無所

詘也當今縣令不請士郡守不迎師羣卿不揖客將相不俛眉言奇者見疑行殊者得辟是

以欲談者卷舌而同聲欲步者擬足而投跡嚮使上世之士處乎今世策非甲科行非孝廉

舉非方正獨可抗疏時道是非。高得待詔下觸聞罷又安得青紫且吾聞之炎炎者滅隆隆

者絕觀雷觀火爲盈爲實天收其聲地藏其熱高明之家鬼瞰其室攫擧者亡默默者存位

極者高危自守者身全是故知玄知默守道之極愛淸愛靜游神之庭惟寂惟漠守德之宅

世異事變人道不殊彼我易時未知何如今了乃以鴟梟而笑鳳皇執蜿蜒而嘲龜龍不亦

病乎子之笑我玄之尚白吾亦笑子病甚不遇俞跗與扁鵲也悲夫客曰然則靡玄無所成

名乎范蔡以下何必玄哉揚子曰范睢魏之亡命也折脅拉髂免於徽索翕肩蹈背扶服入

橐激卬萬乘之主介涇陽抵穰侯而代之當也蔡澤山東之匹夫也顑頤頰洟涕流沫西

揖彊秦之相掜其咽而亢其背而奪其位時也天下已定金革已平都於洛陽婁敬

委輅脫輓三寸之舌建不拔之策擧中國徙之長安也五帝垂典三王傳禮百世不易

叔孫通起於枹鼓之間解甲投戈遂作君臣之儀得也呂刑靡敝秦法酷烈聖漢權制而蕭

何造律宜也故有造蕭何律於唐虞之世則惟矣有作叔孫通儀於夏殷之時則諤矣有建

婁敬之策於成周之世則狂矣夫蕭規曹隨留侯

畫策陳平出奇功若泰山響坻隤雖其人之贍智哉亦會其時之可爲也故爲可於可

爲之時則從爲不可爲於不可爲之時則凶若夫藺生收功於章臺四皓採榮於南山公孫

創業於金馬驃騎發跡於祁連司馬長卿竊貲於卓氏東方朔割炙於細君僕誠不能與此

解難

客難揚子曰凡著書者爲眾人之所好也美味期乎合口工聲調於比耳今吾子乃抗辭幽說閎意眇指獨馳騁於有亡之際而陶冶大鑪旁薄羣生歷覽者茲年矣而殊不寤寢費精神於此而煩學者於彼譬畫者盡於無形絃者放於無聲殆不可乎揚子曰俞若夫閎言崇議幽微之途蓋難與覽者同也昔人有觀象於天視度於地察法於人者天麗且彌地普而深昔人之辭遒玉迺金彼豈好爲艱難哉勢不得已也獨不見夫翠虹絳蜺之將登乎天必聳身於蒼梧之淵不階浮雲疾風虛舉而上升則不能機膠葛騰九閎日月之經不千里則不能爥八紘燿八柴泰山之高不嶕嶢則不能浮潝雲而散敲焉是以宓羲氏之作易也綿絡天地經以八卦文王附六爻孔子錯其象而彖其辭然後發天地之藏定萬物之基典讜之篇雅頌之聲不溫純深潤則不足以揚鴻烈而章縯熙蓋胥靡爲宰寂寞爲尸大味必淡大音必希大語叫叫大道低回是以聲之眇者不可同於眾人之耳形之美者不可混於世俗之目辭之衍者不可同於庸人之聽今夫絃者高張急徵追逐著則坐者不期而附矣試爲之施咸池揄六莖發簫韶咏九成則莫有和也是故鍾期死伯牙絕絃破琴而不肯與眾敳玁人亡則匠石輟斤而不敢妄斲師曠之調鍾嵟知音者之在後也孔子作春秋幾

君子之前睹也老聃有遺言貴知我者希此非其操歟。

反離騷

有周氏之嬋嫣兮或鼻祖於汾隅靈宗初諜伯僑兮流於末之揚侯淑周楚之豐烈兮超既離乎皇波因江潭而㴍記兮欽弔楚之湘纍惟天軌之不辟兮何純絜而離紛紛兮以其㳷澀兮暗纍以其繽紛漢十世之陽朔兮招搖紀於周正正皇天之清則之方貞圖纍承彼洪族兮又覽纍之昌辭帶鈎矩而佩衡兮履欃槍以爲綦初貯厥麗服兮何文肆而質蘥資娭娃之珍髢兮鬻九戎而索賴鳳皇翔於蓬陼兮豈駕鵝之能捷騁驊騮以曲艱兮驢騾連蹇而齊足枳棘之榛榛兮蝯狖擬而不敢下靈修既信椒蘭之嗟佞兮吾纍忽焉而不蚤睹兮祛衣之綠衣兮被夫容之朱裳芳酷烈而莫聞兮固不如襲而幽之離房閨中容競淖約兮相態以麗佳知衆嫭之所處兮何必颺纍之蛾眉懿神龍之淵潛兮娭慶雲而將舉亡春風之被離兮孰焉知吾之衆芬兮颺爛爛之芳苻遭季夏之凝霜兮慶天領而喪榮橫江湘以南渟兮云走乎彼蒼吾馳江潭之汎濫兮將折衷乎重華舒情之煩或兮恐重華之不纍與陵陽侯之素波兮豈吾纍之獨見許精瓊靡與秋菊兮將以延夫天年臨汨羅而自隕兮恐日薄於西山解扶桑之總轡兮縱令之遂奔馳鸞皇騰而不屬兮豈獨飛廉與雲師卷薛芷與若蕙兮臨湘兮而投之棍申椒與菌桂淵赴江湖而溷之。

費椒稰以要神兮又勤索彼瓊茅違靈氛而不從兮反湛身於江皋纍旣兴夫傳說兮奚不信而遂行徒恐鵜鴂之將鳴兮顧先百草爲不芳初纍棄彼慮妃兮更思瑤臺之逸女抨雄鴆以作媒兮何百離而曾不壹耦乘雲蜺之旖旎兮望昆侖以穆流覽四荒而顧懷兮奚必云女彼高邱旣亡鸞車之幽藹兮焉駕八龍之委蛇臨江瀕而掩涕兮何有九招與九歌夫聖哲之不遭兮固時命之所有雖增欷以於邑兮吾恐靈修之不纍改昔仲尼之去魯兮斐斐遲遲而周邁終回復於舊都兮何必湘淵與濤瀨潈漁父之餔歠兮絜沐浴之振衣棄由罕之所珍兮蹠彭咸之所遺。

古文治要卷一

古文十七家

韓愈　唐昌黎人字退之三歲而孤嫂鄭鞠之貞觀中擢進士第張建封辟爲府官調四門博士遷監察御史。上疏極論宮市貶山陽令元和中復爲博士憲宗將平蔡命裴度愈行軍司馬愈請乘遽入汴說韓弘使協力元濟平遷刑部侍郎憲宗遣使往鳳翔迎佛骨入禁中愈上表極諫貶潮州刺史改袁州詔拜國子祭酒轉兵部侍郎鎮州王庭湊亂詔愈宣撫之歸轉吏部侍郎卒年五十七諡文愈性明銳盡通六經百家之說以攘斥佛老爲己任論者方之孟子之闢揚墨文章閎中肆外佐佑六經一掃魏晉以來駢儷之弊而返之周漢宋蘇軾稱之曰文起八代之衰道濟天下之溺故其所作遂爲後世學古文者之正宗有昌黎先生集

原道

博愛之謂仁行而宜之之謂義由是而之焉之謂道足乎己無待於外之謂德仁與義爲定名道與德爲虛位故道有君子小人而德有凶有吉老子之小仁義非毀之也其見者小也坐井而觀天曰天小者非天小也彼以煦煦爲仁孑孑爲義其小之也則宜其所謂道道其所道非吾所謂道也其所謂德德其所德非吾所謂德也凡吾所謂道德云者合仁與義言之也天下之公言也老子之所謂道德云者去仁與義言之也一人之私言也周道衰孔子

沒火於秦黃老於漢佛於晉魏梁隋之間。其言道德仁義者。不入於楊則入於墨。不入於老。則入於佛。入於彼必出於此入於此者主之出者奴之入者附之出者汙之噫後之人其欲聞仁義道德之說。孰從而聽之老者曰孔子吾師之弟子也佛者曰孔子吾師之弟子也。為孔子者。習聞其說樂其誕而自小也亦曰吾師亦嘗師之云爾不惟舉之於其口而又筆之於其書。噫後之人雖欲聞仁義道德之說。其孰從而求之甚矣人之好怪也不求其端不訊其末。惟怪之欲聞古之為民者四今之為民者六古之教者處其一今之教者處其三農之家一而食粟之家六工之家一而用器之家六賈之家一而資焉之家六奈之何民不窮且盜也古之時人之害多矣有聖人者立然後教之以相生養之道為之君為之師驅其蟲蛇禽獸而處之中土寒然後為之衣飢然後為之食木處而顛土處而病也然後為之宮室為之工以贍其器用為之賈以通其有無為之醫藥以濟其夭死為之葬埋祭祀以長其恩愛為之禮以次其先後為之樂以宣其湮鬱為之政以率其怠勌為之刑以鋤其彊梗相欺也為之符璽斗斛權衡以信之相奪也為之城郭甲兵以守之害至而為之備患生而為之防今其言曰聖人不死大盜不止剖斗折衡而民不爭嗚呼其亦不思而已矣如古之無聖人人之類滅久矣何也無羽毛鱗介以居寒熱也無爪牙以爭食也是故君者出令者也臣者行君之令而致之民者也民者出粟米麻絲作器皿通貨財以事其上者也君不出令則失其所

以為君臣不行君之令而致之民則失其所以為臣民不出粟米麻絲作器皿通貨財以事

其上則誅今其法曰必棄而君去而父禁而相生養之道以求其所謂清淨寂滅者嗚

呼其亦幸而出於三代之後不見黜於禹湯文武周公孔子也其亦幸而不出於三代之

前不見正於禹湯文武周公孔子也帝之與王其號雖殊其所以為聖一也夏葛而冬裘渴

飲而飢食其事雖殊其所以為智一也今其言曰曷不為太古之無事是亦責冬之裘者曰

曷不為葛之之易也責飢之食者曰曷不為飲之之易也傳曰古之欲明明德於天下者先

治其國欲治其國者先齊其家欲齊其家者先修其身欲修其身者先正其心欲正其心者

先誠其意然則古之所謂正心而誠意者將以有為也今也欲治其心而外天下國家滅其

天常子焉而不父其父臣焉而不君其君民焉而不事其事孔子之作春秋也諸侯用夷禮

則夷之進於中國則中國之經曰夷狄之有君不如諸夏之亡也詩曰戎狄是膺荊舒是懲

今也舉夷狄之法而加之先王之教之上幾何其不胥而為夷也夫所謂先王之教者何也

博愛之謂仁行而宜之之謂義由是而之焉之謂道足乎己無待於外之謂德其文詩書易春

秋其法禮樂刑政其民士農工商其位君臣父子師友賓主昆弟夫婦其服麻絲其居宮室

其食粟米果蔬魚肉其為道易明而其為教易行也是故以之為己則順而祥以之為人則

愛而公以之為心則和而平以之為天下國家無所處而不當是故生則得其情死則盡其

常郊焉而天神假廟焉而人鬼饗曰斯道也何道也曰斯吾所謂道也非向所謂老與佛之道也堯以是傳之舜舜以是傳之禹禹以是傳之湯湯以是傳之文武周公文武周公傳之孔子孔子傳之孟軻軻之死不得其傳焉荀與揚也擇焉而不精語焉而不詳由周公而上上而為君故其事行由周公而下下而為臣故其說長然則如之何而可也曰不塞不流不止不行人其人火其書廬其居明先王之道以道之鰥寡孤獨廢疾者有養也其亦庶乎其可也

原性

性也者與生俱生也情也者接於物而生也性之品有三而其所以為性者五情之品有三而其所以為情者七曰何也曰性之品有上中下三上焉者善焉而已矣中焉者可導而上下也下焉者惡焉而已矣其所以為性者五曰仁曰禮曰信曰義曰智上焉者之於五也主於一而行於四中焉者之於五也一不少有焉則少反焉其於四也混下焉者之於五也反於一而悖於四性之於情視其品情之品有上中下三其所以為情者七曰喜曰怒曰哀曰懼曰愛曰惡曰欲上焉者之於七也動而處其中中焉者之於七也有所甚有所亡然而求合其中者也下焉者之於七也亡與甚直情而行者也情之於性視其品孟子之言性曰人之性善荀子之言性曰人之性惡揚子之言性曰人之性善惡混夫始善而進惡與始惡而

進善與始也混而今也善惡皆舉其中而遺其上下者也得其一而失其二者也叔魚之生

也其母視之知其必以賄死揚食我之生也叔向之母聞其號也知必滅其宗越椒之生也

子文以爲大戚知若敖氏之鬼不食也人之性果善乎后稷之生也其母無災其始匍匐也

則岐岐然嶷嶷然文王之在母也母不憂既生也師不勤既學也師不煩人之性惡乎堯

之朱舜之均文王之管蔡習非不善也而卒爲姦瞽瞍之舜鯀之禹習非不惡也而卒爲聖

人之性善惡果混乎故曰三子之言性也舉其中而遺其上下者也得其一而失其二者也

曰然則性之上下者其終不可移乎曰上之性就學而愈明下之性畏威而寡罪是故上者

可教而下者可制也其品則孔子謂不移也曰今之言性者異於此何也曰今之言者雜佛

老而言也雜佛老而言也者奚言而不異

師說

古之學者必有師師者所以傳道受業解惑也人非生而知之者孰能無惑惑而不從師其

爲惑也終不解矣生乎吾前其聞道也固先乎吾吾從而師之生乎吾後其聞道也亦先乎

吾吾從而師之吾師道也夫庸知其年之先後生於吾乎是故無貴無賤無長無少道之所

存師之所存也嗟乎師道之不傳也久矣欲人之無惑也難矣古之聖人其出人也遠矣猶

且從師而問焉今之衆人其下聖人也亦遠矣而恥學於師是故聖益聖愚益愚聖人之所

以爲聖愚人之所以爲愚其皆出於此乎愛其子擇師而教之於其身也則恥師焉惑矣彼

童子之師授之書而習其句讀者也非吾所謂傳其道解其惑者也句讀之不知惑之不解

或師焉或不焉小學而大遺吾未見其明也巫醫樂師百工之人不恥相師士大夫之族曰

師曰弟子云者則羣聚而笑之問之則曰彼與彼年相若也道相似也位卑則足羞官盛則

近諛嗚呼師道之不復可知矣巫醫樂師百工之人君子不齒今其智乃反不能及其可怪

也歟聖人無常師孔子師郯子萇弘師襄老聃郯子之徒其賢不及孔子孔子曰三人行則

必有我師是故弟子不必不如師師不必賢於弟子聞道有先後術業有專攻如是而已李

氏子蟠年十七好古文六藝經傳皆通習之不拘於時學於余余嘉其能行古道作師說以

貽之

張中丞傳後敘

元和二年四月十三日夜愈與吳郡張籍閱家中舊書得李翰所爲張巡傳翰以文章自名

爲此傳頗詳密然尚恨有闕者不爲許遠立傳又不載雷萬春事首尾遠雖材若不及巡者

開門納巡位本在巡上授之柄而處其下無所疑忌竟與巡俱守死成功名城陷而虜與巡

死先後異耳兩家子弟材智下不能通知二父志以爲巡死而遠就虜疑畏死而辭服於賊

遠誠畏死何苦守尺寸之地食其所愛之肉以與賊抗而不降乎當其圍守時外無蚍蜉蟻

子之援所欲忠者國與主耳而賊語以國亡主滅遠見救援不至而賊來益衆必以其言為信外無待而猶死守人相食且盡雖愚人不能數日而知死處矣遠之不畏死亦明矣烏有城壞其徒俱死獨蒙愧恥求活雖至愚者不忍為嗚呼而謂遠之賢而為之耶說者又謂遠與巡分城而守城之陷自遠所分始以此詬遠此又與兒童之見無異人之將死其臟腑必有先受其病者引繩而絕之其絕必有處觀者見其然從而尤之其亦不達於理矣小人之好議論不樂成人之美如是哉如巡遠之所成就如此卓卓猶不得免其他則又何說當二公之初守也寧能知人之卒不救棄城而逆遁苟此不能守雖避之他處何益及其無救而且窮也其創殘餓羸之餘雖欲去必不達二公之賢其講之精矣守一城捍天下以千百就盡之卒戰百萬日滋之師蔽遮江淮沮遏其勢天下之不亡其誰之功也當是時棄城而圖存者不可一二數擅彊兵坐而觀者相環也不追議此而責二公以死守亦見其自比於逆亂。設淫辭而助之攻也。愈嘗從事於汴徐二府屢道於兩府間親祭於其所謂雙廟者其老人往往說巡遠時事云南霽雲之乞救於賀蘭也賀蘭嫉巡遠之聲威功績出己上不肯出師救愛霽雲之勇且壯不聽其語彊留之具食與樂延霽雲坐霽雲慷慨語曰雲來時睢陽之人不食月餘日矣雲雖欲獨食義不忍雖食且不下咽因拔所佩刀斷一指血淋漓以示賀蘭一座大驚皆感激為雲泣下雲知賀蘭終無為雲出師意即馳去將出城抽矢射佛寺

浮圖矢著其上輒半箭曰吾歸破賊必滅賀蘭此矢所以志也愈貞元中過泗州船上人猶

指以相語城陷賊以刃脅降巡巡不屈即牽去將斬之又降霽雲未應巡呼雲曰南八男

兒死耳不可爲不義屈雲笑曰欲將以有爲也公有言雲敢不死即不屈張籍曰有于嵩者

少依於巡及巡起事嵩常在圍中大曆中於和州烏江縣見嵩嵩時年六十餘矣以巡初

嘗得臨渙縣尉好學無所不讀籍時尚小粗問巡遠事不能細也云巡長七尺餘鬚髯若神

嘗見嵩讀漢書謂嵩曰何爲久讀此嵩曰未熟也巡曰吾於書讀不過三徧終身不忘也因

誦嵩所讀書盡卷不錯一字嵩驚以爲巡偶熟此卷因亂抽他帙以試無不盡然嵩又取架

上諸書試以問巡巡應口誦無疑嵩從巡久亦不見巡常讀書也爲文章操紙筆立書未嘗

起草初守睢陽時士卒僅萬人城中居人戶亦且數萬巡因一見問姓名其後無不識者

怒鬚髯輒張及城陷賊縛巡等數十人坐且將戮巡起旋其衆見巡起或起或泣巡曰汝勿

怖死命也衆泣不能仰視巡就戮時顏色不亂陽陽如平常遠寬厚長者貌如其心與巡同

年生月日後於巡呼巡爲兄死時年四十九嵩貞元初死於亳宋間或傳嵩有田在亳宋間

武人奪而有之嵩將詣州訟理爲所殺嵩無子張籍云

論佛骨表

臣某言伏以佛者夷狄之一法耳自後漢時流入中國上古未嘗有也昔者黃帝在位百年

年百一十歲少昊在位八十年年百歲顓頊在位七十九年年九十八歲帝嚳在位七十年年百五歲帝堯在位九十八年年百一十八歲帝舜及禹年皆百歲此時天下太平安樂壽考然而中國未有佛也其後殷湯亦年百歲湯孫太戊在位七十五年武丁在位五十九年書史不言其年壽所極推其年數蓋亦俱不減百歲周文王年九十七歲武王年九十三歲穆王在位百年此時佛法亦未入中國非因事佛而致然也漢明帝時始有佛法明帝在位纔十八年耳其後亂亡相繼運祚不長宋齊梁陳元魏已下事佛漸謹年代尤促惟梁武帝在位四十八年前後三度捨身施佛宗廟之祭不用牲牢晝日一食止於菜果其後竟為侯景所逼餓死臺城國亦尋滅事佛求福乃更得禍由此觀之佛不足事亦可知矣高祖始受隋禪則議除之當時羣臣材識不遠不能深知先王之道古今之宜推闡聖明以救斯弊其事遂止臣常恨焉伏惟睿聖文武皇帝陛下神聖英武數千百年以來未有倫比即位之初即不許度人為僧尼道士又不許創立寺觀臣常以為高祖之志必行於陛下之手今縱未能即行豈可恣之轉令盛也今聞陛下令羣僧迎佛骨於鳳翔御樓以觀舁入大內又令諸寺遞迎供養臣雖至愚必知陛下不惑於佛作此崇奉以祈福祥也直以年豐人樂徇人之心為京都士庶設詭異之觀戲翫之具耳安有聖明若此而肯信此等事哉然百姓愚冥易惑難曉苟見陛下如此將謂真心事佛皆云天子大聖猶一心敬信百姓何人豈合更

惜身命焚頂燒指百十為羣解衣散錢自朝至暮轉相倣效惟恐後時老少奔波棄其業次。

若不即加禁遏更歷諸寺必有斷臂臠身以為供養者傷風敗俗傳笑四方非細事也夫佛

本夷狄之人與中國言語不通衣服殊製口不言先王之法言身不服先王之法服不知君

臣之義父子之情假如其身至今尚在奉其國命來朝京師陛下容而接之不過宣政一見

禮賓一設賜衣一襲衞而出之於境不令惑衆也況其身死已久枯朽之骨凶穢之餘豈宜

令入宮禁孔子曰敬鬼神而遠之古之諸侯行弔於其國尚令巫祝先以桃茢祓除不祥然

後進弔今無故取朽穢之物親臨觀之巫祝不先桃茢不用羣臣不言其非御史不舉其失

臣實恥之乞以此骨付之有司投之水火永絕根本斷天下之疑絕後代之惑使天下之人

知大聖人之所作為出於尋常萬萬也豈不盛哉豈不快哉佛如有靈能作禍祟凡有殃咎

宜加臣身上天鑒臨臣不怨悔無任感激懇悃之至謹奉表以聞臣某誠惶誠恐

與孟尚書書

愈白行官自南迴過吉州得吾兄二十四日手書數番忻悚兼至未審入秋來眠食何似伏

惟萬福來示云有人傳愈近少信奉釋氏此傳之者妄也潮州時有一老僧號大顛頗聰明

識道理遠地無可與語者故自山召至州郭留十數日實能外形骸以理自勝不為事物侵

亂與之語雖不盡解要自胸中無滯礙以為難得因與來往及祭神至海上遂造其廬及來

袁州留衣服別乃人之情非崇信其法求福田利益也孔子云丘之禱久矣凡君子行己

立身自有法度聖賢事業具在方冊可師仰不愧天俯不愧人內不愧心積善積惡殃

慶自各以其類至何有去聖人之道捨先王之法而從夷狄之教以求福利也詩不云乎愷

悌君子求福不回傳又曰不為威惕不為利疚假如釋氏能與人為禍祟非守道君子之所

懼也況萬萬無此理且彼佛者果何人哉其行事類君子邪小人邪若君子也必不妄加禍

於守道之人如小人也其身已死其鬼不靈天地神祇昭布森列非可誣也又肯令其鬼行

胸臆作威福於其間哉進退無所據而信奉之亦且惑矣且愈不助釋氏而排之者其亦有

說孟子云今天下不之楊則之墨楊墨交亂而聖賢之道不明則三綱淪而九法斁禮樂崩

而夷狄橫幾何其不為禽獸也故曰能言拒楊墨者皆聖人之徒也揚子雲云古者楊墨塞

路孟子辭而闢之廓如也夫楊墨行正道廢且將數百年以至於秦卒滅先王之法燒除其

經阬殺學士天下遂大亂及秦滅漢興且百年尚未知修明先王之道其後始除挾書之律

稍求亡書招學士經雖少得尚皆殘缺十亡二三故學士多老死新者不見全經不能盡知

先王之事各以所見為守分離乖隔不合不公二帝三王羣聖人之道於是大壞後之學者

無所尋逐以至於今泯泯也其禍出於楊墨肆行而莫之禁故也孟子雖聖賢不得位空言

無施雖切何補然賴其言而今學者尚知宗孔氏崇仁義貴王賤霸而已其大經大法皆亡

滅而不救壞爛而不收所謂存十一於千百安在其能廓如也然向無孟氏則皆服左袵而
言侏離矣故愈嘗推尊孟氏以為功不在禹下者為此也漢氏已來羣儒區區修補百孔千
瘡隨亂隨失其危如一髮引千鈞綿綿延延以微滅於是時也而唱釋老於其間鼓天下
之衆而從之嗚呼其亦不仁甚矣釋老之害過於楊墨韓愈之賢不及孟子孟子不能救之
於未亡之前而韓愈乃欲全之於已壞之後嗚呼其亦不量其力且見其身之危莫之救以
死也雖然使其道由愈而粗傳雖滅死萬萬無恨天地鬼神臨之在上質之在旁又安得因
一摧折自毀其道以從於邪也籍湜輩雖屢指教不知果能不叛去否獲吾兄眷厚而不獲
承命惟增慚懼死罪死罪愈再拜

答崔立之書

斯立足下僕見險不能止動不得時顛頓狼狽失其所操持困不知變以至辱於再三君子
小人之所憫笑天下之所背而馳者也足下猶復以為可教貶損道德乃至手筆以問之攀
援古昔辭義高遠且進且勸足下之於故舊之道得矣雖僕亦固望於吾子不敢望於他人
者耳然尚有似不相曉者非故欲發余乎不然何子之不以丈夫期我也不能默默聊復自
明僕始年十六七時未知人事讀聖人之書以為人之仕者皆為人耳非有利乎己也及年
二十時苦家貧衣食不足謀於所親然後知仕之不惟為人耳及來京師見有舉進士者人

多貴之僕誠樂之就求其術。或出禮部所試賦詩策等以相示。僕以爲可無學而能因詣州縣求舉。有司者好惡出於其心。四舉而後有成。亦未卽得仕。聞吏部有以博學宏辭選者。人尤謂之才。且得美仕。就求其術。或出所試文章。亦禮部之類。私怪其故。然猶樂其名。因又詣州府求舉。凡二試於吏部。一既得之。而又黜於中書。雖不得仕。人或謂之能焉。退自取所試讀之。乃類於俳優者之辭顏忸怩而心不寧者數月。既已爲之。則欲有所成就。書所試而怨過作非者也。因復求舉。亦無幸焉。乃復自疑以爲所試與得之者不同其程度。及得觀之。余亦無甚愧焉。夫所謂博學者。豈今之所謂者乎。夫所謂宏辭者。豈今之所謂者乎。誠使古之豪傑之士若屈原孟軻司馬遷相如揚雄之徒進於是選。必知其懷慚乃不自進而已耳。設使與夫今之善進取者競於蒙昧之中。僕必知其辱焉。然彼五子者。且使生於今之世。雖其道雖不顯於天下。其自負何如哉。肯與夫斗筲者決得失於一夫之目。而爲之憂樂哉。故凡僕之汲汲於進者。其小得蓋欲以具裘葛養窮孤。其大得蓋欲以同吾之所樂於人耳。其他可否。自計已熟誠不待人而後知。今足下乃復比之獻玉者。以爲必俟工人之剖然後見知於天下。雖兩刖足不爲病。且無使勍者再剖。誠足下相勉之意厚也。然仕進者豈捨此而無門哉。足下謂我必待是而後進者。尤非相悉之辭也。僕之玉固未嘗獻。而足下無薦刖。足下無爲爲我戚戚也。方今天下風俗尚有未及於古者。邊境尚有被甲執兵者。主上不得怡而宰相

以爲憂僕雖不賢亦且潛究其得失致之乎吾相薦之乎吾君上希卿大夫之位下猶取一

障而乘之若都不可得猶將耕於寬閒之野釣於寂寞之濱求國家之遺事考賢人哲士之

終始作唐之一經垂之於無窮誅姦諛於既死發潛德之幽光二者將必有一可足下以爲

僕之玉凡幾獻而足凡幾刖也又所謂勒者果誰哉再剔之刑信如何也士固信於知己微

足下無以發吾之狂言愈再拜

答竇中行書

大受足下辱書爲賜甚大然所稱道過盛豈所謂誘之而欲其至於是與不敢當不敢當其

中擇其一二近似者而竊取之則於交友忠而不反於背面者少近似爲亦其心之所好耳

行之不倦則未敢自謂能爾也不敢當不敢當至於汲汲於富貴以救世爲事者皆聖賢之

事業知其智能謀力能任者也如愈者又焉能之始相識時方甚貧衣食於人其後相見於

汴徐二州僕皆爲之從事日月有所入比之前時豐約百倍足下視吾飲食衣服亦有異乎

然則僕之心或不爲此汲汲也其所不忘於仕進者亦將小行乎其志耳此未易遽言也凡

禍福吉凶之來似不在我惟君子得禍爲不幸而小人得禍爲恆君子得福爲恆而小人得

福爲幸以其所爲似有以取之也必曰君子則吉小人則凶者不可也賢不肖存乎己貴與

賤禍與福存乎天名聲之善惡存乎人存乎己者吾將勉之存乎天存乎人者吾將任彼而

不用吾力焉。其所守者。豈不約而易行哉。足下曰。命之窮通自我為之。吾恐未合於道。足下徵前世而言之。則知矣。若曰以道德為己任。窮通之來不接吾心。則可也。窮居荒涼草樹茂密。出無驢馬。因與人絕。一室之內。有以自娛。足下喜吾復脫禍亂不當安安而居遲遲而來也。

答李翊書

六月二十六日愈白。李生足下。生之書辭甚高。而其問何下而恭也。能如是。誰不欲告生以其道。道德之歸也。有日矣。況其外之文乎。抑愈所謂望孔子之門牆而不入於其宮者焉。足以知是且非邪。雖然。不可不為生言之。生所謂立言者是也。生所為者與所期者甚似而幾矣。抑不知生之志。蘄勝於人而取於人邪。將蘄至於古之立言者邪。蘄勝於人而取於人。則固勝於人矣。而可取於人矣。將蘄至於古之立言者。則無望其速成。無誘於勢利。養其根而俟其實。加其膏而希其光。根之茂者其實遂。膏之沃者其光曄。仁義之人。其言藹如也。抑又有難者。愈之所為不自知其至猶未也。雖然。學之二十餘年矣。始者非三代兩漢之書不敢觀。非聖人之志不敢存。處若忘。行若遺。儼乎其若思。茫乎其若迷。當其取於心而注於手也。惟陳言之務去。戛戛乎其難哉。其觀於人。不知其非笑之為非笑也。如是者亦有年。猶不改然後識古書之正偽。與雖正而不至焉者。昭昭然白黑分矣。而務去之。乃徐有得也。當其取於心而注於手也泪泪然來矣其觀於人也笑之則以爲喜譽之則以爲憂以其猶有人之說者存也如是者亦有年然後浩乎其沛然矣吾又懼其雜也迎而距之平心而察之其皆醇也然後肆焉雖然不可以不養也行之乎仁義之途游之乎詩書之源無迷其途無絕其源終吾身而已矣氣水也言浮物也水大而物之浮者大小畢浮氣之與言猶是也氣盛則言之短長與聲之高下者皆宜雖如是其敢自謂幾於成乎雖幾於成其用於人也奚取焉雖然待用於人者其肖於器邪用與舍屬諸人君子則不然處心有道行己有方用則施諸人舍則傳諸其徒垂諸文而爲後世法如是者其亦足樂乎其無足樂也有志乎古者希矣志乎古必遺乎今吾誠樂而悲之亟稱其人所以勸之非敢襃其可襃而貶其可貶也問於愈者多矣念生之言不志乎利聊相爲言之愈白。

答劉正夫書

愈白進士劉君足下辱箋致以所不及旣荷厚賜且愧其誠然幸甚幸甚凡舉進士者於先進之門何所不往先進之於後輩苟見其至寧可以不答其意邪來者則接之擧城士大夫莫不皆然而愈獨有接後輩名之所存謗之所歸也有來問者不敢不以誠答或問爲文宜何師必謹答曰宜師古聖賢人曰古聖賢人所爲書具存辭皆不同宜何師必謹對曰師其意不師其辭又問曰文宜易宜難必謹對曰無難易惟其是爾如是而已非固開其

為此而禁其為彼也夫百物朝夕所見者人皆不注視也及覩其異者則共觀而言之夫文豈異於是乎漢朝人莫不能為文獨司馬相如太史公劉向揚雄為之最然則用功深者其收名也遠若皆與世沈浮不自樹立雖不為當時所怪亦必無後世之傳也足下家中百物皆賴而用也然其所珍愛者必非常物夫君子之於文豈異於是乎今後進之為文能深探而力取之以古聖賢人為法者雖未必皆是要若有司馬相如太史公劉向揚雄之徒出必自於此不自於循常之徒也若聖人之道不用文則已用則必尚其能者能者非他能自樹立不因循者是也有文字來誰不為文然其存於今者必其能者也顧常以此為說耳愈於足下忝同道而先進者又常從游於賢尊給事既辱厚賜又安得不進其所有以為答也足下以為何如愈白

答尉遲生書

愈白尉遲生足下夫所謂文者必有諸其中是故君子慎其實實之美惡其發也不揜本深而末茂形大而聲宏行峻而言厲心醇而氣和昭晰者無疑優游者有餘體不備不可以為成人辭不足不可以為成文愈之所聞者如是有問於愈者亦以是對今吾子所為皆善矣謙謙然若不足而以徵於愈又敢有愛於言乎抑所能言者皆古之道古之道不足以取於今吾子何其愛之異也賢公卿大夫在上比肩始進之賢士在下比肩彼其得之必有以

取之也子欲仕乎其往問焉皆可學也若獨有愛於是而非仕之謂則愈也嘗學之矣請繼

今以言

與馮宿論文書

辱示初筮賦實有意思但力爲之古人不難到。但不知直似古人。亦何得於今人也僕爲文久每自測意中以爲好則人必以爲惡矣小稱意人亦卽人必大怪之也時應事作俗下文字下筆令人慙及示人則人以爲好矣小慙者卽人亦小怪之也大慙者卽人必大怪之也時時應事作俗下文字下筆令人慙及示人則人以爲好矣小慙者卽必以爲大好矣不知古文直何用於今世也然以俟知者知耳昔揚子雲著太玄人皆笑之子雲之言曰世不我知無害也後世復有揚子雲必好之矣子雲死近千載竟未有揚子雲可歎也其時桓譚亦以爲雄書勝老子老子未足道也子雲豈止與老子爭彊而已乎此未爲知雄者其弟子侯芭頗知之以爲其師之書勝周易然侯之他文不見於世不知其人果何如耳以此而言作者不祈人之知也明矣諸鬼神而無疑年足下豈不謂然乎近李翶從僕學文頗有所得然其人家貧多事未能卒其業有張籍者年長於翶而亦學於僕其文與翶相上下一二年業之庶幾乎至也然閔其棄俗尚而從於寂寞之道以之爭名於時也久不談聊感足下能自進於此故復發憤一道愈再拜

送王秀才塤序

吾嘗以爲孔子之道大而能博門弟子不能徧觀而盡識也故學焉而皆得其性之所近其後離散分處諸侯之國又各以所能授弟子原遠而末益分蓋子夏之學其後有田子方方之後流而爲莊周故周之書喜稱子方之爲人荀卿之書語聖人必曰孔子子弓子弓之事業不傳惟太史公書弟子傳有姓名字曰馯臂子弓子弓受易於商瞿孟軻師子思子思之學蓋出曾子自孔子沒羣弟子莫不有書獨孟軻氏之傳得其宗故吾少而樂觀焉苟不王墳示予所爲文好舉孟子之所道者與之言信悅孟子而屢贊其文辭夫沿河而下苟不止雖有遲疾必至於海如不得其道也雖疾不止終莫幸而至焉故學者必愼其所道於楊墨老莊佛之學而欲之聖人之道猶航斷港絕潢以望至於海也故求觀聖人之道必自孟子始今墳之所由既幾於知道如又得其船與機知沿而不止嗚呼其可量也哉

送孟東野序

大凡物不得其平則鳴草木之無聲風撓之鳴水之無聲風蕩之鳴其躍也或激之其趨也或梗之其沸也或炙之金石之無聲或擊之鳴人之於言也亦然有不得已者而後言其歌也有思其哭也有懷凡出乎口而爲聲者其皆有弗平者乎樂也者鬱於中而泄於外者也擇其善鳴者而假之鳴金石絲竹匏土革木八者物之善鳴者也維天之於時也亦然擇其善鳴者而假之鳴是故以鳥鳴春以雷鳴夏以蟲鳴秋以風鳴冬四時之相推敚其必有不

得其平者乎其於人也亦然人聲之精者為言文辭之於言又其精也尤擇其善鳴者而假

之鳴其在唐虞咎陶禹其善鳴者也而假以鳴夔弗能以文辭鳴又自假於韶以鳴夏之時

五子以其歌鳴伊尹鳴殷周公鳴周凡載於詩書六藝皆鳴之善者也周之衰孔子之徒鳴

之其聲大而遠傳曰天將以夫子為木鐸其弗信矣乎其末也莊周以其荒唐之辭鳴楚大

國也其亡也以屈原鳴臧孫辰孟軻荀卿以道鳴者也楊朱墨翟管夷吾晏嬰老聃申不害

韓非慎到田駢鄒衍尸佼孫武張儀蘇秦之屬皆以其術鳴秦之時李斯鳴之漢之時司馬

遷相如揚雄最其善鳴者也其下魏晉氏鳴者不及於古然亦未嘗絕也就其善鳴者其聲

清以浮其節數以急其辭淫以哀其志弛以肆其為言也亂雜而無章將天醜其德莫之顧

邪何為乎不鳴其善鳴者也唐之有天下陳子昂蘇源明元結李白杜甫李觀皆以其所能

鳴其存而在下者孟郊東野始以其詩鳴其高出魏晉不懈而及於古其他浸淫乎漢氏矣

從吾遊者李翱張籍其尤也三子者之鳴信善矣抑不知天將和其聲而使鳴國家之盛邪

抑將窮餓其身思愁其心腸而使自鳴其不幸邪三子者之命則懸乎天矣其在上也奚以

喜其在下也奚以悲東野之役於江南也有若不釋然者故吾道其命於天者以解之

送李愿歸盤谷序

太行之陽有盤谷盤谷之間泉甘而土肥草木藂茂居民鮮少或曰謂其環兩山之間故曰

盤或曰是谷也宅幽而勢阻隱者之所盤旋友人李愿居之愿之言曰人之稱大丈夫者我
知之矣利澤施於人名聲昭於時坐於廟朝進退百官而佐天子出令其在外則樹旗旄羅
弓矢武夫前呵從者塞途供給之人各執其物夾道而疾馳喜有賞怒有刑才俊滿前道古
今而譽盛德入耳而不煩曲眉豐頰清聲而便體秀外而惠中飄輕裾翳長袖粉白黛綠者
列屋而閒居妒寵而負恃爭妍而取憐大丈夫之遇知於天子用力於當世者之所為也吾
非惡此而逃之是有命焉不可幸而致也窮居而野處升高而望遠坐茂樹以終日濯清泉
以自潔採於山美可茹釣於水鮮可食起居無時惟適之安與其有譽於前孰若無毀於其
後與其有樂於身孰若無憂於其心車服不維刀鋸不加理亂不知黜陟不聞大丈夫之不遇
於時者之所為也我則行之伺候於公卿之門奔走於形勢之途足將進而趑趄口將言而
囁嚅處穢污而不羞觸刑辟而誅戮徼倖於萬一老死而後止者其於為人賢不肖何如也
昌黎韓愈聞其言而壯之與之酒而為之歌曰盤之中維子之宮盤之土可以稼盤之泉可
濯可沿盤之阻誰爭子所窈而深廓其有容繚而曲如往而復嗟盤之樂兮樂且無央虎豹
遠跡兮蛟龍遁藏鬼神守護兮呵禁不祥飲且食兮壽而康無不足兮奚所望膏吾車兮秣
吾馬從子於盤兮終吾生以徜徉

祭鱷魚文

維年月日潮州刺史韓愈使軍事衙推秦濟以羊一豬一投惡谿之潭水以與鱷魚食而告之曰昔先王既有天下烈山澤罔繩擉刃以除蟲蛇惡物爲民害者驅而出之四海之外及後王德薄不能遠有則江漢之間尚皆棄之以與蠻夷楚越況潮嶺海之間去京師萬里哉鱷魚之涵淹卵育於此亦固其所今天子嗣唐位神聖慈武四海之外六合之內皆撫而有之況禹跡所揜揚州之近地刺史縣令之所治出貢賦以供天地宗廟百神之祀之壤者哉鱷魚其不可與刺史雜處此土也刺史受天子命守此土治此民而鱷魚睅然不安谿潭據處食民畜熊豕鹿麞以肥其身以種其子孫與刺史亢拒爭爲長雄刺史雖駑弱亦安肯爲鱷魚低首下心伈伈睍睍爲民吏羞以偷活於此邪且承天子命而來爲吏固其勢不得不與鱷魚辨鱷魚有知其聽刺史言潮之州大海在其南鯨鵬之大蝦蟹之細無不容歸以生以食鱷魚朝發而夕至也今與鱷魚約盡三日其率醜類南徙於海以避天子之命吏三日不能至五日五日不能至七日七日不能是終不肯徙也是不有刺史聽從其言也不然則是鱷魚冥頑不靈刺史雖有言不聞不知也夫傲天子之命吏不聽其言不徙以避之與冥頑不靈爲民物害者皆可殺刺史則選材技吏民操強弓毒矢以與鱷魚從事必盡殺乃止其無悔。

平淮西碑

天以唐克肖其德。聖子神孫繼繼承承於千萬年。敬戒不怠。全付所覆。四海九州。罔有內外。

悉主悉臣。高祖太宗既除既治。高宗中睿休養生息。至於玄宗受報收功。極熾而豐。物衆地

大。蘗牙其間。肅宗代宗德祖順考以勤以容。大廳適去粗莠不蘊。相臣將臣。文恬武嬉。習熟

見聞以爲當然。睿聖文武皇帝既受羣臣朝。乃考圖數貢曰嗚呼。天旣全付予有家。今傳次

在予。予不能事事。其何以見於郊廟羣臣震懾奔走率職。明年平夏。又明年平

江東。又明年平澤潞。遂定易定。致魏博貝衞澶相無不從志。皇帝曰不可究武予其少息。九

年。蔡將死。蔡人立其子元濟以請不許。遂燒舞陽犯葉襄城。以動東都。放兵四劫。皇帝歷問

於朝一二臣外皆曰蔡師之不廷授於今五十年傳三姓四將其樹本堅兵利卒頑不與他

等。因撫而有順。且無事大官臆決唱聲萬口和附并爲一談牢不可破。皇帝曰惟天惟祖宗

所以付任予者庶其在此。予何敢不力況一二臣同不爲無助曰光顏汝爲陳許帥維是河

東魏博郆陽三軍之在行者汝皆將之曰重胤汝故有河陽懷汝益以汝維是朔方義成陝

益鳳翔延慶七軍之在行者汝皆將之曰弘汝以卒萬二千屬而子公武往討之曰文通汝

守壽維是宣武淮南宣歙浙西四軍之行於壽者汝皆將之曰道古汝其觀察鄂岳曰愬汝

帥唐鄧隨各以其兵進戰曰度汝長御史其往視師曰度惟汝予同汝遂相予以賞罰用命

不用命曰宏汝其以節都統諸軍曰守謙汝出入左右汝惟近臣其往撫師曰度汝其往衣

服飲食予士無寒無饑以既厭事遂生蔡人。賜汝節斧通天御帶備卒三百凡茲延臣汝擇

自從惟其賢能無憚大吏庚申予其臨門送汝曰御史予閱士大夫戰甚苦自今以往非郊

廟祠祀其無用樂顏胥武合攻其北大戰十六得柵城縣二十三降人卒四萬道古攻其東

南入戰降萬三千再入申破其外城文通戰其東十餘遇降萬二千愬入其西得賊將輒釋

不殺用其策比有功十二年八月丞相度至師都統宏責戰益急顏胥武合戰益用命元

濟盡幷其眾洄曲以備十月壬申丞相度自文城入蔡以皇帝命赦其人淮西平大饗

到蔡破其門取元濟以獻盡得其屬人卒辛巳丞相度入蔡因天大雪疾馳百二十里用夜半

賚功愬之日因以其食賜蔡人凡蔡卒三萬五千其不樂為兵願歸為農者十九悉縱之

斬元濟京師冊功宏加侍中愬為左僕射帥山南東道顏胥皆加司空公武以散騎常侍帥

鄜坊丹延道古進大夫文通加散騎常侍丞相度朝京師道封晉國公進階金紫光祿大夫

以舊官相而以其副總為工部尚書領蔡任既還奏羣臣請紀聖功被之金石皇帝以命臣

愈臣愈再拜稽首而獻文曰

唐承天命遂臣萬邦孰居近士襲盜以狂往在玄宗崇極而圮河北悍驕河南附起四聖不

宥屢興師征有不能剋益成以兵夫耕不食婦織不裳輸之以車為卒賜糧外多失朝曠不

獄狩百隸怠官事亡其舊帝時繼位顧瞻咨嗟惟汝文武孰恤予家既斬吳蜀旋取山東魏

將首義。六州降從淮蔡不順。自以為強提兵叫謹欲事故常始命討之。遂連姦鄰陰遣刺客

來賊相臣方戰未利內驚京師羣公上言莫若惠來。帝為不聞與神為謀。乃相同德以訖天

誅。乃敕顏胄恩武古通咸統於宏各奏汝功三方分攻五萬其師大軍北乘厭數倍之常兵

時曲軍士蠢蠢既窮陵雲蔡卒大窘勝之邵陵郾城來降自夏入秋復屯相望兵頓不屬告

功不時帝哀命相往鼇士飽而歌馬騰於槽試之新城賊遇敗逃盡抽其有聚以防我

西師躍入道無留著領領蔡城其疆千里既入而有莫不順侯帝有恩言相度來宣誅止其

魁釋其下人蔡之卒夫投甲呼舞蔡之婦女迎門笑語蔡人告饑賒粟往哺蔡人告寒賜以

繒布始時蔡人禁不往來今相從戲里門夜開始時蔡人進戰退戲今旰而起左餐右粥為

之擇人以收餘燼選更賜牛敎而不稅蔡人有言始迷不知今乃大覺羞前之為蔡有言

天子明聖不順族誅順保性命汝不吾信視此蔡方孰為不順往斥其吭凡叛有數聲勢相

倚吾強不支汝弱奚恃其告而長而父而兄奔走偕來同我太平淮蔡為亂天子伐之既伐

而饑天子活之始議伐蔡卿士莫隨既伐四年小大並疑不赦不疑由天子明凡此蔡功惟

斷乃成既定淮蔡四夷畢來遂開明堂坐以治之

柳子厚墓誌銘

子厚諱宗元七世祖慶為拓跋魏侍中封濟陰公。姚範曰。柳慶仕終於字文。又不為侍中。周書本傳可考。封平濟公。其封濟陰乃子厚

六世祖旦。慶之子也。旦封濟陰公。見柳集。隋書本傳不載。曾伯祖奭。為唐宰相。與褚遂良韓瑗俱得罪武后。死高宗朝。皇考諱鎮。以事母棄太常博士求為縣令江南。其後以不能媚權貴失御史權貴人死乃復拜侍御史號為剛直。所與游皆當世名人。子厚少精敏無不通達。逮其父時。雖年少已自成人。能取進士第。巉然見頭角衆謂柳氏有子矣。其後以博學宏詞授集賢殿正字。儁傑廉悍議論證據今古。出入經史百子踔厲風發率常屈其坐人。名聲大振。一時皆慕與之交。諸公要人爭欲令出我門下。交口薦譽之。貞元十九年由藍田尉拜監察御史順宗即位拜禮部員外郎遇用事者得罪例出為刺史。未至又例貶永州司馬居間益自刻苦務記覽為詞章汎濫停蓄為深博無涯涘而自肆於山水間元和中嘗例召至京師又偕出為刺史。而子厚得柳州。既至。歎曰是豈不足為政耶。因其土俗為設教禁州人順賴。其俗以男女質錢約不時贖子本相侔則沒為奴婢子厚與設方計悉令贖歸。其尤貧力不能者。令書其傭足相當則使歸其質。觀察使下其法於他州。比一歲免而歸者且千人。衡湘以南為進士者皆以子厚為師。其經承子厚口講指畫為文詞者悉有法度可觀。其召至京師而復為刺史也。中山劉夢得禹錫亦在遣中。當詣播州。子厚泣曰。播州非人所居。而夢得親在堂。吾不忍夢得之窮。無辭以白其大人。且萬無母子俱往理。請於朝將拜疏願以柳易播雖重得罪死不恨。遇有以夢得事白上者。夢得於是改刺連州。嗚呼士窮乃見節義今夫平居里巷相慕悅酒食游

戲相徵逐詡詡强笑語以相取下。握手出肺肝相示指天日涕泣誓生死不相背負眞若可

信一旦臨小利害僅如毛髮比便反眼若不相識落陷穽不一引手救反擠之又下石焉者

皆是也此宜禽獸夷狄所不忍爲而其人自視以爲得計聞子厚之風亦可以少愧矣子厚

前時少年勇於爲人不自貴重顧藉謂功業可立就故坐廢退旣退又無相知有氣力得位

者推挽故卒死於窮裔材不爲世用道不行於時也使子厚在臺省時自持其身已能如司

馬刺史時亦自不斥斥時有人力能舉之且必復用不窮然子厚斥不久窮不極雖有出於

人其文學辭章必不能自力以致必傳於後如今無疑也雖使子厚得所願爲將相於一時

以彼易此孰得孰失必有能辨之者子厚以元和十四年十一月八日卒年四十七以十五

年七月十日歸葬萬年先人墓側子厚有子男二人長曰周六始四歲季曰周七子厚卒乃

生女子二人皆幼其得歸葬也費皆出觀察使河東裴君行立行立有節槪重然諾與子厚

結交子厚亦爲之盡竟賴其力葬子厚於萬年墓者舅弟盧遵遵涿人性謹愼學問不厭自

子厚之斥遵從而家焉逮其死不去旣往葬子厚又將經紀其家庶幾有始終者銘曰

是惟子厚之室旣固旣安以利其嗣人。

圬者王承福傳

圬之爲技賤且勞者也有業之其色若自得者聽其言約而盡問之王其姓承福其名世爲

京兆長安農夫天寶之亂發人為兵持弓矢十三年有官勳棄之來歸喪其土田手鏝衣食

餘三十年舍於市之主人而歸其屋食之當焉視時屋食之貴賤而上下其圬之傭以償之

有餘則以與道路之廢疾餓者焉又曰粟稼而生者也若布與帛必蠶績而後成者也其他

所以養生之具皆待人力而後完也吾皆賴之然人不可徧為宜乎各致其能以相生也故

君者理我所以生者也而百官者承君之化者也任有小大惟其所能若器皿焉食焉而怠

其事必有天殃故吾不敢一日捨鏝以嬉夫鏝易能可力焉又誠有功無愧吾

心安夫力易強而有功也心難強而有智用力者使於人用心者使人亦其宜也吾特

擇其易為而無愧者取焉嘻吾操鏝以入富貴之家有年矣或一至焉又往過之則為墟

矣有再至三至者焉而往過之則為墟問之其鄰或曰噫刑戮也或曰身既死而其子孫

不能有也或曰死而歸之官也吾以是觀之非所謂食焉怠其事而得天殃者邪非強心以

智而不足不擇其才之稱否而冒之者邪非多行可愧知其不可而強為之者邪將富貴難

守而薄功而厚饗之者邪抑豐悴有時一去一來而不可常者邪吾之心憫焉是故擇其力之

可能者行焉樂富貴而悲貧賤我豈異於人哉又曰功大者其所以自奉也博妻與子皆養

於我者也吾能薄而功小不有之可也又吾所謂勞力者若立吾家而力不足則心又勞也

一身而二任焉雖聖者不可能也愈始聞而惑之又從而思之蓋賢者也蓋所謂獨善其身

者也然吾有護焉謂其自爲也過多其爲人也過少其學楊朱之道者邪楊之道不肯拔我一毛而利天下而夫人以有家爲勞心不肯一動其心以畜其妻子其肯勞其心以爲人乎哉雖然其賢於世之患不得之而患失之者以濟其生之欲貪邪而亡道以喪其身者其亦遠矣又其言有可以警余者故余爲之傳而自鑒焉

毛穎傳

毛穎中山人也其先明眎佐禹治東方土養萬物有功因封於卯地死爲十二神嘗曰吾子孫神明之後不可與物同當吐而生已而果然明眎八世孫䝤世傳當殷時居中山得神僊之術能匿光使物竄姶娥騎蟾蜍入月其後逡隱不仕云居東郭者曰䝐狡而善走與韓盧爭能盧不及盧怒與宋鵲謀而殺之醢其家秦始皇時蒙將軍恬南伐楚次中山將大獵以懼楚召左右庶長與軍尉以連山筮之得天與人文之兆筮者賀曰今日之獲不角不牙衣褐之徒缺口而長鬚八竅而趺居獨取其髦簡牘是資天下其同書秦遂兼諸侯乎遂獵圍毛氏之族拔其豪載穎而歸獻俘於章臺宮聚其族而加束縛焉秦皇帝使恬賜之湯沐而封諸管城號曰管城子日見親寵任事穎爲人强記而便敏自結繩之代以及秦事無不纂錄陰陽卜筮占相醫方族氏山經地志字書圖畫九流百家天人之書及至浮圖老子外國之說皆所詳悉又通於當代之務官府簿書市井貨錢注記惟上所使自秦皇帝及太

子扶蘇胡亥丞相斯中車府令高下及國人無不愛重又善隨人意正邪曲巧拙一隨其

人雖見廢棄終默不洩惟不喜武士然見請亦時往累拜中書令與上益狎上嘗呼爲中書

君上親決事以衡石自程雖宮人不得立左右獨穎與執燭者常侍上休方罷穎與絳人陳

玄宏農陶泓及會稽褚先生友善相推致其出處必偕上召三人者不待詔輒俱往未

嘗怪焉因進見上將有任使拂拭之因免冠謝上見其髮禿又所摹畫不能稱上意上嘻

笑曰中書君老而禿不任吾用吾嘗謂君中書君今不中書邪對曰臣所謂盡心者因不復

召歸封邑終於管城其子孫甚多散處中國夷狄皆冒管城惟居中山者能繼父祖業

太史公曰毛氏有兩族其一姬姓文王之子封於毛所謂魯衛毛耼者也戰國時有毛公毛

遂獨中山之族不知其本所出子孫最爲蕃昌春秋之成見絕於孔子而非其罪及蒙將軍

拔中山之豪始皇封諸管城世遂有名而姬姓之毛無聞穎始以俘見卒見任使秦之滅諸

侯穎與有功賞不酬勞以老見疏秦眞少恩哉

畫記

雜古今人物小畫共一卷騎而立者五人騎而被甲載兵立者十人一人騎執大旗前立騎

而被甲載兵行且下牽者十人騎且負者二人騎執器者二人騎擁田犬者一人騎而牽者

二人騎而驅者三人執羈靮立者二人騎而下倚馬臂隼而立者一人騎而驅涉者二人徒

而驅牧者二人。坐而指使者一人。甲冑手弓矢鈇鉞植者七人。甲冑執幟植者十八人。負者七
人。偃寢休者二人。甲冑坐睡者一人。方涉者一人。坐而脫足者一人。寒附火者一人。雜執器
物役者八人。奉壺矢者一人。舍而具食者十有一人。挹且注者四人。牛牽者二人。驅驢者四
人。一人杖而負者。婦人以孺子載而可見者六人。載而上下者三人。孺子戲者九人。凡人之
事三十有二。為人大小百二十有三。而莫有同者焉。馬大者九匹。於馬之中又有上者下者
行者牽者涉者陸者翹者顧者鳴者寢者訛者立者人立者齕者飲者溲者陟者降者痒磨
樹者嘘者嗅者喜相戲者怒相踶齧者騎者驟者走者載服物者載狐兔者凡馬之事
二十有七。為馬大小八十有三。而莫有同者焉。牛大小十一頭。橐駝三頭。驢如橐駝之數而
加其一焉。隼一。大羊狐兔麋鹿共三十。紡車三兩。雜兵器弓矢旌旗刀劍矛楯弓服矢房甲
冑之屬。餅孟登笠筐箵釜飲食服用之器。壺矢博奕之具。二百五十有一。皆曲極其妙。貞
元甲戌年。余在京師甚無事。同居有獨孤生申叔者。始得此畫而與余彈棊。余幸勝而獲焉。
意甚惜之。以為非一工人之所能運思。蓋蓄聚眾工人之所長耳。雖百金不願易也。明年出
京師。至河陽。與二三客論畫品格。因出而觀之。坐有趙侍御者。君子人也。見之戚然若有感
然。少而進曰。噫。余之手模也。亡之且二十年矣。余少時嘗有志乎茲事。得國本絕人事而慕
得之。遊閒中而喪焉。居閒處獨。時往來余懷也。以其始為之勞而夃好之篤也。今雖遇之力

不能爲已且命工人存其大都焉余既甚愛之又感趙君之事因以贈之而記其人物之形

狀與數而時觀之以自釋焉

五箴 幷序

人患不知其過既知之不能改是無勇也余生二十有八年髮之短者日益白齒之搖者日

益脫聰明不及於前時道德日負於初心其不至於君子而卒爲小人也昭昭矣作五箴以

訟其惡云

游箴

余少之時將求多能蚤夜以孜孜余今之時既飽而嬉蚤夜以無爲嗚呼余乎其無知乎君

子之棄而小人之歸乎

言箴

不知言之人烏可與言知言之人默焉而其意已傳幕中之辯人反以汝爲叛臺中之評人

反以汝爲傾汝不懲邪而呶呶以害其生邪

行箴

行與義乖言與法違後雖無害汝可以悔行也無邪言也無頗死而不死汝悔而何宜悔而

休汝惡曷瘳宜休而悔汝善安在悔不可追悔不可爲思而斯得汝則勿思

好惡箴

無善而好。不觀其道。無惡而惡。不詳其故。前之所好。今見其尤從也爲比捨也爲讐。前之所惡。今見其臧從也爲愧捨也爲狂。維讐維比。維狂維愧。於身不祥。於德不義。不義不祥。惟惡之大。幾如是爲。而不顧沛。齒之尚少。庸有不思。今其老矣。不愼胡爲。

知名箴

內不足者。急於人知。霈焉有餘。厭聞四馳。今日告汝。知名之法。勿病無聞。病其曄曄。昔者子路。惟恐有聞。赫然千載。德愈尊矜。汝文章。貪汝言語。乘人不能。揜以自取。汝非其父。汝非其師。不請而致。誰云不欺。欺以買憎。揜以媒怨。汝曾不痌。以及於難。小人在辱。亦克知悔。及其既寧。終莫能戒。既出汝心。又銘汝前。汝如不顧。禍亦宜然。

進學解

國子先生晨入太學。招諸生立館下。誨之曰。業精於勤。荒於嬉。行成於思。毀於隨。方今聖賢相逢。治具畢張。拔去兇邪。登崇畯良。占小善者率以錄。名一藝者無不庸。爬羅剔抉。刮垢磨光。蓋有幸而獲選。孰云多而不揚。諸生業患不能精。無患有司之不明。行患不能成。無患有司之不公。言未既。有笑於列者曰。先生欺余哉。弟子事先生。於茲有年矣。先生口不絕吟於六藝之文。手不停披於百家之編。記事者必提其要。纂言者必鉤其玄。貪多務得。細大不捐。

焚膏油以繼晷恆兀兀以窮年先生之業可謂勤矣觝排異端攘斥佛老補苴罅漏張皇幽

眇尋墜緒之茫茫獨旁搜而遠紹障百川而東之迴狂瀾於既倒先生之於儒可謂有勞矣

沈浸醲郁含英咀華作爲文章其書滿家上規姚姒渾渾無涯周誥殷盤佶屈聱牙春秋謹

嚴左氏浮誇易奇而法詩正而葩下逮莊騷太史所錄子雲相如同工異曲先生之於文可

謂閎其中而肆其外矣少始知學勇於敢爲長通於方左右具宜先生之於人可謂成矣

然而公不見信於人私不見助於友跋前躓後動輒得咎暫爲御史遂竄南夷三年博士冗

不見治命與仇謀取敗幾時冬煖而兒號寒年豐而妻啼飢頭童齒豁竟死何裨不知慮此

而反教人爲先生曰吁子來前夫大木爲杗細木爲桷欂櫨侏儒椳闑扂楔各得其宜以

成室者匠氏之工也玉札丹砂赤箭青芝牛溲馬勃敗鼓之皮俱收並蓄待用無遺者醫師

之良也登明選公雜進巧拙紆餘爲妍卓犖爲傑校短量長惟器是適者宰相之方也昔者

孟軻好辯孔道以明轍環天下卒老於行荀卿守正大論是宏逃讒於楚廢死蘭陵是二儒

者吐辭爲經舉足爲法絕類離倫優入聖域其遇於世何如也今先生學雖勤而不繇其統

言雖多而不要其中文雖奇而不濟於用行雖修而不顯於衆猶且月費俸錢歲靡廩粟子

不知耕婦不知織乘馬從徒安坐而食踵常途之促促窺陳編以盜竊然而聖主不加誅宰

臣不見斥非其幸歟動而得謗名亦隨之投閒置散乃分之宜若夫商財賄之有亡計班資

之崇卑忘己量之所稱指前人之瑕疵是所謂詰匠氏之不以杙爲楹而訾醫師以昌陽引

年欲進其豨苓也

祭柳子厚文

嗟嗟子厚而至然邪自古莫不然我又何嗟人之生世如夢一覺其間利害竟亦何校當其

夢時有樂有悲及其既覺豈足追惟凡物之生不願爲材犧尊青黃乃木之災子之中棄天

脫冔鞿玉佩瓊琚大放厥辭富貴無能磨滅誰紀子之自著表愈偉不善爲斲血指汗顏

巧匠旁觀縮手袖間子之文章而不用世乃令吾等掌帝之制子之視人自以無前一斥不

復聾飛刺天嗟嗟子厚今也則亡臨絕之音一何琅琅偏告諸友以寄厥子不鄙謂余亦託

以死凡今之交觀勢厚薄余豈可保能承子託非我知子子實命我猶有鬼神寧敢遺墮念

子永歸無復來期設祭棺前矢心以辭嗚呼哀哉尚饗

祭十二郎文

年月日季父愈聞汝喪之七日乃能銜哀致誠使建中遠具時羞之奠告汝十二郎之靈嗚

呼吾少孤及長不省所怙惟兄嫂是依中年兄歿南方吾與汝俱幼從嫂歸葬河陽既又與

汝就食江南零丁孤苦未嘗一日相離也吾上有三兄皆不幸早世承先人後者在孫惟汝

在子惟吾兩世一身形單影隻嫂嘗撫汝指吾而言曰韓氏兩世惟此而已汝時尤小當不

復記憶吾時雖能記憶。亦未知其言之悲也吾年十九。始來京城。其後四年而歸視汝。又四年吾往河陽省墳墓遇汝從嫂喪來葬。又二年。吾佐董丞相于汴州。汝來省吾止一歲。請歸取其孥明年丞相薨。吾去汴州。汝不果來。是年吾佐戎徐州。使取汝者始行。吾又罷去。汝又不果來吾念汝從于東。東亦客也。不可以久圖久遠者。莫如西歸。將成家而致汝。嗚呼孰謂汝遽去吾而沒乎吾與汝俱少年。以為雖暫相別。終當久與相處。故捨汝而旅食京師。以求斗斛之祿誠知其如此雖萬乘之公相。吾不以一日輟汝而就也。去年孟東野往。吾書與汝曰吾年未四十。而視茫茫。而髮蒼蒼。而齒牙動搖念諸父與諸兄。皆康彊而早世如吾之衰者其能久存乎吾不可去。汝不肯來。恐旦暮死。而汝抱無涯之戚也。孰謂少者歿而長者存彊者夭而病者全乎嗚呼其信然邪。其夢邪。其傳之非其真邪。信也吾兄之盛德而夭其嗣乎汝之純明而不克蒙其澤乎少者彊者而夭歿。長者衰者而存全乎未可以為信也。夢也傳之非其真也。東野之書。耿蘭之報何為而在吾側也。嗚呼其信然矣。吾兄之盛德而夭其嗣矣汝之純明宜業其家者不克蒙其澤矣。所謂天者誠難測。而神者誠難明矣。所謂理者不可推而壽者不可知矣雖然吾自今年來。蒼蒼者或化而為白矣。動搖者或脫而落矣。毛血日益衰志氣日益微幾何不從汝而死也。死而有知。其幾何離。其無知。悲不幾時。而不悲者無窮期矣汝之子始十歲。吾之子始五歲。少而彊者不可保。如此孩提者。又可冀其成立邪。嗚呼哀哉。嗚呼哀哉。汝去年書云比得軟腳病往往而劇吾曰是疾也。江南之人常常有之。未始以爲憂也。嗚呼其竟以此而殞其生乎。抑別有疾而至斯乎。汝之書六月十七日也。東野云汝歿以六月二日耿蘭之報無月日。蓋東野之使者不知問家人以月日如耿蘭之報不知當言月日東野與吾書乃問使者。使者妄稱以應之耳其然乎。其不然乎。今吾使建中祭汝弔汝之孤與汝之乳母彼有食可守以待終喪則待終喪而取以來。如不能守以終喪則遂取以來。其餘奴婢並令守汝喪吾力能改葬終葬汝於先人之兆然後惟其所願嗚呼汝病吾不知時汝歿吾不知日生不能相養以共居歿不得撫汝以盡哀斂不憑其棺窆不臨其穴吾行負神明而使汝夭不孝不慈而不得與汝相守以死一在天之涯一在地之角生而影不與吾形相依死而魂不與吾夢相接吾實爲之其又何尤彼蒼者天曷其有極自今以往吾其無意於人世矣。當求數頃之田於伊潁之上以待餘年敎吾子與汝子幸其成長吾女與汝女待其嫁如此而已嗚呼言有窮而情不可終汝其知也邪其不知也邪嗚呼哀哉尙饗

古文十七家

柳宗元

河東人字子厚少敏悟絕倫爲文章卓偉精緻顏古名家之說一時聲行推仰第貞元進士博學宏辭科拜監察御史坐王文叔黨貶永州司馬復徒柳州刺史宗元既竄斥地又荒癘因自放山澤間其堙厄感鬱一寓諸文而文乃益進與韓愈友善年四十七卒愈誌其墓又爲文祭之評其文曰雄深雅健似司馬子長崔蔡不足多也後世言古文者因皆以韓柳並稱云有柳河東集外集龍城錄

天說

韓愈謂柳子曰若知天之說乎吾爲子言天之說今夫人有疾痛倦辱飢寒甚者因仰而呼天曰殘民者昌佑民者殃又仰而呼天曰何爲使我至此極戾也若是者舉不能知天夫果蓏飲食既壞蟲生之人之血氣敗逆壅底爲癰瘍疣贅瘻痔亦蟲生之木朽而蝎中草腐而螢飛是豈不以壞而後出邪物壞蟲由之生元氣陰陽之壞人由之生蟲之生而物益壞食齧之攻穴之蟲之禍物也滋甚其有能去之者有功於物者也繁而息之者物之讎也人之壞元氣陰陽也亦滋甚墾原田伐山林鑿泉以井飲窾墓以送死而又穴爲偃溲築爲牆垣城郭臺榭觀游疏爲川瀆溝洫陂池燧木以燔革金以鎔陶甄琢磨悴然使天地萬物不得

其情倖倖衝衝攻殘敗撓而未嘗息其為禍元氣陰陽也不甚於蟲之所為乎吾意有能殘

斯人使日薄歲削禍元氣陰陽者滋少是則有功於天地者也蕃而息之者也今

夫人舉不能知天故為是呼且怨也吾意天聞其呼且怨則有功者受賞必大矣其禍焉者

受罰亦大矣子以吾言為如何柳子曰子誠有激而為是邪則信辯且美矣吾能終其說彼

上而玄者世謂之天而黃者世謂之地混然而中處者世謂之元氣寒而暑者世謂之陰

陽是雖大無異果蓏癰痔草木也假而有能去其攻穴者是物也其能有報乎蕃而息者

其能有怒乎天地大果蓏也元氣大癰痔也陰陽大草木也其惡能賞功而罰禍乎功者自

功禍者自禍欲望其賞罰者大謬矣呼而怨欲望其哀且仁者愈（亦一作大謬矣）子而信子之

仁義以游其內生而死爾烏置存亡得喪於果蓏癰痔草木邪

桐葉封弟辯

古之傳者有言成王以桐葉與小弱弟戲曰以封汝周公入賀王曰戲也周公曰天子不可

戲乃封小弱弟於唐吾意不然王之弟當封耶周公宜以時言於王不待其戲而賀以成之

也不當封耶周公乃成其不中之戲以地以人與小弱者為之主其得為聖乎且周公以王

之言不可苟焉而已必從而成之耶設有不幸王以桐葉戲婦寺亦將舉而從之乎凡王者

之德在行之何若設未得其當雖十易之不為病要於其當不可使易也而況以其戲乎若

戲而必行之是周公教王遂過也吾意周公輔成王宜以道從容優樂要歸之大中而已必

不達其失而為之辭又不當束縛之馳驟之使若牛馬然急則敗矣且家人父子尚不能以

此自克況號為君臣者耶是特小丈夫皷皷者之事非周公所宜用故不可信或曰封唐叔

史佚成之

西漢文類序

左右史混久矣言事駁亂尚書春秋之旨不立自左邱明傳孔氏太史公述歷古今而為

史記迄於今交錯相糾莫能離其說獨左氏國語紀言不參於事戰國策春秋後語頗本右

史尚書之制然無古聖人蔚然之道大抵促數耗矣而後之文者襲之文之近古而尤壯麗

莫若漢之西京班固書傳之吾嘗病其畔散不屬無以考其變欲采比義會年長疾作駑墮

日甚未能勝也幸吾弟宗直愛古書樂而成之搜討礫裂掊攎融結而同之與類推移不

易時月而咸得從其條貫森然炳然若開翠玉之府指揮聯累圭璋琮璜之狀各有列位不

失其序雖第其價可也以文觀之則賦頌詩歌書奏詔策辨論之詞畢具以語觀之則右史

記言尚書國語戰國策成敗興衰之說大備無不包也噫是可以為學者之端邪始吾少時

有路子者自贊為是書吾嘉而序其意而其書終莫能具卒俟宗直也故刪取其序繫於左

以為西漢文類首紀殷周之前其文簡而野魏晉已降則盪而靡得其中者漢氏漢氏之東

則既衰矣當文帝時始得賈生明儒術武帝尤好焉而公孫弘董仲舒司馬遷相如之徒作

風雅益盛敷施天下自天子至公卿大夫士庶人咸通焉於是宣於詔策達於奏議諷於辭

賦傳於歌謠由高帝迄於哀平王莽之誅四方之文章蓋爛然矣史臣班堅修其書拔其

尤者充於簡冊則二百三十年間列辟之達道名臣之大範賢能之志業黔黎之風習列焉

若乃合其英精離其變通論次其序位必俟學古者與行之唐興用文理貞元間文章特盛

本之三代浹於漢氏與之相準於是有能者取孟堅書類其文次其先後爲四十卷

愚溪詩序

灌水之陽有溪焉東流入於瀟水或曰冉氏嘗居也故姓是溪曰冉溪或曰可以染也名之

以其能故謂之染溪余以愚觸罪謫瀟水上愛是溪入二三里得其尤絶者家焉古有愚公

谷今余家是溪而名莫能定土之居者猶齗齗然不可以不更也故更之爲愚溪愚溪之上

買小邱爲愚邱自愚邱東北行六十步得泉焉又買居之爲愚泉愚泉凡六穴皆出山下平

地蓋上出也合流屈曲而南爲愚溝遂負土累石塞其隘爲愚池愚池之東爲愚堂其南爲

愚亭池之中爲愚島嘉木異石錯置皆山水之奇者以余故咸以愚辱焉夫水智者樂也今

是溪獨見辱於愚何哉蓋其流甚下不可以灌漑又峻急多坻石大舟不可入也幽邃淺狹

蛟龍不屑不能興雲雨無以利世而適類於余然則雖辱而愚之可也寧武子邦無道則愚

智而爲愚者也顏子終日不違如愚睿而爲愚者也皆不能爲眞愚。今余遭有道而違於理
悖於事故凡爲愚者莫我若也夫然則天下莫能爭是溪余得專而名焉溪雖莫利於世而
善鑒萬類淸瑩徹鏘鳴金石能使愚者喜笑眷慕樂而不能去也余雖不合於俗亦頗以
文墨自慰漱滌萬物牢籠百態而無所避之以愚辭歌愚溪則茫然而不違昏然而同歸超
鴻蒙混希夷寂寥而莫我知也於是作八愚詩紀於溪石上

楊評事文集後序

文之用辭令褒貶導揚諷諭而已雖其言鄙埜足以備於用然而闕其文采固不足以竦動
時聽夸示後學立言而朽君子不由也故作者抱其根源而必由是假道焉作於聖故曰經
述於才故曰文文有二道辭令褒貶本乎著述者也導揚諷諭本乎比興者也著述者流蓋
出於書之謨訓易之象繫春秋之筆削其要在於高壯廣厚詞正而理備謂宜藏於簡册也
比興者流蓋出於虞夏之詠歌殷周之風雅其要在於麗則淸越言暢而意美謂宜流於謠
誦也玆二者考其旨義乖離不合故秉筆之士恆偏勝獨得而罕有兼者焉有能而專美
命之曰藝成雖古文雅之盛世不能並肩而生唐興以來稱是選而不怍者梓潼陳拾遺其
後燕文貞以著述之餘攻比興而莫能極張曲江以比興之陳窮著述而不克備其餘各探
一隅相與背馳於道者其去彌遠文之難兼斯亦甚矣若楊君者少以篇什著聲於時其炳

爐尤巽之詞諷誦於文人。滿盈於江湖。達於京師。晚節偏悟文體。尤邃敍述。學富識遠才涌

未巳其雄傑老成之風與時增加。既獲是不數年而夭其季年所作尤善其爲鄂州新城頌

諸葛武侯傳論錢送梓潼陳衆甫汝南周願河東裴武都符義府太山羊士諤隴西李錬

凡六序廬山禪居記辭李常侍啓遠遊賦七夕賦皆人文之選巳用是陪陳君之後不得窮其工竟其才遺

具體者歟嗚呼公既悟文而疾即功而廢廢不逾年大病及之卒不得窮其工竟其才遺

文未克流於世休登未克充於時凡我從事於文者所宜追惜而悼慕也宗元以通家修好

幼獲省調故得奉公元兄命論次篇笥遂逃其制作之所詣以繫於後

讀韓愈所作毛穎傳

自吾居夷不與中州人通書有來南者時言韓愈爲毛穎傳不能舉其辭而獨大笑以爲怪。

而吾久不克見楊子誨之來始持其書索而讀之若捕龍蛇搏虎豹急與之角而力不敢暇。

信韓子之怪於文也世之模擬竄取靑媲白肥皮厚肉柔筋脆骨而以爲辭者之讀之也。

其大笑固宜且世人笑之也不以其俳乎且俳又非聖人之所棄者詩曰善戲謔兮不爲虐

分太史公書有滑稽列傳皆取乎有益於世者也故學者終日討論答問呻吟習復應對進

退掬溜播瀟則罷懲而醊亂故有息焉爲游焉之說不學操縵不能安弦有所拘者有所縱也

大羹玄酒體節之薦味之至者而又設以奇異小蟲水草樝梨橘柚苦鹹酸辛雖蜇吻裂鼻

縮舌澀齒而咸有篤好之者文王之菖蒲菹屈到之菱曾皙之羊棗然後盡天下之奇味以足於口獨文異乎韓子之爲也亦將弛焉而不爲虐歟息焉而有所繼歟盡六藝之奇味以足於口歟而不若是則韓子之詞若雍大川焉其必決而放諸陸不可以不陳也且凡古今是非六藝百家大細穿穴用而不遺者毛穎之功也韓子窮古書好斯文嘉穎之能盡其意故奮而爲之傳以發其鬱積而學者得之勵其有益於世歟是其言也固與異世者語而貪常嗜瑣者猶呫呫然動其喙彼亦勞甚矣乎

答劉禹錫天論書

崇元白發書得天論三篇以僕所爲天說爲未究欲畢其言始得之大喜謂有以開明吾志慮及詳讀五六日求其所以異吾說卒不可得其歸要曰非天預乎人也凡子之論乃吾天說傳疏耳無異道焉諄諄佐吾言而曰有以異何以爲異也子之所以爲異者豈不以贊天之能生植也歟夫天之能生植久矣不待贊而顯且子以天之生生也爲天耶爲人耶抑自生而植乎若以爲人則吾愈不識也若果以爲自生而植則彼自生而植耳何以異夫果蓏之自爲果蓏癰痔之自爲癰痔草木之自爲草木耶是非蟲謀明矣猶天之不謀乎人也彼不我謀而我何爲務勝之耶子所謂交勝者若天恆爲惡人恆爲善人勝天則善者行是又過德乎人過罪乎天也又曰天之能者生植也人之能者法制也是判天與人爲

四而言之者也余則曰生植與災荒皆天也法制與悖亂皆人也二之而已其事各行不相

預而凶豐理亂出焉究之矣凡子之辭枝葉甚美而根不直取以遂焉又子之喻乎旅者皆

人也而一日天勝焉一日人勝焉何哉莽蒼之先者力勝也邑郛之先者智勝也虞芮力窮

也匡宋智窮也是非存亡皆未見其可以喻乎天者若子之說要以亂為天理理為人理耶

謬矣若操舟之言人與天者愚民恆說耳幽屬之云為上帝者無所歸怨之辭皆不足喻

乎道子其熟之無羞侈論以益其枝葉姑務本之為得不亦裕乎獨所謂無形為無常形

者甚善宗元白

答韓愈論史官書

正月二十一日宗元頓首十八丈退之侍者前獲書言史事云具與劉秀才書及今乃見書

藁私心甚不喜與退之往年言史事甚大謬若書中言退之不宜一日在館下安有探宰相

意以為苟以史榮一韓退之邪若果爾退之豈宜虛受宰相榮已而冒居館下近密地食奉

祿役使掌故利紙筆為私書取以供子弟費古之志於道者不宜若是且退之以為

有刑禍避不肯就尤非也史以名為褒貶猶且恐懼不敢為設使退之為御史中丞大夫其

褒貶成敗人愈益顯其宜恐懼尤大也則又將揚揚入臺府美食安坐行呼唱於朝廷而已

邪在御史猶爾設使退之為宰相生殺出入升黜天下士其敵益衆則又將揚揚入政事堂

美食安坐行呼唱於內廷外衢而已邪又何以異不為史而榮其號利其祿者也又言不有

人禍則有天刑若以罪夫前古之為史者然亦甚惑凡居其位思直其道苟直雖死不可

迴也如迴之莫若亟去其位孔子之困於魯衛陳宋蔡齊楚者其時暗諸侯不能以也其不

遇而死也如迴不以作春秋故也當其時雖不作春秋孔子猶不遇而死也若周公史佚雖言書

事猶遇且顯也又不得以春秋為孔子累范曄悖亂雖不為史其族亦赤司馬遷觸天子喜

怒不可以是為戒其皆於不出此是退之宜守中道不忘其直無以他事自恐退之之恐唯

盲不檢下崔浩沽其直以齮齕虐譽皆非中道左邱明以疾盲出於不幸子夏不為史亦

在不直不得中道刑禍非所恐也凡言二百年文武事多有誠如此者今退之曰我一人也

何能明則同職者又所云若是後來繼今者又所云若是人人皆曰我一人則卒誰能紀傳

之邪如退之但以所聞知孜孜不敢怠則同職者後來繼今者亦各以所聞知孜孜不敢

則庶幾不墜使卒有明也不然徒信人口語每每異辭日以滋久則所云磊磊軒天地者決

不沈沒且亂雜無可考非有志者所忍恣恣也果有志豈當待人督責迫蹙然後為官守邪又

凡鬼神事眇茫荒惑無可準明者所不道退之之智而猶懼於此今學如退之辭如退之好

言論如退之懃懃自謂正直行行焉如退之猶所云若是則唐之史述其卒無可託乎明天

子賢宰相得史才如此而又不果甚可痛哉退之宜更思可為速為果卒以為恐懼不敢則

一日可引去又何以云行且謀也今當爲而不爲又誘館中他人及後生者此大惑已不勉

已而欲勉人難矣哉

答韋中立論師道書

二十一日宗元白辱書云欲相師僕道不篤業甚淺近環顧其中未見可師者雖嘗好言論

爲文章甚不自是也不意吾子自京師來蠻夷間乃幸見取僕自卜固無取假令有取亦不

敢爲人師爲衆人師且不敢況敢爲吾子師乎孟子稱人之患在好爲人師由魏晉氏以下

人益不事師今之世不聞有師有輒譁笑之以爲狂人獨韓愈奮不顧流俗犯笑侮收召後

學作師說因抗顏而爲師世果羣怪聚罵指目牽引而增與爲言詞以是得狂名居長安

炊不暇熟又挈挈而東如是者數矣屈子賦曰邑犬羣吠吠所怪也僕往聞庸蜀之南恆雨

少日日出則犬吠余以爲過言則六七年僕來南二年冬幸大雪踰嶺被南越中數州

之犬皆蒼黃吠噬狂走者累日至無雪乃已然後始信前所聞者今韓愈既自以爲蜀之日

而吾子又欲使吾爲越之雪不以病乎非獨見病亦以病吾子然雪與日豈有過哉顧吠者

犬耳度今天下不吠者幾人而誰敢衒怪於羣目以召鬧取怒乎僕自謫過以來益少志慮

居南中九年增腳氣病漸不喜鬧豈可使呶呶者早暮咈吾耳騷吾心則固僵仆煩憒不

可過矣平居望外遭齒舌不少獨欠爲人師耳抑又聞之古者重冠禮將以責成人之道是

聖人所尤用心者也。數百年來。人不復行。近有孫昌胤者。獨發憤行之。既成禮。明日造朝至外廷薦笏言於卿士曰。某子冠畢。應之者咸憮然。京兆尹鄭叔則怫然曳笏卻立曰。何預我耶。廷中皆大笑。天下不以非鄭尹而快孫子。何哉。獨為所不為也。今之命師者大類此。吾子行厚而辭深。凡所作皆恢恢然有古人形貌。雖僕敢為師。亦何所增加也。假而以僕年先吾子。聞道著書之日不後。誠欲往來言所聞。則僕固願悉陳中所得者。吾子苟自擇之。取某事去某事則可矣。若定是非以教吾子。僕材不足。而又畏前所陳者。其為不敢也決矣。吾子前所欲見吾文。既悉以陳之。非以耀明於子。聊欲以觀子氣色。誠好惡何如也。今書來言者皆大過。吾子誠非佞譽誣諛之徒。直見愛甚故然耳。始吾幼且少。為文章以辭為工。及長乃知文者以明道。是固不苟為炳炳烺烺。務采色。誇聲音而以為能也。凡吾所陳。皆自能近道而不知道之果近乎遠乎。吾子好道而可吾文。或者其於道不遠矣。故吾每為文章。未嘗敢以輕心掉之。懼其剽而不留也。未嘗敢以怠心易之。懼其弛而不嚴也。未嘗敢以昏氣出之。懼其昧沒而雜也。未嘗敢以矜氣作之。懼其偃蹇而驕也。抑之欲其奧。揚之欲其明。疏之欲其通。廉之欲其節。激而發之欲其清。固而存之欲其重。此吾所以羽翼夫道也。本之書以求其質。本之詩以求其恆。本之禮以求其宜。本之春秋以求其斷。本之易以求其動。此吾所以取道之原也。參之穀梁氏以厲其氣。參之孟荀以暢其支。參之莊老以肆其端。參之國語以博其趣參之離騷以致其幽參之太史以著其潔此吾所以旁推交通而以為之文也凡若此者果是耶非耶有取乎抑其無取乎吾子幸觀焉擇焉有餘以告焉以廣是道子不有得焉則我得矣又何以師云爾哉取其實而去其名無招越蜀吠怪而為外廷所笑則幸矣宗元復白。

答韋珩示韓愈相推以文墨事書

足下所封示退之書云欲推避僕以文墨事且以勵足下若退之之才過僕數人尚不宜推避於僕非其實可知固相假借為之辭耳退之所敬者司馬遷揚雄遷於退之固相上下若雄者如太玄法言及四愁賦退之獨未作耳決作之加恢奇至他文過揚雄遠甚雄文遣言措意頗短局滯澀不若退之猖狂恣睢意有所作若然者使雄來尚不宜推避而況僕耶。彼好獎人善以為不屈已善不可獎故慊慊云爾也足下幸勿信之且足下志氣高好讀南北史書通國朝事穿穴古今後來無能和而僕稚騃卒無所為但趑趄文墨筆硯淺事今退之不以吾子勵僕而反以僕勵吾子愈非所宜卒篇欲足下自挫抑合當世事固當雖退亦知無出此吾子年甚少知己者如廡不患不顯患道不立耳此僕以自勵亦以佐退之勵足下不宜宗元頓首再拜。

與許京兆孟容書

宗元再拜五丈座前伏蒙賜書誨諭微悉重厚欣踊恍惚若夢寐捧書叩頭悸不自定伏
念得罪來五年未嘗有故舊大臣肯以書見及者何則罪謗交積群疑當道誠可怪而畏也
是以兀兀忘行尤負憂殘骸餘魂百病所集瘡疕伏積不食自飽或時寒熱水火互至內
消肌骨非獨瘴癘為也忽奉教命乃知幸為大君子所宥欲使膏盲沈沒復起為人夫何素
望敢以及此宗元早歲與負罪者親善始奇其能謂可以共立仁義裨敎化過不自料勲勲
勉勵惟以中正信義為志以興堯舜孔子之道利安元元為務不知愚陋不可力彊其素意
如此也末路厄塞范兀事既壅隔很忤貴近狂疏繆戾蹈不測之幸群言沸騰鬼神交怒加
以素卑賤暴起領事人所不信射利求進者塡門排戶百不一得一日快意更造怨讟以此
大罪之外詆詞萬端旁午搆扇便為敵讐協心同攻外連彊暴失職者以致其事此皆丈人
所聞見不敢為他人道說懷不能已復載簡牘此人雖萬被誅戮不足塞責而豈有賞哉今
其黨與幸獲寬貸各得善地無公事坐食俸祿明德至渥也尚何敢更俟除棄廢痼以希望
外之澤哉年少氣銳不識幾微不知當否不但欲一心直遂果陷刑法皆自所求取得之又何
怪也宗元於眾黨人中罪狀最甚神理降罰又不能卽死猶對人言語求食自活迷不知恥
日復一日然亦有大故自以得姓來二千五百年代為冢嗣今抱非常之罪居夷獠之鄉卑
湮昏霧恐一日塡委溝壑曠墜先緒以是怛然痛恨心骨沸熱煢煢孤立未有子息荒隕中

少士人女子無與爲婚。世亦不肯與罪人親昵。以是嗣續之重。不絕如縷。每當春秋時饗子立捧奠。顧眄無後繼者。懍懍然欲歔憬惕。恐此事便已。攠心傷骨。若受鋒刃。此誠丈人所共憫惜也。先墓在城南。無異子弟爲主。獨託村鄰。自躬逐來消息。存亡不一至。闕者四年矣。每以益怠。晝夜哀憤。便毀傷松柏。芻牧不禁。以成大戾。近世禮重拜埽。今已父母邱墓。馬醫夏遇寒食則北向長號。以首頓地。想田野路。士女遍滿。皂隸庸丐。皆得上父母邱墓。畦之鬼無不受子孫追養者。然此已息望。又何以云哉。城西有數頃田。樹果數百株。多先人手自封植。今已荒穢。恐便斬伐。無復惜愛。家有賜書三千卷。尚在善和里舊宅。宅今已三易主。書存亡不可知。皆付受所重。常繫心腑。然無可爲者。立身一敗。萬事瓦裂。身殘家破爲世大僇。復何敢更望大君子撫慰收卹。尚置人數中。是以當食不知辛鹹。節適洗沐。盥漱勤逾歲時一搔皮膚。塵垢滿爪。誠憂恐悲傷。無所告愬。以至此也。自古賢人才士。秉志邅分被謗議不能自明者。僅以百數。故有無兄盜嫂。孤女云撾嫗翁者。然賴當世豪傑分明辨別。卒光史籍。管仲遇盜升爲功臣。匡章被不孝之名。孟子禮之。今已無古人之實。爲而有訴欲望世人之明己。不可得也。直不疑買金以償同舍。劉寬下車歸牛鄉人。此誠知疑似之不可辯非口舌所能勝也。鄭詹束縛於晉。終以無死。鍾儀南音。卒獲返國。叔向囚虜。自期必免。范座騎危以生易死。蒯通據鼎耳。爲齊上客。張蒼韓信伏斧鑕。終取將相。鄒陽獄中以書自活。

賈生斥逐復召宣室倪寬擯死後至御史大夫董仲舒劉向下獄當誅爲漢儒宗此皆瓌偉

博辯奇壯之士能自解脫今以恇怯澳澀下才末伎又嬰恐懼痼病欲慷慨攘臂自同昔

人愈疏闊矣賢者不得志於今必取貴於後古之著書者皆是也宗元近欲務此然力薄才

劣無異能解雖欲秉筆觀縷神志耗荒前後遺忘終不能成章往時讀書自以不至觝滯今

皆頑然無復省錄每讀古人一傳數紙已後則再三伸卷復觀姓氏旋又廢失假令萬一除

刑部因籍復爲士列亦不堪當世用矣伏惟與哀於無用之地垂德於不報之所但以通家

宗祀爲念有可動心者操之勿失不敢望歸墦塋域退託先人之廬以盡餘齒姑遂少北益

輕瘴癘就婚娶求胤嗣有可付託即冥然長辭如得甘寢無復恨矣書辭繁委無以自道然

即文以求其志君子固得其肺肝焉無任懇戀之至宗元再拜

種樹郭橐駝傳

郭橐駝不知始何名病僂隆然伏行有類橐駝者故鄉人號之橐駝聞之曰甚善名我固當

因捨其名亦自謂橐駝云其鄉曰豐樂鄉在長安西駝業種樹凡長安豪富人爲觀游及賣

果者皆爭迎取養視駝所種樹或移徙無不活且碩茂蚤實以蕃他植者雖窺伺傚慕莫能

如也有問之對曰橐駝非能使木壽且孳也能順木之天以致其性焉爾凡植木之性其本

欲舒其培欲平其土欲故其築欲密既然已勿動勿慮去不復顧其蒔也若子其置也若棄

則其天者全而其性得矣。故吾不害其長而已。非有能碩茂之也。不抑耗其實而已。非有能
蚤而蕃之也。他植者則不然。根拳而土易。其培之也。若不過焉則不及焉。苟有能反是者。則
又愛之太殷。憂之太勤。旦視而暮撫。已去而復顧。甚者爪其膚以驗其生枯。搖其本以觀其
疏密。而木之性日以離矣。雖曰愛之。其實害之。雖曰憂之。其實讎之。故不我若也。吾又何能
為哉。問者曰。以子之道。移之官理。可乎。駝曰。我知種樹而已。理非吾業也。然吾居鄉。見長人
者好煩其令。若甚憐焉。而卒以禍。旦暮吏來而呼曰。官命促爾耕。勖爾植。督爾穫。蚤繰而緒。
蚤織而縷。字而幼孩。遂而雞豚。鳴鼓而聚之。擊木而召之。吾小人輟飧饔以勞吏者。且不得
暇。又何以蕃吾生而安吾性耶。故病且怠。若是則與吾業者。其亦有類乎。問者曰。不亦善
夫。吾問養樹得養人術。傳其事以為官戒也。

捕蛇說

永之野產異蛇。黑質而白章。觸草木盡死。以齧人。無禦之者。然得而腊之以為餌。可以已大
風攣踠瘻癘。去死肌。死三蟲。始太醫以王命聚之。歲賦其二。募有能捕之者。當其租入。永
之人爭奔走焉。有蔣氏者。專其利三世矣。問之。則曰。吾祖死於是。吾父死於是。今吾嗣為之十
二年。幾死者數矣。言之貌若甚慼者。余悲之。且曰。若毒之乎。余將告於蒞事者。更若役。復若
賦。則何如。蔣氏大慼。汪然出涕曰。君將哀而生之乎。則吾斯役之不幸。未若復吾賦不幸之

甚也嚮吾不爲斯役則久已病矣自吾之三世居是鄉積於今六十歲矣而鄉鄰之生日蹙

殫其地之出竭其廬之入號呼而轉徙飢渴而頓踣觸風雨犯寒暑呼噓毒厲往往而死者

相藉也曩與吾祖居者今其室十無一焉與吾父居者今其室十無二三焉與吾居十二年

者今其室十無四五焉非死則徙爾而吾以捕蛇獨存悍吏之來吾鄉叫囂乎東西隳突乎

南北譁然而駭者雖雞狗不得寧焉吾恂恂而起視其缶而吾蛇尚存則弛然而臥謹食之

時而獻焉退而甘食其土之有以盡吾齒蓋一歲之犯死者二焉其餘則熙熙而樂豈若吾

鄉鄰之旦旦有是哉今雖死乎此比吾鄉鄰之死則已後矣又安敢毒邪余聞而愈悲孔

子曰苛政猛於虎吾嘗疑乎是今以蔣氏觀之猶信嗚呼孰知賦斂之毒有甚是蛇者乎故

爲之說俟乎觀人風者得焉

始得西山宴遊記

自余爲僇人居是州恆惴慄其隙也則施施而行漫漫而游日與其徒上高山入深林窮迴

溪幽泉怪石無遠不到到則披草而坐傾壺而醉醉則更相枕以臥意有所極夢亦同趣覺

而起起而歸以爲凡是州之山有異態者皆我有也而未始知西山之怪特今年九月二十

八日因坐法華西亭望西山始指異之遂命僕過湘江緣染溪斫榛莽焚茅筏窮山之高而

止攀援而登箕踞而遨則凡數州之土壤皆在袵席之下其高下之勢岈然洼然若垤若穴

尺寸千里攢蹙累積莫得遯隱縈青繚白外與天際四望如一然後知是山之特出不與培

塿為類悠悠乎與灝氣俱而莫得其涯洋洋乎與造物者游而不知其所窮引觴滿酌頹然

就醉不知日之入蒼然暮色自遠而至至無所見而猶不欲歸心凝形釋與萬化冥合然後

知吾嚮之未始游游於是乎始故為之文以志是歲元和四年也

鈷鉧潭記

鈷鉧潭在西山西其始蓋冉水自南奔注抵山石屈折東流其顛委勢峻盪擊益暴齧其涯

故旁廣而中深畢至石乃止流沫成輪然後徐行其清而平者且十畝有樹環焉有泉懸焉

其上有居者以予之亟游也一日款門來告曰不勝官租私券之委積既芟山而更居願以

潭上田貿財以緩禍予樂而如其言則崇其臺延其檻行其泉於高者墜之潭有聲潀然尤

與中秋觀月為宜於以見天之高氣之迥孰使予樂居夷而忘故土者非茲潭也歟

鈷鉧潭西小邱記

得西山後八日尋山口西北道二百步又得鈷鉧潭西二十五步當湍而峻者為魚梁梁之

上有邱焉生竹樹其石之突怒偃蹇負土而出爭為奇狀者殆不可數其嶔然相累而下者

若牛馬之飲於溪其衝然角力而上者若熊羆之登於山邱之小不能一畝可以籠而有之

問其主曰唐氏之棄地貨而不售問其價曰止四百余憐而售之李深源元克己時同遊皆

大喜出自意外卽更取器用劚刈穢草伐去惡木烈火而焚之嘉木立美竹露奇石顯由其

中以望則山之高雲之浮溪之流鳥獸魚之遨遊舉熙熙然而迴巧獻技以效茲邱之下枕席

而臥則淸泠之狀與目謀瀯瀯之聲與耳謀悠然而虛者與神謀淵然而靜者與心謀不匝

旬而得異地者二雖古好事之士或未能至焉噫以茲邱之勝致之豐鎬鄠杜則貴游之士

爭買者日增千金而愈不可得今棄是州也農夫漁父過而陋之價四百連歲不能售而我

與深源克己獨喜得之是其果有遭乎書於石所以賀茲邱之遭也

至小邱西小石潭記

從小邱西行百二十步隔篁竹聞水聲如鳴佩環心樂之伐竹取道下見小潭水尤淸冽全

石以爲底近岸卷石底以出爲坻爲嶼爲嵁爲巖青樹翠蔓蒙絡搖綴參差披拂中魚可

百許頭皆若空遊無所依日光下徹影布石上怡然不動俶爾遠逝往來翕忽似與遊者相

樂潭西南面望斗折蛇行明滅可見其岸勢犬牙差互不可知其源坐潭上四面竹樹環合

寂寥無人淒神寒骨悄愴幽邃以其境過淸不可久居乃記之而去同遊者吳武陵龔古余

弟宗玄隸而從者崔氏二小生曰恕己曰奉壹

古文十七家

歐陽修　宋廬陵人字永叔曉號六一居士舉進士甲科慶歷初召知諫院改右正言知制誥時杜衍韓琦范仲淹富弼相繼罷去修上書極諫出知滁州徙揚州潁州還爲翰林學士八年知無不言嘉祐間拜參知政事與韓琦同心輔政熙寧初與王安石不合以太子少師致壯年六十六卒自五代以來文章多襲唐人聲龍之體宋初柳開穆修志欲復古而力未逮至修得韓愈遺稿苦心探索遂以古文爲天下倡導三蘇曾王諸大家皆出其門故常時風尙爲之不變然修爲古文名曰宗韓其氣體實與之各別前賢論之頗詳蓋不欲於形貌求似而能得其神理者此所以自成爲一大家也著有新唐書新五代史詩文集等種

本論中

佛法爲中國患千餘歲世之卓然不惑而有力者莫不欲去之已嘗去矣而復大集攻之暫破而愈堅撲之未滅而愈熾遂至於無可奈何是果不可去耶蓋亦未知其方也夫醫者之於疾也必推其病之所自來而治其受病之處病之中人乘乎氣虛而入焉則善醫者不攻其疾而務養其氣氣實則病去此自然之效也故救天下之患者亦必推其患之所自來而治其受患之處佛爲夷狄去中國最遠而有佛固已久矣堯舜三代之際王政修明禮義之

教充於天下於此之時雖有佛無緣而入及三代衰王政闕禮義廢後二百餘年而佛至乎

中國緣是言之佛所以為吾患者乘其闕廢之時而來此其受患之本也補其闕修其廢使

其政明而禮義充則雖有佛無所施於吾民矣此亦自然之勢也昔堯舜三代之為政設為

井田之法籍天下之人計其口而皆授之田凡人之力能勝耕者莫不有田而耕之斂以什

一差其征賦以督其不勤使天下之人力皆盡於南畝而不暇乎其他然又懼其勞且惰而

入於邪僻也於是為制牲牢酒醴以養其體弦匏俎豆以悅其耳目於其不耕休力之時而

教之以禮故因其田獵而為蒐狩之禮因其嫁娶而為婚姻之禮因其死葬而為喪祭之禮

因其飲食羣聚而為鄉射之禮非徒以防其亂又因而教之使知尊卑長幼凡人之大倫也

故凡養生送死之道皆因其欲而為之制飾之物采而文焉所以悅之使其易趣也順其情

性而節焉所以防之使其不過也然猶懼其未也又為立學以講明之故上自天子之郊下

至鄉黨莫不有學擇民之聰明者而習焉使相告語而誘勸其愚惰嗚呼何其備也蓋堯舜

三代之為政如此其慮民之意甚精治民之具甚備防民之術甚周誘民之道甚篤行之以

勤而被於物者洽浸之以漸而入於人者深故民之生也不用力乎南畝則從事乎禮樂之

際不在乎家則在乎庠序之間耳聞目見其不知其倦終身不見異物又

奚暇夫外慕哉故曰雖有佛無緣而入者謂有此具也及周之衰秦并天下盡去三代之法

而王道中絕後之有天下者不能勉強其爲治之具不備防民之漸不周於此時乘間而

出千有餘歲之間佛之來者日益衆吾之所爲者日益壞井田最先廢而兼併遊惰之姦起。

而後所爲蒐狩婚姻喪祭鄉射之禮凡所以敎民之具相次而盡廢然後民之姦者有暇而

爲他其良者泯然不見禮義之及已夫姦民有餘力則思爲邪僻良民不見禮義則莫之所

趣佛於此時乘其隙方鼓其雄誕之說而牽之則民不得不從而歸矣又況王公大人往往

倡而敺之曰佛是眞可歸依者然則吾民何疑而不歸焉有一不惑者方艴然而怒曰。

佛何爲者吾將操戈而逐之又曰吾將有說以排之夫千歲之患偏於天下豈一人一日之

可爲也民之沈酗入於骨髓非口舌之可勝然則將奈何曰莫若修其本以勝之昔戰國之時

楊墨交亂孟子患之而專言仁義故仁義之說勝則楊墨之學廢漢之時百家並興董生患

之而退修孔氏故孔氏之道明而百家息此所謂修其本以勝之之效也今八尺之夫被甲

荷戟勇冠三軍然而見佛則拜聞佛之說則有畏慕之誠者何也彼誠壯佼其中心茫然無

所守而然也一介之士眇然柔懦然而聞有道佛者則義形於色非徒不爲之屈

又欲驅而絕之者何也彼無他焉學問明而禮義純熟中心有所守以勝之也然則禮義者

勝佛之本也今一介之士知禮義者尚能不爲之屈使天下皆知禮義則勝之矣此自然之

勢也。

朋黨論 在諫院進

臣聞朋黨之說自古有之。惟幸人君辨其君子小人而已。大凡君子與君子以同道為朋。小人與小人以同利為朋。此自然之理也。然臣謂小人無朋。惟君子則有之。其故何哉。小人所好者祿位也。所貪者財貨也。當其同利之時。暫相黨引以為朋者。偽也。及其見利而爭先。或利盡而交疏。則反相賊害。雖其兄弟親戚。不能相保。故臣謂小人無朋。其暫為朋者。偽也。君子則不然。所守者道義。所行者忠信。所惜者名節。以之修身。則同道而相益。以之事國。則同心而共濟。終始如一。此君子之朋也。故為人君者。但當退小人之偽朋。用君子之真朋。則天下治矣。堯之時小人共工驩兜等四人為一朋。君子八元八凱十六人為一朋。舜佐堯退四凶小人之朋。而進元凱君子之朋。堯之天下大治。及舜自為天子。而皋夔稷契等二十二人。並列於朝。更相稱美更相推讓。凡二十二人為一朋。而舜皆用之。天下亦大治。書曰紂有臣億萬。惟億萬心。周有臣三千惟一心。紂之時億萬人各異心。可謂不為朋矣。然紂以亡國。周武王之臣三千人為一大朋。而周用以興。後漢獻帝時盡取天下名士囚禁之。目為黨人。及黃巾賊起。漢室大亂。後方悔悟。盡解黨人而釋之。然已無救矣。唐之晚年漸起朋黨之論。及昭宗時盡殺朝之名士。或投之黃河曰此輩清流可投濁流。而唐遂亡矣。夫前世之主。能使人人異心不為朋。莫如紂。能禁絕善人為朋。莫如漢獻帝。能誅戮清流之朋。莫如唐昭宗之

世。然皆亂亡其國更相稱美推讓而不自疑莫如舜之二十二臣舜亦不疑而皆用之然而

後世不誚舜為二十二人朋黨所欺而稱舜為聰明之聖者以能辨君子與小人也周武之

世舉其國之臣三千人共為一朋。自古為朋之多大莫如周然周用此以興者善人雖多

而不厭也夫興亡治亂之迹為人君者可以鑒矣（按後漢禁錮黨人乃靈帝/建寧二年事文作獻帝誤）

唐書藝文志序

自六經焚於秦而復出於漢其師傳之道中絕而簡編脫亂訛缺。學者莫得其本真於是諸

儒章句之學與焉其後傳注箋解義疏之流轉相講述。而聖道粗明然其為說固已不勝其

繁矣至於上古三皇五帝以來世次國家與滅終始僭竊偽亂史官備矣而傳記小說外暨

方言地理職官氏族皆出於史官之流也自孔子在時方修明聖經以紬繆異而老子著書

論道德接乎周衰戰國遊談放蕩之士馳騁到列莊之徒各極其辨而孟軻荀卿始專修

孔氏以折異端迹諸子之論各成一家自前世皆存而不絕也夫王迹熄而詩亡離騷作而

文辭之士與歷代盛衰文章與時高下然其變態百出不可窮極何其多也自漢以來史官

列其名氏篇第以為六藝九種七略至唐始分為四類曰經史子集而藏書之盛莫盛於開

元其著錄者五萬三千九百一十五卷而唐之學者自為之書又二萬八千四百六十九卷

鳴呼可謂盛矣六經之道簡嚴易直而天人備故其愈久而益明其餘作者眾矣質之聖人

或離或合然其精深閎博各盡其術而怪奇偉麗往往震發於其間此所以使好奇愛博者

不能忘也然凋零磨滅亦不可勝數豈其華文少實不足以行遠歟而俚言俗說猥有存者

亦其有幸不幸歟今著於篇有其名而無其書者十蓋五六也可不惜哉

五代史宦者傳序

自古宦者亂人之國其源流深於女禍女色而已宦者之害非一端也蓋其用事也近而習

其為心也專而忍能以小善中人之意小信固人之心使人主必信而親之待其已信然後

懼以禍福而把持之雖有忠臣碩士列於朝廷而人主以為去己疏遠不若起居飲食前後

左右之親為可恃也故前後左右者日益親則忠臣碩士日益疏而人主之勢日益孤勢孤

則懼禍之心日益切而把持者日益牢安危出其喜怒禍患伏於帷闥則嚮之所謂可恃者

乃所以為患也患已深而覺之欲與疏遠之臣圖左右之親近緩之則養禍而益深急之則

挾人主以為質雖有聖智不能與謀謀之而不可為為之而不可成至其甚則俱傷而兩敗

故其大者亡國其次亡身而使奸豪得借以為資而起至抉其種類盡殺以快天下之心而

後已此前史所載宦者之禍常如此者非一世也夫為人主者非欲養禍於內而疏忠臣碩

士於外蓋其漸積而勢使之然也夫女色之惑不幸而不悟則禍斯及矣使其一悟捽而去

之可也宦者之為禍雖欲悔悟而勢有不得而去也唐昭宗之事是已故曰深於女禍者謂

此也可不戒哉。

五代史伶官傳序

嗚呼盛衰之理雖曰天命豈非人事哉原莊宗之所以得天下與其所以失之者可以知之矣世言晉王之將終也以三矢賜莊宗而告之曰梁吾仇也燕王吾所立契丹與吾約為兄弟而皆背晉以歸梁此三者吾遺恨也與爾三矢爾其無忘乃父之志莊宗受而藏之於廟其後用兵則遣從事以一少牢告廟請其矢盛以錦囊負而前驅及凱旋而納之方其係燕父子以組函梁君臣之首入於太廟還矢先王而告以成功其意氣之盛可謂壯哉及仇讎已滅天下已定一夫夜呼亂者四應倉皇東出未及見賊而士卒離散君臣相顧不知所歸至於誓天斷髮泣下沾襟何其衰也豈得之難而失之易歟抑本其成敗之迹而皆自於人歟書曰滿招損謙受益憂勞可以興國逸豫可以亡身自然之理也故方其盛也舉天下之豪傑莫能與之爭及其衰也數十伶人困之而身死國滅為天下笑夫禍患常積於忽微而智勇多困於所溺豈獨伶人也哉作伶官傳

集古錄目序

物常聚於所好而常得於有力之彊有力而不好好之而無力雖近且易有不能致之象犀虎豹蠻夷山海殺人之獸然其齒角皮革可聚而有也玉出崑崙流沙萬里之外經十餘譯

乃至乎中國珠出南海常生深淵採著腰絙而入水形色非人往往不出則下飽鮫魚金礦

於山鑿深而穴遠篝火饙糧而後進其崖崩窟塞則遂葬於其中者率常數十百人其遠且

難而又多死禍常如此然而金玉珠璣世常兼聚而有也凡物好之而有也則無不有也湯

盤孔鼎岐陽之鼓岱山鄒嶧會稽之刻石與夫漢魏已來聖君賢士桓碑彝器銘詩序記下

至古人籀篆分隸諸家之字書皆三代以來至寶怪奇偉麗工妙可喜之物其去人不遠其

取之無禍然而風霜兵火湮沒磨滅散棄於山崖墟莽之間未嘗收拾者由世之好者少也

幸而有好之者又其力或不足故僅得其一二而不能使其聚也夫力莫如好好莫如一予

性顓而嗜古凡世人之所貪者皆無欲於其間故得一其所好於斯好之已篤則力雖未足

猶能致之故上自周穆王已來下更秦漢隋唐五代外至四海九州名山大澤窮崖絕谷荒

林破冢神仙鬼物詭怪所傳莫不皆有以爲集古錄以謂傳寫失眞故因其石本軸而藏之

有卷帙次第而無時世之先後蓋其取多而未已故隨其所得而錄之又以謂傳後學庶益

散乃撮其大要別爲錄目因并載夫可與史傳正其闕謬者以傳後學庶益於多聞或譏予

曰物多則其勢難聚久聚而無不散何必區區於是哉予對曰足吾所好玩而老焉可也象

犀金玉之聚其能果不散乎予固未能以此而易彼也

蘇氏文集序

予友蘇子美之亡後四年。始得其平生文章遺稿於太子太傅杜公之家。而集錄之以為十卷子美杜氏壻也遂以其集歸之而告於公曰斯文金玉也棄擲埋沒糞土不能銷蝕其見遺於一時必有收而寶之於後世者雖其埋沒而未出其精氣光怪已能常自發見而物亦不能掩也故方其擯斥摧挫流離窮厄之時文章已自行於天下雖其故家仇人及嘗能出力而擠之死者至其文章則不能少毀而揜蔽之也凡人之情忽近而貴遠子美屈於今世猶若此其伸於後世宜如何也公其可無恨予嘗考前世文章政理之盛衰而怪唐太宗致治幾乎三王之盛而文章不能革五代之餘習後百有餘年而韓李之徒出然後元和之文始復於古唐衰兵亂又百餘年而宋聖興天下一定晏然無事又幾百年而古文始盛於今自古治少而亂時多幸而治矣文章或不能純粹或遲久而不能及何其難之若是歟豈非難得其人歟苟一有其人又幸而及出於治世世其可不為之貴重而愛惜之歟嗟吾子美以一酒食之過至廢為民而流落以死此其可以歎息流涕而為當世仁人君子之職位宜與國家樂育賢才者惜也子美之齒少於予而予學古文反在其後天聖之間予舉進士於有司見時學者務以言語聲偶擿裂號為時文以相誇尚而子美獨與其兄才翁及穆參軍伯長作為古歌詩雜文時人頗共非笑之而子美不顧也其後天子患時文之弊下詔書諷勉學者以近古由是其風漸息而學者稍趨於古焉獨子美為於舉世不為之時其始終自

守不牽世俗趨舍可謂特立之士也。子美官至大理評事集賢校理而廢後爲湖州長史以
卒。享年四十有一。其狀貌奇偉望之昂然而卽之溫溫久而愈可愛慕其材雖高而人亦不
甚嫉忌其擊而去之者。意不在子美也。賴天子聰明仁聖凡當時所指名排斥二三大臣而
下。欲以子美爲根而累之者皆蒙保全。今並列於榮寵雖與子美同時飲酒得罪之人多一
時之豪俊亦被收采進顯於朝廷。而子美獨不幸死矣豈非其命也悲夫。

記舊本韓文後

予少家漢東。漢東僻陋無學者。吾家又貧無藏書。州南有大姓李氏者其子堯輔頗好學。予
爲兒童時多遊其家。見其嫩筐貯故書在壁間發而視之。得唐昌黎先生文集六卷脫落顛
倒無次序。因乞李氏以歸讀之。見其言深厚而雄博然予猶少未能悉究其義徒見其浩然
無涯若可愛。是時天下學者楊劉之作號爲時文能者取科第擅名聲以誇榮當世。未嘗有
道韓文者。予亦方舉進士以禮部詩賦爲事。年十有七試於州爲有司所黜。因取所藏韓氏
之文復閱之則喟然歎曰學者當至於是而止耳。因怪時人之不道而顧己亦未暇學徒時
時獨念於予心以謂方從進士干祿以養親苟得祿矣當盡力於斯文以償其素志。後七年
舉進士及第官於洛陽而尹師魯之徒皆在遂相與作爲古文。因出所藏昌黎集而補綴之
求人家所有舊本而校定之。其後天下學者亦漸趨於古而韓文遂行於世。至於今蓋三十

餘年矣。學者非韓不學也。可謂盛矣。嗚呼。道固有行於遠而止於近。有忽於往而貴於今者

非惟世俗好惡之使然。亦其理有當然者。昔孔孟惶惶於一時。而師法於千萬世。韓氏之文

沒而不見者二百年。而後大施於今。此又非特好惡之所上下。蓋其久而愈明。不可磨滅。雖

敝於暫而終耀於無窮者。其道當然也。予之始得於韓也。當其沈沒棄廢之時。予固知其不

足以追時好而取勢利於是就而學之則予之所爲者豈所以急名利而干勢利之用哉。亦

志乎久而已矣。故予之仕於進。不爲喜。退不爲懼者。蓋其志先定。而所學者宜然也。集本出

於蜀文字刻畫頗精於今世俗本而脫繆猶多。此三十年間聞人有善本者。必求而改正之。

其最後卷缺不足。今不復補者。重增其故也。予家藏書萬卷。獨昌黎先生集爲舊物也。嗚呼。

韓氏之文之道。萬世所共尊。天下所共傳而有也。予於此本特以其舊物而尤惜之。

與尹師魯書

某頓首師魯十二兄。書記前在京師相別時。約使人如河上。既受命便遣白頭奴出城而還

言不見舟矣。其夕又得師魯手簡。乃知留船以待怪不如約。方悟此奴懶去而見給臨行臺

吏催苛百端。不比催師魯人長者有體。使人惶迫。不知所爲。是以又不留下書在京師。但深

託君貺因書道修意以西。始謀陸赴夷陵以大暑。又無馬。乃作此行。沿汴絕淮泛大江凡五

千里。用一百一十程。纔至荊南。在路無附書處。不知君貺曾作書道修意否。及來此問荊人

云去郢止兩程方喜得作書以奉問又見家兄言有人見師魯過襄州計今在郢久矣師魯

歡戚不問可知所渴欲問者別後安否及家人處之如何莫苦相爭尤否六郎舊疾平否修行又

雖久然江湖皆昔所遊往往有親舊留連又不遇惡風水老母用術者言果以此行爲幸又

聞夷陵有米麪魚如京洛又有梨栗橘柚大筍茶荈皆可飲食益相喜賀昨日因參轉運作

庭趨始覺身是縣令矣其餘皆如昔時師魯簡中言疑修有自疑之意者非他蓋懼責人太

深以取直爾今而思之自決不復疑也然師魯云閣於朋友此似未知修心當與高書時

蓋以知其非君子發於極憤而切責之非以朋友待之也其所爲何足驚駭路中來頗有人

以罪出不測見弔者此皆不知修心也師魯又云非親此又非也得罪雖死不爲忘此又

事須相見可盡其說也五六十年來天生此輩沈默畏懼布在世間相問所言當否而已又

此事下至籠門老婢亦相疑怪交口議之不知此事古人日日有也但問所言當否而已又

有深相賞歎者此亦是不慣見事人也可嗟世人不見如往時事久矣往時砧斧鼎鑊皆是

烹斬人之物然士有死不失義則頼而就與几席枕藉之無異有義君子在旁見其就死知

其當然亦不甚歎賞也史冊所以書之者蓋特欲警後世愚懦者使知事有當然而不得避

爾非以爲奇事而詫人也幸今世用刑至仁慈無此物使有而一人就之不知作何等怪駭

也然吾輩亦自當絕口不可及前事也居閒僻處日知進道而已此事不須言然師魯以修

有自疑之言要知修處之如何。故略道也安道與予在楚州。談禍福事甚詳安道亦以爲然

俟到夷陵寫去然後得知修所以處之之心也又嘗與安道言每見前世有名人當論事時。

感激不避誅死眞若知義者及到貶所則戚戚怨嗟有不堪之窮愁形於文字其心歡戚無

異庸人雖韓文公不免此累用此戒安道愼勿作戚戚之文。師魯察修此語則處之之心又

可知矣近世人因言事亦有被貶者然或傲逸狂醉自言我爲大不爲小故師魯相別自言

益愼職無飲酒此事修今亦遵此語咽喉自出京愈至今不曾飲酒到縣後勤官以懲洛

中時懶慢矣夷陵有一路祇數日可至郢白頭奴足以往來秋寒矣千萬保重

答吳充秀才書

修頓首白先輩吳君足下前辱示書及文三篇發而讀之浩乎若千萬言之多。及少定而視

焉纔數百言爾非夫辭豐意雄霈然有不可禦之勢何以至此然猶自患儢儢莫有開之使

前者此好學之謙言也修材不足用於時仕不足榮於世其毀譽不足輕重氣力不足動人

世之欲假譽以爲重借力而後進者奚取於修焉先輩學精文雄其施於時又非待假譽而

爲重借力而後進者也然而惠然見臨若有所責得非急於謀道不擇其人而問焉者歟夫

學者未始不爲道而至者鮮焉非道之於人遠也學者有所溺焉爾蓋文之爲言難工而可

喜易悅而自足世之學者往往溺之一有工焉則曰吾學足矣甚者至棄百事不關於心曰

吾文士也職於文而已此其所以至之鮮也昔孔子老而歸魯六經之作數年之頃爾然讀易者如無春秋讀書者如無詩何其用功少而能極其至也聖人之文雖不可及然大抵道勝者文不難而自至也故孟子皇皇不暇著書荀卿蓋亦晚而有作若子雲仲淹方勉焉以模言語此道未足而強言者也後世之惑者徒見前世之文傳以為學者文而已故用力愈勤而愈不至此足下所謂終日不出於軒序不能繼高下皆如意者道未足以為道之充焉雖行乎天地入乎淵泉無不之也足下之文浩乎沛然可謂善矣而志於道猶自以為未廣若不止焉孟荀可至而不難也修於道而不至者然幸不甘於所悅而溺於所止因吾子之能不自止又以勵修之少進焉幸甚

送徐無黨南歸序

草木鳥獸之為物衆人之為人其為生則異而為死則同一歸於腐壞澌盡泯滅而已而衆人之中有聖賢者固亦生且死於其間而獨異於草木鳥獸衆人者雖死而不朽愈遠而彌存也其所以為聖賢者修之於身施之於事見之於言是三者所以能不朽而存也修於身者無所不獲施於事者有得有不得焉其見於言者則又有能有不能也施於事者有不見於言可也自詩書史記所傳其人豈必皆能言之士哉修於身矣而不施於事不見於言亦可也孔子弟子有能政事者矣有能言語者矣若顏回者在陋巷曲肱飢臥而已其羣居則默

然終日如愚人然自當時羣弟子皆推尊之以爲不敢望而及。

及之者其不朽而存者固不待施於事況於言乎予讀班固藝文志唐四庫書目見其所列。

自三代秦漢以來著書之士多者至百餘篇少者猶三四十篇其人不可勝數而散亡磨

滅百不一二存焉予竊悲其人文章麗矣言語工矣無異草木榮華之飄風鳥獸好音之過

耳也方其用心與力之勞亦何異衆人之汲汲營營而忽焉以死者雖有遲有速而卒與三

者同歸於泯滅夫言之不可恃也蓋如此今之學者莫不慕古聖賢之不朽而勤一世以盡

心於文字間者皆可悲也東陽徐生少從予學爲文章稍稍見稱於人既去而與羣士試於

禮部得高第由是知名其文日進如水涌而山出予欲摧其盛氣而勉其思也故於其歸

告以是言然予固亦喜爲文辭者亦因以自警焉

胡先生墓表

先生諱瑗字翼之姓胡氏其上世爲陵州人京兆。一本作　後爲泰州如皋人海陵。一作。先生爲人師晉

行而身化之使誠明者達昏愚者勵而頑傲者革故其爲法嚴而信爲道久而遵師道廢久

矣自景祐明道以來學者有師惟先生曁泰山孫明復石守道三人而先生之徒最盛其在

湖州之學弟子去來常數百人各以其經轉相傳授其教學之法最備行之數年東南之士

莫不以仁義禮樂爲學慶曆四年天子開天章閣與大臣講天下事始慨然詔州縣皆立學

於是建太學於京師。而有司請下湖州取先生之法以爲太學法。至今著爲令。後十餘年。先生始來居太學。學者自遠而至。太學不能容。取旁官署以爲學舍。貢舉歲所得士。先生弟子十常居四五。其高第者知名當時。或取甲科居顯仕。其餘散在四方。隨其人賢愚。皆循循雅飭。其言談舉止。不問可知爲先生弟子。其學者相語稱先生。不問可知爲胡公也。先生初以白衣見天子。論樂。拜試（字）祕書省校書郎。辟丹州軍事推官。改密州觀察推官。丁父憂去職。服除。爲保寧軍節度推官。遂居湖學。復以爲諸王宮教授。以疾免。已而以太子中舍致仕。遷殿中丞於家。皇祐中驛召至京師議樂。復以爲大理評事兼太常寺主簿。又以疾辭。歲餘爲光祿寺丞。賜緋衣銀魚。嘉祐元年遷太子中允。充天章閣侍講。仍居太學。已而病不能朝。天子數遣使者存問。又以太常博士致仕。歸之日。太學之諸生與朝廷賢士大夫送之東門。執弟子禮。路人嗟歎以爲榮。以四年六月六日卒於杭州。享年六十有七。以明年十月五日葬於烏程何山之原。其世次官邑與其行事。蕭陽蔡君襄具誌於幽堂。嗚呼。先生之德在乎人。不待表而見於後世。然非此無以慰學者之思。乃揭於其墓之原。六年八月三日廬陵歐陽修述。

瀧岡阡表

嗚呼。惟我皇考崇公卜吉於瀧岡之六十年。其子修始克表於其阡。非敢緩也。蓋有待也。修不幸生四歲而孤。太夫人守節自誓，居窮，自力於衣食，以長以教，俾至於成人。太夫人告之曰：汝父爲吏廉而好施與，喜賓客，其俸祿雖薄，常不使有餘。曰：毋以是爲我累。故其亡也，無一瓦之覆、一壠之植以庇而爲生，吾何恃而能自守耶？吾於汝父，知其一二，以有待於汝也。自吾爲汝家婦，不及事吾姑，然知汝父之能養也。汝孤而幼，吾不能知汝之必有立，然知汝父之必將有後也。吾之始歸也，汝父免於母喪方逾年，歲時祭祀，則必涕泣曰：祭而豐，不如養之薄也。間御酒食，則又涕泣曰：昔常不足，而今有餘，其何及也！吾始一二見之，以爲新免於喪適然耳。既而其後常然，至其終身未嘗不然。吾以此知汝父之能養也。汝父爲吏，嘗夜燭治官書，屢廢而歎。吾問之，則曰：此死獄也，我求其生不得爾。吾曰：生可求乎？曰：求其生而不得，則死者與我皆無恨也；夫常求其生，猶失之死，而世常求其死也。回顧乳者劍汝而立於旁，因指而歎曰：術者謂我歲行在戌將死，使其言然，吾不及見兒之立也，後當以我語告之。其平居教他子弟，常用此語，吾耳熟焉，故能詳也。其施於外事，吾不能知；其居於家，無所矜飾，而所爲如此，是眞發於中者耶！嗚呼！其心厚於仁者邪！此吾知汝父之必將有後也。汝其勉之！夫養不必豐，要於孝；利雖不得博於物，要其心之厚於仁。吾不能教汝，此汝父之志也。修泣而志之，不敢忘。先公少孤力學，咸平三年進士及第，爲道州判官、泗縣、二州推官，又爲泰州判官，享年五十

有九葬沙溪之瀧岡太夫人姓鄭氏考諱德儀世為江南名族太夫人恭儉仁愛而有禮初

封福昌縣太君進封樂安安康彭城三郡太君自其家少微時治其家以儉約其後常不使

過之曰吾兒不能苟合於世儉薄所以居患難也其後修貶夷陵太夫人言笑自若曰汝家

故貧賤也吾處之有素矣汝能安之我亦安矣自先公之亡二十年修始得祿而養又十有

二年列官於朝始得贈封其親又十年修為龍圖閣直學士尚書吏部郎中留守南京太夫

人以疾終於官舍享年七十有二又八年修以非才入副樞密遂參政事又七年而罷自登

二府天子推恩褒其三世蓋自嘉祐以來逢國大慶必加寵錫皇曾祖府君累贈金紫光祿

大夫太師中書令曾祖妣累封楚國太夫人皇祖府君累贈金紫光祿大夫太師中書令兼

尚書令祖妣累封吳國太夫人皇考崇公累贈金紫光祿大夫太師中書令兼尚書令兼

累封越國太夫人今上初郊皇考賜爵為崇國公太夫人進號魏國於是小子修泣而言曰

嗚呼為善無不報而遲速有時此理之常也惟我祖考積善成德宜享其隆雖不克有於其

躬而賜爵受封顯榮褒大實有三朝之錫命是足以表見於後世而庇賴其子孫矣乃列其

世譜具刻於碑既又載我皇考崇公之遺訓太夫人之所以致而有待於修者並揭於阡俾

知夫小子修之德薄能鮮遭時竊位而幸全大節不辱其先者其來有自熙寧三年歲次庚

戌四月辛酉朔十有五日乙亥男推誠保德崇仁翊戴功臣觀文殿學士特進行兵部尚書

知青州軍州事兼管內勸農使充京東東路安撫使上柱國樂安郡開國公食邑四千三百戶食實封一千二百戶修表。

醉翁亭記

環滁皆山也。其西南諸峯林壑尤美望之蔚然而深秀者琅琊也。山行六七里漸聞水聲潺潺而瀉出於兩峯之間者釀泉也。峯回路轉有亭翼然臨於泉上者醉翁亭也。作亭者誰山之僧曰智僊也名之者誰太守自謂也。太守與客來飲於此飲少輒醉而年又最高故自號曰醉翁也。醉翁之意不在酒在乎山水之間也。山水之樂得之心而寓之酒也。若夫日出而林霏開雲歸而巖穴暝。晦明變化者山間之朝暮也。野芳發而幽香佳木秀而繁陰風霜高潔水清而石出者山間之四時也。朝而往暮而歸四時之景不同而樂亦無窮也。至於負者歌於塗行者休於樹前者呼後者應傴僂提攜往來而不絕者滁人遊也。臨溪而漁溪深而魚肥釀泉為酒泉香而酒洌山肴野蔌雜然而前陳者太守宴也。宴酣之樂非絲非竹射者中弈者勝觥籌交錯起坐而諠譁者眾賓懽也。蒼顏白髮頹然乎其閒者太守醉也。已而夕陽在山人影散亂太守歸而賓客從也。樹林陰翳鳴聲上下遊人去而禽鳥樂也。然而禽鳥知山林之樂而不知人之樂人知從太守遊而樂不知太守之樂其樂也。醉能同其樂醒能述以文者太守也。太守謂誰廬陵歐陽修也。

秋聲賦

歐陽子方夜讀書聞有聲自西南來者。悚然而聽之曰異哉。初淅瀝以蕭颯。忽奔騰而澎湃。如波濤夜驚風雨驟至。其觸於物也。鏦鏦錚錚金鐵皆鳴。又如赴敵之兵衘枚疾走不聞號令。但聞人馬之行聲。余謂童子。此何聲也。汝出視之。童子曰星月皎潔明河在天四無人聲。聲在樹閒。余曰噫嘻悲哉。此秋聲也。胡為乎來哉。蓋夫秋之為狀也。其色慘淡煙雲斂其容。清明天高日晶其氣慄冽砭人肌骨其意蕭條山川寂寥。故其為聲也。淒淒切切呼號奮發。豐草綠縟而爭茂佳木蔥蘢而可悅草拂之而色變木遭之而葉脫其所以摧敗零落者。乃一氣之餘烈夫秋刑官也於時為陰又兵象也於行為金是謂天地之義氣常以肅殺而為心。天之於物春生秋實故其在樂也商聲主西方之音夷則為七月之律商傷也物既老而悲傷夷戮也物過盛而當殺嗟乎草木無情有時飄零人為動物惟物之靈百憂感其心萬事勞其形有動乎中必搖其精而況思其力之所不及憂其智之所不能宜其渥然丹者為槁木黟然黑者為星星奈何非金石之質欲與草木而爭榮念誰為之戕賊亦何恨乎秋聲童子莫對垂頭而睡但聞四壁蟲聲唧唧如助予之歎息

祭石曼卿文

嗚呼曼卿生而為英死而為靈其同乎萬物生死而復歸於無物者暫聚之形不與萬物共

盡而卓然其不朽者後世之名此自古聖賢莫不有然而著在簡册者昭於日星嗚呼曼卿
吾不見子久矣猶能髣髴子之平生其軒昂磊落突兀崢嶸而埋藏於地下者意其不化爲
朽壤而爲金玉之精不然生長松之千尺產靈芝而九莖奈何荒煙野蔓荊棘縱橫風淒露
下走燐飛螢但見牧童樵叟歌吟而上下與夫驚禽駭獸悲鳴躑躅而咿嚶今固如此更千
秋而萬歲兮安知其不穴藏狐貉與鼫鼬此自古聖賢亦皆然兮獨不見夫纍纍兮曠野與
荒城嗚呼曼卿盛衰之理吾固知其如此而感念昔悲涼悽愴不覺臨風而隕涕者有愧
夫太上之忘情

古文治要卷一

古文十七家

蘇洵　宋眉山人字明允號老泉年二十七始發憤爲學博覽經史百家之說留心時務長於策論毎自況以賈誼文章老鍊雄肆操縱自如至和嘉祐間與二子軾轍同至京師翰林學士歐陽修上其所著權書衡論二十二篇士大夫爭傳之一時學者競效蘇氏爲文章宰相韓琦奏於朝除祕書省校書郎與姚闢同修建隆以來禮書爲太常因革禮一百卷書成而卒年五十八有嘉祐集世以其父子俱知名稱洵爲老蘇軾爲大蘇轍爲小蘇合稱三蘇

樂論

禮論

禮之始作也難而易行既行也易而難久天下未知君之爲君父之爲父兄之爲兄而聖人爲之君父兄天下未有以異其君父兄而聖人爲之拜起坐立天下未肯靡然以從我拜起坐立而聖人身先之以恥嗚呼其亦難矣天下惡死也久矣聖人招之曰來吾生爾既而其法果可以生天下之人天下之人視其嚮也如此之危而今也如此之安則何從當其時雖難而易行也天下之人視君父兄如頭足之不待別白而後識視拜起坐立如寢食之不待告語而後從事雖然百人從之一人不從則其勢不得遽至乎死天下之人不

知其初之無禮而死而見其今之無禮而死而不至乎死也則曰聖人欺我故當其時雖易而難久鳴呼聖人之所恃以勝天下之勞逸者獨有死生之說耳死生之說不信於天下則勞逸之說將出而勝之勞逸之說勝則天下之權去矣酒有爵肉有葅然後人不敢飲食藥可以生死然後人不以苦口為諱去其爵徹其葅則酒肉之權固勝於藥聖人之始作禮也其亦逆知其勢之將必如此也曰告人以誠而後人信之幸今之時吾之所以告人者其理誠然而其事亦然故人以為信吾知其事有不必然者則吾之理不足以折天下之口此告語之所不及也曰吾知其所以燥萬物也風吾知其所以動萬物也隱隱谾谾而謂之雷者彼何用也陰凝而不散萬物蟄而不遂曰雨者曰風者以形用曰雷者以神用莫神於聲故聖人因聲以為樂為之君臣父子兄弟者禮之所不及而樂及焉正聲入乎耳而人皆有事君事父事兄之心則禮者固吾心之所有也而聖人之說又何從而不信乎

史論上

史何為而作乎其有憂也何憂乎憂小人也何由知之以其名知之楚之史曰檮杌檮杌四

一七〇

凶之一也君子不待襃而勸不待貶而懲然則史之所懲勸者獨小人耳仲尼之志大故其
憂愈大憂愈大故其作愈大是以因史修經卒之論其效者必曰亂臣賊子懼由是知史與
經皆憂小人而作其義一也其體二故曰經焉曰經焉大凡文之用四事以實之詞
以章之道以通之法以檢之此經史所兼而有之者也雖然經以道法勝史以事詞勝經不
得史無以證其襃貶史不得經無以酌其輕重經非一代之實錄史非萬世之常法體不相
沿而用實相資焉夫易禮樂詩書言聖人之道與法詳矣然弗驗之行事仲尼懼後世以為己之臆
斷故本周禮以為凡此經之法也至於事則舉其略詞則務於簡吾故曰經以道法勝史則
不然故事既曲詳詞亦夸耀所謂襃貶論贊之外無幾詞則務襃貶吾故曰史以事詞勝史則
觀經則所襃莫見其善狀所貶不聞其惡實故曰經不得史無以證其襃貶使後人不通經
而傳史則稱為不知所沮吾故曰史不得經無以酌其輕重經或從偽赴而
書或隱諱而不書若此者衆皆適於致而已吾故曰經非一代之實錄史之一紀一世家一
傳其間美惡得失固不可以一二數則其論贊數十百言之中安能事為之襃貶使天下之
人動有所法如春秋哉吾故曰史非萬世之常法夫規矩準繩所以制器器所待而正者也
然而不得器則規無所效其圓矩無所用其方準無所施其平繩無所措其直史待經而正

不得史則經晦吾故曰體不相沿而用實相資焉噫一規一矩一準一繩足以制萬器後之

人其務希遷固實錄可也愼無若王通陸長源輩囂囂然冗且僭則善矣

管仲論

管仲相威公霸諸侯攘戎狄終其身齊國富強諸侯不叛管仲死豎刁易牙開方用威公薨

於亂五公子爭立其禍蔓延訖簡公齊無寧歲夫功之成非成於成之日蓋必有所由起禍

之作不作於作之日亦必有所由兆故齊之治也吾不曰管仲而曰鮑叔及其亂也吾不曰

豎刁易牙開方而曰管仲何則豎刁易牙開方三子彼固亂人國者顧其用之者威公也夫

有舜而後知放四凶有仲尼而後知去少正卯彼威公何人也顧其使威公得用三子者管

仲也仲之疾也公問之相當是時也吾以仲且舉天下之賢者以對而其言乃不過曰豎刁

易牙開方三子非人情不可近而已嗚呼仲以爲威公果能不用三子矣乎仲與威公處幾

年矣亦知威公之爲人矣乎威公聲不絕乎耳色不絕乎目而非三子者則無以遂其欲彼

其初之所以不用者徒以有仲焉耳一日無仲則三子者可以彈冠相慶矣仲以爲將死之

言可以繫威公之手足耶夫齊國不患有三子而患無仲有仲則三子者三匹夫耳不然天

下豈少三子之徒哉雖威公幸而聽仲誅此三人而其餘者仲能悉數而去之耶嗚呼仲可

謂不知本者矣因威公之問舉天下之賢者以自代則仲雖死而齊國未爲無仲也夫何患

三子者不言可也。五霸莫盛於威文公之才不過威公其臣又皆不及仲靈公之虜不如

孝公之寬厚文公死諸侯不敢叛晉晉襲文公之餘威得爲諸侯之盟主者百有餘年何者

其君雖不肖而尚有老成人焉威公之薨也一敗塗地無惑也彼獨恃一管仲而仲則死矣

夫天下未嘗無賢者蓋有有臣而無君者矣威公在焉而曰天下不復有管仲者吾不信也

仲之書有記其將死論鮑叔賓胥無之爲人且各疏其短是其心以爲是數子者皆不足以

託國而又逆知其將死則其書誕謾不足信也吾觀史鰌以不能進蘧伯玉而退彌子瑕故

有身後之諫蕭何且死舉曹參以自代大臣之用心固宜如此也夫國以一人與以一人亡

賢者不悲其身之死而憂其國之衰故必復有賢者而後可以死彼管仲者何以死哉

權書八 六國

六國破滅非兵不利戰不善弊在賂秦賂秦而力虧破滅之道也或曰六國互喪率賂秦耶

曰不賂者以賂者喪蓋失彊援不能獨完故曰弊在賂秦也秦以攻取之外小則獲邑大則

得城較秦之所得與戰勝而得者其實百倍諸侯之所亡與戰敗而亡者其實亦百倍則秦

之所大欲諸侯之所大患固不在戰矣思厥先祖父暴霜露斬荊棘以有尺寸之地子孫視之

不甚惜舉以與人如棄草芥今日割五城明日割十城然後得一夕安寢起視四境而秦兵

又至矣然則諸侯之地有限暴秦之欲無厭奉之彌繁侵之愈急故不戰而強弱勝負已判

矣。至於顛覆理固宜然古人云以地事秦猶抱薪救火薪不盡火不滅此言得之。齊人未嘗
賂秦終繼五國遷滅何哉與嬴而不助五國既喪齊亦不免矣燕趙之君始有遠略。
能守其土義不賂秦是故燕雖小國而後亡斯用兵之效也至丹以荊卿為計始速禍焉趙
嘗五戰於秦二敗而三勝後秦擊趙者再李牧連卻之洎牧以讒誅邯鄲為郡惜其用武而
不終也且燕趙處秦革滅殆盡之際可謂智力孤危戰敗而亡誠不得已向使三國各愛其
地齊人勿附於秦刺客不行良將猶在則勝負之數存亡之理當與秦相較或未易量嗚呼
以賂秦之地封天下之謀臣以事秦之心禮天下之奇才并力西嚮則吾恐秦人食之不得
下咽也悲夫有如此之勢而為秦人積威之所劫日削月割以趨於亡為國者無使為積威
之所劫哉夫六國與秦皆諸侯其勢弱於秦而猶有可以不賂而勝之之勢苟以天下之大
而從六國破亡之故事是又在六國下矣

衡論七 申法

古之法簡今之法繁簡者不便於今而繁者不便於古非今之法不若古之法而今之時不
若古之時也先王之作法也莫不欲服民之心服民之心必得其情情然耶而罪亦然則固
入吾法矣而民之情又不皆如其罪之輕重大小是以先王忿其皋而哀其無辜故法舉其
略而吏制其詳殺人者死傷人者刑則以著於法使民知天子之不欲我殺人傷人耳若其

輕重出入求其情而服其心者則以屬吏任之而不任法故其法簡今則不然而吏姦矣不若

古之良民嬻矣不若古之淳吏姦則以喜怒制其輕重而出入之或至於誣執民則吏雖

以情出入而彼得執其罪之大小以爲辭故今之法纖悉委備不執於一左右前後四顧而

不可逃是以輕其罪出入其情皆可以求故今之法吏不奉法輒以舉劾任法而不任吏故其

法繁古之法若方書論其大概而增損劑量則以屬醫者使之視人之疾而參以己意今之

法若鞏履既爲其大者又爲其次者又爲其小者以求合天下之足故其繁簡則殊而求民

之情以服其心則一也然則今之法不劣於古矣而用法者尚不能無弊何則律令之所禁

畫一明備雖婦人孺子皆知畏避而其間有習於犯禁而遂不改者舉天下而未嘗

怪也先王欲杜天下之欺也爲之度以一天下之長短爲之量以齊天下之多寡爲之權衡

以信天下之輕重故度量權衡法必資之官資之官而後天下同今也庶民之家刻木比竹

繩絲緝石以爲之富商豪賈內以大出以小齊人適楚不知其執爲斗執爲斛持東家之尺

而校之西鄰則若十指然此舉天下皆知之而未嘗怪者一也先王惡奇貨之蕩民且哀夫

微物之不能遂其生也故禁民採珠貝惡夫物之僞而假眞且重費也故禁民糜金以爲塗

飾今也採珠貝之民溢於海濱糜金之工肩摩於列肆此又舉天下皆知之而未嘗怪者二

也先王患賤之淩貴而下之僭上也故冠服器皿皆以爵列爲等差長短大小莫不有制今

也工商之家曳紈服珠玉一人之身徇其首以至足而犯法者十九此又舉天下皆知之而未嘗怪者三也先王懼天下之吏貪縣官之勢以侵劫齊民也故使市之坐賈視時百物之貴賤而錄之旬輒以上百以百聞千以千聞以待官吏之私債十則損三三則損一以聞以備縣官之公糶今也吏之私債而從縣官公糶之法民曰公家之取於民也固如是也是吏與縣官斂怨於下此又舉天下皆知之而未嘗怪者四也先王不欲人之擅天下之利也故仕則不商商則有罰不仕而商商則有征是民之商不免征而吏之商又加以罰之商既幸而不罰又從而不征資之以縣官公糶之法貨之以縣官之舟關防不譏津梁不呵然則為吏而商誠可樂也民將安所措手足此又舉天下皆知之而未嘗怪者五也若此之類不可悉數天下之人耳習目熟以為當然憲官法吏目擊其事亦恬而不問夫法者天子之法也法明禁之而人明犯之是不有天子之法也衰世之事也而議者皆以為今之弊不過吏胥舞法以為姦而吾以為吏胥之姦由此五者始今有盜白晝持梃入室而主人不之禁則踰垣穿穴之徒必且相告而肆行於其家其必先治此五者而後詰吏胥之姦可也

族譜引

蘇氏族譜譜蘇氏之族也蘇氏出於高陽而蔓延於天下唐神堯初長史味道刺眉州卒於

官。一子留於眉眉之有蘇氏自此始。而譜不及者。親盡也。親盡則曷爲不及。曷爲親作也。凡子得書而孫不得書者何也。以著代也。自吾之父以至吾之高祖仕不仕娶某氏享年幾某日卒皆書而他不書者何也。詳吾之所自出也。自吾之父以至吾之高祖皆曰諱某而他則逐名之何也。尊吾之所自出也。譜爲蘇氏作而獨吾之所自出得詳與尊何也。譜吾作也。嗚呼觀吾之譜者孝弟之心可以油然而生矣。情見於親親見於服服始於衰而至於緦麻而至於無服無服則親盡親盡則情盡情盡則喜不慶憂不弔。喜不慶憂不弔則塗人也。吾所與相視如塗人者其初兄弟也。兄弟其初一人之身也。悲夫一人之身分而至於塗人此吾譜之所以作也。其意曰分至於塗人者勢也。勢無如之何也。幸其未至於塗人也。使其無至於忽忘焉可也。嗚呼觀吾之譜者孝弟之心可以油然而生矣。系之以詩曰吾父之子今爲吾兄吾疾在身呻不寧數世之後不知何人彼死而生不爲戚欣兄弟之情如足與手其能幾何彼不相能彼獨何心

上歐陽內翰書

洵布衣窮居常竊自歎以爲天下之人不能皆賢不能皆不肖故賢人君子之處於世合必離離必合往者天子方有意於治而范公在相府富公爲樞密副使執事與余公蔡公爲諫官尹公馳騁上下用力於兵革之地方是之時天下之人毛髮絲粟之才紛紛然而起合而

為一而洵也自度其愚魯無用之身不足以自奮於其間退而養其心幸其道之將成而可

以復見於當世之賢人君子不幸道未成而范公西富公北執事與余公蔡公分散四出而

尹公亦失勢奔走於小官洵時在京師親見其事忽忽仰天歎息以為斯人之去而道雖成

不復足以為榮也既復自思念往者眾君子之進於朝也必有善人焉推之今也亦必

有小人焉間之今之世無復有善人也邪如其不然也吾何憂焉姑養其心使其道大

有成而待之何傷退而處十年雖未敢自謂其道有成矣然浩浩乎其胸中若其勢將復合

余公適亦有成功於南方執事與蔡公復相繼登於朝富公復自外入為宰相其勢將復

為一喜且自賀以為道既已粗成而果將有以發之也既又反而思其向之所慕望愛悅之

而不得見之者蓋有六人焉今將往見之矣而六人者已有范公尹公二人亡焉則又為之

潸然出涕以悲嗚呼二人者不可復見矣而所恃以慰此心者猶有四人也則又以自解思

其止於四人也則又汲汲欲一識其面以發其心之所欲言而富公又為天子之宰相遠方

寒士未可遽以言通於其前而余公蔡公又在萬里外獨執事在朝廷間而其位差不

甚貴可以叫呼攀援而聞之以言而饑寒衰老之病又痼而留之使不克自至於執事之庭

夫以慕望愛悅其人之心十年而不得見而其人已死如范公尹公二人者則四人者之中

非其勢不可遽以言通者何可以不能自往而遽已也執事之文章天下之人莫不知之然

竊自以為洵之知之特深，愈於天下之人。何者孟子之文語約而意盡，不為巉刻斬絶之言。而其鋒不可犯。韓子之文如長江大河渾浩流轉，魚黿蛟龍萬怪惶惑，而抑遏蔽掩不使自露，而人望見其淵然之光蒼然之色，亦自畏避不敢迫視。執事之文紆徐委備往復百折而條達疏暢無所間斷氣盡語極急言竭論而容與閒易無艱難勞苦之態。此三者皆斷然自為一家之文也。惟李翺之文味黯然而長其光油然而幽，俯仰揖讓有執事之態。陸贄之文遣言措意切近的當有執事之實而執事之才又自有過人者蓋執事之文非孟子韓子之文而歐陽子之文也。夫樂道人之善而不為詔者以其人誠足以當之也彼不知者則以為譽人以求其悅已也。夫譽人以求其悅已洵亦不為也而其所以道執事光明盛大之德而不自知止者亦欲執事之知其知我也。雖然執事之名滿於天下雖不見其文而固已知有歐陽子矣而洵也不幸墮在草野泥塗之中而其知道之心又近而有成欲徒手奉咫尺之書自託於執事將使執事何從而知之哉洵少年不學生二十五歲始知讀書從士君子游年既已晚而又不遂刻意屬行以古人自期而視與已同列者皆不勝已則遂以為可矣其後困益甚然後取古人之文而讀之始覺其出言用意與已大異時復內顧自思其才則又似夫不遂止於是而已者由是盡燒其囊時所為文數百篇取論語孟子韓子及其他聖人賢人之文而兀然端坐終日以讀之者七八年矣方其始也入其中而惶然

博觀於其外而駴然以驚。及其久也讀之益精。而其胸中豁然以明若人之言固當然者然

猶未敢自出其言也時既久胸中之言日益多不能自制試出而書之已而再三讀之渾渾

乎覺其來之易矣然猶未敢以爲是也近所爲洪範論史論凡七篇執事觀其如何噫嘻區

區而自言不知者又將以爲自譽以求人之知己也惟執事思其十年之心如是之不偶然

也而察之。

上韓樞密書

太尉執事洵著書無他長及言兵事論古今形勢至自比賈誼所獻權書雖古人已往成敗

之迹苟深曉其義施之於今無所不可昨因請見求進末議太尉許諾謹撰其說言語朴直。

非有驚世絕俗之談甚高難行之論太尉取其大綱而無責其纖悉蓋古者非用兵決勝之

爲難而養兵不用之可畏今夫水激之山放之海決之爲溝塍壅之爲沼沚是天下之人能

之委江河注淮泗匯爲洪波滂爲太湖萬世而不溢者自禹之後未之見也夫兵者聚天下

不義之徒授之以不仁之器而敎之以殺人之事夫惟天下之未安盜賊之未殄然後有以

施其不義之心用其不仁之器而試其殺人之事當是之時勇者無餘力智者無餘謀巧者

無餘技故其不義之心變而爲忠不仁之器加之於不仁而殺人之事施之於當殺及夫天

下既平盜賊既殄不義之徒聚而不散勇者有餘力則思以爲亂智者有餘謀則思以爲姦

巧者有餘技則思以為詐於是天下之患雜然出矣蓋虎豹終日而不殺則跳踉大叫以發

其怒蝮蝎終日商不螫則噬齧草木以致其毒理固然無足怪者昔者劉項奮臂於草莽

之閒秦楚無賴子弟千百為輩爭起而應者不可勝數轉鬪五六年天下厭兵項籍死而高

祖亦已老矣是時分王諸侯改定律令與天下休息而韓信黥布之徒相繼而起者七國

高祖死於介胄之閒而莫能止也連延及於呂氏之禍訖孝文而後定是何術也起之易而收之

難也劉項之勢初若決河順流而下誠有可喜及其崩潰四出放乎數百里之閒拱手而莫

能救也嗚呼不有聖人何以善其後太祖太宗躬擐甲胄跋涉險阻以斬刈四方之蓬蒿用

兵數十年謀臣猛將滿天下一日卷甲而休之傳四世而天下無變此何術也荊楚九江之

地不分於諸將而韓信黥布之徒無以啟其心也雖然天下無久不用則其不義之

心蓄而無所發飽食優游求逞於良民觀其平居無事出怨言以邀其上一日有急是非人

得千金不可使也往年詔天下繕完城池西川之事洵實親見凡郡縣之當民舉而籍其名

得錢數百萬以為酒食饋餉之費杵聲未絕城輒隨壞如此者數年而後定卒事官吏相賀

卒徒相矜若戰勝凱旋而待賞者比來京師遊阡陌閒其曹往往偶語無所諱忌聞之士人

方春時尤不忍聞蓋時五六月矣會京師憂大水鉏耰畚築列於兩河之壖縣官日費千萬

傳呼勞問之聲不絕者數十里猶且睊睊狠顧莫肯效用且夫內之如京師之所聞外之如

西川之所親見天下之勢今何如也御將者天子之事也御兵者將之職也天子者養尊而處優樹恩而收名與天下爲喜樂者也故其道不可以御兵人臣執法而不求情盡心而不求名出死力以捍社稷使天下爲之心繫於一人而已不與焉故御兵者人臣之事不可以累天子也今之所患大臣好名而懼謗好名則多樹私恩懼謗則執法不堅是以天下之兵豪縱至此而莫之或制也頃者狄公在樞府號爲寬厚愛人狃昵士卒得其歡心而太尉適承其後彼狄公者知御將之術而不知治兵之道此邊將才也古者愛將軍而忘天子在內愛天子而何以爲治或者以爲兵久驕不治恐一旦繩以法恐以生亂昔者郭子儀去尉不反其道而何以爲治或者以爲兵久驕不治恐一旦繩以法恐以生亂昔者郭子儀去河南李光弼代之將至之日張用濟斬於轅門三軍股慄夫以臨淮之悍而代汾陽之長者三軍之士竦然如赤子之脫慈母之懷而立乎嚴師之側何亂之敢生且夫天子者天之父母也將相者天下之師也師雖嚴父不敢以怨其父母將相雖虐天下不敢以咎其君其勢然也天下可以生人可以殺人故天下望其生及其殺之也天子曰是天子殺之故天子不可以多殺人臣奉天子之法雖多殺天下無所歸怨此先王所以威懷天下之術也伏惟太尉思天下所以長久之道而無幸一時之名盡至公之心而無恤三軍之多言夫天子推深仁以結其心太尉屬威武以振其惰彼其思天子之深仁則畏而不至於怨思太

尉之威武則愛而不至於驕君臣之體順而畏愛之道立非太尉吾誰望耶。

仲兄文甫說

洵讀易至渙之六四曰渙其羣元吉曰嗟夫羣者聖人之所欲渙以混一天下者也蓋余仲兄名渙而字公羣則是以聖人之所欲解散滌蕩者以自命也而可乎他日以告兄曰子其可爲我易之洵曰唯既而曰請以文甫易之如何且兄嘗見夫水之與風乎油然而行淵然而留渟洄汪洋滿而上浮者是水也而風實起之蓬蓬然而發乎太空不終日而行乎四方蕩乎其無形飄乎其遠來既往而不知其迹之所存者是風也而水實形之今夫風水之相遭乎大澤之陂也紆餘委蛇蜿蜒淪漣安而相推怒而相淩舒而如雲蹙而如鱗疾而如馳徐而如緲揖讓旋辟相顧而不前其繁如穀其亂如霧紛紜鬱擾百里若一汨乎順流至乎滄海之濱磅礴洶涌號怒相軋交橫綢繆放乎空虛掉乎無垠橫流逆折濆旋傾側宛轉膠戾回者如輪縈榮者如帶直者如燧奔者如馳跳者如鷺躍者如鯉殊狀異態而風水之極觀備矣故曰風行水上渙此亦天下之至文也然而此二物者豈有求乎文哉無意乎相求不期而相遭而文生焉是其爲文也非水之文也非風之文也二物者非能爲文而不能不爲文也物之相使而文出於其間也故曰此天下之至文也今夫玉非不溫然美矣而不得以爲文刻鏤組繡非不文矣而不可以論乎自然故夫天下之無營而文生之者非水與風而

已。昔者君子之處於世不求其功不得已而功成則天下以為賢不求有言不得已而言著。

則天下以為口實嗚呼此不可與他人道之惟吾兒可也。

送石昌言為北使引

昌言舉進士時吾始數歲未學也憶與羣兒戲先府君側昌言從旁取棗栗啖我家居相近

又以親戚故甚狎昌言舉進士日有名吾後漸長亦稍知讀書學句讀屬對聲律未成而廢

昌言聞吾廢學雖不言察其意甚恨後十餘年昌言及第四人守官四方不相聞吾日以

壯大乃能感悟摧折復學又數年遊京師見昌言長安相與勞問如平生歡出文十數首昌

言甚喜稱善吾晚學無師雖日為文中心自慚及聞昌言說乃頗自喜今十餘年又來京師

而昌言官兩制乃為天子出使萬里之外強悍不屈之虜廷建大斾從騎數百送車千乘出

都門意氣慨然自思為兒時見昌言先府君旁安知其至此富貴不足怪吾於昌言獨自有

感也大丈夫生不為將得為使折衝口舌之間足矣往年彭任從富公使還為我言曰既出

境宿驛亭聞介馬數萬騎馳過劍槊相摩終夜有聲從者怵然失色及明視道上馬跡尚心

掉不自禁凡虜所以誇耀中國者多此類也中國之人不測也故或至於震懼而失辭以為

夷狄笑嗚呼何其不思之甚也昔者奉春君使冒頓壯士健馬皆匿不見是以有平城之役

今之匈奴吾知其無能為也孟子曰說大人則藐之況於夷狄請以為贈。

古文十七家

曾鞏

曾鞏　宋南豐人字子固。少警敏援筆成文。歐陽修一見奇其文登嘉祐進士歷知齊襄洪福明亳滄州所至務去民疾苦拜中書舍人卒年六十五追諡文定鞏性孝友爲文源本六經斟酌於司馬遷韓愈之書雖才氣橫溢不足而典雅篤實卓然爲儒家之言論者謂與漢之董仲舒劉向爲尤近也有元豐類稿

戰國策目錄序

劉向所定戰國策三十三篇崇文總目稱十一篇者闕臣訪之士大夫家始盡得其書正其誤謬而疑其不可考者然後戰國策三十三篇復完敍曰向敍此書言周之先明教化修法度所以大治及其後謀詐用而仁義之路塞所以大亂其說既美矣卒以謂此書戰國之謀士度時君之所能行不得不然則可謂惑於流俗而不篤於自信者也夫孔孟之時去周之初已數百歲其舊法已亡舊俗已熄久矣二子乃獨明先王以謂不可改者豈將彊天下之主以後世之不可爲哉亦將因其所遇之時所遭之變而爲當世之法使不失乎先王之意而已二帝三王之治其變固殊其法固異而其爲國家天下之意本末先後未嘗不同也二子之道如是而已蓋法者所以適變也不必盡同道者所以立本也不可不一此理之不可

易者也。故二子者守此豈好爲異論哉。能勿苟而已矣。可謂不惑乎流俗而篤於自信者也。

戰國之游士則不然。不知道之可信而樂於說之。易合其設心注意憸爲一切之計而已。故

論詐之便而諱其敗言戰之善而蔽其患其相率而爲之者莫不有利焉而不勝其害也。有

得焉而不勝其失也。卒至蘇秦商鞅孫臏吳起李斯之徒以亡其身而諸侯及秦用之者亦

滅其國。其爲世之大禍明矣。而俗猶莫之寤也。惟先王之道因時適變爲法不同而考之無

疵用之無弊。故古之聖賢未有以此而易彼也。或曰邪說之害正也。宜放而絕之。則此書有

不泯其可乎對曰君子之禁邪說也。固將明其說於天下使當世之人皆知其說之不可從。

然後以禁則齊。使後世之人皆知其說之不可爲。然後以戒則明。豈必滅其籍哉。放而絕之。

莫善於是。是以孟子之書有爲神農之言者有爲墨子之言者皆著而非之。至於此書之作。

則上繼春秋下至楚漢之起二百四十五年之間載其行事固不可得而廢也。此書有高誘

注者二十一篇。或曰二十二篇。崇文總目存者八篇。今存者十篇云。

列女傳目錄序

劉向所敍列女傳凡八篇。事具漢書向列傳。而隋書及崇文總目皆稱向列女傳十五篇。曹

大家注以頌義考之。蓋大家所注離其七篇爲十四。與頌義凡十五篇。而益以陳嬰母及東

海以來凡十六事。非向書本然也。蓋向舊書之亡久矣。嘉祐中集賢校理蘇頌始以頌義爲

篇次。復定其書為八篇。與十五篇者並藏於館閣。而隋以頌義為歆作。與向列傳不合。今

驗頌義之文。蓋向之自敘。又藝文志有向列女傳頌圖。明非歆作也。自唐之亂。古書之在者

少矣。而唐志錄列女傳凡十六家。至大家注十五篇者。亦無錄。然其書今在。則古書之或有

錄而亡。或無錄而在者。亦眾矣。非可惜哉。今校讎其八篇。及十五篇者。已定。可繕寫。初漢承

秦之敝。風俗已大壞矣。而成帝後宮趙衛之屬尤自放。向以謂王政必自內始。故列古女善

惡所以致興亡者以戒天子。此向述作之大意也。其言太任之娠文王也。目不視惡色。耳不

聽淫聲。口不出敖言。又以謂古之人胎教者皆如此。夫能正其視聽動者。此大人之事。而

有道者之所畏也。顧令天下之女子能之。何其盛也。以臣所聞。蓋為之師傅保姆之助。詩書

圖史之戒。珩璜琚瑀之節。威儀動作之度。其教之者雖有此具。古之君子未嘗不以身化

也。故家人之義。歸於反身。二南之業。本於文王。夫豈自外至哉。世皆知文王之所以興。能得

內助而不知其所以然者。蓋本於文王之躬化。故內則后妃有關雎之行。外則羣臣有二南

之美。與之相成其推而及遠。則商辛之昏俗。江漢之小國。兔罝之野人。莫不好善而不自知。

此所謂身修故家國天下治者也。後世自學問之士。多徇於外物而不安其室家。既不

見可法故。競於邪侈。豈獨無相成之道哉。士之苟於自恕。顧利冒恥。而不知反己者。往往以

家自累故也。故日身不行道。不行於妻子。信哉。如此人者。非素處顯也。然去二南之風亦已

遠矣況於南鄉天下之主哉向之所述勸戒之意可謂篤矣然向號博極羣書而此傳稱詩

茉莒柏舟大車之類與今序詩者之說尤乖異蓋不可考至於式微之一篇又以謂二人之

作豈其所取者博故不能無失歟其曰象計謀殺舜及舜所以自脫者頗合於孟子然此傳

或有之而孟子所不道者蓋亦不足道也凡後世諸儒之言經傳者固多如此覽者采其有

補而擇其是非可也故爲之序論以發其端云

南齊書目錄序

南齊書八紀十一志四十列傳合五十九篇梁蕭子顯撰始江淹以爲十志沈約又爲齊紀

而子顯自表武帝別爲此書臣等因校正其訛謬而敘其篇目曰將以是非得失興壞理亂

之故而爲法戒則必得其所言而後能傳於久此史之所以作也然而所託不得其人則失

其意或亂其實或析理之不通或設辭之不善故雖有殊功韙德非常之跡將闇而不章鬱

而不發而檮杌嵬瑣姦回凶慝之形可幸而掩也嘗試論之古之所謂良史者其明必足以

周萬事之理其道必足以適天下之用其智必足以通難知之意其文必足以發難顯之情

然後其任可得而稱也何以知其然耶昔者唐虞有神明之性有微妙之德使由之者不能

知之者不能明以爲治天下之本號令之所布法度之所設其言至約其體至備以爲治

天下之具而爲二典者推而明之所記者獨其迹耶并與其深微之意而傳之小大精粗無

不盡也本末先後無不白也使誦其說者如出乎其時求其指者如卽乎其人是可不謂明足以周萬事之理道足以適天下之用智足以通難知之意文足以發難顯之情者乎則方是之時豈特任政者皆天下之士哉蓋執簡操筆而隨者亦皆聖人之徒也兩漢以來爲史者去之遠矣司馬遷從五帝三王旣沒數千載之後秦火之餘因散絕殘脫之經以及傳記百家之說區區掇拾以集著其善惡之迹興廢之端又創己意以爲本紀世家八書列傳文斯亦可謂奇矣然而蔽害天下之聖法是非顚倒而釆摭謬亂者亦豈少哉是豈可謂明不足以周萬事之理道不足以適天下之用智不足以通難知之意文不足以發難顯之情者乎夫自三代以後爲史者如遷之文亦不可不謂雋偉拔出之材非常之士也然而不謂不足以發難顯之情者何哉蓋聖賢之高致遷固有不能達其情而見之於後者以故不得而與之也遷之得失如此其他耶至於宋齊梁陳後魏後周之書蓋無以議爲也子顯而之於斯文喜自馳騁其更改破析刻彫藻繢之變尤多而其文益下豈夫材固不可以彊而有耶數世之史旣然故其辭迹曖昧雖有隨世以就功名之君相與合謀之臣未有赫然得其傾動天下之耳目播天下之口者也而一時偸奪傾危悖理反義之人亦幸而不暴著於世豈非所託不得其人故耶可不惜哉蓋史者所以明夫治天下之道也故爲之者亦必天下之材然後其任可得而稱也豈可忽哉豈可忽哉

書魏鄭公傳後

予觀太宗常屈己以從羣臣之議。而魏鄭公之徒。喜遭其時。感知己之遇事之大小。無不諫。

諍雖其忠誠自至。亦得君以然也。則思唐之所以治太宗之所以稱賢主而前世之君不及

者其淵源皆出於此也。能知其有此者以其書存也。及觀鄭公以諫諍事付史官。而太宗怒

之薄其恩禮失終始之義。則未嘗不反覆嗟惜恨其不思而益知鄭公之賢焉。夫君之使臣。

與臣之事君者何。大公至正之道而已矣。大公至正之道。非滅人言以掩己過取小亮以私

其君此其不可者也。又有甚不可者。夫以諫諍爲當掩。是以諫諍爲非美也。則後世誰復當

諫諍乎。況前代之君有納諫之美而後世不見。則非惟失一時之公。又將使後世之君謂前

代無諫諍之事。是啟其怠且忌矣。太宗末年羣下既知此意而不言漸不知天下之得失至

於遼東之敗而始恨鄭公不在世。未嘗知其悔之萌芽出於此也。夫伊尹周公何如人也。伊

尹周公之切諫其君者。其言至深而其事至迫存之於書。至今稱太甲成王爲賢

君。而伊尹周公爲良相者。以其書可見也。令當時削而棄之。成區區之小讓則後世何所據

依而諫又何以知其賢且良與桀紂幽厲始皇之亡。則其臣之諫詞無見焉。非其史之遺乃

天下不敢言而然也。則諫諍之無傳乃此數君之所以益暴其惡於後世而已矣。或曰春秋

之法爲尊親賢者諱。與此戾矣。夫春秋之所以諱者惡也。納諫豈惡乎。然則焚藁者非歟。曰

焚藥者誰歟。非伊尹周公爲之也。近世取區區之小亮者爲之耳。其事又未是也。何則以焚
其藥爲掩君之過而使後世不見藥之是非。而必其過常在於君美常在
於己也。豈愛其君之謂歟。孔光之去其藥之所言其在正邪未可知也而焚之而惑後世庸
詎知非謀己之奸計乎。或曰造辟而言詭辭而出異乎此日此非聖人之所曾言也今萬一
有是理亦謂君臣之間議論之際不欲漏其言於一時之人耳豈杜其告萬世也噫以誠信
待己而事其君而不欺乎萬世者鄭公也益知其賢云豈非然哉豈非然哉

禮閣新儀目錄序

禮閣新儀三十篇韋公肅撰記開元以後至元和之變禮史館祕閣及臣書皆三十篇集賢
院書二十篇以參相校讎史館祕閣及臣書多複重其篇少者八集賢院書獨具然臣書有
目錄一篇以考其次序蓋此書本三十篇則集賢院書雖具然其篇次亦亂既正其脫謬因
定著從目錄而禮閣新儀三十篇復完夫禮者其本在於養人之性而其用在於言動視聽
之間使人之言動視聽一於禮則安有放其邪心而窮於外物哉不放其邪心不窮於外物
則禍亂可息而財用可充其立意微其爲法遠矣故設其器制其物爲其數立其文以待其
有事者皆人之起居出入吉凶哀樂之具所謂其用在乎言動視聽之間者也然而古今之
變不同而俗之便習亦異則法制度數其久而不能無弊者勢固然也故爲禮者其始莫不

古文治要卷一　古文十七家　曾鞏

一九一

宜於當世而其後多失而難遵亦其理然也失則必改制以求其當故羲農以來至於三代
禮未嘗同也後去三代蓋千有餘歲其所遭之變所習之便不同固已遠矣而議者不原
聖人制作之方為為設其器制其物為其數立其文以待其有事而為其起居出入吉凶哀
樂之具者當一一以追先王之迹然後禮可得而興也至其說之不可求其制之不可考或
不宜於人不合於用則寧至於漠然而不敢為使人之言動視聽之間蕩然莫之為節至患
夫為罪者之不止則繁於為法以藥之故至於不勝其繁而犯者亦至於不勝其衆豈不
惑哉蓋上世聖人有為未耜者或不為宮室為舟車者或不為棺槨豈其智不足為哉以
人之所未病者不必改也至於後聖有為宮室者不以土處為不可變也為棺槨者不以葛
溝為不可易也豈好為相反哉以人之所既病者不可因也又至於後聖則有設兩觀而
更采椽之質改文梓而易瓦棺之素豈不能從儉哉以為人情之所好能為之節而不能變
也由是觀之古今之變不同而俗之便習亦屢變其法以為宜之何必一一以追先王
之迹哉其要在於養民之性防民之欲者本末先後之能合乎先王之意而已此制作之方也
故瓦樽之尚而薄酒之用大羹之先而庶羞之飽一以為貴本一以為親用則知有聖人作
而為後世之禮者必貴俎豆而今之器用不廢也先弁絻而今之衣服不禁也其推之皆然
然後其所改易更革不至於拂天下之勢駭天下之情而固已合乎先王之意矣是以羲農

以來至於三代禮未嘗同而制作之如此者未嘗異也後世不惟其如此而或至於不敢爲

或爲之者特出於其勢之不可得已故苟簡而不能備希闊而不常行又不過用之於上而

未有加之於民者也故其禮本在於養人之性而其用在於言動視聽之間者歷千餘歲民

未嘗得接於耳目況於服習而安之者乎至於陷於罪戾則繁於爲法以禦之其亦不仁也

哉此書所紀雖其事已淺然凡世之記禮者亦皆有所本而一時之得失具焉昔孔子於告

朔愛其禮之存況於一代之典籍哉故其書不得不貴因爲之定著以俟夫論禮者考而擇

焉

寄歐陽舍人書

鞏頓首載拜舍人先生去秋人還蒙賜書及所譔先大父墓碑銘反覆觀誦感與慚幷夫銘

誌之著於世義近於史而亦有與史異者蓋史之於善惡無所不書而銘者蓋古之人有功

德材行志義之美者懼後世之不知則必銘而見之或納於廟或存於墓一也苟其人之惡

則於銘乎何有此其所以與史異也其辭之作所以使死者無有所憾生者得致其嚴而善

人喜於見傳則勇於自立惡人無有所紀則以愧而懼至於通材達識義烈節士嘉言善狀

皆見於篇則足爲後法警勸之道非近乎史其將安近及世之衰人之子孫者一欲襃揚其

親而不本乎理故雖惡人皆務勒銘以誇後世立言者既莫之拒而不爲又以其子孫之所

請也。書其惡焉則人情之所不得於是乎銘始不實後之作銘者當觀其人。苟託之非人則
書之非公與是則不足以行世而傳後故千百年來公卿大夫至於里巷之士莫不有銘而
傳者蓋少其故非他託之非人書之非公與是故也然則孰爲其人而能盡公與是歟非畜
道德而能文章者無以爲也蓋有道德者之於惡人則不受而銘之於衆人則能辨焉而人
之行有情善而跡非有意奸而外淑有善惡相懸而不可以實指有實大於名有俊於實
猶之用人非畜道德者惡能辨之不惑議之不徇不惑則公且是矣而其辭之不工則
世猶不傳於是又在其文章兼勝焉故曰非畜道德而能文章者無以爲也豈非然然哉畜
道德而能文章者雖或並世而有亦或數十年或一二百年而有者也其傳之難如此其遇之
難又如此若先生之道德文章固所謂數百年而有者也先祖之言行卓卓幸遇而得其
公與是其傳世行後無疑也而世之學者每觀傳記所書古人之事至其所可感則往往醳
然不知涕之流落也況其子孫也哉況其追晞祖德而思所以傳之之由則知先生
推一賜於鞏而及其三世其感與報宜若何而圖之抑又思若鞏之淺薄滯拙而先生
先祖之屯蹶否塞以死而先生顯之則世之魁閎豪傑不世出之士其誰不願進於門潛遁
幽抑之士其誰不有望於世善誰不爲而惡誰不愧以懼爲人之父祖者孰不欲致其子孫
爲人之子孫者孰不欲寵榮其父祖此數美者一歸於先生既拜賜之辱且敢進其所以然。

宜黃縣學記

古之人自家至於天子之國皆有學自幼至於長未嘗去於學之中學有詩書六藝絃歌洗爵俯仰之容升降之節以習其心體耳目手足之舉措又有祭祀鄕社養老之禮以習其恭讓進材論獄出兵授捷之法以習其從事師友以解其惑勸懲以勉其進戒其不率其所以爲具如此而其大要則務使人人學其性不獨防其邪僻放肆也雖有剛柔緩急之異皆可以進之於中而無過不及使其識之明氣之充於其心則用之於進退語默之際而無不得其宜臨之以禍福死生之故而無足動其意者爲天下之士而所以養其身之備如此則又使知天地事物之變古今治亂之理至於損益廢置先後終始之要無所不知其在堂戶之上而四海九州之業萬世之策皆得及出而履天下之任列百官之中則隨所施爲無不可者何則其素所學問然也蓋凡人之起居飲食動作之小事至於修身爲國家天下之大體皆自學出而無斯須去於敎也其勤於視聽四支者必使其洽於內其謹於初者必使其要於終馴之以自然而待之以積久噫何其入人之深則雖更衰世而不亂爲敎之極至此鼓舞天下而人不知其從之豈用力也哉及三代衰聖人之制作盡壞千餘年之間學有存者官得其士其爲法之永則中材可以守其人之深則雖更衰世而不亂其材之成則三公百

亦非古法人之體性之舉動唯其所自肆而臨政治人之方固不素講士有聰明朴茂之質。
而無教養之漸則其材之不成固然蓋以不學未成之材而為天下之吏又承衰弊之後而
治不致之民嗚呼仁政之所以不行盜賊刑罰之所以積其不以此也歟宋興幾百年矣慶
曆元年天子圖當世之務而以學為先於是天下之學乃得立而方此之時撫州之宜黃猶
不能有學士之學者皆相率而寓於州以羣聚講習。明年天下之學復廢士亦皆散去而
春秋釋奠之事以著於令則常以廟祀孔氏廟廢不復理皇祐元年會令李君詳至始議立
學而縣之士某某與其徒皆自以為得發憤於此莫不相勵而趨為之故其材不賦而羨匠
不發而多其成也積屋之區若干而門序正位講藝之堂樓士之舍皆足積器之數若干而
祀飲寢食之用皆具其像孔氏而下從祭之士皆備其書經史百氏翰林子墨之文章無外
求者其相基會作之本末總為日若干而已何其周且速也當四方學廢之初有司之議固
以謂學者人情之所不樂及觀此學之作其在廢學數年之後唯其令之一唱而四境之內。
響應而圖之如恐不及則夫言人之情不樂於學者其果然也歟宜黃之學者固多良士而
李君之為令威行愛立訟清事舉其政又良也夫及良令之時而順其慕學發憤之俗作為
宮室教肄之所以致圖書器用之須莫不皆有以養其良材之士雖古之去今遠矣然聖人
之典籍皆在其言可考其法可求使其相與學而明之禮樂節文之詳固有所不得為者若

夫正心修身爲國家天下之大務則在其進之而已使一人之行修移之於一家一家之行
修移之於鄉鄰族黨則一縣之風俗成人材出矣致化之行道德之歸非遠人也可不勉歟
縣之士來請曰願有記故記之十二月某日也。

筠州學記

周襄先王之迹熄至漢六藝出於秦火之餘士學於百家之後言道德者矜高遠而遺世用
語正理者務卑近而非師古刑名兵家之術則狃於暴詐惟知經者爲善矣又爭爲章句訓
詁之學以其私見妄臆穿鑿爲說故先王之道不明而學者靡然於所習當是時能明先
王之道者揚雄而已而雄之書世未知好也然士之出於其時者皆勇於自立無苟簡之心
其取與進退就必度於禮義及其已衰而縉紳之徒抗志於強暴之間至於廢錮殺戮而
其操愈厲者相望於先後故雖有不軌之臣猶低徊沒世不敢逐其簒奪自此至於魏晉以
來其風俗之弊人材之乏久矣以迄於今士乃有特起於千載之外明先王之道以窮後之
學者世雖不能皆知其意而往往好之故習其說者論道德之旨而知應務之非近議政理
之體而知法古之非迂不亂於百家不蔽於傳疏其所知者若此漢之士所不能及然能
尊而守之者則未必衆也故樂易敦朴之俗微而詭欺薄惡之習勝其於貧富貴賤之地則
養廉遠恥之意少而偷合苟得之行多此俗化之美所以未及於漢也夫所聞或淺而其義

甚高。與所知有餘而其守不足者。其故何哉。由漢之士察舉於鄉閭。故不得不篤於自修。至
於漸摩之久則果於義者。非強而能也。今之士選用於文章。故不得不篤於所學至於循習
之深。則得於心者。亦不自知其至也。由是視之則上所好下必有甚者焉。豈非信歟。今漢與
今有教化開導之方有庠序養成之法。則士於學行豈有彼此之偏先後之過乎夫大學之
道。將欲誠意正心修身以治其國家天下而必本於先致其知者固善之端而人之所
難至也。以今之士於人所難至者。既幾矣則上之施化莫易於斯時所以導之如何爾。筠
為州。在大江之西。其地僻絕。當慶曆之初詔天下立學而筠獨不能應詔州之士以為病。至
治平三年矣。蓋二十有三年矣。始告於知州事尚書都官郎中董君儀董君乃與通判州事國
子博士鄭君穡相州之東南得亢爽之地築宮於其上齋祭之室誦講之堂休息之廬至於
庖湢庫廄各以序為經始於其春而落成於八月之望既而來學者常數十百人二君乃以
書走京師請記於余。余謂二君之於政可謂知所務矣使筠之士相與升降乎其中講先王
之遺文以致其知其賢者超然自信而獨立其中材勉焉以待上之教化則是宮之作非獨
使夫來者玩思於空言以干世取祿而已故為之著余之所聞者以為記而使歸刻焉

越州趙公救菑記

熙寧八年夏吳越大旱九月資政殿大學士右諫議大夫知越州趙公前民之未饑為書問

屬縣菑所被者幾鄉。民能自食者有幾當廩於官者幾人。溝防構築可僦民使治之者幾所。

庫錢倉廩可發者幾何。富人可募出粟者幾家。僧道士食之羨粟書於籍者其幾具存使各

書以對。而謹其備。州縣吏錄民之孤老疾弱不能自食者二萬一千九百餘人以告。故事歲

廩窮人當給粟三千石而止。公斂富人所輸及僧道士食之羨者得粟四萬八千餘石佐其

費。使自十月朔人受粟日一升幼小半之。憂其眾躁也使受粟者男女異日而人受二日

之食。憂其且流亡也。於城市郊野為給粟之所凡五十有七使各以便受之。而告以去其家

者勿給。計官為不足用也。取吏之不在職而寓於境者給其食而任以事不能自食者有是

具也。能自食者為之告富人無得閉糶。又為之出官粟得五萬二千餘石平其價予民為糶

粟之所凡十有八。使者自便如受粟。又僦民完城四千一百丈為工三萬八千計其傭與

錢又與粟再倍之。民取息錢者告富人縱予之而待熟官為責其償。棄男女者使人得收養

之。明年春大疫為病坊處疾病之無歸者。募僧二人屬以視醫藥飲食令無失所時凡死者

使在處隨收瘞之。法廩窮人盡三月當止。是歲盡五月而止。事有非便文者公一以自任不

以累其屬。有上請者或便宜多輒行。公於此時蚤夜憊心力不少懈事鉅細必躬親給病者

藥食多出私錢。民不幸罹旱疫得免於轉死雖死得無失斂埋皆公力也。是時旱疫被於吳

越。民饑饉疾癘死者殆半。菑未有鉅於此也。天子東向憂勞州縣推布上恩人人盡其力公

所拊循民尤以爲得其依歸所以經營綏輯先後終始之際委曲纖悉無不備者其施雖在
越其仁足以示天下其事雖行於一時其法足以傳後世蓋薔滲之行治世不能使之無而
能爲之備民病而後圖之與夫先事而爲計者則有間矣不習而有爲與夫素得之者則有
間矣予故采於越得公所推行樂爲之識其詳豈獨以慰越人之思將使吏之有志於民者
不幸而遇歲之薔推公之所已試其科條可不待頃而具則公之澤豈小且近乎公元豐二
年以大學士加太子少保致仕家於衢其道道正行在於朝廷豈弟之實在於身者不著著
其荒政可師者以爲**越州趙公救薔記**云。

古文治要卷一

古文十七家

王安石　宋臨川人字介甫號半山擢進士第嘉祐中歷度支判官上萬言書以變法爲言俄直集賢院知制誥。神宗時爲相謀改革政治與青苗水利均輸保甲免役市易保馬方田諸法物議騰沸時名臣皆被斥而新法卒無效罷爲鎮南軍節度使元豐中復拜左僕射封荆國公卒年六十六諡文安石性強愎果於自用能博辨以濟其說文章拗折峭深如其爲人而論者謂朱以來善學韓文者惟安石一人所詆議者間有過於瘦硬無韓之渾融而恣肆耳有周官新義臨川集唐百家詩選。

原性

或曰孟荀楊韓四子者皆古之有道仁人而性者有生之大本也以古之有道仁人而言有生之大本其爲言也宜無惑何其說之相戾也吾願聞子之所安曰吾所安者孔子之言而已夫太極者五行之所由生而五行非太極也性者五常之太極也而五常不可以謂之性此吾所以異於韓子且韓子以仁義禮智信五者謂之性而曰天下之性惡焉而已矣五者之謂性而惡焉者豈五者之謂哉孟子言人之性善荀子言人之性惡夫太極生五行然後利害生焉而太極不可以利害言也性生乎情有情然後善惡形焉而性不可以善惡言也

此吾所以異於二子孟子以惻隱之心人皆有之。因以謂人之性無不仁。就所謂性者如其說必也怨毒忿戾之心人皆無之。然後可以言人之性無不善而人果皆無之乎孟子以惻隱之心爲性者以其在內也夫惻隱之心與怨毒忿戾之心其有感於外而後出乎中者有不同乎荀子曰其爲善者僞也就所謂性者如其說必也惻隱之心人皆無之然後可以言善者僞也而人果無之乎荀子曰陶人化土而爲埴豈土之性也哉夫陶人不以木爲埴者惟土有埴之性焉烏在其爲僞也且諸子之所言情皆吾所謂情也智也非性也楊子之言爲情似矣猶未出乎以習而言性也古者有不謂喜怒愛惡欲情者乎喜怒愛惡欲而善然後從而命之曰仁也義也喜怒愛惡欲而不善然後從而命之曰不仁也不義也故曰有情然後善惡形焉然則善惡者情之成名而已矣孔子曰性相近也習相遠也吾之言如此然則上智與下愚不移有說乎曰此之謂智愚吾所云者性與善惡者之於善也爲之則是愚者之於智也或不可強而有也伏羲作易而後世聖人之作易也非天下之至精至神其孰能與於此孔子作春秋則游夏不能措一辭蓋游夏之智非至精至神不能與惟孔子之智雖游夏不可強而能也況所謂下愚者哉其不移明矣或曰四子之云爾其皆有意於教乎曰是說也吾不知也聖人之教正名而已

周公論

甚哉荀卿之好妄也載周公之言曰吾所執贄而見者十人還贄而相見者三十人貌執者百有餘人欲言而請畢事千有餘人是誠周公之所爲政於天下也吾初無爲於天下而天下卒以無所不治者其法誠修也故三代之制立庠於黨立序於遂立學於國而盡其道以爲養賢教士之法是士之賢雖未及用而固無不見尊養者矣此則周公待士之道也誠若荀卿之言則春申孟嘗之行亂世之事也豈足爲周公乎且聖世之士各有其業講道習藝患日之不足豈暇於遊公卿之門哉彼遊公卿之禮者皆戰國之姦民而毛遂侯嬴之徒也荀卿生於亂世不能考論先王之法著之天下而惑於亂世之俗遂以爲聖世之士亦若是而已過也且周公之所禮者大賢與則周公豈唯執贄見之而已固當薦之天子而共天位也如其不賢不足與共天位則周公如何其與之爲禮也子產聽鄭國之政以其乘輿濟人於溱洧孟子曰惠而不知爲政蓋君子之爲政立善法於天下則天下治立善法於一國則一國治如其不能立法而欲人人悅之則日亦不足矣使周公知爲政則宜立學校之法於天下矣不知立學校而徒能勞身以待天下之士則不唯力有所不足而勢亦有所不足周公亦可謂愚也又曰仰祿之士猶可驕正身之士不可驕也夫君子之不驕闇室不敢自慢豈爲其人之仰祿而可以驕乎嗚呼所謂君子者貴其能不易乎世也荀卿生於亂世而遂以亂世之事量聖人後世之士尊荀卿以

為大儒而繼孟子者吾不之信矣。

周禮義序

士弊於俗學久矣聖上閔焉以經術造之乃集儒臣訓釋厥旨將播之校學而臣某實董周官惟道之在政事其貴賤有位其後先有序其多寡有數其遲速有時制而用之存乎法推而行之存乎人其人足以任官其官足以行法莫盛乎成周之時其法可施於後世其文有見於載籍莫具乎周官之書蓋其因習以崇之廣續以終之至於後世無以復加則豈特文武周公之力哉猶四時之運陰陽積而成寒暑非一日也自周之衰以至於今歷歲千數百矣太平之遺跡埽蕩幾盡學者所見無復全經於是時也乃欲訓而發之誠不自揆知其難也以訓而發之之為難則又以知夫立政造事追而復之之為難然竊觀聖上致法就功取成於心訓迪在位有馮有翼亹亹乎鄉六服承德之世矣以所觀乎今考所學乎古所謂見而知之者臣誠不自揆妄以庶幾焉故遂冒昧自竭而忘其材之弗及也謹列其書為二十有二卷凡十餘萬言上之御府副在有司以待制詔頒焉謹序。

讀孟嘗君傳

世皆稱孟嘗君能得士士以故歸之而卒賴其力以脫於虎豹之秦嗟乎孟嘗君特雞鳴狗盜之雄耳豈足以言得士不然擅齊之彊得一士焉宜可以南面而制秦尚何取雞鳴狗盜

之力哉。夫雞鳴狗盜之出其門。此士之所以不至也。

讀刺客傳

曹沬將而亡人之城。又劫天下盟主。管仲因勿倍以市信。一時可也。予獨怪智伯國士豫讓。豈顧不用其策耶。讓誠國士也。曾不能逆策三晉。救智伯之亡。一死區區尚足校哉。其亦不欺其意者也。聶政售於嚴仲子。荊軻豢於燕太子丹。此兩人者汙隱困約之時。自貴其身不妄。願知亦曰有待焉。彼挾道德以待世者何如哉。

本朝百年無事劄子

臣前蒙陛下問及本朝所以享國百年天下無事之故。臣以淺陋誤承聖問。迫於日暮不敢久留。語不及悉。遂辭而退。竊惟念聖問及此。天下之福。而臣逺無一言之獻。非近臣所以事君之義。故敢冒昧而粗有所陳。伏惟太祖躬上智獨見之明。而周知人物之情僞。指揮付託。必盡其材。變置設施。必當其務。故能駕馭將帥。訓齊士卒。外以扞夷狄。內以平中國。於是除苟賦。止虐刑。廢強橫之藩鎮。誅貪殘之官吏。躬以簡儉為天下先。其於出政發令之間。一以安利元元為事。太宗承之以聰武。眞宗守之以謙仁。以至仁宗英宗。無有逸德。此所以享國百年而天下無事也。仁宗在位歷年最久。臣於時實備從官。施為本末。臣所親見。當試為陛下陳其一二。而陛下詳擇其可。亦足以申鑒於方今。伏惟仁宗之為君也。仰畏天。俯畏人寬仁恭儉出於自然而忠恕誠慤終始如一。未嘗妄興一役未嘗妄殺一人斷獄務在生之而特惡吏之殘擾寧屈己棄財於夷狄而終不忍加兵刑平而公賞重而信納用諫官御史公聽並觀而不蔽於偏至之讒因任衆人耳目拔舉疏遠而隨之以相坐之法蓋監司之吏以至州縣無敢暴虐殘酷擅有調發以傷百姓自夏人順服蠻夷遂無大變戚人父子夫婦得免於兵死而中國之人安逸蕃息以至今日者未嘗妄興一役未嘗妄殺一人斷獄務在生之而特惡吏之殘擾寧屈己棄財於夷狄而不忍加兵之效也大臣貴戚左右近習莫敢強橫犯法其自重慎或甚於閭巷之人此刑平而公之效也慕天下曉雄橫猾以爲兵幾至百萬非有良將以御之而謀變者輒敗聚天下財物雖有文籍委之府史非有能吏以鈎考而斷盜者輒發凶年饑歲流者塡道死者相枕而寇攘者輒得此賞重而信之效也大臣貴戚左右近習莫能大擅威福廣私貨略一有姦慝輒上聞貪邪橫猾雖間或見用未嘗得久此納用諫官御史公聽並觀而不蔽於偏至之讒之效也自縣令京官以至監司臺閣升擢之任雖不皆得人然一時之所謂才士亦罕蔽塞而不見舉者此因任衆人之耳目拔舉疏遠而隨之以相坐之法之效也此忠恕誠慤終始如一之效也然本朝累世因循末俗之弊而無親友羣臣之議人君朝夕與處不過宦官女子出而視事又不過有司之細故未嘗如古大有爲之君與學士大夫討論先王之法以措之天下也一切因任自然之理勢而精神之運有所不加名實之間。有所不察。

君子非不見貴然小人亦得廁其間正論非不見容然邪說亦有時而用以詩賦記誦求天下之士而無學校養民之法以科名資歷敍朝廷之位而無官司課試之方監司無檢察之人守將非選擇之吏轉徙之亟既難於考績而遊談之眾因得以亂眞交私養望者多得顯官獨立營職者或見排沮故上下偷惰取容而已雖有能者在職亦無以異於庸人農民壞於繇役而未嘗特見救恤又不爲之設官以修其水土之利兵士雜於疲老而未嘗申敕訓練又不爲之擇將而久其疆場之權宿衛則聚卒伍無賴之人而未有以變五代姑息羈縻之俗宗室則無敎訓選舉之實而未有以合先王親疏隆殺之宜其於理財大抵無法故雖儉約而民不富雖憂勤而國不強非夷狄昌熾之時又無堯湯水旱之變故天下無事過於百年雖曰人事亦天助也蓋累聖相繼仰畏天俯畏人寬仁恭儉忠恕誠愨此其所以獲天助也伏惟陛下躬上聖之質承無窮之緒知天助之不可常恃知人事之不可怠終則大有爲之時正在今日臣不敢輕廢將明之義而苟逃諱忌之誅伏惟陛下幸赦而留神則天下之福也取進止。

答司馬諫議書

某啟昨日蒙教竊以爲與君實游處相好之日久而議事每不合所操之術多異故也雖欲

強聒終必不蒙見察故略上報不復一一自辨重念蒙君實視遇厚於反覆不宜鹵莽故今

具道所以冀君實或見恕也蓋儒者所爭尤在於名實名實已明而天下之理得矣今君實

所以見教者以爲侵官生事征利拒諫以致天下怨謗也某則以爲受命於人主議法度而

修之於朝廷以授之於有司不爲侵官舉先王之政以興利除弊不爲生事爲天下理財不

爲征利闢邪說難壬人不爲拒諫至於怨誹之多則固前知其如此也人習於苟且非一日

士大夫多以不恤國事同俗自媚於眾爲善上乃欲變此而某不量敵之眾寡欲出力助上

以抗之則眾何爲而不洶洶然盤庚之遷胥怨者民也非特朝廷士大夫而已盤庚不爲怨

者故改其度義而後動是而不見可悔故也如君實責我以在位久未能助上大有爲以

膏澤斯民則某知罪矣如曰今日當一切不事事守前所爲而已則非某之所敢知無由會

晤不任區區向往之至

附錄司馬光與王介甫書

光居常無事不敢涉兩府之門以是久不得通名於將命者春暖伏惟機政餘裕台候萬

福孔子曰益者三友損者三友光不才不足以辱介甫爲友然自接侍以來十有餘年屢

常同僚亦不可謂無一日之雅也雖愧多聞至於直諒不敢不勉若便佞則固不敢爲

也孔子曰君子和而不同小人同而不和君子之道出處語默安可同也然其志則皆欲

立身行道輔世養民此其所以和也向者與介甫議論朝廷事數相違未知介甫之察不察然於光醜慕之心未始變移也竊見介甫獨負天下大名三十餘年才高而學富難進而易退遠近之士識與不識咸謂介甫不起則已起則太平可立致生民咸被其澤矣天子用此起介甫於不可起之中引參大政豈非欲望眾人之所望於介甫邪今介甫從政始朞年而士大夫在朝廷及自四方來者莫不非議介甫如出一口下至閭閻細民小吏走卒亦切切怨歎人人歸咎於介甫不知介甫亦嘗聞其言而知其故乎光竊意門下之士方日譽盛德而贊功業未始有一人敢以此聞達於左右者也非門下之士則皆曰彼方得君而專政無為觸之以取禍不若坐而待之不過二三年彼將自敗若是者不惟不忠於介甫亦不忠於朝廷若介甫果信此志推而行之及二三年則朝廷之患已深矣安可救乎如光則不然竊備交遊之末不敢苟避譴怒不為介甫一一陳之今天下之人惡介甫之甚者詆毀無所不至光獨知其不然介甫固大賢其失在於用心太過自信太厚而已何以言之自古聖賢所以治國者不過使百官各稱其職委任而責成功也其所以養民者不過輕租稅薄賦斂已逋責也介甫以為此皆腐儒之常談不足為思得古人所未嘗為者而為之於是財利不以委三司而自治之更立制置三司條例司聚文章之士及曉財利之人使之講利孔子曰君子喻於義小人喻於利樊須請學稼孔子猶鄙之以

為不知禮義信況講商買之末乎。使彼誠君子耶。則固不能言利彼誠小人耶。則固民是
盡以飲上之欲又可從乎是知條例一司已不當置而置之又於其中不炎用人往往暴
得美官於是言利之人皆攘臂圜視衒鬻爭進各鬭智巧以變更祖宗舊法大抵所利不
能補其所傷所得不能償其所亡徒欲別出新意以自為功名耳此其為害已甚矣又置
提舉句當常平廣惠倉使者四十餘人使行新法於四方先散青苗錢次欲使比戶出助
役錢次又欲更搜求農田水利而行之所遣者雖皆選擇才俊然其中亦有輕佻狂躁之
人陵轢州縣驅擾百姓者於是士大夫不伏農商喪業故謗議沸騰怨嗟盈路迹其本原
或以此也書曰民不靜亦惟在王宮邦君室伊尹為阿衡有一夫不獲其所若己推而內
之溝中孔子曰君子求諸己介甫亦當自思所以致其然者不可專罪天下之人也夫侵
官者亂政也介甫更以為治術而先施之貸息錢鄙事也介甫更以為王政而力行之縣
役自古皆從民出介甫更欲斂民錢雇市傭而使之此三者常人皆知其不可而介甫獨
以為可非介甫之智不及常人也直欲求非常之功而忽常人之所知耳夫皇極之道施
之於天地人皆不可須臾離故孔子曰道之不明也我知之矣智者過之愚者不及也道
之不行也我知之矣賢者過之不肖者不及也介甫之智與賢皆過人及其失也乃與不
及之患均此光所謂用心太過者也自古人臣之聖無過周公與孔子周公孔子亦未嘗

無過未嘗無師介甫雖大賢於周公孔子則有間矣今乃自以我之所見天下莫能及人之議論與我合則善之與我不合則惡之如此方正之士何由進詔諛之士何由遠方正日疏詔諛日親而望萬事之得其宜令名之施四遠難矣夫從諫納善不獨人君為美也於人臣亦然昔鄭人遊於鄉校以議執政之善否或謂子產毀鄉校子產曰其所善者吾則行之其所惡者吾則改之是吾師也若之何毀之遠子馮為楚令尹有寵於遠子者八人皆無祿而多馬申叔豫以子南觀起之事警之遠子懼辭八人者而後王安之趙簡子有臣曰周舍好直諫曰有記月有成歲有效周舍死簡子臨朝而歎曰千羊之皮不如一狐之腋諸大夫朝徒聞唯唯不聞周舍之鄂鄂吾是以憂也子路人告之以有過則喜鬱文終侯相漢有書過之史諸葛孔明相蜀發教與羣下曰違覆而得中猶棄弊蹻而獲珠玉然人心苦不能盡惟董幼宰參署七年事有不至至於十反孔明嘗自校簿書主簿楊顒諫曰為治有體上下不可相侵請為明公以作家譬之今有人使奴執耕稼婢典炊爨鷄主司晨犬主吠盜私業無曠所求皆足忽一日盡欲以身親其役不復任形疲神困終無一成豈其智之不如奴婢雞狗哉失其家主之法也孔明謝之及顒卒孔明垂泣三日呂定公有親近曰徐原有才志定公薦拔至侍御史原性忠壯好直言定公時有得失原輒諫爭又公論之人或以告定公定公歎曰是我所以貴德淵者也及原卒定公哭之

盡哀曰德淵呂岱之益友今不幸岱復於何聞過哉此數君子者所以能功成名立皆由

樂聞直諫不諱過失故也若其餘驕亢自用不受忠諫而亡者不可勝數介甫多識前世

之載固不俟光言而知之矣孔子稱有一言而可以終身行之者其恕乎詩云伐柯伐柯

其則不遠言以其所願乎上交乎下以所願乎下事乎上不遠求也介甫素剛直每議事

於人主前如與朋友爭辨於私室親而禮之或所見小異微言新令之不便者介甫輒艴然

事則惟希意迎合曲從如流者視斧鉞鼎鑊無如也及賓客僚屬謁見論

加怒或詬罵以辱之或言於上而逐之不待其辭之畢也明主寬容如此而介甫拒諫乃

爾無乃不足於恕乎昔王子雍方於事上而好下佞己介甫不幸亦近是乎光所謂自

信太厚者也光昔從介甫游於諸書無不觀而特好孟子與老子之言今得君位而行

其道是宜先其所美必不先其所不美也孟子曰仁義而已矣何必曰利又曰為民父母

使民盼盼然將終歲勤動不得以養其父母又稱貸而益之惡在其為民父母也今介甫

為政首制置條例大講財利之事又命薛向行均輸法於江淮欲盡奪商賈之利又分遣

使者散青苗錢於天下而收其息使人人愁痛父子不相見兄弟妻子離散此豈孟子之

志乎老子曰天下神器不可為也為者敗之執者失之又曰我無為而民自化我好靜而

民自正我無事而民自富我無欲而民自樸又曰治大國若烹小鮮今介甫為政盡變更

祖宗舊法先者後之。上者下之。右者左之。成者毀之。異者取之。砭砭焉。窮日力繼之以夜
而不得息。使上自朝廷下及田野。內起京師外周四海。士吏兵農工商僧道。無一人得襲
故而守常者。紛紛擾擾莫安其居。此豈老氏之志乎。何介甫總角讀書白頭秉政。乃盡棄
其所學而從今世淺丈夫之謀乎。古者國有大事謀及卿士謀及庶人。成王戒君陳曰有
廢有興出入自爾師虞庶言同則繹詩云。先民有言詢於芻蕘。孔子曰上酌民言則下天
上施上不酌民言則下不天上施。自古立功立事。未有專欲達衆而能有濟者也。使詩書
孔子之言皆不可信則已。若猶可信則豈得盡棄而不顧哉。今介甫獨信數人之言。而棄
先聖之道違天下人之心。將以致治。不亦難乎。近者藩鎮大臣。有言散青苗錢不便者。天
子出其議以示執政。而介甫遽悻悻然不樂。引疾臥家。光被旨為批答。士民方不安如
此。而介甫乃欲辭位而去。殆非明主所以拔擢委任之意。故直敘其事。以義責介甫早出
視事。更新令之不便於民者以福天下。其辭雖樸拙然無一字不得其實者。竊聞介甫不
相識察頗督過之。上書自辨至使天子自為手詔以遜謝。又使呂學士再三諭意。然後乃
出視事誠是也。然當速改前令之非者。以慰安士民報天子之盛德。今則不然。更加忿怒
行之愈急。李正言青苗錢不便。詰責使分析。呂司封傳語祥符知縣。未散青苗錢劾奏乞
行勘會觀介甫之意。必欲力戰天下之人。與之一決勝負。不復顧義理之是非生民之憂

樂國家之安危光竊爲介甫不取也光近蒙聖恩過聽使之副貳樞府光竊居高位

者不可以無功受大恩者不可以不報故輒敢申明去歲之論進當今之急務乞罷制置

三司條例司及追還諸路提舉常平廣惠倉使者主上以介甫爲心未肯俯從光竊念主

上親重介甫中外羣臣無能及者勤靜取捨惟介甫之爲信介甫曰可罷則天下之人咸

被其澤曰不可罷則天下之人咸被其害方今生民之憂樂國家之安危惟繫介甫之一

言介甫何忍必遂己意而不恤乎夫人誰無過君子之過如日月之食過也人皆見之更

也人皆仰之何損於明介甫誠能進一言於主上請罷條例司追還常平使者則國家太

平之業皆復其舊而介甫改過從善之美愈光大於前日矣於介甫何所虧喪而固不移

哉光今所言正逆介甫之意明知其不合也然光與介甫趣嚮雖殊大歸則同介甫方欲

得位以行其道澤天下之民光方欲辭位以行其志救天下之民此所謂和而不同者也

故敢一陳其志以自達於介甫以終益友之義其捨之則在介甫矣詩云周爰咨謀

介甫得光書儻未賜棄擲幸與忠信之士謀其可否不可示諂諛之人必不肯以光言爲

然也彼諂諛之人欲依附介甫因緣改法以爲進身之資一旦罷局譬如魚之失水此所

以挽引介甫使不得由直道行者也介甫奈何徇此曹之所欲而不思國家之大計此孔

子曰巧言令色鮮矣仁彼忠言之士於介甫當路之時或齟齬可憎及失勢之後必徐得

其力詔諛之士於介甫當路之時誠有順適之快一旦失勢必有賣介
甫將何擇焉國武子好盡言以招人之過卒不得其死光常自病似之而不能改也雖然
於善人亦何憂之有是故敢妄發而不疑也屬以辭避恩命未得請且病滕瘡不可出
不獲親侍言於左右而布陳以書悚懼尤深介甫其受而聽之與罪而絕之或詬罵而辱
之與言於上而逐之無不可者光俟命而已

答韶州張殿丞書

某啟伏蒙再賜書示及先君韶州之政爲吏民稱頌至今不絕傷今之士大夫不盡知又恐
史官不能記載以次前世良吏之後此皆不省之孤言行不足信於天下不能推揚先人之
功緒餘烈使人人得聞知之所以夙夜愁痛疾心首而不敢息者以此也先人之存某尚
少不得備聞爲政之迹然嘗侍左右尚能記誦教誨之餘蓋先君所存嘗欲大潤澤於天下
一物枯槁以爲身羞大者既不得試已試乃其小者耳小者又將泯沒而無傳則不省之孤
罪大釁厚矣尚何以自立於天地之間邪閣下勤勤惻惻以不傳爲念非夫仁人君子樂道
人之善安能以及此自三代之時國各有史而當時之史多世其家往往以身死職不貪其
意蓋其所傳皆可考據後既無諸侯之史而近世非尊爵盛位雖雄奇俊烈道德滿衍不幸
不爲朝廷所稱輒不得見於史而執筆者又雜出一時之貴人觀其在廷論議之時人人得

講其然不尚或以忠爲邪以異爲同誅當前而不懍訕在後而不羞苟以鬐其忿好之心而

止耳而況陰挾翰墨以裁前人之善惡可以貸褒似可以附毀往者不能訟當否生者不

能論曲直賞罰誹譽又不施其間以彼其私獨安能無欺於冥昧之間邪善既不盡傳而傳

者又不可盡信如此惟能言之君子有大公至正之道名實足以信後世者耳目所遇一以

言載之則遂以不朽於無窮耳伏惟閤下於先人非有一日之雅餘論所及無黨私之嫌苟

以發潛德爲己事務推所聞告世之能言而足信者使得論次以傳焉則先君之不得列於

史官豈有恨哉

上人書

嘗謂文者禮敎治政云爾其書諸策而傳之人大體歸然而已而曰言之不文行之不遠云

者徒謂辭之不可以已也非聖人作文之本意也自孔子之死久韓子作望聖人於百千年

中卓然也獨子厚名與韓並子厚非韓比也然其文卒配韓以傳亦豪傑可畏者也韓子嘗

語人以文矣曰云子厚亦曰云云疑二子者徒語人以其辭耳作文之本意不如是其已

也孟子曰君子欲其自得之也自得之則居之安居之安則資之深資之深則取諸左右逢

其原孟子之云爾非直施於文而已然亦可託以爲作文之本意且所謂文者務爲有補於

世而已矣所謂辭者猶器之有刻鏤繪畫也誠使巧且華不必適用誠使適用亦不必巧且

華要之以適用爲本以刻鏤繪畫爲之容而已不適用非所以爲器也其亦若是乎否也然容亦未可已也勿先之其可也某學文久數挾此說以自治始欲書之策而傳之人其試於事者則有待矣其爲是非邪未能自定也執事正人也不阿其所好者書雜文十篇獻左右願賜之教使之是非有定焉

祭歐陽文忠公文

夫事有人力之可致猶不可期況乎天理之溟漠又安可得而推惟公生有聞於當時死有傳於後世苟能如此足矣而亦何悲如公器質之深厚智識之高遠而輔學術之精微故充於文章見於議論豪健俊偉怪巧瑰琦其積於中者浩如江河之停蓄其發於外者爛如日星之光輝其清音幽韻淒如飄風急雨之驟至其雄辭閎辨快如輕車駿馬之奔馳世之學者無問乎識與不識而讀其文則其人可知嗚呼自公仕宦四十年上下往復感世路之崎嶇雖屯邅困躓竄斥流離而終不可掩者以其公議之是非既壓復起遂顯於世果敢之氣剛正之節至晚而不衰方仁宗皇帝臨朝之末年顧念後事謂如公者可寄以社稷之安危及夫發謀決策從容指顧立定大計謂千載而一時功名成就不居而去其出處進退又庶乎英魄靈氣不隨異物腐敗而長在乎箕山之側與潁水之湄然天下之無賢不肖且猶爲涕泣而歔欷而況朝士大夫平昔游從又予心之所嚮慕而瞻依嗚呼盛衰興廢之理自

古如此。而臨風想望不能忘情者念公之不可復見而其誰與歸。

古文十七家

蘇軾

蘇軾　宋眉山人字子瞻洵之長子博通經史嘉祐中試禮部歐陽修擢置第二曰吾當避此人出一頭地書鳳翔府判官召直史官熙寧中王安石創行新法軾上書論其不便安石怒使御史謝景溫論奏其過窮治無所得軾遂請外通判杭州再徙知湖州言者摭其詩語以爲訕謗逮赴臺獄欲置之死鍛鍊久不決以黃州團練副使安置軾築室於東坡自號東坡居士移汝州元祐中累官翰林學士兼侍讀以龍圖閣學士知杭州召爲翰林承旨歷端明殿翰林侍讀兩學士出知惠州紹聖中累貶瓊州別駕敇還建中靖國初卒於常州年六十六諡文忠軾文章初師父洵所爲旣而得之於天其體渾涵光芒雄視百代嘗自評其文如萬斛泉源不擇地皆可出良爲善嘲詩詞書畫亦皆有名所著有易書傳論語說仇池筆記東坡志林東坡集等

韓非論

聖人之所爲惡夫異端盡力而排之者非異端之能亂天下而天下之亂所由出也昔周之衰有老耼莊周列禦寇之徒更爲虛無淡泊之言而治其猖狂浮游之說紛紜顚倒而卒歸於無有由其道者蕩然莫得其當是以忘乎富貴之樂而齊乎死生之分此不得志於天下高世遠舉之人所以放心而無憂雖非聖人之道而其用意固亦無惡於天下自老耼之死

百餘年有商鞅韓非著書言治天下無若刑名之賢及秦用之終於勝廣之亂教化不足而
法有餘秦以不祀而天下被其毒後世之學者知申韓之罪而不知老卌莊周之使然何者。
仁義之道起於夫婦父子兄弟之間而禮法刑政之原出於君臣上下相忌之際相愛
則有所不忍相忌則有所不敢不敢與不忍之心合而後聖人之道得存乎其中今老卌莊
周論君臣父子之間汎汎乎若萍游於江湖而適相值也夫是以父不足愛而君不足忌不
忌其君不愛其父則仁不足以懷義不足以勸禮樂不足以化此四者皆不足用而欲置天
下於無有夫無有豈誠足以治天下哉商鞅韓非求爲其說而不得其所以輕天下而齊
萬物之術是以敢爲殘忍而無疑今失不殺人而不足以爲仁而亦不足以治民則是
殺人不足以爲不仁而亦不足以亂天下如此則舉天下惟吾之所爲刀鋸斧鉞何施
而不可昔者夫子未嘗一日易其言雖今之小物亦莫不有所畏今其視天下眇然若
足爲者此其所以輕殺人歟太史遷曰申子卑卑施於名實韓子引繩墨切事情明是非其
極慘礉少恩皆原於道德之意嘗讀而思之事固有不相謀而相感者莊老之後其禍爲申
韓由三代之衰至於今凡所以亂聖人之道者其弊固已多矣而未知其所終奈何其不爲
之所也

志林 戰國任俠

春秋之末至於戰國諸侯卿相皆爭養士自謀夫說客談天雕龍堅白同異之流下至擊劍

扛鼎雞鳴狗盜之徒莫不賓禮靡衣玉食以館於上者何可勝數越王句踐有君子六千人

魏無忌齊田文趙勝黃歇呂不韋皆有客三千人而田文招致任俠奸人六萬家於薛齊稷

下談者亦千人魏文侯燕昭王太子丹皆致客無數下至秦漢之間張耳陳餘號多士賓客

厮養皆天下豪傑而田橫亦有士五百人其略見於傳記者如此度其餘當倍官吏而半農

夫也此皆姦民蠹國者民何以支而國何以堪乎蘇子曰此先王之所不能免也國之有姦

也猶鳥獸之有猛鷙昆蟲之有毒螫也區處條理使各安其處則有之矣鋤而盡去之則無

是道也吾考之世變知六國之所以久存而秦之所以速亡者蓋出於此不可以不察也夫

智勇辯力此四者皆天民之秀傑者也類不能惡衣食以養人皆役人以自養者也故先王

分天下之富貴與此四者共之此四者不失職則民靖矣四者雖異先王因俗設法使出於

一三代以上出於學戰國至秦出於客漢以後出於郡縣吏魏晉以來出於九品中正隋唐

至今出於科舉雖不盡然取其多者論之大國之君虐用其民不減始皇二世然當是時百

姓無一人叛者以凡民之秀傑者多以客養之不失職也其力耕以奉上皆椎魯無能爲者

雖欲怨叛而莫爲之先此其所以少安而不即亡也始皇初欲逐客用李斯之言而止既并

天下則以客爲無用於是任法而不任人謂民可以恃法而治謂吏不必才能守吾法而

巳。故墮名城殺豪傑民之秀異者。散而歸田畝。向之食於四公子呂不韋之徒者。皆安歸哉。

不知其能槁項黃馘以老死於布褐乎。抑將輟耕太息以俟時也。秦之亂雖成於二世。然使

始皇知畏此四人者。有以處之。使不失職。秦之亡。不至若是速也。縱百萬虎狼於山林而饑

渴之。不知其將噬人世以始皇爲智。吾不信也。楚漢之禍。生民盡矣。豪傑宜無幾而代陳

豨從車千乘。蕭曹爲政。莫之禁也。至文景武之世。法令至密然。吳濞淮南梁王魏其武安之

流皆爭致賓客世主不問也。豈懲秦之禍以爲爵祿不能盡縻天下士。故少寬之。使得或出

於此也耶。若夫先王之政則不然曰君子學道則愛人小人學道則易使也。嗚呼此豈秦漢

之所及也哉。

范文正公文集序

慶曆三年軾始總角入鄉校士有自京師來者以魯人石守道所作慶曆聖德詩示鄉先生

軾從旁竊觀則能誦習其詞問先生以所頌十一人者何人也先生曰童子何用知之軾曰

此天人也耶則不敢知若亦人耳何爲其不可先生奇軾言盡以告之且曰韓范富歐陽此

四人者人傑也時雖未盡了則已私識之矣嘉祐二年始舉進士至京師則范公沒既葬而

墓碑出讀之至流涕曰吾得其爲人蓋十有五年而不一見其面豈非命也歟是歲登第始

見知於歐陽公因公以識韓富皆以國士待軾曰恨子不識范文正公其後三年過許始識

公之仲子今丞相堯夫又六年始見其叔彝叟京師又十一年遂與其季德孺同僚於徐皆
一見如舊且以公遺藁見屬爲序又十三年乃克爲之嗚呼公之功德蓋不待文而顯其文
亦不待序而傳然不敢辭者自以八歲知敬愛公今四十七年矣彼三傑者皆得從之遊而
公獨不識以爲平生之恨若獲挂名其文字中以自託於門下士之末豈非疇昔之願也哉
古之君子如伊尹太公管仲樂毅之流其王霸之略皆素定於畎畝中非仕而後學者也淮
陰侯見高帝於漢中論劉項短長畫取三秦如指諸掌及佐帝定天下漢中之言無一不酬
者諸葛孔明臥草廬中與先主論曹操孫權規取劉璋因蜀之資以爭天下終身不易其言
此豈口傳耳受嘗試爲之而僥倖其或成者哉公在天聖中居太夫人憂則已有憂天下致
太平之意故爲萬言書以遺宰相天下傳誦至用爲將擢爲執政考其平生所爲無出此書
者今其集二十卷爲詩賦二百六十八爲文一百六十五其於仁義禮樂忠信孝弟蓋如饑
渴之於飲食欲須臾忘而不可得如火之熱如水之溼蓋其天性有不得不然者雖弄翰戲
語率然而作必歸於此故天下信其誠爭師尊之孔子曰有德者必有言也德之發
於口者也又曰我戰則克祭則受福非能戰也德之見於怒者也元祐四年四月十一日。

六一居士集序

夫言有大而非誇達者信之衆人疑焉孔子曰天之將喪斯文也後死者不得與於斯文也。

孟子曰禹抑洪水孔子作春秋而予距楊墨蓋以是配禹也文章之得喪何與於天而禹之

功與天地並孔子孟子以空言配之之不已誇乎自春秋作而亂臣賊子懼孟子之言行而楊

墨之道廢天下以爲是固然而不知其功孟子既沒有申商韓非之學違道而趨利殘民以

厚主其說至陋也而士以是罔其上上之人儌倖一切之功靡然從之而世無大人先生如

孔子孟子者推其本末權其禍福之輕重以救其惑故其學遂行秦以是喪天下陵夷至於

勝廣劉項之禍死者十八九天下蕭然洪水之患蓋不至是也方秦之未得志也使復有一

孟子則申韓爲空言作於其心害於其事作於其政者必不至若是烈也使楊墨

得志於天下其禍豈減於申韓錯哉由是言之雖以孟子配禹可也太史公曰蓋公言黃老

誼鼂錯明申韓錯不足道也而誼亦爲之予以是知邪說之移人雖豪傑之士有不免者況

衆人乎自漢以來道術不出於孔氏而亂天下者多矣晉以老莊亡梁以佛亡莫或正之五

百餘年而後得韓愈學者以愈配孟子蓋庶幾焉愈之後三百有餘年而後得歐陽子其學

推韓愈孟子以達於孔氏著禮樂仁義之實以合於大道其言簡而明信而通引物連類折

之於至理以服人心故天下翕然師尊之自歐陽子之存世之不說者譁而攻之能折困其

身而不能屈其言士無賢不肖不謀而同曰歐陽子今之韓愈也宋興七十餘年民不知兵

富而教之至天聖景祐極矣而斯文終有愧於古士亦因陋守舊論卑氣弱自歐陽子出天

下爭自濯磨以通經學古爲高以救時行道爲賢以犯顏納諫爲忠長育成就至嘉祐末號

稱多士歐陽子之功爲多嗚呼此豈人力也哉非天其孰能使之歐陽子沒十有餘年士始

爲新學以佛老之似亂周孔之眞識者憂之賴天子明聖詔修取士法風厲學者專治孔氏

黜異端然後風俗一變考論師友淵源所自復知講習歐陽子之書予得其詩文七百六十

六篇於其子棐乃次而論之曰歐陽子論大道似韓愈論事似陸贄記事似司馬遷詩賦似

李白此非予言也天下之言也歐陽子名修字永叔既老自謂六一居士云。

上皇帝書

熙寧四年二月日具位臣蘇軾謹冒萬死再拜上書皇帝陛下臣近者不度愚賤輒上封章

言買燈事自知瀆犯天威罪在不赦席藁私室以待斧鉞之誅而側聽逾旬威命不至問之

司府則買燈之事尋已停罷乃知陛下不惟赦之又能聽之驚喜過望以至感泣何者改過

不吝從善如流此堯舜禹湯之所勉強而力行秦漢以來之所絕無而僅有顧此買燈毫髮

之失豈能上累日月之明而陛下翻然改命曾不移刻則所謂智出天下而聽於至愚威加

四海而屈於匹夫今知陛下可與爲堯舜可與爲湯武可與富民而措刑可與強兵而伏

戎虜矣有君如此其忍負之惟當披露腹心捐棄肝膽盡力所至不知其他乃者臣亦知天

下之事有大於買燈者矣而獨區區以此爲先者蓋未信而諫聖人不與交淺言深君子所

戒。是以試論其小者而其大者固將有待而後言。今陛下果赦而不誅則是既已許之矣許而不言臣則有罪是以願終言之臣之所欲言者三願陛下結人心厚風俗存紀綱而已莫不有所恃人臣恃陛下之命故能役使小民恃陛下之法故能勝伏強暴至於人主所恃者誰歟書曰予臨兆民懍乎若朽索之馭六馬言天下莫危於人主也由此觀之人主之所恃仇讎聚散之間不容豪釐故天下歸往謂之王人各有心謂之獨夫此散則為君臣散則為者人心而已人心之於人主也如木之有根如燈之有膏如魚之有水如農夫之有田如商買之有財木無根則槁燈無膏則滅魚無水則死農夫無田則饑商買無財則貧人主失人心則亡此必然之理也不可道之災也其為可畏從古以然苟非樂禍好亡狂易喪志詎敢肆其胸臆輕犯人心乎昔子產焚書以強衆言貽伯石以安巨室以為衆怒難犯致富強成而孔子亦曰信而後勞其民未信則以為厲己也惟商鞅變法不顧人言雖能驟致富強亦以召怨天下使其民知利而不知義見刑而不見德雖得天下旋踵而亡至於其身亦卒不免負罪出走而諸侯不納車裂以徇而秦人莫哀君臣之間豈願如此宋襄公雖行仁義失衆而亡田常雖不義得衆而強是以君子未論行事之是非先觀衆心之向背謝安之用諸桓未必是而衆之所樂則國以大安庚亮之召蘇峻未必非而勢有不可則反為危辱自古及今未有和易同衆而不安剛果自用而不危者也今陛下亦知人心之不悅矣中外之

人。無賢不肖皆言祖宗以來治財用者不過三司使副判官。經今百年。未嘗闕事今者無故

又創一司號曰制置三司條例司六七少年日夜講求於內使者四十餘輩分行營幹於外。

造端宏大民實驚疑創法新奇吏皆惶惑賢者則求其說而不可得未免於憂小人則以其

意度於朝廷遂以爲謗謂陛下以萬乘之主而言利謂執政以天子之宰而治財商賈不行。

物價騰踊近自淮甸遠及川蜀喧傳萬口論說百端或言京師正店議置監官藥路深山當

行酒禁拘收僧尼常住減剋兵吏廩祿如此等類不可勝言而甚者至以爲欲復肉刑斯言

一出民且狼顧陛下與二三大臣亦聞其語矣然而莫之顧者徒曰我無其事又無其意何

恤於人言夫人言雖未必皆然而疑似則有以致謗人必貪財也而後人疑其必好色

也而後人疑其淫何者未置此司則無此謗豈去歲之人皆忠厚而今歲之士皆虛浮孔子

曰工欲善其事必先利其器又曰必也正名乎今陛下操其器而諱其事有其名而辭其意

雖家置一喙以自解市列千金以購人必不信謗亦不止夫制置三司條例司求利之名

也六七少年與使者四十餘輩求利之器也驅鷹犬而赴林藪語人曰我非獵也不如放鷹

犬而獸自馴操網罟而入江湖語人曰我非漁也不如捐網罟而人自信故臣以爲消讒慝

而召和氣復人心而安國本則莫若罷制置三司條例司夫陛下之所以創此司者不過以

與利除害也使罷之而利不興害不除則勿罷罷之而天下悅人心安與利除害無所不可

則何苦而不罷陛下欲去積弊而立法必使宰相熟議而後行事若不由中書則是亂世之
法聖君實相夫豈其然必若立法不免由中書熟議不免使宰相此司之設無乃冗長而無
名智者所圖寶於無迹漢之文景紀無可書之事唐之房杜傳無可載之功而天下之言治
者與文景言賢者與房杜鑑事萬分未獲其一也而迹之布於天下已若泥中之鬭獸亦
功豈惟用兵事莫不然今所圖者已立而迹不見功已成而人不知故曰善用兵者無赫赫之
可謂拙謀矣陛下誠欲富國擇三司官屬與漕運使副而陛下與二三大臣孜孜講求麼以
歲月則積弊自去而人不知但恐立志不堅中道而廢孟子有言其進銳者其退速若有始
有卒自可徐徐十年之後何事不立孔子曰欲速則不達見小利則大事不成使孔子而非
聖人則此言亦不可用書曰謀及卿士至於庶人翕然大同乃底元吉若逆多而從少則靜
吉而作凶今上自宰相大臣既已辭免不爲則外之議論亦可知宰相人臣也且不欲以
此自污而陛下獨安受其名而不辭非臣愚之所識也君臣睿盰幾一年而富國之效茫
如捕風徒聞內帑出數百萬緡祠部度五千餘人耳以此爲術其誰不能且遣使縱橫本非
令典漢武遣繡衣直指桓帝遣八使皆以守宰狼籍盜賊公行出於無術行此下策宋文帝
元嘉之政比於文景當時責成郡縣未嘗遣使至孝武以爲郡縣運緩始命臺使督之以至
蕭齊此弊不革故景陵王子良上疏極言其事以爲此等朝辭禁門情態卽異暮宿州縣威

福便行驅迫郵傳折辱守宰公私煩擾民不聊生唐開元中宇文融奏置勸農判官使裴寬

等二十九人並攝御史分行天下招攜戶口檢責漏田時張說楊場皇甫璟楊相如皆以為

不便而相繼罷黜雖得戶八十餘萬皆州縣希旨以主為客以少為多及使百官集議都省

而公卿以下懼融威勢不敢異辭陛下試取其傳而讀之觀其所行為是為否近者均稅寬

恤冠蓋相望朝廷亦旋覺其非而天下至今以為謗曾未數歲是非較然臣恐後之視今猶

今之視昔且其所遣尤不適宜事少而員多則人輕而權重夫人輕而權重則人多不服或致

侮慢以與爭事少而員多則無以為功必須生事以塞責陛下雖嚴賜約束不許邀功然人

臣事君之常情不從其令而從其意今朝廷之意好動而惡靜好同而惡異指趣所在誰敢

不從臣恐陛下赤子自此無寧歲矣至於所行之事行路皆知其難何者汴水濁流自生民

以來不以種稻秦人之歌曰涇水一石其泥數斗且溉且糞長我禾黍何嘗曰長我糯稻耶

今欲陂而清之萬頃之陂必用千頃之稻一歲一淤三歲而滿矣陛下遣信其說即使相視

地形萬一官吏苟且順從真謂陛下有意興作上糜帑廩下奪農時隄防一開水失故道雖

食議者之肉何補於民天下久平民物滋息四方遺利蓋略盡矣今欲鑿空訪尋水利所謂

即鹿無虞豈惟徒勞必大煩擾凡所擘畫利害不問何人小則隨事酬勞大則量才錄用若

官私格沮並重行黜降不以赦原若材力不辦興修便許申奏替換賞可謂重罰可謂輕然

並終不言諸色人妄有申陳或官私誤與功役當得何罪如此則妄庸輕剝浮浪姦人自此

爭言水利矣成功則有賞敗事則無誅官司雖知其疏豈可便行抑退所在追集老少相視

可否吏卒所過雖犬一空若非灼然難行必須且爲興役何則格沮之罪重而誤興之過輕

人多愛身勢必如此且古陂廢堰多爲側近冒耕歲月既深已同永業苟欲興復必盡追改

人心或搖甚非善政又有好訟之黨多怨之人妄言某處可作陂渠規壞所怨田產或指人

舊業以爲官陂冒佃之訟必倍今日臣不知朝廷本無一事何苦而行此哉自古役人必用

鄉戶猶食之必用五穀衣之必用絲麻濟川之必用舟楫行地之必用牛馬雖其間或有以

他物充代然終非天下所可常行今者徒聞江浙之間數郡雇役而欲措之天下是猶見燕

晉之棗栗岷蜀之蹲鴟而欲以廢五穀豈不難哉又欲官賣所在坊場以充衙前雇直雖有

長役更無酬勞長役所得既微自此必漸衰散則州郡事體憔悴可知士大夫捐親戚棄墳

墓以從官於四方者宣力之餘亦欲取樂此人之至情也若凋弊太甚廚傳蕭然則似危邦

之陋風恐非太平之盛觀陛下誠慮及此必不肯爲且今法令莫嚴於御軍軍法莫嚴於逃

竄禁軍三犯廂軍五犯大率處死然逃軍常半天下不知雇人爲役與廂軍何異若有逃者

何以罪之其勢必輕於逃軍則其逃必甚於今日爲其官長不亦難乎近者雖使鄉戶頗得

雇人然至於所雇逃亡鄉戶猶任其責今遂欲於兩稅之外別立一科謂之庸錢以備官雇

則雇人之責，官所自任矣。自唐楊炎廢租庸調，以爲兩稅，取大曆十四年應於賦斂之數，以定兩稅之額。是租調與庸，兩稅既兼之矣。今兩稅如故，奈何復欲取庸。聖人立法必慮後世，豈可於常稅之外別立科名。萬一不幸，後世有多欲之君，輔之以聚斂之臣，庸錢不除，差役仍舊，使天下怨毒，推所從來，則必有任其咎者矣。又欲使坊郭等第之民，與鄉戶均役，品官形勢之家，與齊民並事。其說曰周禮，田不耕者出屋粟，宅不毛者有里布，而漢世宰相之子不免成邊，此其所以藉口也。古者官養民，今者民養官，給之以田而不耕，勸之以農而不力，於是乎有里布屋粟夫家之征，而民無以爲生，去爲商賈，事勢當耳，何名役之。且一歲之成不過三日，三百之雇其直三百，今世三大戶之役，自公卿以降，無得免者，其費豈特三百而已。大抵事若可行，不必皆有故事，若民所不悅，俗所不安，繼有經典明文，無補於怨，若行此二者必怨無疑。女戶單丁，蓋天民之窮者也，古之王者首務恤此，而今陛下首欲役之，此等苟非戶將絕而未亡，則是家有丁而尚幼，若幼之數歲則必成丁，而就役老死而沒官，富有四海忍不加恤。孟子曰始作俑者，其無後乎。春秋書作邱甲，用田賦皆重其始爲民患也。青苗放錢自昔有禁，今陛下始立成法，每歲常行，雖云不許抑配，而數世之後，暴君汙吏，陛下能保之歟，異日天下恨之，國史記之曰青苗錢自陛下始，豈不惜哉。且東南買絹本用見錢，陝西糧草不許折兌，朝廷既有著令，職司又每舉行，然而買絹未嘗不折，鹽糧草未嘗不

折鈔乃知青苗不許抑配之說亦是空文只如治平之初揀刺義勇當時詔旨慰諭明言永
不成邊著在簡書有如盟約於今幾日議論已搖或以代還東軍或欲抵換弓手約束難恃
豈不明哉縱使此令決行果不抑配計其間願請之戶必皆孤貧不濟之人家若自有贏餘
何至與官交易此等鞭撻已急則繼之以逃亡逃亡之餘勢有必至理有固然
且夫常平之爲法也可謂至矣所守者約而所及者廣借使萬家之邑已有千斛而穀貴之
際千斛在市物價自平一市之價既平一邦之食自足無操瓢乞丐之弊無里正催驅之勞
今若變爲青苗家貸一斛則千戶之外孰救其饑且常平官錢常患其少若盡數收羅則無
借貸若留充借貸則所羅幾何乃知常平青苗其勢不能兩立壞此所喪愈多虧官害
民雖悔何逮臣竊計陛下欲考其實則亦必問人人知陛下方欲力行必謂此法有利無害
以臣愚見恐未可憑何以明之臣頃在陝西見刺義勇提舉諸縣臣嘗親行愁怨之民哭聲
振野當時奉使還者皆言民盡樂爲希合取容自古如此不然則山東之盜二世何緣不覺
南詔之敗明皇何緣不知今雖未至於斯亦望陛下審聽而已昔漢武之世財力匱竭用買
人桑宏羊之說買賤賣貴謂之均輸於時商賈不行盜賊滋熾既至於亂孝昭既立學者爭
排其說霍光順民所欲從而予之天下歸心遂以無事不意今者此論復與立法之初其說
尙淺徒言徒貴就賤用近易遠然而廣置官屬多出緡錢豪商大賈皆疑而不敢動以爲雖

不明言販賣然既已許之變易變易既行而不與商賈爭利者未之聞也夫商賈之事曲折

難行其買也先期而取錢其賣也後期而取直多方相濟委曲相通倍稱之息由此而得今

官買是物必先設官置吏簿書廩祿為費已厚非良不售非賄不行是以官買之價比民必

貴及其賣也弊復如前商賈之利何緣而得朝廷不知慮此乃捐五百萬緡以與之此錢一

出恐不可復繼使其間薄有所獲而征商之額所損必多今有人為其主牧牛羊者不告其

主而以一牛易五羊一牛之失則隱而不言五羊之獲則指為勞績陛下以為壞常平而言

青苗之功罷商稅而取均輸之利何以異此陛下天下洞照聖略如神此事至明豈有不曉

必謂已行之事不欲中變恐天下以為執德不一用人不終是以遲留歲月庶幾萬一臣竊

以為過矣古之英主無出漢高祖善謀撓楚權欲復六國高祖曰善趣刻印及聞留侯之言

吐哺而罵曰趣銷印夫稱善未幾繼之以罵刻印銷印有同兒戲何嘗累高祖之知人適足

以明聖人之無我陛下以為可而行之知其不可而罷之至聖至明無以加此議者必謂民

可與樂成難與慮始故陛下堅執不顧期於必行此乃戰國貪功之人行險僥倖之說陛下

若信而用之則是徇高論而逆至情為名而邀實禍未及樂成而怨已起矣臣之所謂願

結人心者此之謂也士之進言者為不少矣亦嘗有以國家之所以存亡厤數之所以長短

告陛下者乎夫國家之所以存亡者在道德之淺深而不在乎強與弱厤數之所以長短者

在風俗之厚薄而不在乎富與貧道德誠深風俗誠厚雖貧且弱不害於長而存道德誠淺

風俗誠薄雖強且富不救於短而亡人主知此則知所輕重矣是以古之賢君不以弱而亡

道德不以貧而傷風俗而智者觀人之國亦必以此察之齊至強也周公知其後必有篡弑

之臣衛至弱也季子知其後亡吳破楚入郢而陳大夫逢滑知楚之必復晉武既平吳何曾

知其將亂隋文既平陳房喬知其不久元帝斬郅支朝呼韓功多於武宣矣俛安而王氏之

釁生宣宗收燕趙復河湟強於憲武矣而龐勛之亂起臣願陛下務崇道德而厚風

俗不願陛下急於有功而貪富強使陛下富強如秦西取靈武北取燕薊謂之有功可

也而國之長短則不在此夫國之長短如人之壽夭人之壽夭在元氣國之長短在風俗世

有尫羸而壽考亦有盛壯而暴亡若元氣猶存則尫羸而無害及其已耗則盛壯而愈危是

以善養生者則居節飲食導引關節吐納新不得已而用藥則擇其品之上性之良可

以久服而無害者則五臟和平而壽命長不善養生者薄節慎之功遲納吐之效厭上藥而

用下品伐眞氣而助彊陽根本已危僵仆無日天下之勢與此無殊故臣願陛下愛惜風俗而

如護元氣古之聖人非不知深刻之法可以齊眾勇悍之夫可以集事忠厚近於迂闊老成

初若遲鈍然終不肯以彼而易此者知其所得小而所喪大也曹參賢相也曰愼無擾獄市

黃霸循吏也曰治道去泰甚或讖謝安以淸談廢事安笑曰秦用法吏二世而亡劉晏爲度

二三四

支專用果銳少年務在急速集事好利之黨相師成風德宗初卽位擢崔祐甫爲相祐甫以
道德寬大推廣上意故建中之政其聲翕然天下想望庶幾貞觀及盧杞爲相諷上以刑名
整齊天下馴致澆薄以及播遷我仁祖之御天下也持法至寬用人有敍專務掩覆過失未
嘗輕改舊章然考其成功則曰未至以言乎用兵則十出而九敗以言其府庫則僅足而無
餘徒以德澤在人風俗知義是以升遐之日天下如喪考妣社稷長遠終必賴之則仁祖可
謂知本矣今議者不檢徒見其末年更多因循事不振舉乃欲矯之以苟察齊之以智能招
來新進勇銳之人以圖一切速成之效未享其利澆風已成且天時不齊人誰無過君舍
垢至察無徒陛下多方包容則人材取次可用必欲廣置耳目務求瑕疵則人不自安各
圖苟免恐非朝廷之福亦豈陛下所願哉漢文帝欲用虎圈嗇夫釋之以爲利口傷俗今若
以口舌捷給而取士以應對遲鈍而退人以虛誕爲能文以矯激不仕爲有德則先王
之澤遂將散微自古用人必須歷試雖有卓異之器必有已成之功一則使其更變而知難
事不輕作一則待其功高而望重人自無辭昔先主以黃忠爲後將軍而諸葛亮憂其不可
以爲忠之名望素非關張之倫若班爵遽同則必不悅其後關羽果以黃忠豪勇之
姿以先主君臣之契尙復慮此而況其他世嘗謂漢文不用買生以爲深恨臣嘗推究其旨
竊謂不然買生固天下之奇才所言亦一時之良策然請爲屬國欲係單于則是處士之大

言。少年之銳氣昔高祖以三十萬衆困於平城當時將相羣臣豈無買生之比三表五餌人

知其疏而欲以困中行說尤不可信矣兵凶器也而易言之正如趙括之輕秦李信之易楚

若文帝返用其說則天下始將不安使買生嘗歷艱難亦必自悔其說用之晚歲其術必精。

不幸喪亡非意所及不然文帝豈棄才之主絳灌豈蔽賢之士至於鼂錯文帝之

世止於太子家令而景帝既立以爲御史大夫申屠賢相發憤而死紛更政令天下騷然及

至七國發難而錯之術亦窮矣文景優劣於此可見大抵名器爵祿人所奔趨必使積勞而

後遷以明持久而難得則人各安其分不敢躁求今若多開驟進之門使有意外之得公卿

侍從跬步可圖其得者既不肯以僥倖自名則不得者必皆以沈淪爲恨使天下常調舉生

妄心恥不若人何所不至欲望風俗之厚豈可得哉今乃以一人之薦舉而予之猶恐未稱章服隨

阻計析毫釐其間一事鑿牙常至終身淪棄

至使積勞久次而得者何以厭服哉夫常調之人非守則令員多闕少久已患之不可復開

多門以待巧進若巧者侵奪已甚則拙者迫怵無聊利害相形不得不察故近來朴拙之人

愈少而巧進之士益多惟陛下重之惜之哀之救之如近日三司獻言使天下郡選一人催

驅三司文字許之先次指射以酬其勞則其數年之後審官吏部又有三百餘人得先占闕

常調待次不其愈難此外句當發運均輸按行農田水利已擴監司之體各懷進用之心轉

對者望以稱旨而驟遷奏課者求為優等而速化相勝以力相高以言而名實亂矣惟陛下以簡易為法以清淨為心使姦無所緣而民德歸厚臣之所願厚風俗者此之謂也古者建國使內外相制輕重相權如周如唐則外重而內輕如秦如魏則外輕而內重之失必有姦臣指鹿之患外重之弊必有大國問鼎之憂聖人方盛而慮衰當先立法以救弊國家租賦藉於計省而重兵聚於京師以古揆今則似內重恭惟祖宗所以深計而預圖固非小臣所能臆度而周知然觀其委任臺諫之一端則是聖人過防之至計歷觀秦漢以及五代諫諍而死蓋數百人而自建隆以來未嘗罪一言者縱有薄責旋即超升許以風聞而無官長風采所繫不問尊卑言及乘輿則天子改容事關廊廟則宰相待罪故仁宗之世議者譏宰相但奉行臺諫風旨而已聖人深意流俗豈知擢用臺諫固未必皆賢所言亦未必皆是然須養其銳氣而借之重權者豈徒然哉將以折姦臣之萌而救內重之弊也夫姦臣之始以臺諫折之而有餘及其既成以干戈取之而不足今法令嚴密所謂姦臣萬無此理然養貓所以去鼠不可以無鼠而養不捕之貓畜狗所以防姦不可以無姦而畜不吠之狗陛下得不上念祖宗設此官之意下為子孫立萬世之防朝廷綱紀孰大於此臣自幼小所記及聞長老之談皆謂臺諫所言常隨天下公議公議所與臺諫亦與之公議所擊臺諫亦擊之及至英廟之初始建稱親之議本非人主大過亦無典禮明文徒以眾心未安公議

不允。當時臺諫以死爭之。今者物論沸騰怨讟交至。公議所在。亦可知矣。而相顧不發中外

失望。夫彈劾積威之後雖庸人亦可以奮揚風采消委之餘雖豪傑有所不能振起臣恐自

茲以往習慣成風。盡爲執政私人以致人主孤立紀綱一廢。何事不生孔子曰鄙夫可與事

君也歟哉其未得之也患不得之既得之患失之苟患失之無所不至矣臣始讀此書疑其

太過。以爲鄙夫之患失不過備位而苟容及觀李斯憂恚蒙恬之奪其權則立二世以亡秦盧

杞憂懷光之數其惡則誤德宗以再亂其心本生於患失而其禍乃至於喪邦孔子之言良

不爲過是以知爲國者平居必常有忘軀犯顏之士則臨難庶幾有徇義守死之臣孔子苟平居

尚不能一言則臨難何以責其死節人臣苟皆如此天下亦日始君子和而不同小人居

而不和和如和羹同如濟水故孫寶有言周公大聖召公大賢猶不相悅著於經典兩不相

損晉之王導可謂元臣每與客言舉坐稱善而王述不悅以爲人非堯舜安得每事盡善導

亦斂衽謝之若使言無不同意無不合唱迭和何者非賢萬一有小人居其間則人主何

緣知覺臣之所謂願存紀綱者此之謂也臣非敢歷詆新政苟爲議論如近日裁減皇族恩

例刊定任子條式修完器械閱習鼓旗皆陛下神算之至明乾綱之必斷物議既允臣敢有

辭然至於所獻之三言則非臣之私見中外所病其誰不知昔禹戒舜曰無若丹朱傲惟慢

游是好舜豈有是哉周公戒成王曰無若商王受之迷亂酗於酒德成王豈有是哉周公以

漢高爲桀紂劉毅以晉武爲桓靈當時人君曾莫之罪而書之史册以爲美談使臣所獻三言皆朝廷未嘗有此則天下之幸臣與有焉若有萬一似之則陛下安可不察然而臣之爲計可謂愚矣以螻蟻之命試雷霆之威積其狂愚豈可屢赦大則身首異處破壞家門小則削籍投荒流離道路雖然陛下必不爲此何也臣天賦至愚篤於自信向者與議學校貢舉首違大臣本意已期竄逐敢意自全而陛下獨然其言曲賜召對從容之至謂臣曰方今政令得失安在雖朕過失指陳可也臣即對曰陛下生知之性天縱文武不患不明不患不勤不患不斷但患求治太速進人太銳聽言太廣又俾具述所以然之狀陛下頷之曰卿所獻三言朕當熟思之臣之狂愚非獨今日陛下容之久矣豈有容之於始而不赦之於終特此而言所以不懼臣之所懼者讒刺既衆怨仇實多必將詆臣以深文中臣以危法使陛下雖欲赦臣而不得豈不殆哉死亡不辭但恐天下以臣爲戒無復言者是以思之經月夜以繼日書成復毀至於再三感陛下聽其一言懷不能已卒進其說陛下憐其愚忠而卒赦之不勝俯伏待罪憂恐之至臣軾誠惶誠恐頓首謹書

答李端叔書

軾聞足下名久矣又於相識處往往見所作詩文雖不多亦足以髣髴其爲人矣尋常不通書問怠慢之罪猶可闊略及足下斬然在疚亦不能以一字奉慰舍弟子由至先蒙惠書又

復嬾不卽答頑鈍廢禮一至於此而足下終不棄絕遞中再辱手書待遇益隆覽之面熱汗下也足下材高識明不應輕許與人得非用黃魯直秦太虛輩語眞以爲然耶不肖爲人所憎而二子獨喜見譽如人嗜昌歜羊棗未易詰其所以然者以二子爲妄則不可遂欲以移之衆又大不可也軾少年時讀書作文專以爲應舉而已旣及進士第貪得不已又學制策之其實何所有而其科號爲直言極諫故毎紛然誦說古今考論是非以應其名耳人苦不自知旣以此得因以爲實能之故譊譊至今坐得此罪幾死所謂齊虜以口舌得官眞可笑也然世人遂以軾爲欲立異同則過矣妄論利害攙說得失此正制科人習氣譬之候蟲時鳥自鳴自已何足爲損益軾毎怪時人待軾過重而足下又復稱說如此愈非其實得罪以來深自閉塞扁舟草履放浪山水間與漁樵雜處往往爲醉人所推罵輒自喜漸不爲人識平生親友無一字見及有書與之亦不答自幸庶幾免矣足下又復創相推與甚非所望木有癭石有暈犀有通以取妍於人皆物之病也謫居無事默自觀省三十年以來所爲多其病者足下所見皆故我今我也無乃聞其聲不考其情取其華而遺其實乎抑將又有取乎須示人必喻此意。

此也此事非相見不能盡自得罪後不敢作文字此書雖非文然信筆書意不覺累幅亦不

答張文潛縣丞書

軾頓首文潛張君足下久別思仰到京公私紛然未暇奉書忽辱手教且審起居佳勝至慰

至慰惠示文編三復感歎甚矣君之似子由也子由之文實勝僕而世俗不知乃以為不如

其為人深不願人知之其文如其為人故汪洋澹泊有一唱三歎之聲而其秀傑之氣終不

可沒作黃樓賦乃稍自振厲若欲以警發憒憒者而或者便謂僕代作此尤可笑是殆吾

善者機也文字之衰未有如今日者也其源實出於王氏王氏之文未必不善也而患在於

好使人同己自孔子不能使人同顏淵之仁子路之勇不能以相移而王氏欲以其學同天

下地之美者同於生物不同於所生惟荒瘠斥鹵之地彌望皆黃茅白葦此則王氏之同也

近見章子厚言先帝晚年甚患文字之陋欲稍變取士法特未暇耳議者欲復詩賦立春

秋學官甚美僕老矣使後生猶得見古人之大全者正賴黃魯直秦少游晁無咎陳履常與

君等數人耳如聞君作太學博士願益勉之德輶如毛民鮮克舉之我儀圖之愛莫助之此

外千萬善愛偶飲卯酒醉來人求書不能觀縷

與謝民師推官書

軾啟近奉違亟辱問訊具審起居佳勝感慰深矣軾受性剛簡學迂才下坐廢累年不敢復

齒縉紳自還海北見平生親舊惘然如隔世人況與左右無一日之雅而敢求交乎數賜見

臨傾蓋如故幸甚過望不可言也所示書教及詩賦雜文觀之熟矣大略如行雲流水初無

定質。但常行於所當行常止於不可不止。文理自然恣態橫生孔子曰言之不文行之不遠

又曰辭達而已矣。夫言止於達意疑若不文是大不然求物之妙如繫風捕影能使是物了

然於心者蓋千萬人而不一遇也。而況能使了然於口與手者乎是之謂辭達。辭至於能達

則文不可勝用矣。揚雄好爲艱深之辭以文淺易之說若正言之則人人知之矣。此正所謂

雕蟲篆刻者其太玄法言皆是類也。而獨悔於賦何哉終身雕蟲而獨變其音節便謂之經。

可乎。屈原作離騷經蓋風雅之再變者雖與日月爭光可也。可以其似賦而謂之雕蟲可與

賈誼見孔子升堂有餘矣。而乃以賦鄙之至與司馬相如同科雄之陋如此比者甚衆可與

知者道難與俗人言也因論文偶及之耳歐陽文忠公言文章如精金美玉市有定價非人

所能以口舌定貴賤也。紛紛多言豈能有益於左右。軾本不

善作大字強作終不佳又舟中局迫難寫未能如致然軾方過臨江當往游焉或僧有所欲

記錄當作數句留寺中慰左右念親之意今日已至峽山寺少留即去愈遠惟萬萬以時自

愛不宣。

日喻贈吳彥律

生而眇者不識日間之有目者或告之曰日之狀如銅槃扣槃而得其聲他日聞鐘以爲日

也或告之曰日之光如燭捫燭而得其形他日揣籥以爲日也日之與鐘籥亦遠矣而眇者

不知其異以其未嘗見而求之人也道之難見也甚於日而人之未習也無以異於眇達者

告之雖有巧譬善導亦無以過於槃與燭也自槃而之鐘自燭而之籥轉而相之豈有旣乎

故世之言道者或卽其所見而名之或莫之見而意之皆求道之過也然則道卒不可求歟

蘇子曰道可致而不可求何謂致孫武曰善戰者致人不致於人孔子曰百工居肆以成其

事君子學以致其道莫之求而自至斯以爲致也歟南方多沒人日與水居也七歲而能涉

十歲而能浮十五而能沒矣夫沒者豈苟然哉必將有得於水之道者日與水居則十五而

得其道生不識水則雖壯見舟而畏之故北方之勇者問於沒人而求其所以沒以其言試

之河未有不溺者也故凡不學而務求道皆北方之學沒者也昔者以聲律取士士雜學而

不志於道今也以經術取士士知求道而不務學渤海吳君彥律有志於學者方求舉於禮

部作日喻以告之

潮州韓文公廟碑

匹夫而爲百世師一言而爲天下法是皆有以參天地之化關盛衰之運其生也有自來其

逝也有所爲故申呂自嶽降而傅說爲列星古今所傳不可誣也孟子曰我善養吾浩然之

氣是氣也寓於尋常之中而塞乎天地之間卒然遇之則王公失其貴晉楚失其富良平失

其智賁育失其勇儀秦失其辯是孰使之然哉其必有不依形而立不恃力而行不待生而

存不隨死而亡者矣故在天爲星辰在地爲河嶽幽則爲鬼神而明則復爲人此理之常無
足怪者自東漢以來道喪文敝異端並起歷唐貞觀開元之盛輔以房杜姚宋而不能救獨
韓文公起布衣談笑而麾之天下靡然從公復歸於正蓋三百年於此矣文起八代之衰而
道濟天下之溺忠犯人主之怒而勇奪三軍之帥此豈非參天地關盛衰浩然而獨存者乎
蓋嘗論天人之辨以謂人無所不至惟天不容僞智可以欺王公不可以欺豚魚力可以得
天下不可以得匹夫匹婦之心故公之精誠能開衡山之雲而不能回憲宗之惑能馴鱷魚
之暴而不能弭皇甫鎛李逢吉之謗能信於南海之民廟食百世而不能使其身一日安於
朝廷之上蓋公之所能者天也其所不能者人也始潮人未知學公命進士趙德爲之師自
是潮之士皆篤於文行延及齊民至於今號稱易治信乎孔子之言君子學道則愛人小人
學道則易使也潮人之事公也飲食必祭水旱疾疫凡有求必禱焉而廟在刺史公堂之後。
民以出入爲艱前太守欲請諸朝作新廟不果元祐五年朝散郎王君滌來守是邦凡所以
養士治民者一以公爲師民既悅服則出令曰願新公廟者聽民懽趨之卜地於州城之南
七里期年而廟成或曰公去國萬里而謫於潮不能一歲而歸沒而有知其不眷戀於潮也
審矣軾曰不然公之神在天下者如水之在地中無所往而不在也而潮人獨信之深思之
至君�若或見之譬如鑿井得泉而曰水專在是豈理也哉元豐元年詔封公昌黎伯

故榜曰昌黎伯韓文公之廟潮人請書其事於石因作詩以遺之使以歌以祀公其辭曰

公昔騎龍白雲鄉手抉雲漢分天章天孫爲織雲錦裳飄然乘風來帝旁下與濁世掃粃糠

西遊咸池略扶桑草木衣被昭回光追逐李杜參翶翔汗流籍湜走且僵滅沒倒景不得望

作書詆佛譏君王要觀南海窺衡湘歷舜九疑弔英皇祝融先驅海若藏約束鮫鱷如驅羊

鈞天無人帝悲傷謳吟下招遣巫陽爆牲雞卜羞我觴於粲荔丹與蕉黃公不少留我涕滂

翩然被髮下大荒

李氏山房藏書記

象犀珠玉怪珍之物有悅於人之耳目而不適於用金石草木絲麻五穀六材有適於用而

用之則弊取之則竭悅於人之耳目而適於用之而不弊取之而不竭賢不肖之所得各

因其材仁智之所見各隨其分才分不同而求無不獲者惟書乎自孔子聖人其學必始於

觀書當是時惟周之柱下史聃爲多書韓宣子適魯然後見易象與魯春秋季札聘於上國

然後得聞詩之風雅頌而楚獨有左史倚相能讀三墳五典八索九邱士之生於是時得見

六經者蓋無幾其學可謂難矣而皆習於禮樂深於道德非後世君子所及自秦漢以來作

者益衆紙與字畫日趨於簡便而書益多世莫不有然學者益以苟簡何哉余猶及見老儒

先生自言其少時欲求史記漢書而不可得幸而得之皆手自書日夜誦讀惟恐不及近歲

市人轉相摹刻諸子百家之書日傳萬紙學者之於書多且易致如此其文詞學術當倍蓰於昔人而後生科舉之士皆束書不觀游談無根此又何也余友李公擇少時讀書於廬山五老峯下白石菴之僧舍公擇既去而山中之人思之指其所居爲李氏山房藏書凡九千餘卷公擇既以涉其流探其源採剝其華實而咀嚼其膏味以爲己有發於文詞見於行事以聞名於當世矣而書固自如也未嘗少損將以遺來者供其無窮之求而各足其才分之所當得是以不藏於家而藏於其所故居之僧舍此仁者之心也余既衰且病無所用於世惟得數年之閒盡讀其所未見之書而廬山固所願游而不得者蓋將老焉盡發公擇之藏拾其餘棄以自補庶有益乎而公擇求余文以爲記乃爲一言使來者知昔之君子見書之難而今之學者有書而不讀爲可惜也。

超然亭記

凡物皆有可觀苟有可觀皆有可樂非必怪奇偉麗者也餔糟啜漓皆可以醉果蔬草木皆可以飽推此類也吾安往而不樂夫所謂求福而辭禍者以福可喜而禍可悲也人之所欲無窮而物之可以足吾欲者有盡美惡之辨戰乎中而去取之擇交乎前則可樂者常少而可悲者常多是謂求禍而辭福夫求禍而辭福豈人之情也哉物有以蓋之矣彼游於物之內而不游於物之外物非有大小也自其內而觀之未有不高且大者也彼挾其高大以臨

我則我常眩亂反覆。如隙中之觀鬬。又烏知勝負之所在。是以美惡橫生。而憂樂出焉。可不大哀乎。予自錢塘移守膠西。釋舟楫之安。而服車馬之勞。去雕牆之居。背湖山之觀。而行桑麻之野。始至之日。歲比不登。盜賊滿野。獄訟充斥。而廚索然日食杞菊。人固疑予之不樂也。處之期年。而貌加豐。髮之白者。日以反黑。予既樂從風俗之淳。而其吏民亦安予之拙也。於是治其園圃。潔其庭宇。伐安邱高密之木。以修補破敗。爲苟完之計。而園之北因城以有臺者舊矣。稍葺而新之。時相與登覽放意肆志焉。南望馬耳常山。出沒隱見。若近若遠。庶幾有隱君子乎。而其東則盧山。秦人盧敖之所從遁也。西望穆陵。隱然如城郭。師尚父齊桓公之遺烈。猶有存者。北俯濰水。慨然太息。思淮陰之功。而弔其不終。臺高而安。深而明。夏涼而冬溫。雨雪之朝。風月之夕。予未嘗不在。客未嘗不從。擷園蔬。取池魚。釀秫酒。瀹脫粟而食之。曰樂哉遊乎。方是時予弟子由適在濟南。聞而賦之。且名其臺曰超然。以見予之無所往而不樂者。蓋游於物之外也。

前赤壁賦

壬戌之秋七月既望。蘇子與客汎舟游於赤壁之下。清風徐來。水波不興。舉酒屬客。誦明月之詩。歌窈窕之章。少焉月出於東山之上。徘徊於斗牛之間。白露橫江。水光接天。縱一葦之所如。淩萬頃之茫然。浩浩乎如馮虛御風。而不知其所止。飄飄乎如遺世獨立。羽化而登僊於是飲酒樂甚扣舷而歌之歌曰桂棹兮蘭槳擊空明兮泝流光渺渺兮予懷望美人兮天一方客有吹洞簫者倚歌而和之其聲嗚然如怨如慕如泣如訴餘音嫋嫋不絕如縷舞幽壑之潛蛟泣孤舟之嫠婦蘇子愀然正襟危坐而問客曰何爲其然也客曰月明星稀烏鵲南飛此非曹孟德之詩乎西望夏口東望武昌山川相繆鬱乎蒼蒼此非孟德之困於周郎者乎方其破荊州下江陵順流而東也舳艫千里旌旗蔽空釃酒臨江橫槊賦詩固一世之雄也而今安在哉況吾與子漁樵於江渚之上侶魚蝦而友麋鹿駕一葉之扁舟舉匏樽以相屬寄蜉蝣於天地渺滄海之一粟哀吾生之須臾羨長江之無窮挾飛僊以遨游抱明月而長終知不可乎驟得託遺響於悲風蘇子曰客亦知夫水與月乎逝者如斯而未嘗往也盈虛者如彼而卒莫消長也蓋將自其變者而觀之則天地曾不能以一瞬自其不變者而觀之則物與我皆無盡也而又何羨乎且夫天地之間物各有主苟非吾之所有雖一豪而莫取唯江上之清風與山間之明月耳得之而爲聲目遇之而成色取之無禁用之不竭是造物者之無盡藏也而吾與子之所共適客喜而笑洗盞更酌肴核既盡杯盤狼籍相與枕藉乎舟中不知東方之既白

後赤壁賦

是歲十月之望步自雪堂將歸於臨皋二客從予過黃泥之坂霜露既降木葉盡脫人影在

地仰見明月顧而樂之行歌相答已而歎曰有客無酒無殽月白風清如此良夜何客

曰今者薄暮舉網得魚巨口細鱗狀如松江之鱸顧安所得酒乎歸而謀諸婦婦曰我有斗

酒藏之久矣以待子不時之需於是攜酒與魚復游於赤壁之下江流有聲斷岸千尺山高

月小水落石出曾日月之幾何而江山不可復識矣予乃攝衣而上履巉巖披蒙茸踞虎豹

登虬龍攀栖鶻之危巢俯馮夷之幽宮蓋二客不能從焉劃然長嘯草木震動山鳴谷應風

起水湧予亦悄然而悲肅然而恐凜乎其不可留也反而登舟放乎中流聽其所止而休焉

時夜將半四顧寂寥適有孤鶴橫江東來翅如車輪玄裳縞衣戛然長鳴掠予舟而西也須

臾客去予亦就睡夢一道士羽衣蹁躚過臨皋之下揖予而言曰赤壁之游樂乎問其姓名

俛而不答嗚呼噫嘻我知之矣疇昔之夜飛鳴而過我者非子也邪道士顧笑予亦驚悟開

戶視之不見其處

祭歐陽文忠公文

嗚呼哀哉公之生於世六十有六年民有父母國有蓍龜斯文有傳學者有師君子有所恃

而不恐小人有所畏而不為譬如大川喬嶽不見其運動而功利之及於物者蓋不可以數

計而周知今公之沒也赤子無所仰芘朝廷無所稽疑斯文化為異端而學者至於用夷君

子以為無為為善而小人沛然自以為得時譬如深淵大澤龍亡而虎逝則變怪雜出舞鰍

鱓而號狐狸昔其未用也天下以爲病而其既用也則又以爲遲及其釋位而去也莫不冀

其復用至其請老而歸也莫不惆悵失望而猶庶幾於萬一者幸公之未衰孰謂公無復有

意於斯世也奄一去而莫予追豈厭世溷濁潔身而逝乎將民之無祿而天莫之遺昔我先

君懷寶遁世非公則莫能致而不肖無狀因緣出入受敎於門下者十有六年於茲聞公之

喪義當匍匐往弔而懷祿不去愧古人以忸怩緘詞千里以寓一哀而已矣蓋上以爲天下

慟而下以哭其私。

古文治要卷一

古文十七家

虞集

元仁壽人字伯生號道園隨父居崇仁從吳澄遊大德初授大都路儒學教授文宗朝累遷奎章閣侍書學士纂修經世大典一時大典冊咸出其手卒年七十七諡文靖集舉問博洽心解神契所爲文章典雅明淨欲追武歐曾其陶鑄羣材亦不減廬陵之在北宋故卒爲元世古文之大宗也有道園學古錄道園遺稿杜律註

李景山詩集序

古之人以其涵煦和順之積而發於詠歌故其聲氣明暢而溫柔淵靜而光澤至於世故不齊有放臣出子斥婦囚奴之達其情於辭者蓋其變也所遇之不幸者也而後之論者乃以爲和平之氣難美憂憤之言易工是直以其感之速而激之深者爲言耳盡亦觀於水夫安流無波演迤萬里其深長豈易窮也若夫風濤驚奔瀧石險壯是特其遇物之極於變者而曰水之奇觀必在於是豈觀水之術也哉余讀景山之詩而有感於此矣景山蚤歲即起家掌故樞府不數年逐長其幙方騾用而遽坐廢蓋五年而後宣慰雲南三年而報使妾母鄉里者又二年矣二十年間爲詩凡數百篇而雲南諸作尤爲世所傳誦豈非感激於其變者然哉余觀其樞府所賦迤多在於西山玉泉之間其雲南之詩至自敍曰其辭或傳幸

得託於中州人士之末雖能悲宏動人察其意則能深省順處無怨尤忿屬之氣其居鄉諸
作放曠平易又若初未始更憂樂之變者余因歷考其所遇而察其所立言者有以見其所
存者庶幾不謬於古之人矣而徒以雲南之作知景山者特未盡窺景山於昔無
不讀而酷好老子於古之人無不學而獨慕白樂天然則其能廓然以自廣脫然以自處者
殆有由來也景山年未甚高而道學方力後此而有作余將不足以窺之也夫景山姓李氏
名京河間人鳩巢其自號也故其詩總題曰鳩巢漫稿虞集序。

楊叔能詩序

人之生也以其父母妻子所仰之身以治乎居處飲食之具外有姻戚州閭之好上有公上
貢賦之供固其常也然而氣之所稟也有盈歉時之所遇也有治否而得喪利害休戚吉凶
有頓不相似者焉於是處順者則流連光景而不知返不幸而有所嬰拂飢寒之迫憂患之
感死喪疾威之至則嗟痛號呼隨其意之所存言之所發蓋有不能自撝者矣是故有知其
然而思去之者則必至於外其身以遺世不與物接求生息於彝倫之外庶幾以無累焉然
其爲道則亦人之所難者矣蓋必若聖賢之敎有以知其大本之所自出而修其所當爲也
事變之來視乎義命而安之則憂患利澤舉無足以動其心則其爲言也舒遲而澹泊闇然
而成章是以君子貴之予行四方求之而未之見也又求夫今昔之人有詞章之傳而合乎

此者必取而諷之以寄予意焉。然而亦鮮矣。臨川危太樸與其友豫章楊顯民以其族叔父

叔能所為詩一編以示予。觀其所遊不過州郡數百里之間。觀其所慕則千古高尚之士。澹

然有餘而不墮於空寂。悠然自適而無或出於傷怛。洒若蟬蛻汙濁與世略不相干。而時和

氣清即凡見聞而自足。幾乎古人君子之遺意也哉。吾嘗以此求諸昔人之作。得四家焉。則

陶處士王右丞韋蘇州柳子厚其人也。蘇州學詩於憔悴之餘。子厚精思於竄謫之久。然後右

世慮銷歇。得發其過人之才高世之趣於寬閑寂寞之地。蓋有懲創困絕而後至於斯也。右

丞沖澹何愧於昔人。然而一旦患難之來遽失所守。是有餘於閒逸。不足於事變。良可歎也。

必也大義所存。立志不貳。乃若所遇安乎其天。若陶處士其知道之言乎。雖然言不可以

偽發。人不可以徒欺。千載之下。苟有一人諷詠於一日之間。則安所逃乎。是故君

子尚論其本也。今有讀叔能之詩者。譬諸飫芻豢之昏病。夏畦之苦而得一勺之清泉甘露。

豈不悅乎。夫泉之所自出。露之所由降。尚善求之哉。

饒敬仲詩序

予歸老山中。習俗嗜好不留於胸次。獨與幽人雅士詠詩讀書。尚未能忘情焉。四方之君子。

念其衰老不鄙而枉教以飫予之欲。何其幸也。前年饒君敬仲遺予五言長詩凡百韻。陳義

之大。論事之遠。引援於往昔聖賢之業。鋪張乎一代文章之體。縱橫開合動蕩變化。可喜可

駿可感可歎及觀其他作往往不異於此而此千言者尤足以肆其飄騁云爾問其學所從出

則當從乎臨川吳先生遊宜其所聞過於人也遠矣嘗著書一編逃山水之情性與吳公亞稱

之首爲之序以傳於世夫山之形重峰峻嶺奔騰起伏勢若龍馬亦或以廣衍平大爲勝水

之流驚湍怒濤吞天浴日莫窮涯涘而亦或以平川漫澤紆餘清泠以爲美不可執一而論

也蓋其脈絡貫通首尾相映精神所在隨寓而見是以能極其變焉敬仲得此於其心一託

於吟咏之事故能若此何其快哉昔李陽冰善篆書自以爲有得於日月風雲山川草木動

植之體敬仲之詩得於山川亦何奇哉然吾晚歲足踥踥而視茫茫也山水之間濟勝之具

頓絕惟有端坐絕物使善歌快誦於清風明月之際亦足以慰吾之寂寞也乎故爲題其篇

端云至元己卯二月朔日邵菴虞集序

易南甫詩序

詩三百篇之後楚辭出焉西都之言賦者盛矣自魏以降作者代出制作之體愈變而愈新

因唐之詩賦有聲律對偶之巧推其前而別之曰古賦詩有樂歌可以被之樂府其後也轉

爲新聲豪於才者放爲歌行之肆長於情者變爲蕩淫之極則又推其前者而別之曰古樂

府時非一時人非一人古今之體不一今欲以一人之手成一編之文合備諸體而皆合中

各臻其妙不亦難乎高安易君南甫示予以賦若詩一編盡具詩賦諸體不蹈流俗有爲而

作辭不苟造蓋聞南甫之居則康樂之所封而嘗遊者也林泉之日長山水之

興足有得於昔人之流風餘韻是以能然也哉今夫江河之行湖海之浸或爲驚濤巨浪之

壯或爲平波漫流之閒一窪之盈一曲之勝其所寓不相似而各有可觀者焉以水之同出

一源故予以其非常之秀有餘之興隨所遇而有作焉何患乎衆體之不皆

妙也固哉予昔之言詩乎蘇子由言其兄子瞻平生無嗜好以圖史爲苑囿文章爲鼓吹老

亦棄去顧獨好爲詩耳嗟夫予豈敢擬於古之人哉會有耳目之疾有園囿而無所遊觀有

鼓吹而不能以自樂而心思凋耗亦不復能詩徒使弟子誦昔賢今人之詩以自娛焉南甫

之所以惠我多矣然南甫之意豈徒然哉予之少也亦嘗執筆而學焉聞諸同志曰性其完

也情其通也學其資也才其能也氣其充也識其決也則將與造物者同爲變化不測於無

窮焉詩賦云乎哉斯言也南甫以爲有可採乎

送李擴序

國學之置肇自許文正公文正以篤實之資得朱子數書於南北未通之日讀而領會起敬

起畏及被遇世祖皇帝純乎儒者之道諸公所不及也世祖皇帝聖明天縱深知儒術之大

思有以變化其人而用之以爲學成於下而後進於上或疏遠未即自達莫若先取侍御貴

近之特異者使受教焉則效用立見故文正自中書罷政爲之師是時風氣渾厚人材樸茂

文正故表章朱子小學一書以先之勤之以灑埽應對以折其外嚴之以出入遊息以養其
中振忠孝之大綱以立其本發禮法之微權以通其用於是數十年彬彬然號稱名卿材大
夫者皆其門人矣嗚呼使國人知有聖賢之學而朱子之書得行於斯世者文正之功甚大
也文正沒國子監始立官府刻印章如典故其爲之者大抵踵襲文正之成跡而已然余嘗
觀其遺書文正之於聖賢之道五經之學蓋所志甚重遠焉其門人之得於文正者猶未足
以盡文正之心也子夏曰君子之道孰先傳焉孰後倦焉程子曰聖賢教人有序非是先致
以近者小者而不教之遠者大者也夫天下之理無窮而學亦無窮也如此明日又如
此止而不進非學也天下之理無由而可窮也故使文正復生於今日必有以發理義道德
之蘊而大啟夫人心之精微天理之極致未必如前日之法也而後之隨聲附影者謂修
詞申義為玩物而從事於文章謂辯疑答問為躐等而姑困其師長謂無猷無爲爲涵養德
性謂深中厚貌為變化氣質是皆假美言以深護其短外以聲暬天下之耳目內以蠱晦學
者之心思此上貢國家下貢天下之大者也而謂文正之學果出於此乎近者吳先生之來
爲監官也見聖世休明而人材之多美也慨然思有以作新其人而學者翕然歸之大小如
一於是先生之爲教也辯傳註之得失而逹羣經之會同通儒先之戶牖以極先聖之閫奧
推鬼神之用以窮物理之變察天人之際以知經綸之本禮樂制作之具政刑因革之文考

據援引博極古今各得其理而非夸多以穿鑿靈明通變不滯於物而未嘗析事理以爲二

使學者得有所據依以爲日用常行之地得有所標指以爲歸宿造詣之極億近世以來未

能或之先也惜夫在官未久而竟以病歸嗚呼文正與先生學之所至非所敢知所敢言也

然而皆聖賢之道則一也時與位不同而立教有先後者勢當然也至若用世之久速及人

之淺深致效之遠近小大天也非人之所能爲也僕之爲學官與先生先後而至學者天資

通塞不齊聞先生言或略解或不能盡解或暫解而旋失之或解而推去漸退而論集於

僕僕皆得因其材而達先生之說焉先生雖歸祭酒劉公以端重正大臨其上監丞齊君嚴

條約以身先之故僕得以致其力焉未幾二公有他除近臣以先生薦於上而議者曰吳幼

清陸氏之學也非朱子之學也不合於許氏之學不得爲國子師是將率天下而爲陸子靜

矣遂罷其事嗚呼陸子豈易言哉彼又安知朱陸異同之所以然直妄言以欺世拒人耳是

時僕亦孤立不可留未數月移病自免去鄧文原善之以司業招至會科詔行善之請改學

法其言曰今皇上責成均至切也而因循度日不惟疲庸者無所勸而英俊者摧敗無以

見成效議不合亦投劾去於是紛然言吳先生不可鄧司業去而投劾爲矯激而僕之謗尤

甚悲哉歸德李擴事吳先生最久先生之書皆得授而讀之先生又嘗使來授古文故於僕

尤親近去年以國子生舉今年有司用科舉法依條試之中選將命以官間來謁曰比得官

猶歲月間。且歸故鄉治田畝。並得溫其舊學。請一言以自警。會僕將歸江南。故略敍所見以

授之使時觀之亦足以有所感而興起矣

尚志齋說

亦嘗觀於射乎正鵠者。射者之所志也。於是良弓勁矢養爾氣畜爾力正爾身守爾法。

而臨之挽必圓視必審發必決求中乎正鵠而已矣正鵠之不立則無專一之趣鄉則雖有

善器彊力茫茫然將安所施哉況乎弛焉以嬉嫚焉以發初無定的亦不期於必中者其君

子絕之不與爲偶以其無志也善爲學者苟知此說其亦可以少警矣乎夫學者之欲至於

聖賢猶射者之求中夫正鵠也不以聖賢爲準的而學者是不立正鵠而射者也志無定向

則汎濫茫茫洋洋無所底止其不爲妄人者幾希此立志之最先者也既有定向則求所以至

之道焉尤非有志者不能也是故從師取友讀書窮理皆求至之事也於是乎居無事之時

此志未嘗慢也應事接物之際此志未嘗亂也安逸順適志不爲喪患難憂戚志不爲懾必

求達吾之欲至而後已此立志始終不可渝者也是故志苟立矣雖至於聖人可也昔人有

言曰有志者事竟成又曰用志不分乃凝於神此之謂也志苟不立雖細微之事猶無可成

之理況爲學之大乎昔夫子以生知天縱之資其始學也猶必曰志況吾黨小子之至愚

極困者乎其不可不以尚志爲至要至急也審矣今大司寇之上士浚儀黃君之善敎子也

和而有制嚴而不離當遣濟也受業於予濟也請題其齋居以自勵因爲書尙志二字以贈

之他日暫還其鄉又來求說援筆書所欲言不覺其煩也濟也尙思立志乎哉

鶴山書院記

昔者儒先君子論道統之傳自伏羲神農黃帝堯舜禹湯文武周公至於孔子而後學者傳

焉顏子歿其學不傳曾子以其傳授之聖孫子思而孔子之精微益以明著孟子得以擴而

充之後千五百年以至於宋汝南周氏始有以繼顏子之絕學傳之程伯淳氏而正叔氏又

深有取於曾子之學以成己而教人而張子厚氏又多得於孟子者也顏曾之學均出於夫

子豈有異哉因其資之所及而用力有不同焉者爾然則所謂道統者其可以妄議乎哉朱

元晦氏論定諸君子之言而集其成蓋天運也而一時小人用事惡其屬已倡邪說以爲之

禁士大夫身蹈其禍而學者公自絕以苟全及其禁開則又皆竊取緒餘徼倖仕進而已論

世道者能無慨然於茲乎方是時蜀之臨卬有魏華父氏起於白鶴山之下奮然有以倡其

說於攢廢之餘拯其弊於口耳之末故其立朝惓惓焉以周程張四君子易名爲請尊其統

而接其傳非直爲之名也及既得列祀孔廟而贊書乃以屬諸魏士君子之公論固已與

之矣及我聖朝奄有區夏至於延祐之歲文治盆盛仍以四君子并河南邵氏涑水司馬氏

新安朱氏廣漢張氏東萊呂氏與我朝許文正公十儒者皆在從祀之列魏氏芝曾孫曰起

者。隱居吳中讀詔書而有感焉曰此吾曾大父之志也何幸親復見諸聖明之朝哉。今天下

學校並與凡儒先之所經歷往往列爲學官而我先世鶴山書院者臨邛之灌莽之翁治

其儔諸靖州者存亦亡幾而曾大父實葬於吳先盧在焉願規爲講誦之舍奉伺祠先君子而

推明其學雖然不敢專也泰定甲子之秋迺來京師將有請焉徘徊久之莫伸其說至順元

年八月乙亥上在奎章之閣思道無爲鑑書博士柯九思得侍左右因及魏氏所傳之學與

其曾孫起之志上嘉念焉命臣集題鶴山書院著記以賜之臣聞魏氏之爲學即物以明義

反身以求仁審夫小學文藝之細以推致乎典禮會通之大本諸平居屋漏之隱而充極於

天地鬼神之著巖巖然立朝之大節不以夷險而少變而立言垂世又足以作新乎斯人蓋

庶幾乎不悖不惑者矣若夫聖賢之書實由秦漢以來諸儒誦而傳之得至於今其師弟子

不可廢者自濂洛之說行朱氏祖述而發明之於是學者知趨乎道德性命之本廓如也而

之所授受以頤門相尙雖卒莫得其要然而古人之遺制前哲之緒言或者存乎其間蓋有

從事於斯者誦習而成言惟日不足所謂博文多識之事若將略焉則亦有所未盡者矣況

乎近世之弊好爲鹵莽其求於此者或未切於身心而攻諸彼者曾弗及於詳博於是傳注

之所存者其舛譌牴牾之相承既無以明辨其是非而名物度數之幸在者又不察其本原

誠使有爲於世何以徵聖人制作之意而爲因革損益之器哉魏氏又有憂於此也故其致

知之曰加意於儀禮周官〔〕戴之記。及取九經注疏正義之文據事別類而錄之謂之九經要義其志將以見夫道器之不離。而有以正其臆說聚訟之惑世此正張氏以禮為教而

程氏所以有徹上徹下之語者也。而後人莫究其說以兼致其力焉昔之所謂鹵莽日以彌甚。心自棄於孤陋寡聞之歸嗚呼魏氏之學其可不講乎今起之言曰起身逢聖天子文治之盛追念先世深惜舊名起將於斯與明師良友教其族人子孫昆弟及鄉黨州閭之俊庶幾乎先君子之遺意而魏氏子孫世奉其祀事精神血氣之感通亦於是乎在其有託於永久而不墜也不亦悲夫臣之曾大父實與魏氏同學於蜀西故得其粗者如此敢輒書以為記魏氏名了翁字華甫臨卬人年十八登故宋慶元己未進士高第仕至資政殿大學士參知政事僉書樞密事都督江淮軍馬贈太師封秦國公諡文靖而學者稱為鶴山先生云十二月乙未具官臣虞集奉敕謹記

極高明樓記

華蓋之山在崇仁上游。據地勢之隆厚拔起千仞上出霄漢日星迴旋。無所障礙雲雨之興。漠乎其下若有人焉凌空倒景高鄰日月。而後足以對之浮遊於塵埃之中。沈溺於污穢之下生死不出於旦暮起滅不�..於尋丈者烏足以觀乎此哉其山之陽有水曰珠溪余氏族世居之不知始於何代而未嘗有他族間之山如城郭之環流泉中出隱伏磐石委曲淵注

始達於外而居人耕田鑿井養生讀書無所外慕以其地僻而賦薄遠出郡縣公上之供給

事而退人亦無所求乎其間也晉陶淵明所謂桃源者依稀似之余曰敬以自然醇

厚之姿居風俗質朴之鄉以其樂易之心保其敦睦之族舒舒然溫溫然吾聞而悅之世以

爲風氣日隆情態日趨於薄而不可復返豈有是耶故翰林學士吳公之夫人則敬之曾祖

姑也故公嘗至其處及敬作樓於其居以瞻華蓋於咫尺而命敬以極高明題之也樓成而

公巳去世敬不得請一辭以表之因其族父希聖求予記之予嘗聞諸上蔡氏曰孰能脫去

凡近而遊高明莫爲嬰兒之態而有大人之器莫爲一身之謀而有天下之志莫爲終身之

計而有後世之慮不求人知不求天知不求同俗而求同理者乎必如是也而後可以造乎

高明之域矣今夫小智自私而自以爲高曲見陋識而自以爲明輕獧以相尙臆度以爲知

則其念慮之所興云爲之所及而無非至卑至下之事擬諸高明眞所謂霄壤之間是故質之

美者庶幾有以得之內顧於家無甚不足之慮外視於物無甚必欲之意則其中之所存淡

泊而虛曠於入道爲近矣而又有以考夫聖賢之學踐夫古人之迹則日趨高明而推致其

極者不自此乎秋高氣清予將揖浮邱伯之神於山上尙能求觀子之樓誦吳公之言而寄

其千載之思於此也乃若中庸之書所謂極高明者吳公之門人弟子多能記公之言敬審

問之他日爲敬講焉是爲記

古文治要卷一

古文十七家

宋濂　明浦江人字景濂元至正中薦授翰林院編修以親老辭不赴隱龍門山著書歷十餘年明初以書幣徵除江南儒學提舉命授太子經史累轉至翰林學士承旨知制誥以年老致仕長孫慎坐法舉家謫茂州道遇疾卒年七十二正統中追諡文憲元末文章以吳萊柳貫黃溍為一朝後勁濂初學於萊後學於貫與溍逐根柢經訓發為文章有明一代禮樂制度多所裁定其文章醇深演迤不動聲色而二百餘年之中殫力翻新者終莫能先也有龍門子凝道記浦江人物記宋學士全集

文原二首

余譯人以文生相命丈夫七尺之軀其所學者獨文乎哉雖然予之所謂文者乃堯舜文王孔子之文非流俗之文也學之固宜浦江鄭楷義烏劉綱楷之弟柏嘗從予學已知以道為文因作文原二篇以貽之

其上篇曰人文之顯始於何時實肇於庖羲之世庖羲仰觀俯察畫奇偶以象陰陽變而通之生諸不窮遂成天地自然之文非惟至道含括無遺而其制器尚象亦非文不能成如垂衣裳而治取諸乾坤上棟下宇而取諸大壯書契之造而取諸夫舟楫牛馬之利而取之渙

隨。杵曰棺椁之制而取諸小過大過。重門擊柝而取諸豫。弧矢之用而取諸睽。何莫非粲然

之文自是推而存之天衷民彝之敍禮樂刑政之施師旅征伐之法井牧州里之辨華夷內

外之別復皆則而象之。故凡有關民用及一切彌綸範圍之具悉囿乎文。非文之外別有其

他也然而事為既著無以記載之則不能以行遠始託之辭翰以昭其文略舉一二言之禹

敷土隨山刊木奠高山大川。既成功矣然後筆之為禹貢之文。周制聘觀燕享饋食昏喪諸

禮其升降揖讓之節。既行之矣然後筆之為儀禮之文。孔子居鄉黨容色言動之間從容中

道門人弟子既習見之矣然後筆之為鄉黨之文。其他格言大訓亦莫不然。必有其實而後

文隨之。初未嘗以徒言為也。譬猶眾樂於洞庭之野。而後知聲音之抑揚綴兆之舒疾也。

習大射於礬相之圃。而後知觀者如堵牆序點之揚觶也。苟踐度而臆決之終不近也。昔者

游夏以文學名謂觀其會通而酌其損益之宜而已。非專指乎辭翰之文也。嗚呼吾之所謂

文者天生之地載之聖人宣之本建則其末治體著則其用彰斯所謂秉陰陽之大化正三

綱而齊六紀者也。亙宇宙之終始類萬物而周八極者也。嗚呼非知經天緯地之文者烏足

以語此

其下篇曰為文必在養氣。氣與天地同。苟能充之。則可配序三靈管攝萬彙不然則一介之

小夫耳君子所以攻內不攻外圖大不圖小也。力可以舉鼎人之所難也。而烏獲能之君子

不貴之者以其局乎小也智可以搏虎人之所難也而馮婦能之君子不貴之者以其驚乎

外也氣得其養無所不周無所不極也攬而爲文無所不參無所不包也九天之屬其高不

可窺八柱之列其厚不可測吾文之量得之熙燉魄淵運行不息基地萬燹纏次弗絭吾文

之敝得之崑崙之崇清層城九重之嚴邃吾文之峻得之南桂北瀚東瀛西滇杳渺而

無際涵賾而不竭魚龍生焉波濤興焉吾文之深得之雷霆鼓舞之風雨翕張之雨露潤澤

之鬼神恍惚曾莫窮其端倪吾文之變化得之上下之間自色自形羽而飛足而奔潛而泳

植而茂若洪若纖若高若卑不可以數計吾文之隨物賦形得之鳴呼斯文也聖人得之則

傳之萬世爲經賢者得之則放諸四海爲準輔天地而不過昭明日月而不武調燮四時

而無愆此豈非文之至者乎天德溫微文氣日削驚乎外而不攻其內局乎小而不圖其大

束之謂緩旨趣不超之謂凡是四者賊文之形也何謂八冥許者將以賊夫誠楷者將以蝕

夫圓庸者將以混夫奇瘠者將以亂夫精碎者將以害夫完陋者將以革

夫博昧者將以損夫明是八者傷文之膏髓也何謂九蠱滑其眞散其神糅其氛徇其私滅

其智麗其籔達其天昧其幾爽其貞是九者死文之心也有一於此則心受死而文喪矣春

葩秋卉之爭麗也鵙號林而蜩吟砌也水湧蹄涔而火炫螢尾也衣被土偶而不能聽視也

蠛蠓死生於甕盎不知四海之大六合之廣也斯皆不知養氣之故也嗚呼人能養氣則情深而文明氣盛而化神當與天地同功也與天地同功而其智卒歸之一介小夫不亦可悲哉。

予既作文原上下篇言雖大而非夸惟智者能擇焉去古既遠世之論文者有二曰載道曰紀事紀事之文當本之司馬遷班固而載道之文舍六籍將焉從雖然六籍者本與根也遷固者枝與葉也此近代唐子西之論而予之所見則有異於是也六籍之外當以孟子為宗韓子次之歐陽子又次之此則國之通衢無荊榛之塞無蛇虎之禍可以直趨聖賢之大道去此則曲狹僻徑耳舉確邪蹊胡可行哉予竊怪世之為文者不為不多騁新奇者鈎摘隱伏變更庸常甚至不可句讀耳樂陳腐者一假場屋委靡之文紛揉龐雜不見端緒且曰不淺易輕順非古文也予皆不知其何說大抵為文者欲其辭達而道明耳吾道既明何問其餘雖然道未易明也必能知言養氣始為得之予復悲世之為文者不知其故頗能操觚遣詞毅然以文章家自居所以益攤落而不自振也二三子所學日進於道聊一言之。

畫原

史皇與倉頡皆古聖人也倉頡造書史皇制畫書與畫非異道也其初一致也天地初開萬

物化生自色自形總總林林莫得而名也雖天地亦不知其所以名也有聖人者出正名萬

物高者謂何卑者謂何動者謂何植者謂何然後可得而知之也於是上而日月風霆雨露

霜雪之形下而河海山嶽草木鳥獸之著中而人事離合物理盈虛之分神而變之化而宜

之固已達民用而盡物情然而非畫則無記載非書則無彰施斯二者其亦殊途而同歸乎

吾故曰書與畫非異道也其初一致也且書以代結繩功信偉矣至於辨章服之有制畫衣

冠以示警飭車輅之等威表旗旐之後先所以彌綸其治具匡贊其政原者又烏可以廢之

哉畫繪之事統於冬官而春官外史專掌書令其意可見矣況六書首之以象形象形乃繪

事之權輿形不能盡象而後諧之以聲聲不能盡諧而後會之以意意不能以盡會而後指

之以事事不能以盡指而後轉注假借之法與焉書者所以濟畫之不足者也使畫可盡則

無事乎書矣吾故曰書與畫非異道也其初一致也古之善繪者或畫詩或圖孝經或貌爾

雅或像論語曁春秋或著易象皆附經而行猶未失其初也下逮漢魏晉梁之間講學之有

圖問禮之有圖烈女仁智之有圖致使圖史並傳助名教而翼羣倫亦有可觀者焉世道日

降人心寖不古若往往溺志於車馬士女之華怡神於花鳥蟲魚之麗游情於山林水石之

幽而古之意益衰矣是故顧陸以來是一變也閻吳之後又一變也至於關李范三家者出

又一變也譬之學書者古籀篆隸之茫昧而惟俗書之姿媚者是耽是玩豈其初意之使然

識雖然非有卓然拔俗之姿亦未易言此也南徐徐君景暘工書史善古今詩信爲才丈
夫也彖通繪事一時賢公卿皆與之遊名稱籍甚有薦於朝者景暘以母老不仕予尤愛景
暘者於其別去故作畫原以贈焉嗚呼易有之聖人有以見天下之賾而擬諸形容象其物
宜是故謂之象然象之事又有包乎陰陽之妙理者誠可謂至重矣景暘其亦知所重乎哉

曾助教文集序

臨川曾先生曰所爲文若干篇其門人某類編成書而以首簡請余序序曰天地之間萬物
有條理而弗紊者莫非文而三綱九法尤爲文之著者何也君臣父子之倫禮樂刑政之施
大而開物成務小而淑身繕性本末之相涵終始之交貫皆文之章章者也所以唐虞之時
其文寓於欽天勤民明物察倫之具三代之際其文見於子丑寅之異建貢助徹之賦載
於竹帛之間而文之功用隱矣雖然此以文之至者言之爾文之爲用其亦溥博矣乎何以
見之施之朝廷則有詔誥冊祝之文行之師旅則有露布符檄之文託之國史則有記表誌
傳之文他如序記銘箴贊頌歌吟之屬發之性情接之事物隨其洪纖稱其美惡察其倫品
之詳盡其彌綸之變如此者要不可一日無也然亦豈易致哉必也本之於至靜之中參之

於欲動之際。有弗養焉養之無弗充也。有弗審焉審之無不精也。然後嚴體裁之正調律呂之和合陰陽之化攝古今之事類人己之情著之篇翰辭旨皆無所畔背雖未造於至文之域。而不愧於適用之文矣。嗚呼文乎其可易言矣乎今先生淹貫羣經所謂三綱九法其文理之粲然者加體索而擴充焉嘗以春秋貢於鄉科目既廢益寓意於古文辭用功於動靜者久聲光燁然起矣余取讀之藻火黼黻之交煇金聲玉振之迭奏魚龍波濤之驚迅一一可以適於世用夫萬物各有條理者於先生之文亦可以見之余在詞林先生方助敎成均。朝夕論文甚夥因其門人所請推原文之至者而爲之序著源委之眞欲體用之兼舉也。

送東陽馬生序

余幼時卽嗜學家貧無從致書以觀每假借於藏書之家手自筆錄計日以還天大寒硯冰堅手指不可屈伸弗之怠錄畢走送之不敢稍逾約以是人多以書假余因得遍觀羣書既加冠益慕聖賢之道又患無碩師名人與遊嘗趨百里外從鄉之先達執經叩問先達德隆望尊門人弟子塡其室未嘗稍降辭色余立侍左右援疑質理俯身傾耳以請或遇其叱咄色愈恭禮愈至不敢出一言以復俟其忻悅則又請焉故余雖愚卒獲有所聞當余之從師也負篋曳屣行深山巨谷中窮冬烈風大雪深數尺足膚皸裂而不知至舍四支僵勁不能動媵人持湯沃灌以衾擁覆久而乃和寓逆旅主人日再食無鮮肥滋味之享同舍生皆

被綺繡戴朱纓寶飾之帽腰白玉之環左佩刀右佩容臭燁然若神人余則縕袍敝衣處其
間略無慕豔意以中有足樂者不知口體之奉不若人也蓋余之勤且艱若此今雖耄老未
有所成猶幸預君子之列而承天子之寵光綴公卿之後日侍坐備顧問四海亦謬稱其氏
名況才之過於余者乎今諸生學於太學縣官日有廩稍之供父母歲有裘葛之遺無凍餒
之患矣坐大廈之下而誦詩書無犇走之勞矣有司業博士為之師未有問而不告求而不
得者也凡所宜有之書皆集於此不必若余之手錄假諸人而後見也其業有不精德有不
成者非天質之卑則心不若余之專耳豈他人之過哉東陽馬生君則在太學已二年流輩
甚稱其賢余朝京師生以鄉人子謁余譔長書以為贄辭甚暢達與之論辨言和而色夷自
謂少時用心於學甚勞是可謂善學者矣其將歸見其親也余故道為學之難以告之謂余
勉鄉人以學者余之志也詆我誇際遇之盛而驕鄉人者豈知余者哉

送天台陳庭學序

西南山水惟川蜀最奇然去中州萬里陸有劍閣棧道之險水有瞿唐灩澦之虞跨馬行則
竹間山高者累旬日不見其巔際臨上而俯視絕壑萬仞杳莫測其所窮肝膽為之掉栗水
行則江石悍利波惡渦詭舟一失勢尺寸輒糜碎土沈下飽魚黿其難至如此故非仕有力
者不可以遊非材有文者縱遊無所得非壯彊者多老死於其地嗜奇之士恨焉天台陳君

庭學能為詩由中書左司掾屢從大將北征有勞擢四川都指揮司照磨由水道至成都

都川蜀之要地揚子雲司馬相如諸葛武侯之所居英雄俊傑戰攻駐守之迹詩人文士遊

眺飲射賦詠歌呼之所庭學無不歷覽既覽必發為詩以紀其景物時世之變於是其詩益

工越三年以例自免歸會予於京師其氣愈充其語愈壯其志意愈高蓋得於山水之助者

侈矣予甚自愧方予少時嘗有志於出遊天下顧以學未成而不暇及年壯可出而四方兵

起無所投足逮今聖主興而宇內定極海之際合為一家而予齒益加耄矣欲如庭學之遊

尚可得乎然吾聞古之賢士若顏回原憲皆坐守陋室蓬蒿沒戶而志意常充然有若囊括

於天地者此其故何也得無有出於山水之外者乎庭學其試歸而求焉苟有所得則以告

予予將不一愧而已也

王冕傳

王冕者諸暨人七八歲時父命牧牛隴上竊入學舍聽諸生誦書聽已輒默記暮歸忘其牛

或牽牛來責蹊田者父怒撻之已而復如初母曰兒癡如此曷不聽其所為冕因去依僧寺

以居夜潛出坐佛膝上執策映長明燈讀之達旦佛像多土偶獰惡可怖冕小兒恬若不見

安陽韓性聞而異之錄為弟子學遂為通儒性卒門人事冕如事性時冕父已卒即迎母入

越城就養久之母思還故里冕買白牛駕母車自被古冠服隨車後鄉里小兒競遮道訕笑

著作郎李孝光欲薦之爲府史冕罵曰吾有田可耕有書可讀肯朝夕抱案立庭下備奴使

哉。每居小樓上客至僮入報命之登部使者行郡坐馬上求見拒之去不百武冕倚

樓長嘯使者聞之慚冕屢應進士舉不中歎曰此童子羞爲者吾可溺是哉竟棄去買舟下

東吳渡大江入淮楚歷覽名山川或遇奇才俠客談古豪傑士即呼酒共飮慷慨悲吟人斥

爲狂生北遊燕都館祕書卿泰不花家泰不花薦以館職冕曰公誠愚人哉不滿十年此中

狐兔遊矣何以祿仕爲即日將南轅會其友武林盧生冕旣歸越惟兩幼女一童留燕無所依。

冕知之不遠千里走濼陽取生遺骨且挈二女還生家冕死濼陽時復大言天下將亂時海內

無事或斥冕爲妄冕曰妄人非我誰當爲妄哉乃攜妻孥隱於九里山種豆三畝粟倍之樹

梅花千桃杏居其半芋一區蓮韭各百本引水爲池種魚千餘頭結茅廬三間自題爲梅花

屋。嘗倣周禮著書一卷。坐臥自隨。祕不使人觀。更深人寂輒朗諷之旣而撫卷曰吾未卽死。

持此以遇明主伊呂事業不難致也當風日佳時賦詩千百言不休讀者毛髮爲聳人至不

爲賓主禮淸談竟日不倦食至則食都不必辭謝善畫者肩背相望以縑幅短長爲得

米之差人譏之冕曰吾藉是以養口體豈好爲人家作畫師哉未幾汝潁兵起一一如冕言。

皇帝取婺州將攻越物色得冕寘幕府授以諮議參軍一夕以病死冕狀貌魁偉美鬚髯磊

落有大志不得少試以死君子惜之

史官曰予受學城南時見孟案言越有狂生當天大雪赤足上潛嶽峯四顧大呼曰遍天地

間皆白玉合成使人心膽澄澈便欲僊去及入城戴大帽如簁穿曳地袍翩翩行兩袂軒翥

譁笑溢市中予甚疑其人訪識者問之卽冕也冕眞怪民哉馬不邲驚不足以見其奇才冕

亦類是矣

李疑傳

金陵之俗以逆旅爲利旅至受一室僅可榻俛以出入曉鐘動起治他事遇夜始歸息盥濯

水皆自具然月責錢數千否必詆誚致訟或疾病輒遣出病危氣息尙屬目睭睭未暝卽輿

棄之而斂其貲婦孕將產者以爲不祥擯不舍其少恩如此非其性固然地在輦轂下四方

人至者衆其勢致爾也獨李疑以尙義名於其時疑字思問居通濟門外闤巷子弟執業造

其家得粟以自給不足則以六物推人休咎固貧甚然獨好周人急金華范景淳吏部得疾

無他子弟人殆之不肯舍杖踵疑門告曰我不幸被疾人莫舍我聞君義甚高能假我一榻

乎疑謝許諾延就坐汛除明爽室具床褥爐籠使寢息其中徵醫師視脈躬爲煮糜煉藥且

暮執其手問所苦如事親戚旣而疾滋甚不能起溲矢汗衾臭穢不可近疑曰爲刮磨浣

滌不少見顏面景淳流涕曰我累君矣恐不復生無以報厚德囊有黃白金四十兩餘在故

逆旅邸願自取之疑曰患難相恤人理宜爾何以報爲景淳曰君脫不取我死恐爲他人得

何益乎疑遂求其里尺偕往攜以歸面發囊籍其數而封識之數日景淳竟死疑出私財買

棺殯於城南聚寶山舉所封囊寄其里人家往書召其二子及二子至疑同發棺取囊按籍

而還之二子以米饋卻弗受反贐以貨遣歸平陽耿子廉械逮至京師其妻孕將育衆拒門

不納妻臥草中以號疑問故歸謂婦曰人執無緩急安能以室廬自隨哉且人命至重倘育

而爲風露所感則母子俱死吾寧舍之而受禍何忍死其母子乎俾婦邀以歸產一男子疑

命婦事之如疑事景淳踰月始辭去不取其報人用是多疑名士大夫咸喜爲疑交見疑者

皆曰善士疑讀書爲文亦可觀嘗以儒者辭不就然其行最著云

太史氏曰吾與疑往來識其爲人疑婉婉愿士非有奇偉壯烈之姿也而其所爲事乃有古

義勇風是豈可以外貌決人才智哉語曰舉世混濁清士乃見吾傷流俗之嗜利也傳其事

以勸焉

秦士錄

鄧弼字伯翊秦人也身長七尺雙目有紫稜開闔閃閃如電能以力雄人鄰牛方鬬不可擘

拳其脊折仆地市門石鼓十人异弗能舉兩手持之行然好使酒怒視人人見輒避曰狂生

不可近近則必得奇辱一日獨飲倡樓蕭馮兩書生過其下急牽入共飲兩生素賤其人力

拒之弼怒曰君終不我從必殺君亡命走山澤耳不能忍君苦也兩生不得已從之弼自據

中筵指左右揖兩生坐呼酒歌嘯以為樂酒酣解衣箕踞拔刀置案上鏗然鳴其

酒狂欲起走弼止之曰勿走也弼亦粗知書君何至相視如沸唾今日非速君飲欲少吐胸

中不平氣耳四庫書從君問即不能答當血是刃兩生曰有是哉遽摘七經數十義叩之弼

歷舉傳疏不遺一言復詢歷代史上下三千年纏纏不窮弼笑曰君等伐乎未也兩生相顧

慘沮不敢再有問弼索酒被髮跳叫曰我今日壓倒老生矣古者學在養氣今人一服儒衣

反奄奄欲絕徒欲馳騁文墨兒撫一世豪傑此何可哉此何可哉君等休矣兩生素負多才

藝聞弼言大愧下樓足不得成步歸詢其所與游亦未嘗見其挾書讀也泰定末德王執法

西御史臺弼造書數千言袖謁之閽卒不為通弼曰若不知關中有鄧伯翊耶連擊數人

聲聞於王王令隸人捽入欲鞭之弼盛氣曰公奈何不禮壯士今天下雖號無事東海島夷

尚未臣順間者駕海艦互市於鄞即不滿所欲出火刀斫柱殺傷我中國民諸將軍控弦引

矢追至大洋且戰且卻其虧國體為已甚西南諸蠻雖曰稱臣奉貢乘黃屋左纛稱制與中

國等尤志士所同憤誠得如弼者一二輩驅十萬橫磨劍伐之則東西止日所出入莫非王

土矣公奈何不禮壯士庭中人聞之皆縮頸吐舌久不能收王曰爾自號壯士解持矛鼓

譟前登堅城乎曰能百萬軍中可刺大將乎曰能突圍潰陣得保首領乎曰能王顧左右曰

姑試之問所須曰鐵鎧良馬各一雌雄劍二王即命給與陰戒善槊者五十人馳馬出東門

外。然後遣弼往王自臨觀空一府隨之豎弼至衆樂並進弼虎吼而奔人馬辟易五十步面

目無色已而煙塵漲天雙劍飛舞雲霧中連斫馬首墮地血涔涔滴王撫髀驩曰誠壯士誠

壯士命勺酒勞弼弼立飮不拜由是狂名振一時至比之王鐵鎗云王上章薦諸天子會丞

相與王有隙格其事不下弼環視四體歎曰天生一具銅筋鐵肋不使立勳萬里外乃槁死

三尺蒿下命也亦時也尙何言遂入王屋山爲道士後十年終

史官曰弼死未二十年天下大亂中原數千里人影殆絕玄鳥來亦失其家競樓林木間使

弼在必當有以自見惜哉弼鬼不靈則已若有靈吾知其怒髮上衝也

古文治要卷一

古文十七家

歸有光

明崑山人字熙甫少好學恆閉戶誦讀家人戲呼為女郎屢試不第徙居嘉定安亭江上讀書授徒稱為震川先生晚成進士授長興縣用古敎化為治遷順德通判大學士高拱雅知有光引為南京太僕丞留掌內閣制敕房修世宗實錄卒於官年六十六有光為古文原本經術深好太史公書得其神理尤善敍述鄉里家人間瑣事聲情刻畫無不畢肖是時學者為文輒師李何李前後七子盛言文宗秦漢而摹擬剽竊流弊滋多有光獨與之抗至斥王世貞為庸妄巨子世貞初亦牴牾有光旣沒世貞漸悟所學之非故作有光像贊至推為方軌韓歐平心論之有光固不敢常韓歐然根柢醇厚法度謹嚴固不得不許為明一大家也有易經淵旨三吳水利錄諸子彙函震川文集文章指南

言解

言惡乎宜曰宜於用不宜於無用言之接物與喜怒哀樂均也當乎所接之物是言之道也終日而談鬼人謂之無用矣以其不切於己也終日而談人謂之有用矣以其切於己也夫以切於己而終日談之而不當於所接之物則與談鬼者何異孔子曰庸言之謹非謂謹其所不可言雖可言而謹耳道之在人若耳目口鼻見之者不問有之者不言使人終日而

言吾耳若何吾口若何吾口與鼻若何則人以為狂謬矣實有耳目口鼻者不待言也飢者
言食而飽者不言寒者言衣而暖者不言昔者宰我子貢習聞夫子之教而能為彷彿近似
之論其言非不依於道而當時擬之以為言語之科夫學者之學舍德行而有言語之名為
宰我子貢者亦可恥矣曾子曰唯顏子如愚二子不為無實之言而卒以至於聖人之道孔
子曰予欲無言聖人之重言也如是聖人非以言為重者也四時行百物生聖人之道也

項思堯文集序

永嘉項思堯與余遇京師。出所為詩文若干卷使余序之思堯懷奇未試而志於古之文其
為詩可傳誦也蓋今世之所謂文者難言矣未始為古人之學而苟得一二妄庸人為之巨
子爭附和之以詆排前人韓文公云李杜文章在光燄萬丈長不知羣兒愚那用故謗傷蚍
蜉撼大樹可笑不自量文章至於宋元諸名家其力足以追數千載之上而與之頡頏而世
直以蚍蜉撼之可悲也毋乃一二妄庸人為之倡導之與思堯之文固無俟於余言
顧今之為思堯者少而知思堯者尤少余謂文章天地之元氣得之者其氣直與天地同流
雖彼其權足以榮辱毀譽其人而不能以與於吾文章之事而為文章者亦不能自制其榮
辱毀譽之機於己兩者背戾而不一也久矣故人知之過於吾所自知者不能自得也己知
之過於人之所知其為自得也方且追古人於數千載之上矣太音之聲何期於折楊皇華

之一笑吾與思堯言自得之道如此思堯果以爲然其造於古也必遠矣

王母顧孺人六十壽序

王子敬欲壽其母而乞言於予予方有腹心之疾辭不能爲而諸友爲之請者數四則問子
敬之所欲言者而子敬之言曰吾先人生長太平吾祖爲雲南布政使吾外祖爲翰林爲御
史以文章政事並馳騁於一時先人在綺紈之間讀書之暇飲酒博弈甚樂也已而吾母病
瘵蓐處者十有八年先人就選待次天官卒於京邸是時執禮生十年諸姊妹四人皆少而
吾弟執法方在娠比先人返葬始生而吾母之疾亦瘳自是撫抱諸孤煢煢在疚今二
十年少者以長長者以壯以嫁以娶向之在娠者今亦頎然成人矣蓋執禮兄弟知讀書不
敢墮先世之訓而執法以歲之正月冠而受室吾母適當六十誕辰回思二十年前如夢如
寐如痛之方定如涉大海茫洋浩蕩顚頓洪波巨浪之中篙櫓俱失舟人束手相向號呼及
夫風恬浪息放舟徐行遵乎洲渚舉酒相酬此吾母今日得以少安而執禮兄弟所以自幸
者也噫子敬之言如是諸友之所以賀與予之所言亦無出於此矣恩斯勤斯鬻子之閔斯
子敬兄弟其念之哉

莊氏二子字說

莊氏有二子其伯曰文美予字之曰德實其仲曰文華予字之曰德誠且告之曰文太美則

飾。太華則浮，浮飾相與，敝之極也。今之時則然矣。夫智而用私，不如愚而用公；巧不如拙，辨

不如訥，富不如貧，貴不如賤。欲文之美，莫若德之實；欲文之華，莫若德之誠。以文爲文，莫若

以質爲文。質之所爲生文者無盡也。一日節縮，十日而贏。衣不鮮好，可以常服；食不甘珍，可

以常餐。故曰賁無色也。賁爲無色，非無色而後賁也。吳在東南隅之僻壤，泰伯仲雍之至

也，予始怪之，而後知聖人之用心也。彼以聖賢之德，神明之胄，目覩中原文物之盛而弗

施，乃和於俗，若入裸國而顧解其衣，以其民含樸而不可以漓矣。聞之長老言洪武間民不梁肉，閭閻無文采，奔

潰放逸，莫之能止。文愈勝，僞滋；俗愈漓矣，

至笄而不飾，市不居異，貧，宴客者不兼味，室無高垣，茅舍鄰比，強不暴弱。不及二百年，其存

者有幾也。予少之時所聞所見，今又不知其幾變也。大抵始於城市而後及於郊外，始於衣

冠之家而後及於城市。人之有欲，何所底止，相誇相勝，莫知其已。貧販之徒而遇華衣者，

則目瞪視，嘖嘖歎不已。東鄰之子食美食，西鄰之子從其母而啼。婚姻聘好，酒食宴召送往

迎來，不問家之有無。曰吾懼爲人笑也。文之敝至於是乎。非獨吾吳，天下猶是也。莊氏居吾

里中，獨以樸素自好，務本力業，供役於縣，爲王家良民，德實自樹立門戶，而德誠贅王氏，皆

以敦厚爲人所信愛。此殆流風末俗所浸灌而未及者，其可不深自愛惜，以卽其所謂實而

勿事於飾，求其所謂誠而勿事於浮，禮失而求之野，吾猶有望也。

陶節婦傳

陶節婦方氏崑山人陶子翃之妻歸陶氏期年而子翃死婦悲哀欲自經或責以姑在因俛

默久之遂不復言死而事姑曰謹姑亦寡居同處一室夜則同衾而寢姑婦相憐甚然欲死

其夫不能一日忘也爲子翃卜葬地名清水灣術者言其不利婦曰清水名美何爲不可以

葬時夫弟之西山買石議獨爲子翃穴婦即自買磚穴其旁已而姑病痢六十餘日晝夜不

去側時尚秋暑穢不可聞常取中裙廁牏自浣洒之家人有顧而吐婦曰果臭耶吾曰在側

誠不自覺聞病人溺臭可得生因自喜及姑病日殆度不可起先悲哀不食者五日姑死

含殮畢先是子翃兄弟三人仲弟子舫亦前死尚有少弟於是諸婦在喪次子舫妻言姑亡

此可念也因相向悲泣頃之入室屑金和水服之不死欲投井井口隘不能下夜二鼓呼小

婢隨行至舍西紿婢還自投水水淺乍沈乍浮月明中婢從草間望見之既死家人得其屍

以面沒水色如生兩手持茭根固甚不可解也婦年十八嫁子翃十九喪夫事姑九年而與

其姑同日死卒葬之清水灣在縣南千墩浦上

贊曰婦以從夫爲義假令節婦遂隨子翃死而世尤將賢之獨濡忍以俟其母之終其誠孝

概之於古人何愧哉初婦父玉岡爲靳水令將之官時子翃已病卜嫁之大吉遂歸焉人特

以婦爲不幸卒其所成爲門戶之光豈非所謂吉祥者耶。

歸氏二孝子傳

歸氏二孝子余既列之家乘矣。以其行之卓而身微賤獨其宗親鄉里知之。於是思以廣其傳爲孝子諱鉞字汝威早喪母父更娶後妻生子孝子由是失愛父提孝子輒索大杖與之。曰母徒手傷乃力也家貧食不足以瞻炊將熟卽讒讒罪過孝子父大怒逐之於是母子得以飽食孝子數困匍匐道中比歸父母相與言曰有子不居家在外作賊耳又復杖之屢瀕於死方孝子依依戶外欲入不敢俯首竊淚下鄰里莫不憐也父卒母獨與其子居孝子擯不見因販鹽市中時私其弟問母飲食致甘鮮焉正德庚午大饑母不能自活孝子往涕泣奉迎母內自慚終感孝子誠懇從之孝子得食先母弟而已有饑色弟尋死終身怡然孝子少饑餓面黃而體瘠小族人呼爲榮大人嘉靖壬辰孝子鉞無疾而卒老且死終不言其後母事也繡字華伯孝子之族子亦販鹽以養母已又坐市舍中賣麻與弟紋緯友愛無間緯以事坐繫卒過門。輒耗終無慍容華伯妻朱氏每製衣必三襲令兄弟均曰二才給蔬食一經吏卒過門。華伯力爲營救緯父不自檢犯者數四華伯所轉賣者計常歲無他故叔無室豈可使君獨被完潔耶叔某亡妻有遺子撫愛之如己出然華伯人見之以爲市人也。

二八二

贊曰二孝子出沒市販之間。平生不識詩書。而能以純懿之行。自飭於無人之地。遭罹屯變。無恆產以自潤。而不困折。斯亦難矣。華伯夫婦如鼓瑟。汝威卒變頑嚚考其終皆有以自達。由是言之士之獨行而憂寡和者。視此可愧也。

先妣事略

先妣周孺人弘治元年二月十一日生。年十六來歸。踰年生女淑靜。淑靜者大姊也。期而生有光。又期而生女子殤一人。期而不育者一人。又踰年生有尚。妊十二月。踰年生淑順一歲。又生有功。有功之生也孺人比乳他子加健。然數顰蹙顧諸婢曰吾為多子苦。老嫗以杯水盛二螺進曰飲此後妊不數矣。孺人舉之盡暗不能言正德八年五月二十三日孺人卒諸兒見家人泣則隨之泣然猶以為母寢也。傷哉。於是家人延畫工畫出二子命之曰鼻以上畫有光鼻以下畫大姊以二子肖母也。孺人諱桂外曾祖諱明外祖諱行太學生母何氏世居吳家橋去縣城東南三十里由千墩浦而南直橋並小港以東居人環聚盡周氏也外祖與其三兄皆以貲雄敦尚簡實與人姁姁說村中語無不愛。孺人之吳家橋則治木綿入城則緝纑燈火熒熒每至夜分外祖不二日使人問遺孺人不憂米鹽乃勞苦若不謀夕冬月爐火炭屑使婢子為團累累暴階下室靡棄物家無閒人兒女大者攀衣小者乳抱手中緈綴不輟戶內灑然遇僮僕有恩雖至笞楚皆不忍有後言吳家橋歲致魚蟹餅

餌率人人得食家中人聞吳家橋人至皆喜有光七歲與從兄有嘉入學每陰風細雨從兄
輒留有光意戀戀不得留也孺人中夜覺寢促有光暗誦孝經即熟讀無一字齟齬乃喜孺
人卒母何孺人亦卒周氏家有羊狗之痾舅母卒四姨歸顧氏又卒三十人而定惟外祖
與二舅存孺人死十一年大姊歸王三接孺人所許聘者也十二年有光補學官弟子十六
年而有婦孺人所聘者也期而抱女撫愛之益念孺人中夜與其婦泣追惟一二彷彿如昨
餘則茫然矣世乃有無母之人天乎痛哉

家譜記

有光七八歲時見長老輒牽衣問先世故事蓋緣幼年失母居常不自釋於死者恐不得知
於生者恐不得事實創巨而痛深也歸氏至於有光之生而日益衰源遠而末分口多而心
異自吾祖及諸父而外貪鄙詐戾者往往雜出於其間率百人而聚無一人知學者率十人
而學無一人知禮義者貧窮而不知恤頑鈍而不知教死不相弔喜不相慶入門而私其妻
子出門而誑其父兄冥冥汶汶將入於禽獸平時呼招友朋或費千錢而歲時薦祭輒計杪
忽徂豆壺觴鮮或靜嘉諸子諸婦班行少綴乃有以戒賓之故而改將事之期出庖下之餕
以易新薦之品者而歸氏幾於不祀矣小子顧瞻廬舍閱歸氏之故籍慨然太息流涕曰嗟
乎此獨非素節翁之後乎而何以至於斯父母兄弟吾身也祖宗父母之本也族人兄弟之

分也不可以不思也思則饑寒而相娛不思則富貴而相攘思則萬葉而同室不思則同母

而化為胡越恩不思之間而已矣人之生也方其少兄弟呱呱懷中飽而相嬉不知有彼我

也長而有室則其情已不類矣比其有子也則兄弟之相視已如從兄弟之相視矣方是時

惟恐夫去之不速而執念夫合之之難此天下之勢所以日趨於離也吾愛其子而離其兄

吾之子亦各念其子則相離之害遂及於吾子可謂能愛其子耶有光每侍家君歲時從諸

父兄執觴上壽見祖父皤然白髮竊自念吾諸父昆弟亦自一祖父而已今每不能相同。

未嘗不深自傷悼也然天下之事壞之者自一人始成之者亦自一人始仁孝之君子能以

身率天下之人而況於骨肉之間乎古人所以立宗子者以仁孝之道責之也宗法廢而天

下無世家無世家而孝友之意衰風俗之薄日甚有以也有光學聖人之道通於六經之大

指雖居窮守約不錄於有司而竊觀天下之治亂生民之利病每有隱憂於心而視其骨肉

舉目動心將求所以合族者而始於譜故吾欲作為歸氏之譜而非徒譜也求所以為譜者

也。

滄浪亭記

浮圖文瑛居大雲庵庵環水即蘇子美滄浪亭之地也亟求予作滄浪亭記曰昔子美之記

記亭之勝也請子記吾所以為亭者予曰昔吳越有國時廣陵王鎮吳中治南園於子城之

西南其外戚孫承佑亦治園於其偏迤海納土。此園不廢蘇子美始建滄浪亭最後禪者

居之此滄浪亭為大雲庵也有庵以來二百年文瑛尋古遺事復子美之構於荒殘滅沒之

餘此大雲庵為滄浪亭也夫古今之變朝市改易嘗登姑蘇之臺望五湖之渺茫羣山之蒼

翠太伯虞仲之所建闔閭夫差之所爭子胥種蠡之所經營今皆無有矣庵與亭何為者哉

雖然錢鏐因亂攘竊保有吳越國富兵強垂及四世諸子姻戚乘時奢僭宮館苑囿極一時

之盛而子美之亭乃為釋子所欽重如此可以見士之欲垂名於千載之後不與其澌然而

俱盡者則有在矣文瑛讀書喜詩與吾徒遊呼之為滄浪僧云

項脊軒記

項脊軒舊南閣子也室僅方丈可容一人居百年老屋塵泥滲漉雨澤下注每移案顧視無

可置者又北向不能得日日過午已昏余稍為修葺使不上漏前闢四窗垣牆周庭以當南

日日影反照室始洞然又雜植蘭桂竹木於庭舊時欄楯亦遂增勝借書滿架偃仰嘯歌冥

然兀坐萬籟有聲而庭階寂寂小鳥時來啄食人至不去三五之夜明月半牆桂影斑駁風

移影動珊珊可愛然余居於此多可喜亦多可悲先是庭中通南北為一迨諸父異爨內外

多置小門牆往往而是東犬西吠客踰庖而宴雞棲於廳庭中始為籬已為牆凡再變矣家

有老嫗嘗居於此嫗先大母婢也乳二世先妣撫之甚厚室西連於中閨先妣嘗一至嫗每

謂余曰某所而母立於茲嫗又曰汝姊在吾懷呱呱而泣娘以指扣門扉曰兒寒乎欲食乎

吾從板外相爲應答語未畢余泣嫗亦泣余自束髮讀書軒中一日大母過余曰吾兒久不

見若影何竟日默默在此大類女郎也比去以手闔門自語曰吾家讀書久不效兒之成則

可待乎頃之持一象笏至曰此吾祖太常公宣德間執此以朝他日汝當用之瞻顧遺跡如

在昨日令人長號不自禁軒東故嘗爲廚人往從軒前過余扃牖而居久之能以足音辨人

軒凡四遭火得不焚殆有神護者項脊生曰蜀清守丹穴利甲天下其後秦皇帝築女懷清

臺劉玄德與曹操爭天下諸葛孔明起隴中方二人之昧昧於一隅也世何足以知之余區

區處敗屋中方揚眉瞬目謂有奇景人知之者其謂與坎井之蛙何異余既爲此志後五年

吾妻來歸時至軒中從吾問古事或憑几學書吾妻歸寧述諸小妹語曰聞姊家有閣子且

何謂閣子也其後六年吾妻死室壞不修其後二年余久臥病無聊乃使人復葺南閣子其

制稍異於前然自後余多在外不常居庭有枇杷樹吾妻死之年所手植也今已亭亭如蓋

矣。

古文十七家

姚鼐　清桐城人字姬傳一字夢穀乾隆進士散館授主事遷郎中告歸主講鍾山書院卒年八十五鼐性惇洗不慕榮利其論學主集義理考據詞章三者之長不爲漢宋門戶所拘桐城自方苞劉大櫆創爲古文（苞論文之要曰自南宋以來古文義法不解久矣吳越間遺老兀放恣無一雅潔者古文不可入語錄中語魏晉人藻麗俳語漢賦中板重字法詩歌中雋語南北史佻巧語云云）而鼐繼之推闡奧開關戶牖天下翕然推爲正宗嘗輯古文辭類纂一書以明義法門人傳其學者有梅曾亮管同姚瑩劉開方東樹皆有名當世因稱其文爲桐城派同時又有所謂陽湖派者則以惲敬張惠言爲首然考張氏贈其同邑友人錢伯坰文自述其學爲古文乃出於鼐之稱誦其師劉大櫆說而後有得是知陽湖一名固亦桐城之支流與裔耳何異同之有哉所著有九經說三傳補註惜抱軒全集

莊子章義序

漢藝文志莊子五十二篇陸德明音義載晉宋注莊子者七家惟司馬彪孟氏載其全書其餘惟內七篇皆同外篇雜篇各以意爲去取自唐宋以後諸家之本盡亡今惟有郭象注本凡三十三篇其十九篇經象刪去不可見矣昔孔子以詩書六藝敎弟子而性與天道不可

得聞其得聞者必弟子之尤賢也然而道術之分蓋自是始夫子游之徒述夫子語子游謂
人爲天地之心五行之端聖人制禮以達天道順人情其意善矣然而遂以三代之治爲大
道既隱之事也子夏之徒述夫子語子夏者以君子必達於禮樂之原禮樂原於中之不容
已而志氣塞乎天地其言禮樂之本亦至矣然林放問禮之本夫子告以寧儉寧戚而已聖
人非不欲以禮之出於自然者示人而懼其知和而不以禮節也由是言之子游子夏之徒
所述者未嘗無聖人之道存焉而附益之不勝其弊也夫言之弊其始固存乎七十子而其
未遂極乎莊周之倫也莊子之書言明於本數及知禮意者固卽所謂達禮樂之原而配神
明醇天地與造化爲人亦志氣塞乎天地之旨韓退之謂莊周之學出於子夏始其然歟周
承孔氏之末流乃有所窺見於道而不聞中庸之義不知所以裁之遂恣其猖狂而無所極
豈非知者過之之爲害乎其末天下一篇爲其後序所云其在詩書禮樂者鄒魯之士縉紳
先生多能明之意謂是道之末焉爾若道之本則有不離於宗謂之天人者蓋以天人自
處故曰上與造物者游而序之居至人聖人之上其辭若是之不遜也而蘇子瞻王介甫乃
謂其推尊聖人自居於不該不徧一曲之士其於莊生抑何遠哉若郭象之注昔人推爲特
會莊生之旨余觀之特正始以來所謂清言耳於周之意十失其四五夫莊子五十二篇固
有後人雜入之語今本經象所刪猶有雜入其辭義可決其必非莊生所爲者然則其十九

篇。恐亦有眞莊生之書而爲象去之矣。余惜莊生之旨爲說者所晦乃稍論之爲章義凡若干卷。

述菴文鈔序

余嘗論學問之事有三端焉曰義理也考證也文章也是三者苟善用之則皆足以相濟苟不善用之則或至於相害今夫博學強識而善言德行者固文之貴也寡聞而淺識者固文之陋也然而世有言義理之過者其辭蕪雜俚近如語錄而不文爲考證之過者至繁碎繳繞而語不可了當以爲文之至美而反以爲病者何哉其故由於自喜之太過而智昧於所當擇也夫天之生才雖美不能無偏故以能兼長者爲貴而兼之中又有害焉豈非能盡其天之所與之量而不以才自蔽者之難得與清浦王蘭泉先生其才天與之三者皆具之才也先生爲文有唐宋大家之高韻逸氣而議論攷覈辨而不煩極博而不蕪精到而意不至於竭盡此善用其天與以能兼之才而不以自喜之過而害其美者矣先生歷官多從戎旅馳驅梁益周覽萬里助成國家定絕域之奇功因取異見駭聞之事與境以發其瓌瑋之辭爲古文人所未有世以此謂天之助成先生之文章者若獨異於人吾謂此不足爲先生異而先生能自盡其才以善承天與者之爲異也鼎少於京師識先生時先生亦年才三十而鼎心獨貴其才及先生仕至正卿老歸海上自定其文曰述菴文鈔四十卷見寄於金陵

發而讀之自謂蠡能知先生用意之深。恐天下學者讀先生集第歎服其美而或不明其所以美是不可自隱其愚陋之識而不爲天下明告之也若夫先生之詩集及他著述其體雖不必盡同於古文而一以余此言求之亦皆可得其美之大者云。

古文辭類纂序

鼐少聞古文法於伯父薑塢先生及同鄉劉才甫先生少究其義未之深學也其後游宦數十年益不得暇獨以幼所聞者竄之胸臆而已乾隆四十年以疾請歸伯父前卒不得見矣劉先生年八十猶善談說見則必論古文後又二年余來揚州少年或從問古文法夫文無所謂古今也惟其當而已得其當則六經至於今日其爲道也一知其所以當則於古雖遠而於今取法如衣食之不可釋不知其所以當而斂棄於時則存一家之言以資來者容有俟爲於是以所聞習者編次論說爲古文辭類纂其類十三曰論辨類序跋類奏議類書說類贈序類詔令類傳狀類碑誌類雜記類箴銘類頌贊類辭賦類哀祭類一類內而爲用不同者別之爲上下編云。

論辨類者蓋原於古之諸子各以所學著書詔後世孔孟之道與文至矣自老莊以降道有是非文有工拙以悉以子家不錄自賈生始蓋退之著論取於六經孟子子厚取於韓非賈生明允雜以蘇張之流子瞻兼及於莊子學之至善者神合焉善而不至者貌存焉惜乎

子厚之才可以爲其至而不及至者年爲之也。

序跋類者昔前聖作易孔子爲作繫辭說卦文言序卦雜卦之傳以推論本原廣大其義詩

書皆有序而儀禮篇後有記皆儒者所爲其餘諸子或自序其意或弟子作之莊子天下篇

荀子末篇皆是也余撰次古文辭不載史傳以不可勝錄也惟載太史公歐陽永叔表志序

論數首序之最工者也向歆奏校書各有序世不盡傳傳者或僞今存子政戰國策序一篇

著其概其後目錄之序子固獨優已

奏議類者蓋唐虞三代聖賢陳說其君之辭尚書具之矣周衰列國臣子爲國謀臣者誼忠而

辭美皆本謨誥之遺學者多誦之其載春秋內外傳者不錄自戰國以下漢以來有表奏

疏議上書封事之異名其實一類惟對策雖亦臣下告君之辭而其體少別故實之下編兩

蘇應制舉時所進時務策又以附對策之後

書說類者昔周公之告召公有君奭之篇春秋之世列國士大夫或面相告語或爲書相遺

其義一也戰國說士說其時主當委質爲臣則入之奏議其已去國或說異國之君則入此

編

贈序類者老子曰君子贈人以言顏淵子路之相違則以言相贈處梁王觴諸侯於范臺魯

君擇言而進所以致敬愛陳忠告之誼也唐初贈人始以序名作者亦眾至於昌黎乃得古

人之意其文冠絕前後作者蘇明允之考名序故蘇氏諱序或曰引或曰說今悉依其體編

之於此。

詔令類者原於尚書之誓誥周之衰也文誥猶存昭王制蕭強侯所以悅人心而勝於三軍

之眾猶有賴焉秦最無道而辭則偉漢之文景意與辭俱美矣後世無以逮之光武以降人

主雖有善意而辭氣何其衰薄也檄令皆諭下之辭韓退之鱷魚文檄令類也故悉附之

傳狀類者雖原於史氏而義不同劉先生云古之爲達官名人傳者史官職之文士作傳凡

爲坊者種樹之流而已其人既顯卽不當爲之傳爲之行狀上史氏而已余謂先生之言

是也雖然古之國史立傳不甚拘品位所紀事猶詳又實錄書人臣卒必撮序其平生賢否。

今實錄不紀下之事史館凡仕非賜諡及死事者不得爲傳乾隆四十年定一品官乃賜

諡然則史之傳者亦無幾矣余錄古傳狀之文並紀茲義使後之文士得擇之昌黎毛穎傳。

嬉戲之文其體傳也故亦附焉

碑誌類者其體本於詩歌頌功德其用施於金石周之時有石鼓刻文秦刻石於巡狩所經

過漢人作碑文又加以序序之體蓋秦刻琅邪具之矣茅順甫讚韓文公碑序異史遷此非

知言金石之文自與史家異體如文公作文豈必以效司馬氏爲工耶誌者識也或立石墓

上或埋之壙中古人皆曰誌爲之銘者所以識之之辭也然恐人觀之不詳故又爲序世或

以石立墓上曰碑曰表埋乃曰誌及分誌銘二之獨呼前序曰誌者皆失其義蓋自歐陽公

不能辨矣墓誌文錄者尤多今別爲下編。

雜記類者亦碑文之屬碑主於稱頌功德記則所紀大小事殊取義各異故有作序與銘詩

全用碑文體者又有爲紀事而不以刻石者柳子厚紀事小文或謂之序然實記之類也

箴銘類者三代以來有其體矣聖賢所以自戒警之義其辭尤質而意尤深若張子作西銘

豈獨其意之美耶其文固未易幾也

贊頌類者亦詩頌之流而不必施之金石者也

辭賦類者風雅之變體也楚人最工爲之蓋非獨屈子而已余嘗謂漁父及楚人以弋說襄

王宋玉對王問遺行皆設辭無事實皆辭賦類耳太史公劉子政不辨而以事載之蓋非是

辭賦固當有韻然古人亦有無韻者以義在託諷之賦耳漢世校書有辭賦略其所列

者甚當昭明太子文選分體碑雜其立名多可笑者後之編集者或不知其陋而仍之余今

編辭賦一以漢略爲法古文不取六朝人惡其靡也獨辭賦則晉宋人猶有古人韻格存焉

惟齊梁以下則辭益俳而氣益卑故不錄耳。

哀祭類者詩有頌風有黃鳥二子乘舟皆其原也楚人之辭至工後世惟退之介甫而已。

凡文之體類十三而所以爲文者八曰神理氣味格律聲色神理氣味者文之精也格律聲

色者。文之粗也。然苟舍其粗。則精者亦胡以寓焉。學者之於古人。必始而遇其粗。中而遇其精。終則御其精者。而遺其粗者。文士之效法古人。莫善於退之。盡變古人之形貌。雖有摹擬不可得而尋其跡也。其他雖工於學古而跡不能忘。揚子雲柳子厚於斯蓋尤甚焉以其形貌之過於似古人也。而遽擯之謂不足與於文章之事。則過矣。然遂謂非學者之一病。則不可也。乾隆四十四年秋七月。

附錄一　王先謙續古文辭類纂序

自桐城方望溪氏以古文專家之學主張後進海峯承之遺風遂衍姚惜抱稟其師傳覃心冥追盒以所自得推究闓奧開設戶牖天下翕然號為正宗承學之士如蓬從風如川赴壑尋聲企景項領相望百餘年來轉相傳述徧於東南由其道而名於文苑者以數十計嗚呼何其盛也自聖清宰世用正學風厲薄海者碩輩出講明心性恢張義理厭後鴻生鉅儒逞志浩博鈎研訓詁繁引曲證立漢學之名詆斥宋儒言義理者惜抱自守孤芳以義理考據詞章三者不可一闕義理為幹而後文有所附考據有所歸故其為文源流以義理考據詞章三者不可一闕義理為幹而後文有所附考據有所歸故其為文源流兼胲粹然一出於醇雅當時相授受者特其門弟子數輩然卒流風餘韻沾被百年成就遠大逐末者不閎而知道者常勝詎不信與道光末造士多高語周秦漢魏薄清淡簡樸之文為不足為梅郎中曾文正之倫相與修道立教惜抱遺緒賴以不墜逮粵寇肇亂禍

延海宇文物蕩盡人士流徙展轉至今困猶未蘇京師首善之區人文之所萃集求如昔
日梅曾諸老聲氣合簫管翁鳴邈然不可復得而況山陬海澨夐陋寡儔有志之士生
於其間誰與祓濯而振起之乎觀於學術盛衰升降之源豈非有心世道君子責也惜抱
古文辭類纂開示準的賴此編存學者猶知遵守余輒師其意推求義法淵源朵自乾隆
迄咸豐間得二十八人論其得失區別義類竊附於姚氏之書亦當世著作之林也後有
君子以覽觀焉。

右文四百四十九篇總二十八卷分上中下三編皆以補姚氏姬傳古文辭類纂所未備
也上編經子姚氏纂文之例首斷自國策不復上及六經以云尊經然觀其目次每類必
溯源經子之所自來雖不錄猶錄也今次爲三卷曰論辨曰序跋曰奏議曰書說曰詔令
曰傳狀曰雜記曰箴銘曰頌贊曰辭賦曰哀祭其爲類十有一左氏敍事之文自爲一體
姚纂無類可傳則取曾文正公經史百家雜鈔之目以入之錄敍記爲一卷又別增典志
一卷典志亦雜鈔之目也中編曰史姚氏纂文不錄史傳其說以爲史多不可勝錄然推
此義法類求之馬班而降可讀之史蓋少今錄史記紀傳世家爲五卷漢書紀傳爲四卷
序跋奏議書說詔令辭賦哀祭姚纂所遺而尚有可甄採者爲一卷三國志五代史其書

最為馴雅有法漢以後史之良也取一二類著焉通鑑法左氏敍事體也史之八書漢之十志皆典章國故與周禮儀禮全經同錄敍記為一卷典志為一卷下編方劉前後之文無所謂古今要趨於當姚氏之論卓矣而譔次方劉文或為世儒所非此乃劉文之不足以饜人意姚氏無可議也今依此例傳益之使究一代之變其為類十有三曰論辨曰序跋曰奏議曰書說曰贈序曰傳狀曰碑志曰雜記曰箴銘曰頌贊曰辭賦曰哀祭曰敍記次為十卷無者姑闕焉古文辭粗備於是矣文章之道莫大乎與天下為公而非可用一人一家之私議自劉向父子總七略梁昭明太子集文選而後先古文章始有所歸宋歐陽氏表章韓愈明茅順甫錄八家而後斯文之有所屬姚先生興於千載之後獨持灼見總括羣言一一衡量其高下銖黍之得毫釐之失皆辨析之醇駁較然由是古今之文章謬悠殽亂莫能折衷一是者得姚先生而悉歸論定卽其所自造述亦浸淫近復於古然百餘年來流風相師傳嬗廣續沿流而莫之止逮有文徹道喪之患至湘鄉曾文正公出擴使司馬遷班固韓愈歐陽修之文絕而復續豈非所謂豪傑之士大雅不羣者還之三代使司馬遷班固韓愈歐陽修之文絕而復續豈非所謂豪傑之士大雅不羣者哉蓋自歐陽氏以來一人而已余今所論纂其品藻次第一以習聞諸曾氏者述而錄之曾氏之學蓋出於桐城固知其與姚先生之旨合而非廣己於不可畔岸也循姚氏之說。

屏棄六朝駢麗之習，以求所謂神理氣味、格律聲色者，法愈嚴而體愈備。循曾氏之說，將盡取儒者之多識格物、博辨訓詁，一內諸雄奇萬變之中，以矯桐城末流虛車之飾。其道相資，無可偏廢。故既敍述略例，亦明夫不敢封己抱殘，守一先生言，暖暖姝姝而私自悅以足也。然遂欲執塗之人而強同，則是又大惑已。（按茅鹿門八家之說，世皆以爲定自朱右，不知吳文正草廬序王文公集巳言之，眉山祇數二蘇氏，僅得七人，子由尚不與也。）

復蔣松如書

久處閭里，不獲與海內賢士相見，耳目爲之瞶。冬間舍姪浣江寄至先生大作數篇，展而讀之，若麒麟鳳凰之驟接於目，欣怦不能自已。聊識其意於行間，顧猶恐頌歎盛美之有弗盡，而其頗有所引繩者，將懼得罪於高明，而被庸妄專輒之罪也。乃旋獲惠賜手書，引義甚謙，而反以愚見所論爲喜。於是鼎益俯而自慚，而又以知君子之衷懷善誘、樂取人善之至於斯也。鼎與先生雖未及相見，而蒙知愛之誼如此，得不附於左右，而自謂草木臭味之不遠者乎？心乎愛矣，遐不謂矣。有所欲陳說於前者，願卒盡其愚焉。自秦漢以來，諸儒說經者多矣，其合與離固非一途。逮宋程朱出，實於古人精深之旨所得爲多，而其審求文辭往復之情，亦更爲曲當，非如古儒者之拙滯而不協於情也。而其生平修己立德，又實足以踐行其所言，而爲後世之所嚮慕。故元明以來，皆以其學取士，利祿之途一開，爲其學者以為進趨富貴而已其言有失猶奉而不敢稍違之其得亦不知其所以為得也斯固數百年以來學者之陋習也然今世學者乃思一切矯之以專宗漢學為至以攻駁程朱為能倡於一二專己好名之人而相率而效者因大為學術之害夫漢人之為言非無有善於宋而當從者也然苟大小之不分精麤之弗別是則今之為學者之陋亦將跨越宋君子則守一先生之說而失於臆聞強識以助宋君子之所遺可也以往者為時文之士不可也嚮往昔在都中與戴東原甞復甞論此事作送錢獻之序發明此旨非不自度其力小而孤而義不可以默焉耳先生胸中似猶有漢學之意存焉而未能豁然決去之者故復為極論之木鐸之義蘇氏說集注固取之矣然不以為正解者以其對何患於喪意少遠也至盈成見殺之集注義甚精當先生曷為駁之哉朱子說誠亦有誤者而此條恐未誤也望更思之嚮於蓉菴先生為後輩相去甚遠於潁州乃同年耳先生謂潁州曰兄固於嚮同一輩行而過於謙非所宜也客中惟保重時賜教言為冀愚陋率達臆見幸終宥之

復魯絜非書

桐城姚鼐頓首絜非先生足下相知恨少晚遇先生接其人知為君子矣讀其文非君子不能也往與程魚門周書昌甞論古今才士惟為古文者最少苟為之必傑士也況為之專且善如先生乎辱書引義謙而見推過當非所敢任鼐自幼迄衰獲侍賢人長者為師友剽取

見聞。加臆度爲說。非眞知文能爲文也。奚辱命之哉。蓋虛懷樂取者。君子之心而誦所得以

正於君子亦鄙陋之志也。鼐聞天地之道。陰陽剛柔而已。文者天地之精英。而陰陽剛柔之

發也。惟聖人之言統二氣之會而弗偏然。而易詩書論語所載。亦間有可以剛柔分矣。値其

時其人告語之體各有宜也。自諸子而降。其爲文無弗有偏者。其得於陽與剛之美者則其

文如霆。如電。如長風之出谷。如崇山峻崖。如決大川。如奔騏驥。其光也如杲日。如火。如金鏐

鐵。其於人也。如憑高視遠。如君而朝萬衆。如鼓萬勇士而戰之。其得於陰與柔之美者則其

文如升初日。如清風。如雲。如霞。如煙。如幽林曲澗。如淪。如漾。如珠玉之輝。如鴻鵠之鳴而入

寥廓。其於人也。漻乎其如歎。邈乎其如有思。暖乎其如喜。愀乎其如悲。觀其文諷其音則爲

文者之性情形狀舉以殊焉。且夫陰陽剛柔。其本二端。造物者糅而氣有多寡進細則品次

億萬以至於不可窮萬物生焉。故曰一陰一陽之爲道。夫文之多變。亦若是也。糅而偏勝可

也偏勝之極一有一絕無與夫剛不足爲剛。柔不足爲柔者。皆不可以言文。今夫野人孺子

聞樂以爲聲歌絃管之會爾。苟善樂者聞之。則五音十二律必有一當接於耳而分矣。夫論

文者豈異於是乎。宋朝歐陽曾公之文。其才皆偏於柔之美者也。歐公能取異己者之長而

時濟之曾公能避所短而不犯。觀先生之文。殆近於二公焉。抑人之學文。其功力所能至者

陳理義必明。當布置取舍。繁簡廉肉不失法。吐辭雅馴不蕪而已。古今至此者蓋不數數得。

然尚非文之至文之至者。通乎神明人力不及施也。先生以為然乎惠寄之文。刻本固當見

與鈔本謹封還然鈔本不能勝刻者諸體以書疏贈序為上記事之文次之論辨又次之鼎

亦竊識數語於其間未必當也梅崖集果有逾人處恨不識其人郎君令甥皆美才未易量

聽所好恣為之勿拘其途可也於所寄文輒妄評說勿罪勿罪秋暑惟體中安否千萬自愛

七月朔日

復魯賓之書

某頓首賓之世兄足下遠承賜書及雜文數首義卓而詞美今世文士何易得見若此者某

之讓陋無以上益高明求馬唐肆而責施於懸磬之室豈不媿甚哉顧荷垂問宜略報以所

聞易曰吉人之辭寡夫內充而後發者其言理得而情當千萬言不可厭猶之

其寡矣氣充而靜者其聲閎而不蕩志章以檢者其色耀而不浮邃以通者義理也辨以辨

者典章名物凡天地之所有也閎閎乎聚之於錙銖夷懌以善虛志若嬰兒之柔若雛伏卵

其專以一內候其節而時發焉夫天地之間莫非文也故文之至者通於造化之自然而

驟以幾乎合之則愈離。今足下為學之要。在於涵養而已聲華榮利之事曾不得以奸乎其

中而寬以期乎歲月之久其必有以異乎今而達乎古也以海內之大而學古文最少獨足

下里中獨盛異日必有造其極者然後以某言證所得或非妄也足下勉之不具六月十七

贈錢獻之序

孔子沒而大道微漢儒承秦滅學之後。始立專門。各抱一經。師弟傳受儕偶怨怒嫉妬不相通曉其於聖人之道猶築牆垣而塞門巷也久之通儒漸出賈穿羣經左右證明擇其長說及其敝也雜之以讖緯猥碎世又譏之蓋魏晉之間空虛之談興以清言爲高以章句爲塵垢放誕頹壞迄亡天下然世猶或愛其說辭不忍廢也自是南北乖分學術異尚五百餘年唐一天下兼探南北之長定爲議疏明示統貫而所取或是或非非有折衷宋之時眞儒乃得聖人之旨羣經略有定說元明守之著爲功令當明佚君亂政屢作士大夫維持綱紀明守節義使明久而後亡其宋儒論學之效哉且夫天地之運久則必變是故夏尚忠商尚質周尚文學者之變也有大儒操其本而齊其弊則所尚也賢於其故否則不及其故自漢以來皆然已明末至今日學者頗厭功令所載爲習聞又惡陋儒不考古而蔽於近於是專求古人名物制度訓詁書數以博爲量以闕隙攻難爲功其甚者欲盡舍程朱而宗漢之士枝之獵而去其根細之蒐而遺其鉅夫寧非蔽與嘉定錢君獻之強識而精思爲今士之魁傑余嘗以余意告之而不吾斥也雖然是猶居京師厄澀之間也錢君將歸江南而適嶺表行數千里旁無朋友獨見高山大川喬木聞鳥獸之異鳴四顧天地之內寥乎芒平。於以俯思古聖人垂訓敎世先其大者之意其於余論將益有合也哉。

劉海峯先生八十壽序

曩者鼐在京師歙程吏部歷城周編修語曰爲文章者。有所法而後能。有所變而後大維盛清治邁逾前古千百獨士能爲古文者未廣昔有方侍郎今有劉先生天下文章其出於桐城乎鼐曰夫黃舒之間天下奇山水也鬱千餘年一方無數十人名於史傳者獨浮屠之俊雄自梁陳以來不出二三百里肩背交而聲相應和也其徒偏天下奉之爲鄉人道焉鼐之氣有蘊而屬之邪夫釋氏衰歇則儒士興之今殆其時矣既應二君其後嘗爲鄉人道焉鼐又聞諸長者曰康熙間方侍郎名聞海外劉先生一日以布衣走京師上其文侍郎侍郎告人曰如方某何足算耶邑士劉生乃國士爾聞者始駭不信久乃漸知先生今侍郎沒而先生之文果益貴然先生窮居江上無侍郎之名位交遊不足掀起世之英少獨閉戶伏首几案年八十矣聰明猶强著述不輟有衞武懿詩之志斯世之異人也已鼐之幼也嘗侍先生奇其狀貌言笑退輒仿效以爲戲及長受經學於伯父編修君學文於先生遊宦三十年而歸伯父前卒不得復見先生於樅陽先生亦喜其來足疾未平扶曳出與論文每窮半夜今五月望邑人以先生生日爲之壽鼐適在揚州思念先生書是以寄先生又使鄉之後進者聞而勸也。

六藝自周時儒者有說孔子作易傳左邱明傳春秋子夏傳禮喪服禮後有記儒者頗袞取
其文其後禮或亡而記存又雜以諸子所著書是爲禮記詩書皆口說然爾雅亦其傳之流
者當孔子時弟子善言德行者固無幾而明於文章制度者其徒猶多及遭秦焚書漢始收
輯文章制度舉疑莫能明然而儒者說之不可以已也漢儒家別派分各爲專門及其末造
鄭君康成總集其全綜貫繩合貪閎洽之才通羣經之滯義雖時有拘牽附會然大體精密
出漢經師之上又多存舊說不掩前長不覆己短觀鄭君之辭以推其志豈非君子之徒篤
於慕聖有孔氏之遺風者與鄭君起青州弟子傳其學既大著迄魏王肅駁難鄭義欲爭其
名僞作古書曲傳私說學者由是習爲輕薄流至南北朝世亂而學益壞自鄭王異術而風
俗人心之厚薄以分嗟夫世之說經者不斬明聖學詔天下而顧欲爲己名其必王肅之徒
者與曲阜孔君撝約博學工爲詞章天下方誦以爲善撝約顧不自足作堂於其居名之曰
儀鄭自庶幾於康成遺書告余爲之記撝約之志可謂善矣昔者聖門顏閔無書傳者
或無名蓋古學者爲己而已以撝約之才志學不怠又智足知古人之善不將去其華而取
其實擴其道而涵其藝究其業而遺其名豈特詞章無足矜哉雖說經精善猶未也以孔子
之裔傳孔子之學世之望於撝約者益遠矣雖古有賢如康成者吾謂其猶未足以限吾撝

約也。乾隆四十九年春二月桐城姚鼐記。

登泰山記

泰山之陽汶水西流其陰濟水東流陽谷皆入汶陰谷皆入濟當其南北分者古長城也最高日觀峰在長城南十五里余以乾隆三十九年十二月自京師乘風雪歷齊河長清穿泰山西北谷越長城之限至於泰山是月丁未與知府朱孝純子潁由南麓登四十五里道皆砌石為磴其級七千有餘泰山正南面有三谷中谷繞泰安城下酈道元所謂環水也余始循以入道少半越中嶺復循西谷遂至其巔古時登山循東谷入道有天門東谷者古謂之天門谿水余所不至也今所經中嶺及山巔崖限當道者世皆謂之天門云道中迷霧冰滑磴幾不可登及既上蒼山負雪明燭天南望晚日照城郭汶水徂徠如畫而半山居霧若帶然戊申晦五鼓與子潁坐日觀亭待日出大風揚積雪擊面亭東自足下皆雲漫稍見雲中白若樗蒱數十立者山也極天雲一線異色須臾成五采日上正赤如丹下有紅光動搖承之或曰此東海也回視日觀以西峰或得日或否絳縞駮色而皆若僂亭西有岱祠又有碧霞元君祠皇帝行宮在碧霞元君祠東是日觀道中石刻自唐顯慶以來其遠古刻盡漫失僻不當道者皆不及往山多石少土石蒼黑色多平方少圜少雜樹多松生石罅皆平頂冰雪無瀑水無鳥獸音迹至日觀數里內無樹而雪與人膝齊桐城姚鼐記。

古文治要卷一

古文十七家

曾國藩　清湘鄉人字滌生號伯涵道光進士授檢討累官禮部侍郎丁憂歸會洪楊亂起在籍督辦團練遂編制鄉勇連復沿江各省封毅勇侯爲同治中興功臣第一以大學士任兩江總督卒於官年六十二諡文正清道光以後文武洎沓國藩以公忠誠樸倡率其將佐僚屬風氣爲之一變治軍居官粹然有儒者氣象其論學破除漢宋門戶著挈畫像記以示平生所仰其爲古文自言由姚鼐啟之然尋其聲貌略不相襲其弟子黎庶昌曰本朝文章其體實正自望溪方氏至姚先生而辭始雅潔至曾文正始變化以臻於大吳汝綸曰桐城諸老氣清體雅海內所宗獨雄奇瑰瑋之境尚少曾文正公出而矯之以漢賦之氣運之而文體一變卓然爲一大家皆非阿好之言也所輯古文曰經史百家雜鈔本於姚氏類纂而略有出入論者以爲取去有法視姚纂尤爲博通與其詩文書牘雜著等合刊曰曾文正全集亦各有單行本

原才

風俗之厚薄奚自乎自乎一二人之心之所嚮而已民之生庸弱者戢戢皆是也有一二賢且智者則衆人君之而受命焉尤智者所君尤衆焉此一二人者之心向義則衆人與之赴

古文治要卷一　古文十七家　曾國藩

三〇七

國學治要五

義。一二人者之心向利則衆人與之赴利。衆人所趨勢之所歸雖有大力莫之敢逆。故曰撓

萬物者莫疾乎風風俗之於人心也始乎微而終乎不可禦者也先王之治天下使賢者皆

富路在勢其風民也皆以義故道一而俗同世敎既衰所謂一二人者不盡在位彼其心之

所嚮勢不能不騰爲口說而播爲聲氣而衆人者勢不能不聽命而蒸爲習尙於是乎徒黨

蔚起而一時之人才出焉有以仁義倡者其徒黨亦死仁義而不顧有以功利倡者其徒黨

亦死功利而不返。水流溼火就燥無感不應所從來久矣。今之君子之在勢者輒曰天下無

才彼自尸於高明之地不克以己之所嚮轉移習俗而陶鑄一世之人而翻謝曰無才之

不誣可乎否也十室之邑有好義之士其智足以移十人者必能拔十人中之尤者而材之

其智足以移百人者必能拔百人中之尤者而林之然則轉移習俗而陶鑄一世之人非特

處高明之地者然也凡一命以上皆與有責焉者也有國家者得吾說而存之則將愼擇與

共天位之人士大夫得吾說而存之則將惴惴乎謹其心之所嚮恐一不當以壞風俗而賊

人才循是爲之數十年之後萬有一收其效者乎非所逆睹已

孫芝房侍講芻論序

咸豐九年三月善化孫芝房侍講鼎臣以書抵余建昌軍中寄所爲芻論屬爲裁定凡二十

五篇曰論治者六論鹽者三論漕者三論幣者二論兵者三通論唐以來大政者七論明賦

餉者一。其首章追溯今日之亂源。深咎近世漢學家言用私意分別門戶。其語絕痛。明年四

月。復得芝房書。則疾革告別之詞。而芝房以三月死矣。既爲位而哭。且以書告仁和邵君懿

辰。於是爲敍諸簡首而歸諸其孤。蓋古之學者。無所謂經世之術也。學禮焉而已。周禮一經。

自體國經野。以至酒漿屑市巫卜繪稿夭鳥蠹蟲。各有專官察及纖悉。吾讀杜元凱春秋釋

例。歎邱明之發凡仲尼之權衡。萬變各秉周之舊典。故曰周禮盡在魯矣。自司馬氏作史。

猥以禮書與封禪平準並列班范而下。相沿不察。唐杜佑纂通典言禮者居其泰半。始得先

王經世之遺意。有宋張子朱子益崇闡之。聖清膺命巨儒輩出。顧亭林氏著書以扶植禮敎

爲己任。江愼修氏纂禮書綱目洪纖畢舉。而秦樹灃氏遂修五禮通考。自天文地理軍政官

制都萃其中。旁綜九流細破無內。國藩私宗之。惜其貲稍缺。嘗欲集鹽漕賦稅國用之

經別爲一編。傳於秦書之次。非徒廣己於不可畔岸之域。先聖制禮之體之無所不賅。固如

是也。以世之多故。握槧之不可以苟未及事事。而齒髮固已衰矣。往者漢陽劉傳瑩茉雲實

究心漢學者之說。而疾其單辭碎義輕笮宋賢間嘗語余。學以反求諸心而已。泛博胡爲。至

有事於身與家與國則當一一詳覈焉而求其是。考諸室而市可行驗諸獨而衆可從。又曰

禮非考據不明。學非心得不成。國藩則大韙之。以爲知言者。徒也。未幾茉雲卽世臨絕爲先

令處分後事。壹秉古禮。國藩旣銘其墓。又爲家傳。䋲道漢學得失主客之宜。藏諸劉氏之祐。

君子之言也平則致和激則召爭辭氣之輕重積久則移易世風黨仇訟爭而不知所止囊
者良知之說誠非無薇必謂其釀晚明之禍則少過矣近者漢學之說誠非無薇必謂其致
粵賊之亂則少過矣夐竅論所考諸大政蓋與顧氏江氏秦氏之指爲近彼數子者固漢學家
所奉以爲歸者也而芝房首篇譏之已甚其果有剖及毫釐千里者耶抑將憤夫一二鉅人
長德曲學阿世激極而一鳴耶芝房之志大而銳進也與茉雲同其卒也寄書抵余以告永
訣亦與茉雲同其自竅論外別有詩十卷文十一卷河防記略四卷著書之多與茉雲異而
其博觀而慎取則同其嫉夫以漢學標揭也亦同而立言少異余故稍附諍論以明不忍死
友之義亦以見二子者之不竟其志非僅余之私痛也

湖南文徵序

吾友湘潭羅君研生以所編纂湖南文徵百九十卷示余而屬爲序其端國藩陋甚齒又益
衰奚足以語文事竊聞古之文初無所謂法也易書詩儀禮春秋諸經其體勢聲色曾無一
字相襲卽周秦諸子亦各自成體持此衡彼盡然若金玉與卉木之不同類是烏有所謂法
者後人本不能文強取古人所造而摹擬之於是有合有離而法不法名焉若其不俟摹擬
人心各具自然之文約有二端曰理曰情二者人人之所固有就吾所知之理而筆諸書而
傳諸世稱吾愛惡悲愉之情而綴辭以達之若剖肺肝而陳簡策斯皆自然之文性情敦厚

者類能爲之。而淺深工拙則相去十百千萬而未始有極自羣經而外百家著述率皆偏勝

以理勝者多闡幽造極之語而其弊或激宕失中以情勝者多悱惻感人之言而其弊常豐

縟而寡實自東漢至隋文人秀士大抵義不孤行辭多儷語即議大政考大禮亦每綴以排

比之句間以婀娜之聲歷唐代而不改雖韓李銳志復古而不能革舉世駢體之風此皆習

於情韻者類也宋興旣久歐陽曾王之徒崇奉韓公以爲不遷之宗適會其時大儒迭起相

與上探鄒魯研討微言羣士效類皆法韓氏之氣體以闡明性道自元明至聖朝康雍之

間風會略同非是不足與於斯文之末此皆習於義理者類也乾隆以來鴻生碩彥稍厭舊

聞別啟涂軌遠搜漢儒之學因有所謂考據之文一字之音訓一物之制度辨論動至數千

言纍所稱義理之文淡遠簡樸者或屏棄之以爲空疏不足道此又習俗趨嚮之一變已湖

南之爲邦北枕大江南薄五嶺西接黔蜀苗蠻蓋亦山國荒僻之亞然周之末屈原出

於其間離騷諸篇爲後世言情韻者所祖逮乎宋周子復生於斯作太極圖說通書爲後

世言義理者所祖兩賢者皆前無師承創立高文上與詩經周易同風下而百代逸才舉莫

能越其範圍而況湖湘後進沾被流風者乎茲編所錄精於理者蓋十之六善言情者約十

之四而駢體亦頗有甄采不言法而法未始或紊惟考據之文蒐集極少前哲之倡導不宏

後世之欣慕亦寡研生之學稽說文以究達詁箋禹貢以晰地志固亦深明考據家之說而

論文但崇體要不尚繁稱博引取其長而不溺其偏其猶君子慎於擇術之道歟。

歐陽生文集序

乾隆之末桐城姚姬傳先生鼐善爲古文辭慕效其鄉先輩方望溪侍郎之所爲而受法於劉君大櫆及其世父編修君範三子既通儒碩望姚先生治其術益精歷城周永年書昌爲之語曰天下之文章其在桐城乎由是學者多歸嚮桐城號桐城派猶前世所稱江西詩派者也先生晚而主鍾山書院講席門下著籍者上元有管同異之梅曾亮伯言桐城有方東樹植之姚瑩石甫四人者稱爲高第弟子各以所得傳授徒往往不絕在桐城者有戴鈞衡存莊事植之久尤精力過絕人自以爲守其邑先正之法禮之後進義無所讓也其不列弟子籍同時服膺有新城魯仕驥絜非與吳德旋仲倫絜非之甥爲陳用光碩士既師其舅又親受業姚先生之門仲倫人化之多好文章碩士之羣從有陳學受藝叔陳溥廣敷而南豐又有吳嘉賓子序皆承絜非之風私淑於姚先生由是江西建昌有桐城之學仲倫與永福呂璜月滄交友月滄之鄉人有臨桂朱琦伯韓龍啟瑞翰臣馬平王拯定甫皆步趨吳氏呂氏而益求廣其術於梅伯言由是桐城宗派流衍於廣西矣昔者國藩嘗怪姚先生典試湖南而吾鄉出其門者未聞相從以學文爲事既而得巴陵吳敏樹南屏稱述其術篤好而不厭而武陵楊彝珍性農善化孫鼎臣芝房湘陰郭嵩燾伯琛漵浦舒燾伯魯亦以姚

氏文家正軌違此則又何求最後得湘潭歐陽生生吾友歐陽兆熊小岑之子而受法於巴

陵吳君湘陰郭君亦師事新城二陳其漸染者多其志趣好舉天下之美無以易乎桐城

姚氏者也當乾隆中葉海內魁儒崎士崇尚鴻博繁稱旁證考覈一字累數千言不能休別

立幟志名曰漢學摭拾有宋諸子義理之說以為不足復存其為文尤蕪雜寡要姚先生獨

排眾議以為義理考據詞章三者不可偏廢必義理為質而後文有所附考據有所歸一編

之內惟此尤競競當時孤立無助傳之五六十年近世學子稍稍誦其文承用其說道之廢

興亦各有時其命也歟哉自洪楊倡亂東南荼毒鍾山石城昔時姚先生撰杖都講之所今

為犬羊窟宅深固而不可拔桐城淪為異域既克而復失戴鈞衡全家殉難身亦歐血死矣

余來建昌問新城南豐兵燹之餘百物蕩盡田荒不治蓬蒿沒人一二文士轉徙無所而廣

西用兵九載羣盜猶洶洶驟不可爬梳龍君翰臣又物故獨吾鄉少安二三君子尚得優游

文學曲折以求合桐城之轍而舒燾前卒歐陽生亦以察死老者牽於人事或遭亂不得竟

其學少者或中道夭殂四方多故求如姚先生之聰明早達太平壽考從容以躋於古之作

者卒不可得然則業之成否又得謂之非命也耶歐陽生名勳字子和歿於咸豐五年三月

年二十有幾其文若詩清縝喜往復亦時有亂離之慨莊周云逃空虛者聞人足音跫然而

喜而況昆弟親戚之謦欬其側者乎余之不聞桐城諸老之謦欬也久矣觀生之為則豈直

足音而已故為之序以塞小岑之悲亦以見文章與世變相因俾後之人得以考覽焉。

經史百家雜鈔序例

姚姬傳氏之纂古文辭分為十三類余稍更易為十一類曰論箸曰詞賦曰序跋曰詔令曰奏議曰書牘曰哀祭曰傳誌曰雜記九者余與姚氏同焉者也曰贈序姚氏所有而余無焉者也曰敍記曰典志余所有而姚氏無焉者也曰頌贊曰箴銘姚氏所有余以附入詞賦之下編曰碑誌姚氏所有余以附入傳誌之下編論次微有異同大體不甚相遠後之君子以參觀焉。

村塾古文有選左傳者識者或譏之近世一二知文之士纂錄古文不復上及六經以云尊經也然溯古文所以立名之始乃由屏棄六朝駢儷之文而返之於三代兩漢今舍經而降以相求是猶言孝者敬其父祖而忘其高曾言忠者曰我家臣耳焉敢知國將可乎哉余鈔纂此編每類必以六經冠其端涓涓之水以海為歸無所於讓也姚姬傳氏撰次古文不載史傳其說以為史多不可勝錄也然吾觀其奏議類中錄漢書二十四首果能屏諸史而不錄乎余今所論次釆輯史傳稍多命之曰經史百家雜鈔云。

箸述門 三類

湘鄉曾國藩識。

論箸類　箸作之無韻者經如洪範大學中庸樂記孟子皆是諸子曰篇曰訓曰覽古文家
曰論曰議曰說曰解曰原皆是。

詞賦類　箸作之有韻者經如詩之賦頌書之五子作歌皆是後世曰賦曰辭曰騷曰七曰
設論曰符命曰頌曰贊曰箴曰銘曰歌皆是。

序跋類　他人之箸作序述其意者經如易之繫辭禮記之冠義昏義皆是後世曰序曰跋
曰引曰題曰讀曰傳曰注曰箋曰疏曰說曰解皆是。

告語門　四類

詔令類　上告下者經如甘誓湯誓牧誓等大誥康誥酒誥等皆是後世曰誥曰詔曰諭曰
令曰敎曰敕曰璽書曰檄曰策命皆是。

奏議類　下告上者經如皋陶謨無逸召誥及左傳季文子魏絳等諫君之辭皆是後世曰
書曰疏曰議曰奏曰表曰箚子曰封事曰彈章曰牋曰對策皆是。

書牘類　同輩相告者經如鄭子家叔向呂相之辭皆是後世曰書曰啟曰移
曰牘曰簡曰刀筆曰帖皆是。

哀祭類　人告於鬼神者經如詩之黃鳥二子乘舟書之武成金縢祝辭左傳荀偃趙簡告
辭皆是後世曰祭文曰弔文曰哀辭曰誄曰告祭曰祝文曰願文曰招魂皆是。

記載門 四類

傳誌類 所以記人者經如堯典舜典史則本紀世家列傳皆記載之公者也後世記人之私者曰墓表曰墓誌銘曰行狀曰家傳曰神道碑曰事略曰年譜皆是

敍記類 所以記事者經如書之武成金縢顧命左傳記大戰記會盟及全編皆記事之書通鑑法左傳亦記事之書也後世古文如平淮西碑等是然不多見

典志類 所以記政典者經如周禮儀禮全書禮記之王制月令明堂位孟子之北宮錡章皆是史記之八書漢書之十志及三通皆典章書也後世古文如趙公救菑記是然不多見

雜記類 所以記雜事者經如禮記投壺深衣內則少儀周禮之考工記皆是後世古文家修造宮室有記遊覽山水有記以及記器物記瑣事皆是

經史百家簡編序

自六籍燔於秦火漢世掇拾殘遺徵詁儒能通其讀者支分節解於是有章句之學劉向父子勘書祕閣刊正脫誤稽合同異於是有校讐之學梁世劉勰鍾嶸之徒品藻詩文襃貶前哲其後或以丹黃識別高下於是有評點之學三者皆文人所有事也前明以四書經義取士我朝因之科場有句股點句之例蓋猶古者章句之遺意試官評定甲乙用朱墨旌別其旁名曰圈點後人不察輒倣其法以塗抹古書大圈密點狠藉行間故章句者古人治經之

盛業也而今專以施之時文圍點者科場時文之陋習也而今反以施之古書末流之變遷

何可勝道惟校讐之學我朝獨爲卓絕乾嘉間巨儒輩出講求音聲故訓校勘疑誤冰解的

破度越前世矣咸豐十年余選經史百家之文都爲一集又擇其尤者四十八首錄爲簡本

以貽余弟沅甫沅甫重寫一冊請余勘定乃稍以己意分別節次句絕而章乙之間亦釐正

其謬誤評騭其精華雅與鄭並奏而得與失參見將使一家昆弟子姪啟發證明不復要塗

人而強同也

書學案小識後

唐先生撰輯國朝學案命國藩校字付梓既畢役乃謹書其後曰天生斯民予以健順五常

之性豈以自淑而已將使育民淑世而彌縫天地之缺憾其於天下之物無所不當究二儀

之奠日月星辰之紀岷庶之生成鬼神之情狀草木鳥獸之咸若灑掃應對進退皆吾

性分之所有事故曰萬物皆備於我人者天地之心也聖人者其智足以周知庶物其才能

時措而咸宜然不敢繼心以自用必求權度而絜之以舜之濬哲猶且好問好察周公思

不合則夜以繼日孔子聖之盛也而有事乎好古敏求顏淵孟子之賢亦曰博文曰集義蓋

欲完吾性分之一源則當明凡物萬殊之等欲悉萬殊之等則莫若即物而窮理即物窮理

云者古昔賢聖共由之軌非朱子一家之創解也自陸象山氏以本心爲訓而明之餘姚王

氏。乃頗遙承其緒其說主於良知。謂吾心自有天則。不當支離而求諸事物夫天則誠是也

目巧所至不繼之以規矩準繩遂可擴乎且以舜周公孔子顏孟之知如彼而猶好問好察

夜以繼日好古敏求博文而集義之勤如此況以中人之質而重物欲之累而謂念念不過

乎則其能無少誣耶自是以後沿其流者百輩閒有豪傑之士思有以救其偏變一說則生

一蔽高景逸顧涇陽之學以靜坐爲主所重仍在知覺此變而蔽者也近世乾嘉之間諸儒

務爲浩博考鈎研詁訓本河閒獻王實事求是之旨薄宋賢爲空疏夫所

謂事者非物乎是者非理乎即朱子所稱即物窮理者乎名目自高詆毀日月。

亦變而蔽者也別有顏習齋李恕谷氏之學忍嗜欲苦筋骨勤家養親等於許行之並耕

病宋賢爲無用又一蔽也由前之蔽排王氏而不塞其源是五十步笑百步之類矣由後之

二蔽矯王氏而過於正是因噎廢食之類矣我朝崇儒重道正學翕興平湖陸子桐鄉張子

闢誣辭而反經確乎其不可拔陸桴亭顧亭林之徒博大精微體用兼賅其他鉅公碩學項

領相望二百年來大小醇疵以別矣唐先生於是輯爲此編大乎居敬而不偏於靜格物

而不病於瑣力行而不迫於隘三者交修采擇名言略依此例其或守王氏之故轍與變王

氏而鄰於前三者之蔽則皆薙而剔之豈好辯哉去古日遠百家各以其意自鳴是丹非素

無術相勝雖其尤近理者亦不能奪人人之心而無異辭道不同不相爲謀則亦已矣若其

有嗜於此而取途焉則且多其識去其矜無以聞道自標無以方隅自囿不為口耳之求而求自得焉是則君子者已是唐先生與人為善之志也。

書歸震川文集後

近世綴文之士頗稱述熙甫以為可繼曾南豐王半山之為文自我觀之不同日而語矣或又與方苞氏並舉抑非其倫也蓋古之知道者不妄加毀譽於人非特好直也內之無以立誠外之不足以信後世君子恥焉自周詩有崧高烝民諸篇漢有河梁之詠沿及六朝餞別之詩動累卷帙於是有為之序者昌黎韓氏為此體特繁至或無詩而徒有序駢拇枝指於義為已侈矣熙甫則未必餞別而贈人以序有所謂賀序者謝序者壽序者此何說也又彼所為抑揚吞吐情韻不匱者苟裁之以義或皆可以不陳浮芥舟以縱送於踸踔之水不復憶天下有日海濤者也神乎味乎徒詞費耳然當時頗崇茁軋之習假齊梁之雕琢號為力追周秦者往往而有熙甫一切棄去不事塗飾而選言有序不刻畫物情與古作者合符而後來者取則焉不可謂不智已人能宏道無如命何藉熙甫早置身高明之地聞見廣而情志闊得師友以輔翼所詣固不竟此哉。

答劉孟容書

孟容足下二年三辱書一不報答雖槁木之無情亦不恝置若此性本懶怠然或施於人人

豈謂施之君子每一伸紙以爲足下意中欲聞之言不肯之言不當如是已也輒復置焉日月在

上惟足下鑒之伏承信道力學又能明辨王氏之非甚盛甚盛蓋天下之道非兩不立是以

立天之道曰陰與陽立地之道曰柔與剛立人之道曰仁與義乾坤毀則無以見易仁義不

明則亦無所謂道者傳曰天地溫厚之氣始於東北而盛於東南此天地之盛德氣也此天

地之仁氣也天地嚴凝之氣始於西南而盛於西北此天地之尊嚴氣也此天地之義氣也天

斯二氣者自其後而言之因仁以育物則慶賞之事起因義以正物則刑罰之事起中則治

偏則亂自其初而言之太和絪縕流行而不息人也物也聖人也常人也始所得者鈞耳人

得其全物得其偏聖人者既得其全而其氣質又最清且厚而其習又無毫髮累於是曲踐

乎所謂仁義者夫是之謂盡性也推而放之凡民而準推而放之庶物而準夫是之謂盡人

性盡物性也常人者雖得其全而氣質拘之習染蔽之好不當則賊仁惡不當則賊義賊者

日盛本性日微蓋學問之事自此與也學者何復性而已矣所以學者何格物致意而已矣

格物則剖仁義之差等而縷晰之誠意則舉好惡之當於仁義者而力率之茲其所以難也

吾之身與萬物之生其理本同一源乃若其分則紛然而殊矣親親與民殊仁民與物殊鄉

鄰與同室殊親有殺賢有等或相倍蓰或相什伯或相千萬如此其不齊也不知其分而妄

施焉過乎仁其流爲墨過乎義其流爲楊生於心害於政其極皆可以亂天下不至率獸食

人不止故凡格物之事所爲委曲繁重者剖判其不齊之分焉爾朱子曰人心之靈莫不有
知此言好惡之良知也曰天下之物莫不有理惟於理有未窮故其知有不盡此言吾心之
知有限萬物之分無窮不究乎至殊之分無以洞乎至一之理也今王氏之說曰致良知而
已則是任心之明而遂曲當乎萬物之分果可信乎冠履不同位鳳凰鴟鴞不同棲物所自
具之分殊也瞽瞍殺人皋陶執之舜竊負之縣埋洪水舜殛之禹郊之物與我相際之分殊也
仁義之異施卽物而區之也今乃以卽物窮理爲支離則是吾心虛懸一成之知於此與凡
物了不相涉而謂皆當乎物之分又可信乎朱子曰知爲善以去惡則當實用其力務決去
而求必得之此言仁義之分既明則當畢吾好惡以既其事也今王氏之說曰卽知卽行格
致卽誠意工夫則是任心之明別無所謂實行心苟明矣不必屑屑於外之迹而迹雖不仁
不義亦無損於心之明是何其簡捷而易從也循是說而不辨幾何不胥天下而浮屠之趨
哉堯舜禹湯文武周公孔子之學豈有他與卽物求道而已物無窮則分殊者無極而格焉
者無已時一息而不格則仁有所不熟而義有所不精彼數聖人者惟息息格物而又以好
色惡臭者竟之乃其所以聖也不如是吾未見其聖也自大賢以下知有精粗行有實不實
而賢否以次區焉國藩不肖亦謬欲從事於此凡倫類之酬酢庶務之磨礱雖不克衷之於
仁將必求所謂藹然者焉雖不克裁之於義將必求所謂秩然者焉日往月來業不加修意

書意行尤悔叢集求付一物之當其分而不可得蓋陷溺者深矣自維此生繼能窮萬一之

理亦不過窺鑽奇零無由底於逢原之域然終不敢棄此而他求捷徑謂靈心一覺立地成

聖也下愚之人甘守下愚已耳智有所不照行有所不慊故常餒焉不敢取彼說者廓清而

力排之愚者多柔理有固然今足下崛起儁壞迺能求先王之道開學術之蔀甚盛甚盛此

眞國藩所禱祀以求者也此間有太常唐先生博聞而約守矜嚴而樂易近者國朝學案一

書崇二陸二張之歸闡陽儒陰釋之說可謂深切著明狂瀾砥柱又有比部六安吳君廷尉

蒙古倭君皆實求朱子之指而力踐之國藩既從數君子後與聞末論而淺鄙之資兼嗜華

藻篤好司馬遷班固杜甫韓愈王安石之文章日夜以誦之不厭也故凡僕之所志其大者

垂致行仁義於天下使凡物各得其分其小者則欲寡過於身行道於妻子立不悖之言以

蓋欲於宗族鄉黨其有所成與以此畢吾生焉其無所成與以此畢吾生焉辱知最厚輒一

吐不怍之言非敢執塗人而斷斷不休如此也賤軀比薄弱不勝思然無恙閣室無恙郭大

棲吾舍又有馮君卓懷課吾兒都無恙且好學國藩再拜

致劉孟容書

去歲辱惠書所以講明學術者甚正且詳而於僕多寬假之詞意欲誘而進之且使具述為

學大指良厚良厚蓋僕早不自立自庚子以來稍事學問涉獵於前明本朝諸大儒之書而

不克辨其得失聞此間有工為古文詩者就而審之乃桐城姚郎中鼒之緒論其言誠有可取於是取司馬遷班固杜甫韓愈歐陽修曾鞏王安石及方苞之作悉心而讀之其他六代之能詩者及李杜蘇軾黃庭堅之徒亦皆泛其流而究其歸然後知古之知道者未有不明於文字者也能文而不能知道者或有矣烏有知道而不明文者乎古聖觀天地之文獸迻鳥迹而作書契於是乎有文文與字相生而為字字與字相續而成句句與句相續而成篇口所不能達者文字能曲傳之故文字者所以代口而傳之千百世者也伏羲既深知經緯三才之道而畫卦以著之文王周公恐人之不能明也於是立文字以彰之孔子又作十翼定諸經以闡顯之而道之散列於萬事萬物者亦略盡於文字中矣所貴乎聖人者亦藉此行與萬事萬物相交錯而曲當乎道其文字可以啟後世也吾儒所賴以學聖賢者亦藉此文字以考古聖之行以究其用心之所在然則此句與句續字與字續者古聖之精神語笑脈寓於此差若毫釐謬以千里詞氣之緩急韻味之厚薄屬文者一不慎則規模立變讀書者一不慎則鹵莽無知故國藩竊謂今日欲明先王之道不得不以精研文字為要務三古盛時聖君賢相承繼熙洽道德之精淪於骨髓而學問之意達於閭巷是以其時雖置之野人漢陽之游女皆含性貞嫻吟詠若伊萊周召凡伯仲山甫之倫其道足文工又不待言之降及春秋王澤衰竭道固將廢文亦殊已故孔子觀獲麟曰吾道窮矣畏匡曰斯文將喪

於是慨然發憤修訂六籍昭百王之法戒垂千世而不刊心至苦事至盛也仲尼既歿徒人

分布轉相流衍厥後聰明魁傑之士或有識解謰著大抵孔氏之苗裔其文之醇駁一視乎

見道之多寡以為差見道尤多者文尤醇焉孟軻是也次多者醇次焉見少者文駁焉尤少

者尤駁焉自公穀莊列屈賈而下次第等差略可指數夫所謂見道多寡之分數何也曰深

也博也昔者孔子贊易以明天道作春秋以衷人事之至當可謂深矣孔子之門有四科子

路知兵冉求富國問禮於杜史論樂於魯伶九流之說皆悉其原可謂博矣深則能研萬事

微芒之幾博則能究萬物之情狀而不窮於用後之見道不及孔子者其深有差焉其博有

差焉能深且博而屬文復不失古聖之誼者孟氏而下惟周子之通書張子之正蒙醇厚正

大邈焉寡儔許鄭亦能深博而指示之語或失隘。

其他若杜佑鄭樵馬貴與王應麟之徒能博而不能深則文流於蔓矣游楊金許薛胡之儔

能深而不能博則文傷於易由是有漢學宋學之分斷斷相角非一朝矣僕竊不自揆謬

欲兼取二者之長見道既深且博而為文復臻於無累區區之心不勝奢願譬若以蚊而負

山盲人而行萬里也亦可哂已蓋上者仰企於通書正蒙其次則篤嗜司馬遷韓愈之書謂

二子誠亦深博而頗窺古人屬文之法今論者不究二子之識解輒謂遷之書憤懣不平愈

之書傲兀自喜而足下或不深察亦偶同於世人之說是猶觀盤誥之聱牙而謂尚書不可

讀觀鄭衞之淫亂而謂全詩可刪其毋乃漫於一檗而未之細推也乎孟子曰君子所性雖

大行不加焉窮居不損焉僕則謂君子所性雖破萬卷不加一字不識無損焉離書

籍而言道則仁義忠信反躬皆備堯舜孔孟非有餘愚夫愚婦非不足初不關乎文字也卽

書籍而言道則道猶人心所載之理也文字猶人身之血氣也血氣誠不可以名理矣然舍

血氣則性情亦胡以附麗乎今世雕蟲小夫既溺於聲律績藻之末而稍知道者又謂讀聖

賢書當明其道不當究其文字是猶論觀人者當觀其心所載之理不當觀其耳目言動血

氣之末也不亦誣乎知舍血氣無以見心理則知舍文字無以窺聖人之道矣周濂溪氏稱

文以載道而以虛車譏俗儒夫虛車誠不可無車又可以行遠乎孔孟歿而道至今存者賴

有此行遠之車也吾輩今日苟有所見而欲爲行遠之計又可不早具堅車乎哉故凡僕之

鄙願苟於道有所見不特見之必實體行之不特身行之必求以文字傳之後世雖曰不逮

志則如斯其於百家之著述皆就其文字以校其見道之多寡剖其銖兩而殿最焉於漢宋

二家搆訟之端皆不能左袒以附二關於諸儒崇道貶文之說尤不敢雷同而苟隨極知狂

謬爲有道君子所深屛然默而不宜其文過彌甚聊因足下之引誘而一陳涯略伏惟憫其

愚而繩其愆幸甚幸甚

復吳南屏書

三月初旬奉復一函想已達覽旋接上年臘月惠書並大著詩文全集各五十部就審履祺
康勝無任企仰大集古文敬讀一過視昔年僅見零篇斷幅者尤爲卓絕大抵節節頓挫不
矜奇辭奧句而字字若履危石而下落紙乃遒重絕倫其中閒適之文淸曠自怡蕭然物外
如說鈎雜說程日新傳屠禹甸序之類若翺翔於雲表術視而有至樂國藩嘗好讀陶公及
韋白蘇陸閒適之詩觀其博攬物態逸趣橫生栩栩焉爲神愉而體輕令人欲棄百事而從之
遊而惜古文家少此恬適之一種獨柳子厚山水記破空而遊幷物我而納諸大適之域非
他家所可及今乃於尊集數數遘之故編中雖兼衆長而僕視此等尤高也與歐陽筱岑書
中論及桐城文派不右劉姚至比姚氏於呂居仁讒訬得無少過劉氏誠非有過絕輩流之
詣姚氏則深造自得詞旨淵雅其文爲世所稱誦者如莊子章義序禮箋序復張君書復蔣
松如書與孔撝約論褅祭書贈約假歸序贈錢獻之序朱竹君序儀鄭堂記南園詩存序
綿莊文集序等篇皆義精而詞俊夔絕塵表其不厭人意者惜少雄直之氣驅邁之勢姚氏
固有偏於陰柔之說又嘗自謝爲才弱矣其論文亦多詣極之語國史稱其有古人所未嘗
言韡韡扶其微而發其蘊惟亞稱海峯不免阿於私好要之方氏以後惜抱固當爲百年正
宗未必與海峯同類而幷薄之也淺謬之見惟希裁正國藩回任江表眴逾半年轉境敉乎
雨澤霑足歲事可望豐稔惟是精力日衰前發疝氣雖已痊愈目光蒙霧無術挽回吏治兵

事均未能悉心料理。深爲愧悚。吾鄉會匪竊發。益陽龍陽等城相繼被擾。此輩游蕩無業。常思逐風塵而得逞湘省。年年發難剿之而不畏。撫之而無術。縱使十次速滅。而設有一次遷延則桑梓之患不堪設想。殊以爲慮。

復李眉生書

接手書承詢虛實譬喻異詁等門。屬以破格相告。若鄙人有所祕惜也者。僕雖無狀。亦何敢稍懷吝心特以年近六十。學問之事一無所成。未言而先自愧赧昔在京師讀王懷祖段茂堂諸書亦嘗研究古文家用字之法。來函所詢三門。虛實者實字而虛用虛字而實用也何以謂之實字虛用如春風風人夏雨雨人上風雨實字也下風雨則當作養字解是虛用矣解衣衣我推食食我上衣食實字也下衣食則當作惠字解是虛用矣上朝夕實字也下朝夕則當作祭字解是虛用矣入其門無人門焉者入其閨無人閨焉者上門閨實字也下門閨則當作守字解是虛用矣後人或以實者作本音讀虛者破作他音讀若風讀如諷雨讀如籲衣讀如裔食讀如嗣之類古人曾無是也何以謂之虛字實用如步行也虛字也然管子之六尺爲步韓文之步有新船與地之瓜步邀笛步詩經之國步天步則實用矣薄迫也虛字也然因其叢密而林曰林薄因其不厚而簾曰帷薄以及爾雅之屋上薄莊子之高門懸薄則實用矣覆敗也虛字也然左傳設伏以敗人之兵其伏兵卽名

曰覆。如鄭突爲三覆以待之韓穿帥七覆於敖前。是虛字而實用矣。從順也。虛字也。然左傳

於位次有定者其次序卽名曰從。如荀伯不復從暨牛亂大從。是虛字而實用矣。然此猶就

虛字之本義而引伸之也。亦有與本義全不相涉而借此字以名彼物者。如收斂也。虛字也。

而車之轄名曰收賢長也。虛字也。而車轂之大穿名曰賢畏懼也。虛字也。而弓之淵名曰畏。

峻高也。虛字也。而弓之挂弦處名曰峻。此又器物命名虛字者。一類也。至用字有

譬喻之法。後世須數句而喻意始明。古人止一字而喻意已明。如駿良馬也。因其良而美之。

故爾雅駿訓爲大馬行必疾。故駿又訓爲速。商頌之下國駿厖周頌之駿發爾私是取大之

義爲喻也。武成之侯衞駿奔管子之弟子駿作。是取速之義爲喻也。腂牛百葉也。或作腂音

義並同。牛百葉重疊而體厚。故爾雅毛傳皆訓爲厚節南山之天子是毗朵茇之福祿之

是取厚之義爲喻也。宿夜止也。止則有留義子路之無宿諾孟子之不宿怨是取

留之義爲喻也。史記之宿將宿儒是取久之義爲喻也。渴欲飲也。欲之則有切望之義又有

急就之義鄭箋云漢詩曰渴雨之甚石苞橄吳書曰渴賞之士是取切望之義爲喻也。公羊

傳曰渴葬是取急就之義爲喻也。至於異詁云者則無論何書處處有之。大抵人所共知則

爲常語人所罕聞則爲異詁昔郭景純註爾雅近世王伯申著經傳釋詞於衆所易曉者皆

指爲常語而不甚置論惟難曉者則深究而詳辨之。如淫訓爲淫亂此常語人所共知也。然

如詩之既有淫威則淫訓爲大左傳之淫刑以逞則淫訓爲濫書之淫舍楛牛馬左之淫芻
蕘者則淫當訓爲繼莊子之淫文章淫於性則淫字又當訓爲贅皆訓異詁也黨訓鄉黨此常
語人所共知也然說文云黨不鮮也黨字從黑則色不鮮乃是本義方言又云黨智也郭注
以爲解窹之貌鄉射禮侯黨鄭注以爲黨旁也左傳何黨之乎杜注以爲黨所也皆異詁也
展訓爲舒展此常語也即說文展訓爲轉爾雅訓展爲誠亦常語人所共知也然儀禮有司
展犧牲則展訓爲陳周禮展其功緒則展訓爲錄旅獒時庸展親則展當訓爲存省周禮之
展羣幣則展訓爲察驗皆旅詁也此國藩講求故訓分立三門之微意也
古人用字不主故常初無定例要之各有精意運乎其間且如高平曰阜大道曰路土之高
者曰阜家曰壇皆實字也然以其有高廣之意故爾雅毛傳於此四字均訓爲大四牡孔阜爾
殺既阜火烈具阜阜成兆民其用阜字俱有盛大之意王者之門曰路門寢曰路寢車曰路
車馬曰路馬其用路字俱有正大之意長子曰冢子長婦曰冢婦天官曰冢宰友邦曰冢君
其用冢字俱有重大之意小雅之羊墳首司烜之共墳燭其用墳字俱有肥大之意至三
墳五典則高大矣凡此等類謂之實字虛用也可謂之譬喻也可卽謂之異詁也亦可閣下
見讀通鑑司馬公本精於小學胡身之亦博極羣書卽就通鑑異詁之字偶一鈔記或他人
視爲常語而已心以爲異則且鈔之或明日視爲常語而今日以爲異亦姑鈔之久之多識

雅訓。不特譬喻虛實二門可通卽其他各門亦可觸類而貫徹矣聊述鄙見以答盛意。

復陳右銘太守書

四月二十七日接到惠書並附寄大文一冊知台從去歲北行以途中染疾就醫歷下至正月之杪乃達京師是時鄙人適已出都未及相見爲悵閣下志節嶙峋器識宏達又能虛懷取善兼攬衆長來書所稱自吳侍郎以下若涂君張君方君皆時賢之卓然能自立者惟鄙人器能窳薄謬蒙崇獎非所敢承前以久玷高位頗思避位讓賢葆全晚節赴闕以後欲布斯懷而未得其方亦遂不復陳請來書又盛引古義力言不可遽萌退志今已承乏此閒進止殊不自由第恐精力日頹無補艱危止速謗耳大著粗讀一過駿快激昂有陳同甫藥水心諸人之風僕昔備官朝列亦嘗好觀古人之文章竊以自唐以後善學韓公者莫如王介甫氏而近世知言君子惟桐城方氏姚氏所得尤多因就數家之作而考其書首私立禁約以爲有必不可犯者而後其法嚴而道始復大抵剽竊前言句摹字擬是爲戒律之首稱人之善依於庸德不宜襄揚溢量動稱奇行異徵於小說誕妄者之所爲貶人之惡又加愼之善一篇之內端緒不宜繁多譬如萬山旁薄必有主峯龍袞九章但挈一領否則首尾衡決陳義蕪雜滋足戒也識度曾不異人或乃競爲僻字澀句以駭庸衆斷自然之元氣斯又才士之所同蔽戒律之所必嚴明茲數者持守勿失然後下筆造次皆有法度乃可專精以理

吾之氣深求與韓公所謂與相如子雲同工者熟讀而強探長吟而反覆使其氣若翕翕於虛無之表其辭跌宕俊邁而不可以方物蓋論其本則循戒律之說而詞愈簡而道愈進論其末則抗吾氣以與古人之氣相翕有欲求太簡而不得者兼營乎本末斟酌乎繁簡此自昔志士之所爲畢生矻矻而吾輩所當勉焉者也國藩粗識途徑所求絕少在軍日久舊業益荒忽忽衰老百無一成既承切問略舉所見以資參證別示種煙之弊及李編修書膏腴地畝舍五稼而種罌粟不惟民病艱食亦人心風俗之憂直隸土壤磽薄聞種此者尚少若果漸染此習自應飭通飭嚴禁但非年豐民樂生聚教訓亦未易以文告爭耳

復許仙屏書

來示詢及古文之法僕本無所解近更荒淺不復厝意古文者韓退之氏厭棄魏晉六朝駢儷之文而反之於六經兩漢從而名焉者也名號雖殊而其積字而爲句積句而爲段積段而爲篇則天下之凡名爲文者一也國藩以爲著字之古宜研究爾雅說文小學訓詁之書故嘗好觀近人王氏段氏之說欲造句之古宜傚效漢書文選而後可砭俗而裁僞欲分段之古宜熟讀班馬韓歐之作審其行氣之短長自然之節奏欲謀篇之古則羣經諸子以至近世名家莫不各有匠心以成章法如人之有肢體室之有結構衣之有要領大抵以力去陳言戛戛獨造爲始事以聲調鏗鏘包蘊不盡爲終事僕學無師承冥行臆斷所辛苦而

僅得之者如是而已

送周苟農南歸序

天地之數以奇而生以偶而成一則兩兩則還歸於一一奇一偶互爲其用是以無息焉

物無獨必有對太極生兩儀倍之爲四象重之爲八卦此一生兩之說也兩之所該分而爲

三殽而爲萬萬則幾於息矣物不可以終息故還歸於一天地絪縕萬物化醇男女構精萬

物化生此兩而致於一之說也一者陽之變兩者陰之化故曰一奇一偶者天地之用也文

字之道何獨不然六籍尚已自漢以來爲文者莫善於司馬遷遷之文其句也皆奇而義

必相輔氣不孤伸彼有偶焉者存焉其他善者班固則毗於用偶韓愈則毗於用奇而蔡邕范

蔚宗以下如潘陸沈任等比者皆師班氏者也茅坤所稱八家皆師韓氏者也轉相祖述源

遠而流益分判然若白黑之不類於是刺議互興尊丹者非素而六朝隋唐之文起八代之衰非

亦已久王而將厭宋代諸子乃承其徹而倡爲韓氏之文而蘇軾遂稱曰文起八代之衰

直其才之足以相勝物窮則變理固然也豪傑之士所見類不甚遠韓氏有言孔子必用墨

子墨子必用孔子不相用不足以爲孔墨由是言之彼其於班氏相師而不相非明矣耳食者

不察遂附此而抹摋一切又其言多根六經頗爲知道者所取古文之名獨尊而駢偶之

文乃屏而不得與於其列數百千年無敢易其說者所從來遠矣國家承平奕禩列聖修禮

右文碩學鴻儒往往多出康熙雍正之間。魏禧汪琬姜宸英方苞之屬。號為古文專家。而方氏最為無類。純皇帝武功文德。壹邁古初。徵鴻博以考藝開四庫館以招延賢俊。天下翕然為浩博稽覈之學。薄先輩之空言為文務閎麗。胡天游邵齊燾孔廣森洪亮吉之徒蔚然四起。是時邪中姚鼐息影金陵私淑方氏如碩果之不食。可謂自得者也。沿及今日方之流風稍稍興起。求如天游齊燾輩閎麗之文闃然無復有存者矣。聞者吾鄉人淩君玉垣孫君鼎臣周君壽昌乃頗從事於此。而周君為之尤可喜其才雅贍有餘地。而奇趣迭生蓋幾於能者夫適王都者或道晉或道齊要於達而已司馬遷文家之王都也。如周君之所道進而不已則且達於班氏而不為韓氏所非又不已則王都矣周君以道光乙巳進士選翰林院庶吉士值皇太后萬壽天子大孝錫類臣下得榮其親將奉詒命以歸觀出所為文示余。余乃略述文家原委明奇偶互用之道假贈言之義以為同志者勸嗟乎區區而以文字相討論是則余之陋而不賢者識小之類也。

國藩志學不早中歲側身朝列竊窺陳編稍涉先聖昔賢魁儒長者之緒駑緩多病百無一成軍旅馳驅益以燕廢喪亂未平而吾年將五十矣往者吾讀班固藝文志及馬氏經籍考見其所列書目叢雜猥多作者姓氏至於不可勝數或昭昭於日月或湮沒而無聞及為文

淵閣直閣校理每歲二月侍從宣宗皇帝入閣得觀四庫全書其富過於前代所藏遠甚而

存目之書數十萬卷尚不在此列嗚呼何其多也雖有生知之資累世不能竟其業況其下

焉者乎故書籍之浩浩著述者之衆若江海然非一人之腹所能盡飲也要在愼擇焉而已

余既自度其不逮乃擇古今聖哲三十餘人命兒子紀澤圖其遺像都爲一卷藏之家塾後

嗣有志讀書取足於此不必廣心博騖而斯文之傳莫大乎是矣昔在漢世若武梁祠魯靈

光殿皆圖畫偉人事蹟而列女傳亦有畫像感發興起由來已舊習其器矣進而索其神通

其微合其意心誠求之仁遠乎哉國藩記

堯舜禹湯史臣記言而已至文王拘幽始立文字演周易周孔代興六經炳著師道備矣秦

漢以來孟子蓋與莊荀並稱至唐韓氏獨尊異之而宋之賢者以爲可躋之尼山之次崇其

書以配論語後之論者莫之能易也茲以亞於三聖人後云

左氏傳經多述二周典禮而好稱引奇誕文辭爛然浮於質矣太史公稱莊子之書皆寓言

吾觀子長所爲史記寓言亦居十之六七班氏閎識孤懷不逮子長遠甚然經世之典六藝

之旨文字之源幽明之情狀粲然大備豈與夫斗筲者爭得失於一先生之前姝姝而自悅

者哉

諸葛公當擾攘之世被服儒者從容中道陸敬輿事多疑之主馭難馴之將燭之以至明將

之以至誠譬若御駕馬登峻坂縱橫險阻而不失其馳何其神也范希文司馬君實遭時差

隆然堅卓誠信各有孤詣其以道自持蔚成風俗意量亦遠矣昔劉向稱董仲舒王佐之才

伊呂無以加管晏之屬殆不能及而劉歆以爲董子師友所漸曾不能幾乎游夏以予觀四

賢者雖未逮乎伊呂固將賢於董子惜乎不得如劉向父子而論定耳

自朱子表章周子二程子張子以爲上接孔孟之傳後世君相師儒篤守其說莫之或易乾

隆中閎儒輩起訓詁博辨度越昔賢別立徽志號曰漢學擯有宋五子之術以謂不得獨尊

而篤信五子者亦屏棄漢學以爲破碎害道斷斷焉而未有已吾觀五子立言其大者多合

於洙泗何可議也其訓釋諸經小有不當固當取近世經說以輔翼之又可屏棄羣言以自

隘乎斯二者亦俱譏焉

西漢文章如子雲相如之雄偉此天地遒勁之氣得於陽與剛之美者也此天地之義氣也

劉向匡衡之淵懿此天地溫厚之氣得於陰與柔之美者也此天地之仁氣也東漢以還淹

雅無慙於古而風骨少隤矣韓柳有作盡取揚馬之雄奇萬變而內之於薄物小篇之中豈

不詭哉歐陽氏曾氏皆法韓公而體質於匡劉爲近文章之變莫可窮詰要之不出此二途

雖百世可知也

余鈔古今詩自魏晉至國朝得十九家蓋詩之爲道廣矣嗜好趨向各視其性之所近猶庶

羞百味羅列鼎俎但取適吾口者嚌之得飽而已必窮盡天下之佳肴辨嘗而後供一饌是

大惑也必强天下之舌盡效吾之所嗜是大愚也莊子有言大惑者終身不解大愚者終身

不靈余於十九家中又篤守夫四人者爲唐之李宋之蘇黃好之者十有七八非之者亦

且二三余懼踏莊子不解不靈之譏則取足於是終身焉已耳

司馬子長網羅舊聞貫串三古而八書頗病其略班氏志較詳矣而斷代爲書無以觀其會

通欲周覽經世之大法必自杜氏通典始矣馬端臨通考杜氏伯仲之間鄭志非其倫也百

年以來學者講求形聲故訓專治說文多宗許鄭少談杜馬吾以許鄭考先王制作之源杜

馬辨後世因革之要其於實事求是一也。

先王之道所謂修已治人經緯萬彙者何歸乎亦曰禮而已矣秦滅書籍漢代諸儒之所撰

拾鄭康成之所以卓絕皆以禮也杜君卿通典言禮者十居其六其識已跨越八代矣有宋

張子朱子之所討論馬貴與王伯厚之所纂輯莫不以禮爲兢兢我朝學者以顧亭林爲宗

國史儒林傳裒然冠首吾讀其書言及禮俗敎化則毅然有守先待後舍我其誰之志何其

壯也厥後張蒿菴作中庸論及江愼修戴東原輩尤以禮爲先務而秦尚書蕙田遂纂五禮

通考舉天下古今幽明萬事而一經之以禮可謂體大而思精矣吾圖畫國朝先正遺像首

顧先生次秦文恭公亦豈無微旨哉桐城姚鼐姬傳高郵王念孫懷祖其學皆不純於禮然

姚先生持論閎通國藩之粗解文章由姚先生啟之也王氏父子集小學訓詁之大成复乎

不可幾已故以殿焉

姚姬傳氏言學問之途有三曰義理曰詞章曰考據戴東原氏亦以為言如文周孔孟之聖

左莊馬班之才誠不可以一方體論矣至若葛陸范馬在聖門則以德行而兼政事也周程

張朱在聖門則德行之科也皆義理也韓柳歐曾李杜蘇黃在聖門則言語之科也所謂詞

章者也許鄭杜馬顧秦姚王在聖門則文學之科也顧秦於杜馬為近姚王於許鄭為近皆

考據也此三十二子者師其一人讀其一書終身用之有不能盡若有陋於此而求益於

外譬若掘井九仞而不及泉則以一并為隘而必廣掘數十百井終老力疲而卒無見泉之

一日其庸有當乎

自浮屠氏言因果禍福而為善獲報之說深中於人心固而不可破土方其佔畢呻唔則

期報於科第祿仕或少讀古書窺著作之林則責報於遐邇之譽後世之名纂述未及終編

輒冀得一二有力之口騰播人人之耳以償吾勞也朝耕而暮穫一施而十報譬若沽酒市

脯喧聒以責之貸者又取倍稱之息焉祿利之不遂則徵倖於沒世不可知之名甚者至謂

孔子生不得位歿而俎豆之報隆於堯舜鬱鬱者以相證慰何其陋歟今夫三家之市利析

錙銖或百錢逋負怨及孫子若通閩貿易壞貨山積動逾千金則百錢之有無有不暇計較

者矣。富商大賈黃金百萬。公私流衍則數十百緡之費。有不暇計較者矣。是人也。所操者

大猶有不暇計其小者。況天之所操尤大。而於世人豪末之善口耳分寸之學。而一一謀所

以報之。不亦勞哉。商之貨殖同時同。而或贏或絀。射策者之所業同。而或中或罷。爲學著書

之深淺同。而或傳或否。或名或不名。亦皆有命焉。非可强而幾也。古之君子。蓋無日不憂。無

日不樂。道之不明。己之不免爲鄉人一息之或懈。憂也。居易以俟命。下學而上達。仰不愧而

俯不怍。樂也。自文王周孔三聖人以下至於王氏。莫不憂以終身。樂以終身。無所於祈。何所

爲報。已則自悔何有於名。惟莊周司馬遷柳宗元三人者。傷悼不遇。怨悱形於簡册。其於聖

賢自得之樂。稍違異矣。然彼自惜不世之才。非夫無實而汲汲時名者比也。苟汲汲於名。則

文周孔孟班馬左莊葛陸范馬周程朱張韓柳歐曾李杜蘇黃許鄭杜馬顧秦姚王三十二

人。俎豆馨香。臨之在上。質之在旁。

去三十二子也遠矣。將適燕而南。其於術不益疏哉。

五箴 并序

少不自立。荏苒遂泊今茲。盍古人學成之年。而吾碌碌尙如斯也。不其戚矣。繼是以往。人事

日紛。德慧日損。下流之赴。抑又可知。夫疢疾所以益智。逸豫所以亡身。僕以中才而履安順。

將欲刻苦而自振拔。諒哉其難之歟。作五箴以自創云。

立志箴

煌煌先哲彼不猶人貌焉小子亦父母之身聰明福祿予我者厚哉棄天而佚是及凶災積悔累千其終也已往者不可追請從今始荷道以躬輿之以言一息尚存永矢弗諼

居敬箴

天地定位二五胚胎鼎焉作配實曰三才儼恪齋明以凝女之不莊伐生戕性誰人可慢何事可弛弛事者無成慢人者反爾縱彼不反亦長吾驕人則下女天罰昭昭

主靜箴

齋宿日觀天雞一鳴萬籟俱息但聞鐘聲後有毒蛇前有猛虎神定不懾誰敢予侮豈伊避人日對三軍我慮則一彼紛不紛馳鶩半生曾不自主今其老矣殆擾擾以終古

謹言箴

巧語悅人自擾其身閒言送日亦攬女神解人不誇誇者不解道聽塗說智笑愚駭駭者終明謂女賈欺哭者鄙女雖矢猶疑尤悔既叢銘以自攻銘而復蹈嗟女既耄

有恆箴

自吾識字百歷及茲二十有八載則無一智曩者所忻閱時而鄙往者既拋新者漸徙德業之不常日為物遷爾之再食曾未聞或愆黍黍之增久乃盈斗天君司命敢告馬走

歷代各家名文

宋玉　周戰國楚人屈平弟子為大夫平既放逐玉作九辯招魂述其志而哀其命又有神女高唐賦對楚王問等篇皆寓言託興之作楚詞之尤佳者

九辯

悲哉秋之為氣也。蕭瑟兮草木搖落而變衰。憭慄兮若在遠行登山臨水兮送將歸。泬寥兮天高而氣清。寂寥兮收潦而水清。憯悽增欷兮薄寒之中人。愴怳懭悢兮去故而就新。坎廩兮貧士失職而志不平。廓落兮羈旅而無友生。惆悵兮而私自憐。燕翩翩其辭歸兮蟬寂寞而無聲。雁嗈嗈而南游兮鵾雞啁哳而悲鳴。獨申旦而不寐兮哀蟋蟀之宵征時亹亹而過中兮蹇淹留而無成。

悲憂窮戚兮獨處廓。有美一人兮心不繹。去鄉離家兮來遠客。超逍遙兮今焉薄。專思君兮不可化。君不知兮可奈何。蓄怨兮積思。心煩憺兮忘食事。願一見兮道余意。君之心兮與余異。車既駕兮朅而歸。不得見兮心悲。倚結軨兮長太息。涕潺湲兮下霑軾。慷慨絕兮不得。中瞀亂兮迷惑。私自憐兮何極。心怦怦兮諒直。

皇天平分四時兮竊獨悲此凜秋。白露既下百草兮奄離披此梧楸去白日之昭昭兮襲

長夜之悠悠離芳藹之方壯兮余委約而悲愁秋既先戒以白露兮冬又申之以嚴霜收恢

台之孟夏兮然坎傺而沈藏葉菸邑而無色兮枝煩挐而交橫顏淫溢而將罷兮柯髣髴而下

委黃薾槮之可哀兮形銷鑠而瘀傷惟其紛糅而將落兮恨其失時而無當攬騑轡而

節兮聊逍遙以相羊歲忽忽而遒盡兮恐余壽之弗將悼余生之不時兮逢此世之俇攘澹

容與而獨倚兮蟋蟀鳴此西堂心怵惕而震盪兮何所憂之多方仰明月而太息兮步列星

而極明。

竊悲夫蕙華之曾敷兮紛旖旎乎都房。何曾華之無實兮從風雨而飛颺以為君獨服此蕙

兮嗟無以異於眾芳閔奇思之不通兮將去君而高翔心閔憐之慘悽兮願一見而有明重

無怨而生離兮中結軫而增傷豈不鬱陶而思君兮君之門以九重猛犬狺狺而迎吠兮關

梁閉而不通皇天淫溢而秋霖兮后土何時而得乾塊獨守此無澤兮仰浮雲而永歎

何時俗之工巧兮背繩墨而改錯卻騏驥而不乘兮策駑駘而取路當世豈無騏驥兮誠莫

之能善御見執轡者非其人兮故駒跳而遠去鳧雁皆唼夫梁藻兮鳳愈飄翔而高舉圓鑿

而方枘兮吾固知其鉏鋙而難入兮眾雁皆有所登棲兮鳳邅邅而無所集願銜枚而無言

兮嘗被君之渥洽太公九十乃顯榮兮誠未遇其匹合謂騏驥兮安歸謂鳳皇兮安棲變古

易俗兮世衰今之相者兮舉肥騏驥伏匿而不見兮鳳皇高飛而不下鳥獸猶知懷德兮何

云賢士之不處驥不驟進而求服兮鳳亦不貪餧而忘食君棄遠而不察兮雖願忠其焉得

欲寂寞而絕端兮竊不敢忘初之厚德獨悲愁其傷人兮馮鬱鬱其何極

霜露慘悽而交下兮心尚幸其弗濟霰雪雰糅其增加兮乃知遭命之將至願徼幸而有待

兮泊莽莽與埜草同死願自往而徑往兮路壅絕而不通欲循道而平驅兮又未知其所從

然中路而迷惑兮自厭按而學誦性愚陋以褊淺兮信未達乎從容竊美申包胥之氣晟

恐時世之不同何時俗之工巧兮滅規榘而改鑿獨耿介而不隨兮願慕先聖之遺教處濁

世而顯榮兮非余心之所樂與其無義而有名兮寧窮處而守高食不苟而爲飽兮衣不苟

而爲溫竊慕詩人之遺風兮願託志乎素餐蹇充倔而無端兮泊莽莽而無垠無衣裘以御

冬兮恐溘死不得見乎陽春

靚杪秋之遙夜兮心繚悷而有哀春秋逴逴而日高兮然惆悵而自悲四時遞來而卒歲兮

陰陽不可與儷偕白日晼晚其將入兮明月銷鑠而減毀歲忽忽而遒盡兮老冉冉而愈弛

心搖悅而日幸兮然怊悵而無冀中憯惻之悽愴兮長太息而增欷年洋洋以日往兮老嵺

廓而無處事亹亹而覬進兮蹇淹留而躊躇

何氾濫之浮雲兮猋壅蔽此明月忠昭昭而願見兮然霠曀而莫達願皓日之顯行兮雲蒙

蒙而蔽之竊不自料而願忠兮或黜點而汙之堯舜之抗行兮瞭冥冥而薄天。何險巇之嫉

妬兮被以不慈之僞名兮彼日月之照明兮尚黯黮而有瑕。何況一國之事兮亦多端而膠加。

被荷裯之晏晏兮然潢洋而不可帶。旣驕美而伐武兮負左右之耿介。憎慍惀之修美兮好

夫人之懷慨兮衆踥蹀而日進兮美超遠而逾邁。農夫輟耕而容與兮恐田野之蕪穢。事綿綿

而多思兮竊悼後之危敗。世雷同而炫曜兮何毀譽之昧昧。今修飾而窺鏡兮後尚可以竄

藏。願寄言夫流星兮羌儵忽而難當。卒雍蔽此浮雲兮下暗漠而無光。

堯舜皆有所舉任兮故高枕而自適。諒無怨於天下兮心焉取此怵惕。藥騏驥之瀏瀏兮馭

安用夫強策。諒城郭之不足恃兮雖重介之何益。邅翼翼而無終兮忳惛惛而愁約。生天地

之若過兮功不成而無效。願沈滯而不見兮尚欲布名乎天下。然潢洋而不遇兮直怐愗而

自苦莘莘洋洋而無極兮忽翱翔之焉薄。國有驥而不知兮焉皇皇而更索。寧戚謳於車下

兮桓公聞而知之。無伯樂之善相兮今誰使乎譽之。罔流涕以聊慮兮惟著意而得之。紛純

純而願忠兮妬被離而鄣之。願賜兮放遊志乎雲中。藥精氣之摶摶兮鶩

諸神之湛湛兮驂白霓之習習兮歷羣靈之豐豐。左朱雀之茇茇兮右蒼龍之躍躍屬雷師之

闟闟兮通飛廉之衙衙。前輕輬之鏘鏘兮後輜乘之從從。載雲旗之委蛇兮屬屯騎之容容

計專專之不可化兮願遂推而爲臧。賴皇天之厚德兮還及君之無恙。

對楚王問

楚襄王問於宋玉曰先生其有遺行與何士民衆庶不譽之甚也宋玉對曰唯然有之願大王寬其罪使得畢其辭客有歌於郢中者其始曰下里巴人國中屬而和者數千人其爲陽阿薤露國中屬而和者數百人其爲陽春白雪國中屬而和者數十人引商刻羽雜以流徵國中屬而和者不過數人而已是其曲彌高其和彌寡故鳥有鳳而魚有鯤鳳皇上擊九千里絕雲霓負蒼天翺翔乎杳冥之上夫蕃籬之鷃豈能與之料天地之高哉鯤魚朝發於崑崙之墟暴鬐於碣石暮宿於孟諸夫尺澤之鯢豈能與之量江海之大哉故非獨鳥有鳳而魚有鯤也士亦有之夫聖人瑰意琦行超然獨處世俗之民又安知臣之所爲哉

鄒陽　漢臨淄人景帝時與枚乘嚴忌仕吳以文辯知名吳王陰有邪謀上書諫不聽去之梁從孝王遊爲羊勝等所譖下獄上書自陳王出之待爲上客

獄中上梁王書

臣聞忠無不報信不見疑臣常以爲然徒虛語耳昔荊軻慕燕丹之義白虹貫日太子畏之衞先生爲秦畫長平之事太白食昴昭王疑之夫精誠變天地而信不諭兩主豈不哀哉今臣盡忠竭誠畢議願知左右不明卒從吏訊爲世所疑是使荊軻衞先生復起而燕秦不悟也願大王熟察之昔玉人卞和　史記作　獻寶楚王誅之李斯竭忠胡亥極刑是以箕子佯狂接輿

避世。恐遭此患也。願大王察玉人李斯之意。而後楚王胡亥之聽。毋使臣爲箕子接輿所笑。

臣聞比干剖心子胥鴟夷臣始不信乃今知之。願大王熟察少加憐焉語曰有白頭如新傾

蓋如故何則知與不知也故樊於期逃秦之燕藉荊軻首以奉丹事王奢去齊之魏臨城自

剄以卻齊而存魏夫王奢樊於期非新於齊秦而故於燕魏也所以去二國死兩君者行合

於志慕義無窮也是以蘇秦不信於天下爲燕尾生白圭戰亡六城爲魏取中山何則誠有

以相知也蘇秦相燕人惡之燕王燕王按劍而怒食以駃騠白圭顯於中山人惡之魏文侯

文侯賜以夜光之璧何則兩主二臣剖心析肝相信豈移於浮辭哉故女無美惡入宮見妒

士無賢不肖入朝見嫉昔司馬喜臏腳於宋卒相中山范睢摺脅折齒於魏卒爲應侯此二

人者皆信必然之畫捐朋黨之私挾孤獨之交故不能自免於嫉妒之人也是以申徒狄蹈

雍之河徐衍負石入海不容身於世義不苟取比周於朝以移主上之心故百里奚乞食於

路穆公委之以政寧戚飯牛車下桓公任之以國此二人者豈素宦於朝借譽於左右然後

二主用之哉感於心合於意堅如膠漆昆弟不能離豈惑於衆口哉故偏聽生姦獨任成亂

昔魯聽季孫之說逐孔子宋信子冉子罕〔史作〕之計囚墨翟夫以孔墨之辯不能自免於讒諛而

二國以危何則衆口鑠金積毀銷骨也秦用戎人由余而霸中國齊用越人子臧而彊威宣

此二國豈係於俗牽於世繫奇阿〔史作偏〕之浮辭哉公聽並觀垂明當世故意合則胡越爲兄

弟由余、子臧是矣。不合則骨肉為讐敵，朱、象、管、蔡是矣。今人主誠能用齊、秦之明，後宋、魯之聽，則五霸不足侔，而三王易為比也。是以聖王覺寤，捐子之之心，而不說田常之賢，封比干之後，修孕婦之墓，故功業復於天下。何則？慈仁殷勤，誠嘉於心，不可以虛辭借也。夫晉文親其讐而彊霸諸侯，齊桓用其讐而一匡天下。至夫秦用商鞅之法，東弱韓衞〔衞，史作魏〕，彊天下而卒車裂之。越用大夫種之謀，禽勁吳而霸中國，遂誅其身。是以孫叔敖三去相而不悔，於陵子仲辭三公為人灌園。

今人主誠能去驕傲之心，懷可報之意，披心腹，見情素，墮肝膽，施厚德，終與之窮達，無愛於士，則桀之犬可使吠堯，跖之客可使刺由，何況因萬乘之權，假聖王之資乎。然則荊軻湛七族，要離燔妻子，豈足為大王道哉。

臣聞明月之珠，夜光之璧，以闇投人於道，眾莫不按劍相眄者，何則？無因而至前也。蟠木根柢，輪囷離奇，而為萬乘器者，以左右先為之容也。故無因而至前，雖出隋珠〔史作隨侯之珠、夜光之璧〕、和璧，祇足結怨而不見德。有人先談，則枯木朽株樹功而不忘。今夫天下布衣窮居之士，身在貧羸，蜷蒙堯、舜之術，挾伊、管之辯，懷龍逢、比干之意，當世之君〔史有欲盡忠〕，而素無根柢之容，雖竭精神，欲開忠信〔史作輔人主欲開忠信之治〕，於當世之君，則人主必襲按劍相眄之迹矣。是使布衣之士，不得為枯木朽株之資也。是以聖王制世御俗，獨化於陶鈞之上，而不牽乎卑辭之誠，不奪乎眾多之口。故秦皇帝任中庶子蒙嘉之言〔史有之字〕，以信荊軻，而匕首竊發；周文王獵涇、渭，載呂尚歸，以王天下。

秦信左右而亡周用烏集而王何則以其能越拘攣之語馳域外之議獨觀乎昭曠之道也。

今人主沈詔諛之辭牽帷廧之制使不羈之士與牛驥同皁此鮑焦所以憤於世

樂也臣聞盛飾入朝者不以私汙義底厲名號者不以利傷行故里名勝母曾子不入邑號

朝歌墨子回車今欲使天下寥廓之士籠於威重之權脅於位勢之貴回面汙行以事詔諛

之人而求親近於左右則士有伏死堀穴巖藪之中耳安有盡忠信而趨闕下者哉

枚乘　漢淮陰人亦稱枚叔景帝時仕吳上書陳吳王不納去之梁孝王嘗為上客武帝時乘年已老以安車蒲

輪徵之道卒嘗作七發後人仿為甚多然未有及之者乘與鄒陽之文皆尚排偶為六朝文體之濫觴惟氣勢則

皆雄偉饒有先秦諸子之遺風焉

奏吳王書

臣聞得全者全昌失全者全亡舜無立錐之地以有天下禹無十戶之聚以王諸侯湯武之

土不過百里上不絕三光之明下不傷百姓之心者有王術也故父子之道天性也忠臣不

避重誅以直諫則事無遺策功流萬世臣願披腹心而效愚忠惟大王少加意念惻怛之

心於臣乘言夫以一縷之任係千鈞之重上懸無極之高下垂不測之淵雖甚愚之人猶知

哀其將絕也馬方駭鼓而驚之繫方絕又重鎮之繫絕於天不可復結墜於深淵難以復出

其出不出間不容髮能聽忠臣之言百舉必脫必若所欲為危於累卵難於上天變所欲為

易於反掌安於泰山今欲極天命之壽敝無窮之樂究萬乘之勢不出反掌之易居泰山之安而欲乘累卵之危走上天之難此愚臣之所大惑也人性有畏其景而惡其跡者卻背而走跡愈多景愈疾不知就陰而止景滅跡絕欲人勿聞莫若勿言欲人勿知莫若勿為欲湯之滄一人炊之百人揚之無益也不如絕薪止火而已不絕之於彼而救之於此譬猶抱薪而救火也養由基楚之善射者也去楊葉百步百發百中楊葉之大加百中焉可謂善射矣然其所止百步之內耳比於臣乘未知操弓持矢也福生有基禍生有胎納其基絕其胎禍何自來泰山之霤穿石殫極之綆斷幹水非石之鑽索非木之鋸漸靡使之然也夫銖銖而稱之至石必差寸寸而度之至丈必過石稱丈量徑而寡失夫十圍之木始生如蘗足可搔而絕手可擢而抓據其未生先其未形也磨礱砥礪不見其損有時而盡種樹畜養不見其益有時而大積德累行不知其善有時而用棄義背理不知其惡有時而亡臣願大王孰計而身行之此百世不易之道也

七發

楚太子有疾而吳客往問之曰伏聞太子玉體不安亦少間乎太子曰憊謹謝客客因稱曰今天下安寧四宇和平太子方富於年意者久耽安樂日夜無極邪氣襲逆中若結轖紛屯澹淡嘘唏煩酲惕惕怵怵臥不得暝虛中重聽惡聞人聲精神越渫百病咸生聰明眩曜悅

怒不平。久執不廢大命乃傾。太子豈有是乎。太子曰謹謝客賴君之力時時有之然未至於

是也。客曰今夫貴人之子必宮居而閨處內有保母外有傅父欲交無所飲食則溫淳甘膬

腥醲肥厚衣裳則雜遝曼煖煇爍熱暑雖有金石之堅猶將銷鑠而挺解也況其在筋骨之

間乎哉故曰縱耳目之欲恣支體之安者傷血脈之和且夫出輿入輦命曰蹷痿之機洞房

清宮命曰寒熱之媒皓齒蛾眉命曰伐性之斧甘脆肥醲命曰腐腸之藥今太子膚色靡曼

四支委隨筋骨挺解血脈淫濯手足惰窳越女侍前齊姬奉後往來遊讌縱恣乎曲房隱間

之中此甘餐毒藥戲猛獸之爪牙也所從來者至深遠淹滯永久而不廢雖令扁鵲治內巫

咸治外尚何及哉今如太子之病者獨宜世之君子博見彊識承間語事變度易意常無離

側以爲羽翼淹沈之樂浩唐之心遁佚之志其奚由至哉太子曰諾病已請事此言

客曰今太子之病可無藥石針灸療而已可以要言妙道說而去也不欲聞之乎太子曰

僕願聞之客曰龍門之桐高百尺而無枝中鬱結之輪菌根扶疏以分離上有千仞之峯下

臨百丈之谿湍流遡波又澹淡之其根半死半生冬則烈風漂霰飛雪之所激也夏則雷霆

霹靂之所感也朝則黃鸝鴀鳴焉暮則鵾雞迷鳥宿焉獨鵠晨號乎其上鵾雞哀鳴翔乎

其下於是背秋涉冬使琴摯斫斬以爲琴野繭之絲以爲絃孤子之鈎以爲隱九寡之珥以

爲約使師堂操暢伯子牙爲之歌歌曰麥秀蔪兮雉朝飛向虛壑兮背槁槐依絕區兮臨迴

溪飛鳥聞之翁翼而不能去野獸聞之垂耳而不能行歧蟜螻蟻聞之拄喙而不能前此亦

天下之至悲也太子能彊起聽之乎太子曰僕病未能也

客曰犓牛之腴菜以筍蒲肥狗之和冒以山膚楚苗之食安胡之飯摶之不解一啜而散於

是使伊尹煎熬易牙調和熊蹯之臑芍藥之醬薄耆之炙鮮鯉之膾秋黃之蘇白露之茹蘭

英之酒酌以滌口山梁之餐豢豹之胎小飯大歠如湯沃雪此亦天下之至美也太子能彊

起嘗之乎太子曰僕病未能也

客曰鍾岱之牡齒至之車前似飛鳥後類距虛穱麥服處躁中煩外羈堅轡附易路於是伯

樂相其前後王良造父爲之御秦缺樓季爲之右此兩人者馬佚能止之車覆能起之於是

使射千鎰之重爭千里之逐此亦天下之至駿也太子能彊起乘之乎太子曰僕病未能也

客曰既登景夷之臺南望荊山北望汝海左江右湖其樂無有於是使博辯之士原本山川

極命草木比物屬事離辭連類浮游覽觀乃下置酒於虞懷之宮連廊四注臺城層構紛紜

玄綠鬖邪交池紆曲溷章白鷺孔雀鶤鵠鵁鶄翡翠鼊紫龜龍德牧邕邕羣鳴陽

魚騰躍奮翼振鱗漎漻蓼蔓草芳苓女桑河柳素葉紫莖苗松豫章上造天梧桐幷櫚

極望成林衆芳芬苾鬱亂於五風從容倚靡消息陰陽列坐縱酒蕩樂娛心景佐酒杜連理

晉滋味雜陳肴糅錯該練色娛目流聲悅耳於是乃發激楚之結風揚鄭衛之皓樂使先施

徵舒陽文段干吳娃閭娵傅予之徒。雜裾垂髾。目窕心與。揄流波。雜杜若蒙清塵。被蘭澤嬈

服而御。此亦天下之靡麗皓侈廣博之樂也。太子能彊起遊乎太子曰僕病未能也。

客曰。將爲太子駟騏驥之馬。駕飛輪之輿。乘牡駿之乘。右夏服之勁箭。左烏號之雕弓。游涉

乎雲林。周馳乎蘭澤。弭節乎江潯。掩青蘋。遊清風。陶陽氣。蕩春心。逐狡獸。集輕禽。於是極犬

馬之才。困野獸之足。窮相御之智巧。恐虎豹。慴鷙鳥。逐馬鳴鑣。魚跨麋。角履遊麕兔。蹈踐麕

鹿。汗流沫墜。冤伏陵窘。無創而死者固足充後乘矣。此校獵之至壯也。太子能彊起游乎太

子曰僕病未能也。然陽氣見於眉宇之間。浸淫而上。幾滿大宅。客見太子有悅色也。遂推而

進之曰冥車雷運。旌旗偃蹇。羽旄紛馳。騁角逐。慕味爭先。徼墨廣望之有圻。

純粹全犧獻之公門。太子曰善。願復聞之。客曰未既。於是榛林深澤。煙雲闇莫。兕虎並作毅

武孔猛。祖褐身薄。白刃磑磑。矛戟交錯。收獲掌功。賞賜金帛。掩蘋若爲牧人席。旨酒嘉肴

羞炰膾炙。以御賓客。涌觴並起。動心驚耳。誠必不悔。決絕以諸貞信之色。形於金石。高歌陳

唱萬歲無斁。此眞太子之所喜也。能彊起而遊乎太子曰僕甚願從。直恐爲諸大夫累耳。然

而有起色矣。

客曰將以八月之望。與諸侯遠方交遊兄弟。並觀濤乎廣陵之曲江。至則未見濤之形也。徒

觀水力之所到。則卹然足以駭矣。觀其所駕軼者所擢拔者所揚汨者所溫汾者所滌汔者

雖有心略辭給固未能縷形其所由然也悅兮忽兮聊兮慄兮混汩汩兮忽兮慌兮儻

兮浩瀁瀁兮慌曠曠兮秉意乎南山通望乎東海虹洞乎蒼天極慮乎崖涘流攬無窮歸神

日母汩乘流而下降兮或不知其所止或紛紜其流折兮忽繆往而不來臨朱氾而遠逝兮

中虛煩而益息兮莫離散而發曙兮內存心而自持於是澡槃胸中灑練五藏澈澹手足頼濯

髮齒揄棄恬愉輸寫洶濁分決狐疑醒皇耳目當是之時雖有淹病滯疾猶將伸傴起躄發

瞽披聾而觀望之也況直眇小煩懣醒釀酒之徒哉故曰發蒙解惑不足以言也太子曰

善然則濤何氣哉客曰不記也然聞於師曰似神而非者三疾雷聞百里江水逆流海水上

潮山出內雲日夜不止衍溢漂疾波湧而濤起其始起也洪淋淋焉若白鷺之下翔其少進

也浩浩澄澄如素車白馬帷蓋之張其波涌而雲亂擾擾焉如三軍之騰裝其旁作而奔起

也飄飄焉如輕車之勒兵六駕蛟龍附從太白純馳蜿前後絡繹顒顒卬卬椐椐彊彊莘

莘將將壁壘重堅沓雜似軍行隱唈礚原不可當觀其兩旁則滂勃怫鬱闇漠

感突上擊下碎有似勇壯之卒突怒而無畏蹈壁衝津窮曲隨隈踰岸出追遇者死當者壞

初發乎或圍之津涯荄軫谷分迴翔青薆銜枚檀桓弛節伍子之山通厲胥母之場凌赤岸

篲技桑橫奔似雷行誠奮厥武如振如怒沌沌渾渾狀如奔馬混混庉庉聲如雷鼓聲婆怒屋

沓清升踰跇侯波奮振合戰於藉藉之口鳥不及飛魚不及迴獸不及走紛紛翼翼波涌雲

亂蕩取南山背擊北岸覆虧邱陵平夷西畔險險戲戲崩壞陂池決勝乃罷瀌汨溔溔披留

流瀌橫暴之極魚鼇失勢顛倒偃側沈沈溲溲蒲伏連延神物怪疑不可勝言直使人踏焉

洞閶悽愴焉此天下怪異詭觀也太子能彊起觀之乎太子曰僕病未能也

客曰將爲太子奏方術之士有資略者若莊周魏牟楊朱墨翟便蜎詹何之倫使之論天下

之精微理萬物之是非孔老覽觀孟子持籌而算之萬不失一此亦天下要言妙道也太子

豈欲聞之乎於是太子據几而起曰渙乎若一聽聖人辯士之言涊然汗出霍然病已

劉安　漢高帝少子長之子嗣父爲淮南王好書招致賓客方士數千人作爲內書外書甚多又嘗受詔作離騷

傳武帝甚尊重之賜几杖不朝後以謀反自殺（案姚鼐曰此篇王逸以爲淮南小山之辭蓋文志所云淮南

王羣臣賦也文選直題淮南王安作蕭疑昭明之世容有班固賈逵所解楚辭或據異說題之本書亦從昭明所

題而附姚說於此）

招隱士

桂樹叢生兮山之幽偃蹇連卷兮枝相繚山氣巃嵸兮石嵯峨谿谷嶄巖兮水曾波

猨狖群嘯兮虎豹嗥攀援桂枝兮聊淹留王孫遊兮不歸春草生兮萋萋歲暮兮不自聊蟪蛄鳴兮

啾啾塊兮軋山曲崛心淹留兮洞荒忽罔兮汸慄兮慄虎豹岹叢薄深林兮人上慄嶔岑碕

礧兮硍磈砎碅樹輪相糺兮林木茇骫青莎雜樹兮薠草靃靡白鹿麏麚兮或騰或倚狀貌

崟崟兮峨峨，淒淒兮滾滾。獼猴兮熊羆，慕類兮以悲。攀援桂枝兮聊淹留。虎豹鬪兮熊羆咆。

禽獸駭兮忘其曹。王孫兮歸來，山中兮不可以久留。

漢武帝

沛人姓劉名徹景帝子承文景富庶之餘好儒術與大學表章六經一時文學之士彬彬而起武功亦盛稱為雄主史漢載其歌辭詔令數十首雄偉典麗雖後世文士竭力模倣亦不易及在位五十四年。

元狩二年報李廣詔

將軍者國之爪牙也。司馬法曰。登車不式。遭喪不服。振旅撫師以征不服。率三軍之心。同戰士之力。故怒形則千里竦。威振則萬物伏。是以名聲暴於夷貉。威稜憺乎鄰國。夫報忿除害。捐殘去殺。朕之所圖於將軍也。若迺免冠徒跣。稽顙請罪。豈朕之指哉。將軍其率師東轅。彌節白檀。以臨右北平盛秋。

元封五年求賢詔

蓋有非常之功。必待非常之人。故馬或奔踶而致千里。士或有負俗之累而立功名。夫暴駕之馬。跅弛之士。亦在御之而已。其令州縣察吏民。舉茂才異等。可為將相及使絕國者。

秋風辭

秋風起兮白雲飛。草木黃落兮雁南歸。蘭有秀兮菊有芳。懷佳人兮不能忘。泛樓船兮濟汾河。橫中流兮揚素波。簫鼓鳴兮發棹歌。歡樂極兮哀情多。少壯幾時兮奈老何。

東方朔　漢厭次人字曼倩善詼諧滑稽武帝時官至大中大夫給事中時以諷諫救帝之過後上書陳農戰彊

國之計不見用因著論設客難巳又謂非有先生之論朔長於文辭而此二篇爲最善揚雄班固以下多仿之又

著有神異經海內十洲記等

答客難

客難東方朔曰蘇秦張儀一當萬乘之主而都卿相之位澤及後世今子大夫修先王之術

慕聖人之義諷誦詩書百家之言不可勝數著於竹帛脣腐齒落服膺而不釋好學樂道之

效明白甚矣自以智能海內無雙則可謂博聞辯智矣然悉力盡忠以事聖帝曠日持久積

數十年官不過侍郎位不過執戟意者尚有遺行邪同胞之徒無所容居其故何也東方先

生喟然長息仰而應之曰是固非子之所能備彼一時也此一時也豈可同哉夫蘇秦張儀

之時周室大壞諸侯不朝力政爭權相禽以兵并爲十二國未有雌雄得士者彊失士者亡

故談說行焉身處尊位珍寶充內外有倉廩澤及後世子孫長享今則不然聖帝流德天下

震慴諸侯賓服連四海之外以爲帶安於覆盂天下均平合爲一家動發舉事猶運之掌賢

與不肖何以異哉遵天之道順地之理物無不得其所故綏之則安動之則苦尊之則爲將

卑之則爲虜抗之則在青雲之上抑之則在深淵之下用之則爲虎不用則爲鼠雖欲盡節

效情安知前後夫天地之大士民之衆竭精談說並進輻湊者不可勝數悉力慕之困於衣

食或失門戶。使蘇秦張儀與僕並生於今之世。曾不得掌故。安敢望侍郎乎。傳曰天下無害。

雖有聖人無所施才。上下和同。雖有賢者無所立功。故曰時異事異。雖然安可以不務修身

乎哉。詩曰鼓鐘于宮。聲聞于外。鶴鳴于九皐。聲聞于天。苟能修身。何患不榮。太公體行仁義

七十有二。乃設用於文武。得信厥說封於齊。七百歲而不絕。此士所以日夜孳孳修學敏行

而不敢怠也。譬若鶺鴒飛且鳴矣。傳曰天不為人之惡寒而輟其冬。地不為人之惡險而輟

其廣。君子不為小人之匈匈而易其行。天有常度。地有常形。君子有常行。君子道其常。小人

計其功。詩云禮義之不愆。何恤人之言。故曰水至清則無魚。人至察則無徒。冕而前旒所以

蔽明。黈纊充耳所以塞聰。明有所不見。聰有所不聞。舉大德。赦小過。無求備於一人之義也

枉而直之。使自得之。優而柔之。使自求之。揆而度之。使自索之。蓋聖人之教化如此。欲其自

得之。自得之則敏且廣矣。今世之處士。魁然無徒。廓然獨居。上觀許由。下察接輿。計同范蠡

忠合子胥。天下和平。與義相扶。寡耦少徒。固其宜也。子何疑於予哉。若夫燕之用樂毅秦之

用李斯。酈食其之下齊。說行如流。曲從如環。所欲必得。功若邱山。海內定。國家安。是遇其時

者也。子又何怪之邪。語曰以莛撞鐘。豈能通其條貫。考其文理。發其音

聲哉。繇是觀之。譬猶鼱鼩之襲狗。孤豚之咋虎。至則靡耳。何功之有。今以下愚而非處士。雖

欲勿困。固不得已。此適足以明其不知權變。而終惑於大道也。

非有先生論

非有先生仕於吳進不能稱往古以廣主意退不能揚君美以顯其功默然無言者三年矣。吳王怪而問之曰寡人獲先王之功寄於眾賢之上夙興夜寐未嘗敢怠也今先王率然高舉遠集吳地將以輔治寡人誠竊嘉之體不安席食不甘味目不視靡曼之色耳不聽鐘鼓之音虛心定志欲聞流議者三年於茲矣今先生進無以輔治退不揚主譽竊為先生不取也蓋懷能而不見臣不忠也見而不行主不明也意者寡人殆不明乎非有先生伏而唯唯吳王曰可以談矣寡人將竦意而覽焉先生曰於戲可乎哉可乎哉談何容易夫談者有悖於目拂於耳謬於心而便於身者或有悅於目順於耳快於心而毀於行者非有明王聖主孰能聽之矣吳王曰何為其然也中人以上可以語上也先生試言寡人將覽焉先生對曰昔關龍逢深諫於桀而王子比干直言於紂此二臣者皆極慮盡忠閔主澤不下流而萬民騷動故直言其失切諫其邪者將以為君之榮除主之禍也今則不然反以為誹謗君之行無人臣之禮果然傷於身蒙不辜之名戮及先人為天下笑故曰談何容易是以輔弼之臣瓦解而邪諂之人並進遂及飛廉惡來革等三人皆詐偽巧言利口以進其身陰奉琱琢刻鏤之好以納其心務快耳目之欲以苟容為度遂往不戒身沒被戮宗廟崩弛國家為墟殺戮賢臣親近讒夫詩不云乎讒人罔極交亂四國此之謂也故卑身賤體說色微辭愉愉怐怐終無益於主上之治。卽志士仁人不忍爲也。將儳然作矜莊之色。深言直諫。上以拂人主之邪。下以損百姓之害。則忤於邪主之心。歷於衰世之法。故養壽命之士。莫肯進也。遂居深山之間。積土爲室。編蓬爲戶。彈琴其中。以詠先王之風。亦可以樂而忘死矣。是以伯夷叔齊避周。餓于首陽之下。後世稱其仁。如是邪主之行。固足畏也。故曰談何容易。於是吳王懼然易容。捐薦去几。危坐而聽。先生曰。接輿避世。箕子被髮佯狂。此二子者。皆避濁世以全其身者也。使遇明王聖主。得賜淸讌之閒。寬和之色。發憤畢誠。圖畫安危。揆度得失。上以安主體。下以便萬民。則五帝三王之道可幾而見也。故伊尹蒙恥辱。負鼎俎。和五味以干湯。太公釣於渭之陽。以見文王。心合意同。謀無不成。計無不從。誠得其君也。深念遠慮。引義以正其身。推恩以廣其下。本仁祖誼。襃有德。祿賢能。誅惡亂。總遠方。壹統類。美風俗。此帝王所由昌也。上不變天性。下不奪人倫。則天地和洽。遠方懷之。故號聖王。臣子之職旣加矣。於是裂地定封爵。爲公侯。傳國子孫。名顯後世。民到于今稱之。以遇湯與文王也。太公伊尹以如此。龍逢比干獨如彼。豈不哀哉。故曰談何容易。於是吳王穆然。俛而深惟。仰而泣下交頤曰。嗟乎。余國之不亡也。於是正明堂之朝。齊君臣之位。舉賢才。布德惠。施仁義。賞有功。躬親節儉。減後宮之費。損車馬之用。放鄭聲。遠佞人。省庖廚。去儷靡。卑宮館。壞苑囿。填池塹。以與貧民無產業者。開內藏。振貧窮存者。恤孤獨。薄賦斂。省刑罰。行此三

年海內晏然天下大治陰陽和調萬物咸得其宜國無災害之變民無飢寒之色家給人足
畜積有餘囹圄空虛鳳凰來集麒麟在郊甘露既降朱草萌芽遠方異俗之人嚮風慕義各
奉其職而來朝賀故治亂之道存亡之端若此易見而君人者莫肯為也臣愚竊以為過故
詩曰王國克生惟周之貞濟濟多士文王以寧此之謂也

李陵　漢成紀人字少卿武帝時拜騎都尉將步騎五千自當一隊與匈奴戰力竭而降文選載其與蘇武書自
解見陷匈奴與不得歸漢之苦夷世多傳誦惟文境不類西漢論者以為六朝人所依託

答蘇武書

子卿足下勤宣令德策名清時榮問休暢幸甚幸甚遠託異國昔人所悲望風懷想能不依
依昔者不遺遠辱答慰誨勤勤有踰骨月陵雖不敏能不慨然自從初降以至今日身之
窮困獨坐愁苦終日無覩但見異類韋韝毳幕以禦風雨羶肉酪漿以充飢渴舉目言笑誰
與為歡胡地玄冰邊土慘裂但聞悲風蕭條之聲涼秋九月塞外草衰夜不能寐側耳遠聽
胡笳互動牧馬悲鳴吟嘯成羣邊聲四起晨坐聽之不覺淚下嗟乎子卿陵獨何心能不悲
哉與子別後益復無聊上念老母臨年被戮妻子無辜並為鯨鯢身負國恩為世所悲子歸
受榮我留受辱命也如何身出禮義之鄉而入無知之俗違棄君親之恩長為蠻夷之域傷
已令先君之嗣更成戎狄之族又自悲矣功大罪小不蒙明察孤負陵心區區之意每一念

至忽然忘生。陵不難刺心以自明。刎頸以見志。顧國家於我已矣。殺身無益。適足增羞。故每攘臂忍辱。輒復苟活。左右之人見陵如此。以為不入耳之歡。來相勸勉。異方之樂。祇令人悲。增忉怛耳。嗟乎子卿。人之相知。貴相知心。前書倉卒。未盡所懷。故復略而言之。昔先帝授陵步卒五千。出征絕域。五將失道。陵獨遇戰。而裹萬里之糧。帥徒步之師。出天漢之外。入強胡之域。以五千之衆。對十萬之軍。策疲乏之兵。當新羈之馬。然猶斬將搴旗。追奔逐北。滅跡掃塵。斬其梟帥。使三軍之士。視死如歸。陵也不才。希當大任。意謂此時。功難堪矣。既不相如。國興師更練精兵。強踰十萬。單于臨陣。親自合圍。客主之形。既不相如。步馬之勢。又甚懸絕。疲兵再戰。一以當千。然猶扶創乘痛。決命爭首。死傷積野。餘不滿百。而皆扶病。不任干戈。然陵振臂一呼。創病皆起。舉刃指虜。胡馬奔走。兵盡矢窮。人無尺鐵。猶復徒手奮呼。爭為先登。當此時也。天地為陵震怒。戰士為陵飲血。單于謂陵不可復得。便欲引還。而賊臣敎之。遂使復戰。故陵不得免耳。昔高皇帝以三十萬衆。困於平城。當此之時。猛將如雲。謀臣如雨。然猶七日不食。僅乃得免。況當陵者。豈易為力哉。而執事者云云。苟怨陵以不死。然陵不死。罪也。子卿視陵。豈偷生之士。而惜死之人哉。寧有背君親。捐妻子。而反為利者乎。然陵不死。有所為也。故欲如前書之言。報恩於國主耳。誠以虛死不如立節。滅名不如報德也。昔范蠡不殉會稽之恥。曹沬不死三敗之辱。卒復句踐之讎。報魯國之羞。區區之心。竊慕此耳。何圖志未

立而怨已成計未從而骨肉受刑此陵所以仰天椎心而泣血也足下又云漢與功臣不薄

子爲漢臣安得不云爾乎昔蕭樊囚縶韓彭葅醢鼂錯受戮周魏見辜其餘佐命立功之士

賈誼亞夫之徒皆信命世之才抱將相之具而受小人之讒並受禍敗之辱卒使懷才受謗

能不得展彼二子之遐舉誰不爲之痛心哉陵先將軍功略蓋天地義勇冠三軍徒失貴臣

之意到身絕域之表此功臣義士所以負戟而長歎者也何謂不薄哉且足下昔以單車之

使適萬乘之虜遭時不遇至於伏劍不顧流離辛苦幾死朔北之野丁年奉使皓首而歸老

母終堂生妻去帷此天下所希聞古今所未有也蠻貊之人尙猶嘉子之節況爲天下之主

乎陵謂足下當享茅土之薦受千乘之賞聞子之歸賜不過二百萬位不過典屬國無尺土

之封加子之勤而妨功害能之臣盡爲萬戶侯親戚貪佞之類悉爲廊廟宰子尙如此陵復

何望哉且漢厚誅陵以不死薄賞子以守節欲使遠聽之臣望風馳命此實難矣是以每顧

而不悔者也陵雖孤恩漢亦貿德昔人有言雖忠不烈視死如歸陵誠能安而主豈復能眷

眷乎男兒生以不成名死則葬蠻夷中誰復能屈身稽顙還向北闕使刀筆之吏弄其文墨

耶願足下勿復望陵嗟乎子卿夫復何言相去萬里人絕路殊生爲別世之人死爲異域之

鬼長與足下生死辭矣幸謝故人勉事聖君足下胤子無恙勿以爲念努力自愛時因北風

復惠德音李陵頓首

楊惲　漢華陰人字子幼司馬遷之外孫宣帝時爲中郎將恃才玩世爲怨家所告免爲庶人惲家居治產業起室宅以財自娛友人孫會宗以書戒之惲報書辭涉怨懟宣帝見而惡之遂罹於禍。

報孫會宗書

惲材朽行穢文質無所底幸賴先人餘業得備宿衞遭遇時變以獲爵位終非其任卒與禍會足下哀其愚蒙賜書教督以所不及殷勤甚厚然竊恨足下不深惟其終始而猥隨俗之毀譽也言鄙陋之愚心若逆指而文過默而息乎恐違孔氏各言爾志之義故敢略陳其愚唯君子察焉惲家方隆盛時乘朱輪者十人位在列卿爵爲通侯總領從官與聞政事曾不能以此時有所建明以宣德化又不能與羣僚同心幷力陪輔朝廷之遺忘已負竊位素餐之責久矣懷祿貪勢不能自退遭遇變故橫被口語身幽北闕妻子滿獄當此之時自以夷滅不足以塞責豈意得全首領復奉先人之邱墓乎伏惟聖主之恩不可勝量君子遊道樂以忘憂小人全軀說以忘罪竊自思念過已大矣行已虧矣長爲農夫以沒世矣是故身率妻子戮力耕桑灌園治產以給公上不意當復用此爲議也夫人情所不能止者聖人弗禁故君父至尊親送其終也有時而既臣之得罪已三年矣田家作苦歲時伏臘烹羊炰羔斗酒自勞家本秦也能爲秦聲婦趙女也雅善鼓瑟奴婢歌者數人酒後耳熱仰天拊缶而呼烏烏其詩曰田彼南山蕪穢不治種一頃豆落而爲萁人生行樂耳須富貴何時是日也

拂衣而喜奮褒低昂頓足起舞誠荒淫無度不知其不可也憚幸有餘祿方羅賤販貴逐什

一之利此買竪之事汙辱之處懼親行之下流之人衆毀所歸不寒而慄雖知憚者猶隨

風而靡尚何稱譽之有董生不云乎明明求仁義常恐不能化民者卿大夫之意也明明求

財利常恐困乏者庶人之事也故道不同不相爲謀今子尚安得以卿大夫之制而責僕哉

夫西河魏土文侯所興有段干木田子方之遺風凜然皆有節概知去就之分頌者足下離

舊土臨安定安定山谷之間昆夷舊壤子弟貪鄙豈習俗之移人哉於今乃睹子之志矣方

當盛漢之隆願勉旃册多談

王褒

漢蜀人字子淵益州刺史奏襃有軼才徵至京師作聖主得賢臣頌其辭頗頑鄙枚而尤近於駢儷官至
諫議大夫方士言益州有金馬碧雞之神遣襃往祀之道卒

聖主得賢臣頌

夫荷旃被毳者難與道純緜之麗密襲黎哈糗者不足與論太牢之滋味今臣辟在西蜀生

於窮巷之中長於蓬茨之下無有遊觀廣覽之知顧有至愚極陋之累不足以塞厚望應明

指雖然敢不略陳愚心而抒情素記曰共惟春秋法五始之要在乎審己正統而已夫賢者

國家之器用也所任賢則趨舍省而功施普器用利則用力少而就效衆故工人之用鈍器

也勞筋苦骨終日矻矻及至巧冶鑄干將之樸清水焠其鋒越砥斂其鍔水斷蛟龍陸剸犀

革忽若籌氾畫塗如此則使離妻督繩公輸削墨崇臺五增延袤百丈而不溷者工用相

得也庸人之御駑馬亦傷吻敝策而不進於行胥喘膚汗人極馬倦及至駕齧郄驂乘日王

良執靶韓哀附輿縱騁馳騖忽如景靡過都越國蹶如歷塊追奔電逐遺風流八極萬里

一息何其遼哉人馬相得也故服絺綌之涼者不苦盛暑之鬱燠襲貂狐之煖者不憂至寒

之淒愴何則有其具也故知附賢者必建仁策索人求士者必樹伯迹昔周公躬吐握

之勞故有圖空之隆齊桓設庭燎之禮故有匡合之功由此觀之君人者勤於求賢而逸於

得人人臣亦然昔賢者之未遭遇也圖事揆策則君不用其謀陳見悃誠則上不然其信進

仕不得施效斥逐又非其愆是故伊尹勤於鼎俎太公困於鼓刀百里自鬻寧子飯牛離此

患也及其遇明君遭聖主也運籌合上意諫諍即見聽進退得關其忠任職得行其術去卑

辱奧涊而升本朝離疏釋蹻而享膏粱剖符錫壤而光祖考傳之子孫以資說士故世必有

聖知之君而後有賢明之臣故虎嘯而風龍興而致雲蠖蟀咮秋吟蚴蟉出以陰易曰飛

龍在天利見大人詩曰思皇多士生此王國故世平主聖俊乂將自至若堯舜禹湯文武之

君獲稷契臯陶伊尹呂望明明在朝穆穆布列聚精會神相得益章雖伯牙操遞鍾逢門子

彎烏號猶未足以喻其意也故聖主必待賢臣而弘功業俊士亦俟明主以顯其德上下俱

欲矑然交欣千載壹合論說無疑翼乎如鴻毛遇順風沛乎若巨魚縱大壑其得意若此則

胡禁不止曷令不行化溢四表橫被無窮退夷貢獻萬祥畢臻是以聖王不徧窺望而視已

明不單頃耳而聽已聽從祥風翩德與和氣游太平之責塞優遊之望得遶遊自然之埶

恬淡無爲之場休徵自至壽考無疆雍容垂拱永永萬年何必偃印詘信若彭祖呴噓呼吸

如喬松眇然絕俗離世哉詩云濟濟多士文王以寧蓋信乎其以寧也

谷永　漢長安人字子雲淹通經學工於筆札爲太常丞數上書言得失官至大司農

訟陳湯疏

臣聞楚有子玉得臣文公爲之仄席而坐趙有廉頗馬服強秦不敢窺兵井陘近漢有郅都

魏尚匈奴不敢南鄉沙幕由是言之戰克之將國之爪牙不可不重也蓋君子聞鼓鼙之聲

則思將帥之臣竊見關內侯陳湯前使副西域都護忿郅支之無道閔王誅之不加策慮憤

儻義勇奮發卒與師奔逝橫厲烏孫踰集都賴屠三重城斬郅支首報十年之逋誅雪邊吏

之宿恥威震百蠻賜武四海漢元以來征伐方外之將未嘗有也今湯坐言事非是幽囚久

繫歷時不決執憲之吏欲致之大辟昔白起爲秦將南拔郢都北坑趙括以纖介之過賜死

杜郵秦民憐之莫不隕涕今湯親秉鉞席卷喋血萬里之外薦功祖廟告類上帝介胄之士

靡不慕義以言事爲罪無赫赫之惡周書曰記人之功忘人之過宜爲君者也夫犬馬有勞

於人尚加帷蓋之報況國之功臣者哉竊恐陛下忽於鼓鼙之聲不察周書之意而忘帷蓋
之施庸臣遇湯卒從吏議使百姓介然有秦民之恨非所以厲死難之臣也。

崔瑗

後漢安平人字子玉驅之子瑗早孤銳志好學舉茂才善屬文與班固傅毅齊名為汲令七年民謳歌之。

安帝初時相薦瑗宿德大儒遷冀北相子寔亦有名。

座右銘

無道人之短無說己之長施人慎勿念受施慎勿忘世譽不足慕唯仁為紀綱隱心而後動
謗議庸何傷無使名過實守愚聖所臧在涅貴不緇曖曖內含光柔弱生之徒老氏誡剛彊
行行鄙夫志悠悠故難量慎言節飲食知足勝不祥行之苟有恆久久自芬芳

李固

後漢南鄭人字子堅負笈從師究覽典墳順帝時對策覘直由議郎進至太尉後為梁冀所害。

與黃瓊書

聞已度伊洛近在萬歲亭即事有漸將順王命乎蓋君子謂伯夷隘柳下惠不恭故傳曰
不夷不惠可否之間蓋聖賢居身之所珍也誠欲枕山樓谷擬迹巢由斯則可矣若當輔
政濟民今其時也自生民以來善政少而亂俗多必待堯舜之君此為志士終無時矣常聞
語曰嶢嶢者易缺皦皦者易汙陽春之曲和者必寡盛名之下其實難副近魯陽樊君被徵
初至朝廷設壇席猶待神明雖無大異而言行所守亦無所缺而毀謗布流應時折減者豈

非觀聽望深聲名太盛乎自頃徵聘之士胡元安薛孟嘗朱仲昭顧季鴻等其功業皆無所
採是故俗論皆言處士純盜虛聲願先生弘此遠謨令眾人歎服一雪此言耳

蔡邕　後漢圉人字伯喈博學工辭章善鼓琴仕為議郎熹平中與楊賜奏定六經文字自書冊鐫碑立於太學
門外吾國之有石經始此後董卓辟邕拜為中郎將及王允誅卓幷收及邕邕乞黥首刖足續成漢史不許遂死
獄中年六十搢紳諸儒莫不流涕有獨斷蔡中郎集

郭有道碑

先生諱泰字林宗太原界休人也其先出自有周王季之穆有虢叔者實有懿德文王咨焉
建國命氏或謂之郭郇其後也先生誕膺天衷聰明哲孝友溫恭仁篤慈惠夫其器量宏
深姿度廣大浩浩焉汪汪焉乎不可測巳若乃砥節厲行直道正辭貞固足以幹事隱括
足以矯時遂考覽六經探綜圖緯周流華夏隨集帝學收文武之將墜拯微言之未絕于時
縉紳之徒紳佩之士望形表而景附聆嘉聲而響和者猶百川之歸巨海鱗介之宗龜龍也
爾乃潛隱衡門收朋勤誨童蒙賴焉用祛其蔽州郡聞德虛己備禮莫之能致羣公休之逐
辟司徒掾又舉有道皆以疾辭將蹈洪崖之絕軌翔區外以舒翼超天衢以
高峙稟命不融享年四十有三以建寧二年正月乙亥卒凡我四方同好之人永懷哀悼靡
所置念乃相與推先生之德以圖不朽之事僉以為先民既沒而德音猶存者亦賴之于紀

逑也。今其如何而闕斯禮於是樹碑表墓昭銘景行俾芳烈奮乎百世令聞顯于無窮其辭

曰。

於休先生明德通玄純懿淑靈受之自天崇壯幽濬如山如淵禮樂是悅詩書是敦匪惟摭

華乃尋厥根宮牆重仞允得其門懿乎其純確乎其操洋洋搢紳言觀其高樓遲泌邱善誘

能敎赫赫三事幾行其招委辭召貢保此清妙降年不永民斯悲悼爰勒茲銘摛其光耀嗟

爾來世是則是效

陳琳

陳琳　三國魏廣陵人字孔璋初爲何進主簿後歸袁紹嘗爲紹草檄文討曹操數其罪狀甚悉操先苦頭風是

日疾發臥讀琳所作翕然起曰愈我病矣紹敗歸操愛其才而不咎以爲記室軍國書檄多出琳手琳與王粲

齊名又與孔融徐幹阮瑀應瑒劉楨五人共稱建安七子

爲袁紹檄豫州

左將軍領豫州刺史郡國相守蓋聞明主圖危以制變忠臣慮難以立權是以有非常之人

然後有非常之事有非常之事然後立非常之功夫非常者故非常人所擬也曩者強秦弱

主趙高執柄專制朝權威福由己時人迫脅莫敢正言終有望夷之敗祖宗焚滅污辱至今

永爲世鑒及臻呂后季年產祿專政內兼二軍外統梁趙擅斷萬機決事省禁下陵上替海

內寒心於是絳侯朱虛興兵奮怒誅夷逆暴尊立太宗故能王道興隆光明顯融此則大臣

立權之明表也。司空曹操。祖父中常侍騰。與左悺徐璜。並作妖孽。饕餮放橫。傷化虐民。父嵩乞匄攜養。因贓假位。與金輦璧輸貨權門。竊盜鼎司。傾覆重器。操贅閹遺醜。本無懿德。獷狡鋒協。好亂樂禍。幕府統膺揚埽。除凶逆。續遇董卓。侵官暴國。於是提劍揮鼓。發命東夏。收羅英雄。棄瑕取用。故遂與操同諮合謀。授以裨師。謂其鷹犬之才。可任至乃愚佻短略。輕進易退。傷夷折衂。數喪師徒。幕府輒復分兵。命銳修完輯表行東郡領兗州刺史。被以虎文。獎蹙威柄。冀獲秦師一剋之報。而操遂承資跋扈。肆行凶忒。割剝元元。殘賢害善。故九江大守邊讓。英才俊偉。天下知名。直言正色。論不阿諂。身首被梟懸之誅。妻孥受灰滅之咎。自是士林憤痛。民怨彌重。一夫奮臂。舉州同聲。故躬破於徐方。地奪於呂布。彷徨東裔。蹈據無所。幕府惟強幹弱枝之義。且不登叛人之黨。故復援旌擐甲。席卷起征。金鼓響振。布眾奔沮。拯其死亡之患。復其方伯之位。則幕府無德於兗土之民。而有大造於操也。後會鑾駕反旆。羣虜寇攻。時冀州方有北鄙之警。匪遑離局。故使從事中郎徐勛。就發遣操。使繕修郊廟。翊衞幼主。操便放志專行。脅遷當御省禁。卑侮王室。敗法亂紀。坐領三臺。專制朝政。爵賞由心。刑戮在口。所愛光五宗。所惡滅三族。羣談者受顯誅。腹議者蒙隱戮。百僚鉗口。道路以目。尚書記朝會。公卿充員品而已。故太尉楊彪。典歷二司。享國極位。操因眦睚。被以非罪。榜楚參并。五毒備至。觸情任忒。不顧憲綱。又議郎趙彥。忠諫直言。義有可納。是以聖朝含聽改

容加飾操欲迷奪時明。杜絕言路擅收立殺不俟報聞又梁孝王先帝母昆墳陵尊顯桑梓

松柏猶宜肅恭而操帥將吏士親臨發掘破棺裸尸掠取金寶至令聖朝流涕士民傷懷操

又特置發邱中郎將摸金校尉所過隳突無骸不露身處三公之位而行桀虜之態汙國虐

民毒施人鬼加其細政苛慘科防互設播繳充斥蹊路舉手挂網動足觸機陷是以

兗豫有無聊之民帝都有呼嗟之怨歷觀載籍無道之臣貪殘酷烈於操爲甚幕府方詰外

姦未及整訓加諸含容冀可彌縫而操豺狼野心潛包禍謀乃欲撓棟梁孤弱漢室除滅

忠正專爲梟雄往者伐鼓北征公孫瓚強寇桀逆拒圍一年操因其未破陰交書命外助王

師內相掩襲故引兵造河方舟北濟會其行人發露瓚亦梟夷故使鋒芒挫縮厥圖不果爾

乃大軍過蕩西山屠各左校皆束手奉質爭爲前登犬羊殘醜消淪山谷於是操師震慴晨

夜逋遁屯據敖倉阻河爲固欲以蟷蜋之斧禦隆車之隧幕府奉漢威靈折衝宇宙長戟百

萬胡騎千羣奮中黃育獲之士騁良弓勁弩之勢幷州越太行青州涉濟漯大軍汎黃河而

角其前荊州下宛葉而揃其後雷震虎步竝集虜庭若舉炎火以炳飛蓬覆滄海以沃熛炭

有何不滅者哉又操軍吏士其可戰者皆出自幽冀或故營部曲咸怨曠思歸流涕北顧其

餘兗豫之民及呂布張揚之遺衆覆亡迫脅權時苟從各被創夷人爲讐敵若迴旆方徂登

高岡而擊鼓欽揚素揮以啟降路必土崩瓦解不俟血刃方今漢室陵遲綱維弛絕聖朝無

一介之輔股肱無折衝之勢方畿之內簡練之臣皆垂頭揚翼莫所憑恃雖有忠義之佐脅

於暴虜之臣焉能展其節又操持部曲精兵七百圍守宮闕外託宿衞內實拘執懼其篡逆

之萌因斯而作此乃忠臣肝腦塗地之秋烈士立功之會可不勗哉操又矯命稱制遣使發

兵恐邊遠州郡過聽而給與彊寇弱主違衆旅叛舉以喪名爲天下笑則明哲不取也即日

幽幷青冀四州竝進書到荆州便勒兵與建忠將軍協同聲勢州郡各整戎馬羅落境界

舉師揚威竝立匡社稷則非常之功於是乎著其得操首者封五千戶侯賞錢五千萬部曲偏

裨將校諸吏降者勿有所問廣宣恩信班揚符賞布告天下咸使知聖朝有拘偪之難如律

令

王粲

王粲 三國魏高平人字仲宣博物多識問無不知蔡邕奇其才略聞粲在門倒屣迎之粲年少短小一座皆驚

避亂依劉表於荆州後歸曹操累官侍中卒年四十一爲建安七子之一

為劉荆州與袁譚書

天降災害禍難股流初交殊族卒成同盟使王室震蕩彝倫攸斁是以智達之士莫不痛心

入骨傷時人不能相忍也然孤與太公志同願等雖楚魏絕邈山河迥遠戮力乃心共奬王

室使非族不干吾盟異類不絕吾好此孤與太公無貳之所致也功績未卒太公殂隕賢允

承統以繼洪業宣奕世之德履不顯之祚摧嚴敵於鄴都揚休烈於朔土顧定疆宇虎視河

外凡我同盟莫不景附。何悟青蠅飛於竿旌。無忌游於二壘。使股肱分成二體。胸臂絕爲異

身。初聞此問。尙謂不然。乃知闕伯實沈之忿已成。棄親卽讐之計已決。施旃施交於

中原。暴尸累於城下。聞之哽咽。若存若亡。昔三王五伯下及戰國君臣相弑。父子相殺。兄弟

相殘。親戚相滅。蓋時有之然。或欲以成王業。或欲以定霸功。皆所謂逆取順守。而徼強於

一世也。未有棄親卽異。兀其根本而能全軀長世者也。昔齊襄公報九世之讐。士匄卒荀偃

之事。是故春秋美其義。君子稱其信。夫伯游之恨於齊。未若太公之忿於曹也。宣子八臣承

業。未若仁君之繼統也。且君子違難不適讐國。交絕不出惡聲。況忘先人之讐。棄親戚之好。

而爲萬世之戒。遺同盟之恥哉。蠻夷戎狄。將有詒讓之言。況我族類而不痛心邪。夫欲立竹

帛於當時。全宗祀於一世。豈宜同生分謗爭校得失乎。若冀州有不弟之慠。無亹順之節。仁

君當志辱身以濟事爲務。定之後。使天下平其曲直。不亦爲高義邪。今仁君見憎於夫

人。未若鄭莊之於姜氏昆弟之嫌。未若重華之於象敖然莊公卒崇大隧之樂。象敖終受有

鼻之封。願捐棄百痾。追攝舊義。復爲母子昆弟如初。今整勒士馬瞻望鵠立。

登樓賦

登茲樓以四望兮。聊暇日以銷憂。覽斯宇之所處兮。實顯敞而寡仇。挾清漳之通浦兮。倚曲

沮之長洲。背墳衍之廣陸兮。臨皋隰之沃流。北彌陶牧。西接昭邱。華實蔽野。黍稷盈疇。雖信

美而非吾土兮曾何足以少留遭紛濁而遷逝兮漫踰紀以迄今情眷眷而懷歸兮孰憂思

之可任憑軒檻以遙望兮向北風而開襟平原遠而極目兮蔽荊山之高岑路逶迤而修迥

兮川旣漾而濟深悲舊鄉之壅隔兮涕橫墜而弗禁昔仲尼之在陳兮有歸與之歎音鍾儀

幽而楚奏兮莊舄顯而越吟人情同於懷土兮豈窮達而異心惟日月之逾邁兮俟河清其

未極兾王道之一平兮假高衢而騁力懼匏瓜之徒懸兮畏井渫之莫食步棲遲以徙倚兮

白日忽其將匿風蕭瑟而並興兮天慘慘而無色獸狂顧以求羣兮鳥相鳴而舉翼原野闃

其無人兮征夫行而未息心悽愴以感發兮意忉怛而憯惻循階除而下降兮氣交憤於胸

臆夜參半而不寐兮悵盤桓以反側

魏文帝　譙郡人曹操長子名丕字子桓嗣父爲漢丞相魏王尋簒漢自立改元黃初在位凡七年性好文學博

聞強識以著述爲務有典論詩文百餘篇

與朝歌令吳質書

五月十八日丕白季重無恙塗路雖局官守有限願言之懷良不可任足下所治僻左書問

致簡益用增勞每念昔日南皮之遊誠不可忘旣妙思六經逍遙百氏彈碁閒設終以六博

高談娛心哀箏順耳馳騁北場旅食南館浮甘瓜於清泉沈朱李於寒水白日旣匿繼以朗

月同乘並載以遊後園輿輪徐動參從無聲清風夜起悲笳微吟樂往哀來愴然傷懷余顧

而言。斯樂難常足下之徒。咸以爲然。今果分別各在一方。元瑜長逝化爲異物。每一念至。何時可言。方今麰麥紀時景風扇物。天氣和暖。衆果具繁。時駕而遊。北遵河曲。從者鳴笳以啟路。文學託乘於後車。節同時異物是人非。我勞如何。今遣騎到鄴。故使枉道相過。行矣自愛。不白。

與吳質書

二月三日不白。歲月易得。別來行復四年。三年不見。東山猶歎其遠況乃過之思。何可支。雖書疏往返。未足解其勞結。昔年疾疫。親故多離其災。徐陳應劉。一時俱逝痛可言邪。昔日遊處行則連輿。止則接席。何曾須臾相失。每至觴酌流行。絲竹並奏。酒酣耳熱。仰而賦詩。當此之時。忽然不自知樂也。謂百年已分可長共相保。何圖數年之間。零落略盡言之傷心。頃撰其遺文都爲一集觀其姓名已爲鬼錄追思昔遊猶在心目。而此諸子化爲糞壤可復道哉。觀古今文人類不護細行鮮能以名節自立。而偉長獨懷文抱質恬淡寡欲有箕山之志可謂彬彬君子者矣著中論二十餘篇成一家之言辭義典雅足傳於後此子爲不朽矣德璉常斐然有述作之意其才學足以著書美志不遂良可痛惜間者歷覽諸子之文對之抆淚既痛逝者行自念也孔璋章表殊健微爲繁富公幹有逸氣但未遒耳其五言詩之善者妙絕時人元瑜書記翩翩致足樂也仲宣續自善於辭賦惜其體弱不足起其文至於所善古

人無以遠過昔伯牙絕絃於鍾期仲尼覆醢於子路痛知音之難遇傷門人之莫逮諸子但
為未及古人自一時之雋也今之存者已不逮矣後生可畏來者難誣然恐吾與足下不及
見也年行已長大所懷萬端時有所慮至通夜不瞑志意何時復類昔日已成老翁但未白
頭耳光武言年三十餘在兵中十歲所更非一吾德不及之年與之齊矣以犬羊之質服虎
豹之文無衆星之明假日月之光動見瞻觀何時易乎恐永不復得為昔日游也少壯眞當
努力年一過往何可攀援古人思炳燭夜遊良有以也頃何以自娛頗復有所述造不東望
於邑裁書敍心不白

曹植

曹植　操幼子字子建年十餘善屬文援筆立成其為操所寵愛操卒兄不嗣位尋篡漢自立因忌而疏之封陳
王每欲求別見幸冀試用終不能得悵然絕望遂發疾卒年四十一諡曰思植才情富艷詩文俱冠當時謝靈運
嘗言天下文章只一石子建獨得八斗有曹子建集

求自試表

臣植言臣聞士之生世入則事父出則事君事父尚於榮親事君貴於興國故慈父不能愛
無益之子仁君不能畜無用之臣夫論德而授官者成功之君也量能而受爵者畢命之臣
也故君無虛授臣無虛受虛授謂之謬舉虛受謂之尸祿詩之素餐所由作也昔二虢不辭
兩國之任其德厚也旦奭不讓燕魯之封其功大也今臣蒙國重恩三世於今矣正值陛下

昇平之際。沐浴聖澤。潛潤德敎。可謂厚幸矣。而位竊東藩。爵在上列。身被輕煖口厭百味。目

極華麗耳倦絲竹者。爵重祿厚之所致也。退念古之受爵祿者。有異於此。皆以功勤濟國輔

主惠民今臣無德可述。無功可紀。若此終年。無益國朝將挂風人彼已之譏。是以上慚元冕。

俯媿朱紱。方今天下一統。九州晏如。顧西尙有違命之蜀。東有不臣之吳。使邊境未得稅甲。

謀士未得高枕者。誠欲混同宇內。以致太平也。故啓滅有扈而夏功昭成克商奄而周德著

今陛下以聖明統世。將欲卒文武之功。繼成康之隆。簡良授能以方叔召虎之臣。鎭衞四境

爲國爪牙者可謂當矣。然而高鳥未挂於輕繳淵魚未懸於鈎餌者。恐鈞射之術或未盡也。

昔耿弇不俟光武亟擊張步言不以賊遺於君父也。故車右伏劍於鳴轂門刎首於齊境。

若此二子豈惡生而尙死哉誠忿其慢主而陵君也夫君之寵臣欲以除患興利臣之事君

必殺身靜亂以功報主也昔賈誼弱冠求試屬國請係單于之頸而制其命終軍以妙年使

越欲得長纓占其王覊致北闕此二臣豈好爲夸主而耀世俗哉志或鬱結欲逞才力輸能

於明君也昔漢武爲霍去病治第辭曰匈奴未滅臣無以家爲固夫憂國忘家捐軀濟難忠

臣之志也今臣居外非不厚也而寢不安席食不遑味者伏以二方未剋爲念伏見先帝武

臣宿兵年者卽世者有聞矣雖賢不乏世宿將舊卒由習戰也竊不自量志在效命庶立毛

髮之功以報所受之恩若使陛下出不世之詔效臣錐刀之用使得西屬大將軍當一校之

隙。若東屬大司馬統偏師之任。必乘危蹈險。騁舟奮驪突刃觸鋒。爲士卒先。雖未能禽權

亮。庶將虜其雄率殲其醜類。必效須臾之捷。以滅終身之愧。使名挂史筆。事列朝榮。雖身分

蜀境首懸吳闕。猶生之年也。如微才不試沒世無聞。徒榮其軀而豐其體。生無益於事死無

損於數。虛荷上位而竊重祿禽息鳥視終於白首此徒圉牢之養物非臣之所志也流聞東

軍失備師徒小衄輟食棄餐奮袂攘衽撫劍東顧而心已馳於吳會矣臣昔從先武皇帝南

極赤岸東臨滄海西望玉門北出玄塞伏見所以行軍用兵之勢可謂神妙矣故兵者不可

豫言臨難而制變者也志欲自效於明時立功於聖世每覽史籍觀古忠臣義士出一朝之

命以殉國家之難身雖屠裂而功銘著於景鐘名稱垂於竹帛未嘗不拊心而歎息也臣聞

明主使臣不廢有罪故奔北敗軍之將用秦魯以成其功絕纓盜馬之臣赦楚趙以濟其難

臣竊感先帝早崩威王棄世臣獨何人以堪長久常恐先朝露塡溝壑墳土未乾而身名並

滅臣聞騏驥長鳴伯樂昭其能盧狗悲號韓國知其才是以效之齊楚之路以逞千里之任

試之狡兔之捷以驗搏噬之用今臣志狗馬之微功竊自惟度終無伯樂韓國之舉是以於

悒而竊自痛者也夫臨博而企竦聞樂而竊抃者或有賞音而識道也昔毛遂趙之陪隸猶

假錐囊之喻以寤主立功何況巍巍大魏多士之朝而無慷慨死難之臣乎夫自衒自媒者

士女之醜行也干時求進者道家之明忌也而臣敢陳聞於陛下者誠與國分形同氣憂患

共之者也冀以塵露之微補益山海螢燭末光增暉日月是以敢冒其醜而獻其忠必知爲

朝士所笑聖主不以人廢言伏惟陛下少垂神聽臣則幸矣

求通親親表

臣植言臣聞天稱其高者以無不覆地稱其廣者以無不載日月稱其明者以無不照江海

稱其大者以無不容故孔子曰大哉堯之爲君惟天爲大惟堯則之夫天德之於萬物可謂

宏廣矣蓋堯之爲致先親後疏自近及遠其傳曰克明峻德以親九族九族既睦平章百姓

及周之文王亦崇厥化其詩曰刑于寡妻至于兄弟以御于家邦是以雍雍穆穆風人詠之

昔周公弔管蔡之不咸廣封懿親以藩屏王室傳曰周之宗盟異姓爲後誠骨肉之恩爽而

不離親親之義實在敦固未有義而後其君不仁而遺其親者也伏惟陛下資帝唐欽明之德

體文王翼翼之仁惠洽椒房恩昭九親羣臣百寮番休遞上執政不廢於公朝下情得展於

私室親理之路通慶弔之情展誠可謂恕己治人推惠施恩者矣至於臣者人道絕緒禁固

明時臣竊自傷也不敢乃望交氣類脩人事敘人倫近且婚媾不通兄弟永絕吉凶之問塞

慶弔之禮廢恩紀之違甚於路人隔閡之異殊於胡越今臣以一切之制永無朝覲之望至

於注心皇極結情紫闥神明知之矣然天實爲之謂之何哉退省諸王常有戚戚具爾之心

願陛下沛然垂詔使諸國慶問四節得展以敘骨肉之歡恩全怡怡之篤義妃妾之家膏沐

之遺蔵得再通齊義於貴宗等惠於百司。如此則古人之所歎風雅之所詠復存於聖世矣。臣伏自惟省無錐刀之用。及觀陛下之所拔授。若以臣爲異姓竊自料度不後於朝士矣。若得辭遠遊戴武弁解朱組佩青紱駙馬奉車趣得一號安宅京室執鞭珥筆出從華蓋入侍輦轂承答聖問拾遺左右乃臣丹情之至願不離於夢想者也遠慕鹿鳴君臣之宴中詠棠棣非他之誠下思伐木友生之義終懷蓼莪罔極之哀每四節之會塊然獨處左右唯僕隸所對唯妻子高談無所與陳發義無所展未嘗不聞樂而拊心臨觴而歎息也臣伏以爲犬馬之誠不能動人譬人之誠不能動天崩城隕霜臣初信之以臣心況徒虛語耳若葵藿之傾葉太陽雖不爲之迴光然終向之者誠也臣竊自比葵藿若降天地之施垂三光之明者實在陛下臣聞文子曰不爲福始不爲禍先令之否隔友于同憂而臣獨唱言者何也竊不願於聖代使有不蒙施之物必有慘毒之懷故柏舟有天只之怨谷風有棄予之歎伊尹恥其君不爲堯舜孟子曰不以舜之所以事堯事其君者不敬其君者也臣之愚蔽固非虞伊至於欲使陛下崇光被時雍之美宣緝熙章明之德者是臣懷懷之誠竊所獨守實懷鶴立企佇之心敢復陳聞者冀陛下儻發天聰而垂神聽也

與楊德祖書

植白數日不見思子爲勞想同之也僕少小好爲文章迄至於今二十有五年矣然今世作

者可略而言也昔仲宣獨步於漢南孔璋鷹揚於河朔偉長擅名於青土公幹振藻於海隅

德璉發跡於此魏足下高視於上京當此之時人人自謂握靈蛇之珠家家自謂抱荊山之

玉吾王於是設天網以該之頓八紘以掩之今悉集茲國矣然此數子猶復不能飛軒絕跡

一舉千里以孔璋之才不閑於辭賦而多自謂能與司馬長卿同風譬畫虎不成反為狗也

前書嘲之反作論盛道僕讚其文夫鍾期不失聽於今稱之嗤

余也世人之著述不能無病僕常好人譏彈其文有不善者應時改定昔丁敬禮常作小文

使僕潤飾之僕自以才不過若人辭不為也敬禮謂僕卿何所疑難文之佳惡吾自得之後

世誰相知定吾文者邪吾常歎此達言以為美談昔尼父之文辭與人通流至於制春秋遊

夏之徒乃不能措一辭過此而言不病者吾未之見也蓋有南威之容乃可以論于淑媛有

龍泉之利乃可以議于斷割劉季緒才不能逮於作者而好詆訶文章掎摭利病昔田巴毀

五帝罪三王呰五霸於稷下一日而服千人魯連一說使終身杜口劉生之辯未若田氏今

之仲連求之不難可無息乎人各有好尚蘭茝蓀蕙之芳眾人所好而海畔有逐臭之夫咸

池六莖之發眾人所共樂而墨翟有非之之論豈可同哉今往僕少小所著辭賦一通相與

夫街談巷說必有可采擊轅之歌有應風雅匹夫之思未易輕棄也辭賦小道固未足以揄

揚大義彰示來世也昔揚子雲先朝執戟之臣耳猶稱壯夫不為也吾雖德薄位為蕃侯猶

庶幾勠力上國流惠下民建永世之業留金石之功豈徒以翰墨爲勳績辭賦爲君子哉若

吾志未果吾道不行則將采庶官之實錄辯時俗之得失定仁義之衷成一家之言雖未能

藏之於名山將以傳之於同好非要之皓首豈今日之論乎其言之不慙恃惠子之知我也

明早相迎書不盡懷植白

與吳季重書

植白季重足下前日雖因常調得爲密坐雖燕飲彌日其於別遠會稀猶不盡其勞積也若

夫觴酌淩波於前簫笳發音於後足下鷹揚其體鳳歎虎視謂蕭曹不足儔衞霍不足侔也

左顧右盼謂若無人豈非吾子壯志哉過屠門而大嚼雖不得肉貴且快意當斯之時願舉

太山以爲肉傾東海以爲酒伐雲夢之竹以爲笛斬泗濱之梓以爲箏食若塡巨壑飲若灌

漏庶其樂固難量豈非大丈夫之樂哉然日不我與曜靈急節面有逸景之速別有參商之

闊思欲抑六龍之首頓羲和之轡折若木之華閉濛汜之谷天路高邈良久無緣懷戀反側

如何如何得所來訊文采委曲曄若春榮瀏若清風申詠反覆曠若復面其諸賢所著文章

想還所治復申詠之也可令憙事小吏諷而誦之夫文章之難非獨今也古之君子猶亦病

諸家有千里驥而不珍焉人懷盈尺和氏而無貴矣夫君子而不知音樂古之達論謂之通

而蔽墨翟不好伎何爲過朝歌而迴車乎足下好伎而正值墨翟迴車之縣想足下助我張

目也又聞足下在彼自有佳政夫求而不得者有之矣未有不求而得者也且改轍易行非
良樂之御易民而治非楚鄭之政願足下勉之而已矣適對嘉賓口授不悉往來數相聞曹
植白

吳質

軍事卒論曰威

三國魏濟陰人字季重有文才為五官將出為朝歌長遷元城令文帝時為震威將軍假節都督河北諸

答魏太子牋

二月八日庚寅臣質言奉讀手命追亡慮存恩哀之隆形於文墨日月冉冉歲不我與昔侍
左右厠坐眾賢出有微行之遊入有管絃之懽置酒樂飲賦詩稱壽自謂可終始相保並騁
材力效節明主何意數年之間死喪略盡臣獨何德以堪久長陳徐劉應才學所著誠如來
命惜其不遂可謂痛切凡此數子於雍容侍從實其人也若乃邊境有虞羣下鼎沸軍書輻
至羽檄交馳於彼諸賢非其任也往者孝武之世文章為盛若東方朔枚皋之徒不能持論
即阮陳之儔也其唯嚴壽王與聞政事然皆不愼其身善謀於國卒以敗亡臣竊恥之至
於司馬長卿稱疾避事以著書為務則徐生庶幾焉而今逝已為異物矣後來君子實可
畏也伏惟所天優遊典籍之場休息篇章之圃發言抗論窮理盡微摛藻下筆鸞龍之文奮
矣雖年齊蕭王才實百之此眾議所以歸高遠近所以同聲年歲若墜今質已四十二矣

白髮生鬢所慮日深實不復若平日之時也但欲保身敕行不蹈有過之地以為知己之累耳遊宴之歡難可再遇盛年一過實不可追臣幸得下愚之才值風雲之會時邁齒載猶欲觸胸奮首展其割裂之用也不勝惓惓以來命備悉故略陳至情質死罪死罪

在元城與魏太子牋

臣質言前蒙延納侍宴終日燿靈匿景繼以華燈雖虞卿適趙平原入秦受贈千金浮觴旬日無以過也小器易盈先取沈頓醒醉之後不識所言即以五日到官初至承前未知深淺然觀地形察土宜西帶常山連岡平代北鄰柏人乃高帝之所忌也重以泜水漸漬疆宇嗇然歎息思淮陰之奇謠堯成安之失策南望邯鄲想廉藺之風東接鉅鹿存李齊之流都人士女服習禮教皆懷慷慨之節左車之計而賓闇弱無以莅之若乃邁德種恩樹之風聲使農夫逸豫於疆畔女工吟詠於機杼固非質之所能也至於奉遵科教班揚明令下無威福之吏邑無豪俠之傑賦事行刑資於故實抑亦懍懍有庶幾之心往者嚴助釋承明之受會稽之位愽王去侍從之任其後皆克復舊職追尋前軌今獨不然不亦異乎張敞在外自謂無奇陳咸憤積思入京城彼豈虛談夸論誑燿世俗哉斯實薄郡守之榮顯左右之勤也古今一揆先後不貿焉知來者之不如今聊以當觀不敢多云質死罪死罪

答東阿王書

質白信到奉所貺發函伸紙是何文采之巨麗而慰喻之綢繆乎夫登東嶽省然後知眾
山之迤迤也奉至尊者然後知百里之卑微也自旋之初伏念五六日至於旬時精散思越
惘若有失非敢羨寵光之休慕猗頓之富誠以身賤犬馬德輕鴻毛至乃歷玄闕排金門升
玉堂伏虛檻於前殿臨曲池而行觴既威儀虧替言辭漏漏雖特平原養士之懯愧無毛遂
耀穎之才深蒙薛公折節之禮而無馮諼三窟之效屢獲信陵虛左之德又無侯生可述之
美凡此數者乃質之所以憤積於胸臆懷卷而悁邑者也若追前宴謂之未究傾海為酒并
山為肴竹雲夢斬梓泗濱然後極雅意盡歡情信公子之壯觀非鄙人之所庶幾也若質
之志實在所天思投印釋紱朝夕侍坐鑽仲父之遺訓覽老氏之要言對清酤而不酌抑嘉
肴而不享使西施出帷嬎姆侍側斯盛德之所蹈明哲之所保也若乃近者之觀實盜鄙心
秦箏發徽二八迭奏填簫激於華屋靈鼓動於座右耳嘈嘈於無聞情踴躍於鞍馬謂可北
懦肅慎使貢其楛矢南震百越使獻其白雉又況權備夫何足視乎還治諷采所著觀省英
瑋實賦頌之宗作者之師也眾賢所述亦各有志昔趙武過鄭七子賦詩春秋載列以為美
談質小人也無以承命又所答貺辭醜義陋申之再三報然汗下此邦之人閑習辭賦三事
大夫莫不諷誦何但小吏之有乎重惠苦言訓以政事惻隱之恩形乎文墨墨子迴車而質
四年雖無德與民式歌且舞儒墨不同固以久矣然一旅之眾不足以揚名步武之間不足

以騁迹若不改轍易御將何以效其力哉今處此而求大功。猶絆良驥之足而責以千里之任櫪猨猴之勢而望其巧捷之能者也不勝見恤謹附遣白答不敢繁辭吳質白

楊修　三國魏華陰人字德祖好學有俊才建安中爲曹操主簿能解曹娥碑隱語操忌其才殺之（案修死於建安中本應列於漢代因所錄答臨淄侯書不便先於曹植原書姑次於此）

答臨淄侯牋

修死罪死罪不侍數日若彌年載豈由愛顧之隆使係仰之情深邪損辱嘉命蔚矣其文誦讀反覆雖諷雅頌不復過此若仲宣之擅漢表陳氏之跨冀域徐劉之顯青豫應生之發魏國斯皆然矣至於脩者聽采風聲仰德不暇自周章於省覽何遑高視哉伏惟君侯少長貴盛體發旦之資有聖善之教遠近觀者徒謂能宣昭懿德光贊大業而已不復謂能兼通性達受之自然其孰能至於此乎又嘗親見執事握牘持筆有所造作若成誦在心借書於手記留思文章今乃含王超陳度越數子矣觀者駭視而拭目聽者傾首而竦耳非夫體通性曾不斯須少留思盧仲尼日月無得踰焉脩之仰望殆如此矣是以對鶡而辭作暑賦彌日而不獻見西施之容歸憎其貌者也伏想執事不知其然猥受顧錫敎使刊定春秋之成莫能損益呂氏淮南字直千金然而弟子箝口市人拱手者聖賢卓舉固所以殊絕凡庸也今之賦頌古詩之流不更孔公風雅無別耳修家子雲老不曉事強著一書悔其少作若此仲

山周旦之儔為皆有譽邪君侯忘聖賢之顯迹逃鄙宗之過言竊以為未之思也若乃不忘

經國之大美流千載之英聲銘功景鐘書名竹帛斯自雅量素所畜也豈與文章相妨害哉

輒受所惠竊備朦朧誦詠而已敢望惠施以忝莊氏季緒璣璣何足以云反答造次不能宣

備修死罪死罪

諸葛亮

蜀漢陽都人字孔明避亂荊州躬耕隴畝先主三顧草廬乃見略陳天下鼎足之勢及即位拜亮為丞相先主崩受詔輔後主封武鄉侯領益州牧志在攻魏以興復漢室六出祁山相持累年以疾卒於軍年五十四謚忠武亮相蜀漢垂三十年慎賞明罰開誠布公及卒朝野流涕後世稱為純臣有諸葛忠武集（建興五年亮率軍北駐漢中臨發上疏）

前出師表

臣亮言先帝創業未半而中道崩殂今天下三分益州疲弊此誠危急存亡之秋也然侍衛

之臣不懈於內忠志之士忘身於外者蓋追先帝之殊遇欲報之於陛下也誠宜開張聖聽

以光先帝遺德恢宏志士之氣不宜妄自菲薄引喻失義以塞忠諫之路也宮中府中俱為

一體陟罰臧否不宜異同若有作姦犯科及為忠善者宜付有司論其刑賞以昭陛下平明

之治不宜偏私使內外異法也侍中侍郎郭攸之費禕董允等此皆良實志慮忠純是以先

帝簡拔以遺陛下愚以為宮中之事事無大小悉以咨之然後施行必能裨補闕漏有所廣

益。將軍向寵性行淑均曉暢軍事試用於昔日先帝稱之曰能是以衆議舉寵爲督愚以爲營中之事悉以咨之必能使行陳和穆優劣得所也親賢臣遠小人此先漢所以興隆也親小人遠賢臣此後漢所以傾頹也先帝在時每與臣論此事未嘗不歎息痛恨於桓靈也侍中尚書長史參軍此悉貞亮死節之臣也願陛下親之信之則漢室之隆可計日而待也臣本布衣躬耕於南陽苟全性命於亂世不求聞達於諸侯先帝不以臣卑鄙猥自枉屈三顧臣於草廬之中諮臣以當世之事由是感激遂許先帝以驅馳後値傾覆受任於敗軍之際奉命於危難之間爾來二十有一年矣先帝知臣謹慎故臨崩寄臣以大事也受命以來夙夜憂歎恐託付不效以傷先帝之明故五月渡瀘深入不毛今南方已定兵甲已足當獎帥三軍北定中原庶竭駑鈍攘除姦凶興復漢室還於舊都此臣之所以報先帝而忠陛下之職分也至於斟酌損益進盡忠言則攸之褘允之任也願陛下託臣以討賊興復之效不效則治臣之罪以告先帝之靈若無興德之言則責攸之褘允等之慢以彰其咎陛下亦宜自謀以咨諏善道察納雅言深追先帝遺詔臣不勝受恩感激今當遠離臨表涕泣不知所云

後出師表

先帝慮漢賊不兩立王業不偏安故託臣以討賊也以先帝之明量臣之才故知臣伐賊才弱敵強也然不伐賊王業亦亡惟坐而待亡孰與伐之是故託臣而弗疑也臣受命之日寢

不安席食不甘味思惟北征宜先入南故五月渡瀘深入不毛并日而食臣非不自惜也顧

王業不可得偏全於蜀都故冒危難以奉先帝之遺意也而議者謂爲非計今賊適疲於西

又務於東兵法乘勞此進趨之時也謹陳其事如左高帝明並日月謀臣淵深然涉險被創

危然後安今陛下未及高帝謀臣不如良平而欲以長計取勝坐定天下此臣之未解一也

劉繇王朗各據州郡論安言計動引聖人羣疑滿腹衆難塞胸今歲不戰明年不征使孫策

坐大遂并江東此臣之未解二也曹操智計殊絕於人其用兵也髣髴孫吳然困於南陽險

於烏巢危於祁連偪於黎陽幾敗北山殆死潼關然後僞定一時耳況臣才弱而欲以不危

而定之此臣之未解三也曹操五攻昌霸不下四越巢湖不成任用李服而李服圖之委夏

侯而夏侯敗亡先帝每稱操爲能猶有此失況臣駑下何能必勝此臣之未解四也自臣到

漢中中間期年耳然喪趙雲陽羣馬玉閻芝丁立白壽劉郃鄧銅等及曲長屯將七十餘人

突將無前賨叟青羌散騎武騎一千餘人此皆數十年之內所糾合四方之精銳非一州之

所有若復數年則損三分之二也當何以圖敵此臣之未解五也今民窮兵疲而事不可息

事不可息則住與行勞費正等而不及今圖之欲以一州之地與賊持久此臣之未解六也

夫難平者事也昔先帝敗軍於楚當此時曹操拊手謂天下已定然後先帝東連吳越西取

巴蜀舉兵北征夏侯授首此操之失計而漢事將成也然後吳更違盟關羽毀敗秭歸蹉跌

曹丕稱帝凡事如此難可逆料臣鞠躬盡力死而後已至於成敗利鈍非臣之明所能逆覩

也黎庶昌曰裴松之注云此表出張儼默記後世因其不載亮集遂生疑竇余謂無可疑也試以近事準之當是孔明幕府諸賢擬而未上之作文辭懇摯與前表大略相同決非偽

答蘇武書為比也。

李密

李密　晉武陽人字令伯父早亡母更適人鞠於祖母劉氏武帝徵為太子洗馬密上表固辭帝覽表歎曰此子

可謂名副其實矣乃停召劉終服闋復徵為洗馬後遷漢中太守免卒

陳情表

臣密言臣以險釁夙遭閔凶生孩六月慈父見背行年四歲舅奪母志祖母劉愍臣孤弱躬

親撫養臣少多疾病九歲不行零丁孤苦至於成立既無叔伯終鮮兄弟門衰祚薄晚有兒

息外無期功強近之親內無應門五尺之童煢煢獨立形影相弔而劉夙嬰疾病常在牀蓐

臣侍湯藥未曾廢離逮奉聖朝沐浴清化前太守臣逵察臣孝廉後刺史臣榮舉臣秀才臣

以供養無主辭不赴命詔書特下拜臣郎中尋蒙國恩除臣洗馬猥以微賤當侍東宮非臣

隕首所能上報臣具以表聞辭不就職詔書切峻責臣逋慢郡縣逼迫催臣上道州司臨門

急於星火臣欲奉詔奔馳則劉病日篤欲苟順私情則告訴不許臣之進退實為狼狽伏惟

聖朝以孝治天下凡在故老猶蒙矜育況臣孤苦特為尤甚且臣少仕偽朝歷職郎署本圖

宦達不矜名節今臣亡國賤俘至微至陋過蒙拔擢寵命優渥豈敢盤桓有所希冀但以劉

日薄西山氣息奄奄人命危淺朝不慮夕臣無祖母無以至今日祖母無臣無以終餘年母

孫二人更相爲命是以區區不能廢遠臣密今年四十有四祖母劉今年九十有六是臣盡

節於陛下之日長報養劉之日短也烏鳥私情願乞終養臣之辛苦非獨蜀之人士及二州

牧伯所見明知皇天后土實所共鑒願陛下矜愍愚誠聽臣微志庶劉僥倖保卒餘年臣生

當隕首死當結草臣不勝犬馬怖懼之情謹拜表以聞

劉伶

劉伶　晉沛國人字伯倫性放達尤嗜酒與阮籍嵇康相善嘗乘鹿車攜一壺酒使人荷鍤隨之謂曰死便埋我

平生未嘗措意文翰惟著酒德頌一篇以見懷仕爲建威參軍卒

酒德頌

有大人先生以天地爲一朝萬期爲須臾日月爲扃牖八荒爲庭衢行無轍迹居無室廬幕

天席地縱意所如止則操巵執觚動則挈榼提壺惟酒是務焉知其餘有貴介公子搢紳處

士聞吾風聲議其所以乃奮袂攘衿怒目切齒陳說禮法是非鋒起先生於是方捧甖承槽

銜杯漱醪奮髯箕踞枕麴藉糟無思無慮其樂陶陶兀然而醉豁爾而醒靜聽不聞雷霆之

聲熟視不覩泰山之形不覺寒暑之切肌利欲之感情俯觀萬物擾擾焉如江漢之載浮萍

二豪侍側焉如蜾蠃之與螟蛉

潘岳

潘岳　晉中牟人字安仁總角辨慧鄉邑稱爲奇童舉秀才泰始中爲河陽令縣中滿種桃李累遷給事黃門侍

郎與石崇等相友善趙王倫輔政孫秀挾夙怨誣崇岳等謀為亂被殺岳美姿容為文詞藻豔麗尤長於哀誄與

陸機齊名世稱潘江陸海

秋興賦

晉十有四年余春秋三十有二始見二毛以太尉掾兼虎賁中郎將寓直於散騎之省高閣

連雲陽景罕曜珥蟬冕而襲紈綺之士此焉游處僕野人也偃息不過茅屋茂林之下談話

不過農夫田父之客攝官承乏猥廁朝列夙興晏寢匪遑底寧譬猶池魚籠鳥有江湖山藪

之思於是染翰操紙慨然而賦于時秋也故以秋興名篇其辭曰

四運忽其代序兮萬物紛以迴薄覽花蒔之時育兮察盛衰之所託感冬索而春敷兮嗟夏

茂而秋落雖末士之榮悴兮伊人情之美惡善乎宋玉之言曰悲哉秋之為氣也蕭瑟兮草

木搖落而變衰慄慄兮若在遠行登山臨水送將歸夫送歸懷慕徒之戀兮遠行有羈旅之

憤臨川感流以歎逝兮登山懷遠而悼近彼四感之疚心兮遭一塗而難忍嗟秋日之可哀

兮諒無愁而不盡野有歸燕隰有翔隼遊氛朝興槁葉夕殞於是乃屏輕箑釋纖絺藉莞蒻

御袷衣庭樹槭以灑落兮勁風戾而吹帷蟬嘒嘒而寒吟兮雁飄飄而南飛天晃朗以彌高

兮日悠揚而浸微何微陽之短晷覺涼夜之方永月朣朧以含光兮露淒清以凝冷熠燿粲

於階闥兮蟋蟀鳴乎軒屏聽離鴻之晨吟兮望流火之餘景宵耿介而不寐兮獨展轉乎華

省悟時歲之遒盡兮慨俛首而自省。班鬢髟以承弁兮素髮颯以垂領。仰羣儁之逸軌兮攀雲漢以游騁。登春臺之熙熙兮珥金貂之炯炯。苟趣舍之殊途兮庸詎識其躁靜。闒至人之休風兮齊天地於一指。彼知安而忘危兮固出生而入死。行投趾於容跡兮殆不踐而獲底。闕側足以及泉兮雖猴獲而不履。龜祀骨於宗祧兮思反身於綠水。且斂袵以歸來兮忽投紱以高厲。耕東臯之沃壤兮輪黍稷之餘稅。泉涌湍於石間兮菊揚芳乎崖澨。澡秋水之涓涓兮玩游儵之濈濈。逍遙乎山川之阿放曠乎人間之世。優哉游哉聊以卒歲。

哀永逝文

啟夕兮宵興，悲絕緒兮莫承。俄龍輴兮門側，嗟俟時兮將升。嫂姪兮慈姑，垂矜兮聞鳴雞兮戒朝，咸驚號兮撫膺。逝日長兮生年淺，憂患衆兮歡樂尠。彼遙思兮離居，愾河廣兮宋遠。今奈何兮一舉，邈終天兮不反。盡余哀兮祖之晨，揚明燎兮援靈轜。徹房帷兮席庭筵，舉酲觴兮告永遷。悽切兮增欷，俯仰兮揮淚。想孤魂兮眷舊宇，視倏忽兮若髣髴。徒髣髴兮在盧，靡耳目兮一遇，停駕徘徊兮故處。周求兮何獲，引身兮當去。去華輦兮初邁，馬回首兮旋旆。風泠泠兮入帷，雲霏霏兮承蓋。鳥俛翼兮忘林，魚沫兮失瀨。悵悵兮遲遲，遼吉路兮凶歸，思其人兮已滅。覽餘迹兮未夷，昔同塗兮今異世。憶舊歡兮增新悲，謂原隰兮無畔，謂川流兮無岸。望山兮寥廓，臨水兮浩汗。視天日兮蒼茫，面邑里兮蕭散。匪外物兮或改，

固歡哀兮情換嗟潛隱兮既敝。將送形兮長往委蘭房兮繁華襲窮泉兮朽壤中慕叫兮擗

摽之子降兮宅兆撫靈櫬兮訣幽房棺冥冥兮延窈窕戶闔兮燈滅夜何時兮復曉歸反哭

兮殯宮聲有止兮哀無終是乎非乎何遽趣一遇兮目中既遇目兮無兆寐寐兮弗夢既

顧瞻兮家道長寄心兮爾躬重曰已矣此蓋新哀之情然耳渠懷之其幾何庶無愧兮莊子

陸機　晉吳人字士衡少有異材文章冠世太康末乃與弟雲俱入洛世稱二陸累遷太子洗馬著作郎時齊王

冏矜功自伐機作豪士賦以刺之後事成都王穎表為平原內史穎攻長沙王乂假機後將軍河北大都督及軍

敗為人所讒遇害年四十三有陸平原集

豪士賦序

夫立德之基有常而建功之路不一何則循心以為量者存乎我因物以成務者繫乎彼

夫我者隆殺止乎其域繫乎物者豐約唯所遭遇落葉俟微風以隕而風之力蓋寡孟嘗遭

雍門而泣而琴之感以末何者欲隕之葉無所假烈風將墜之泣不足煩哀響也是故苟時

啟於天理盡於民庸夫可以濟聖賢之功斗筲可以定烈士之業故曰才不半古而功已倍

之蓋得之於時勢也歷觀古今徼一時之功而居伊周之位者有矣夫我之自我智士猶嬰

其累物之相形昆蟲皆有此情夫以自我之量而挾非常之勳神器暉其顧盼萬物隨其術

仰心玩居常之安耳飽從諛之說豈識乎功在身外任出才表者哉且好榮惡辱有生之所

大期忌盈害上鬼神猶且不免人主操其常柄天下服其大節故曰天可讎乎而時有菑服

荷戟立於廟門之下援旗誓衆奮於阡陌之上況乎代主制命自下裁物者乎廣樹恩不足

以敵怨勤興利不足以補害故曰大匠斲者必傷其手且夫政由寧氏忠臣所爲懷慨祭

則寡人無以君奭快怏不悅公旦之舉高平師師側目博陸之勢而成王不

遺嫌各於懷宣帝若負芒刺於背非其然者與嗟乎光于四表德莫富焉王曰叔父親莫暱

焉登帝位功莫厚焉守節沒齒忠莫至焉而傾側顛沛僅而自全則伊生抱明允以嬰戮

文子懷忠敬而齒劍固其所也因斯以言夫以篤聖穆親如彼之懿大德至忠如此之盛尚

不能取信於人主之懷止謗於衆多之口過此以往惡覩其可安危之理斷可識矣又況乎

饕大名以冒道家之忌運短才而易聖哲所難者哉身危由於勢過而不知去勢以求安禍

積起於寵盛而不知辭寵以招福見百姓之謀己則中宮嬖守以崇不畜之威懼萬民之不

服則嚴刑峻制以賈傷心之怨然後威窮乎震主而怨行乎上下衆心日陊危機將發而方

偃仰瞪眄謂足以夸世笑古人之未工忘己事之已拙知曩勛之可矜闇成敗之有會是以

事窮運盡必於顛仆風起塵合而禍至常酷也聖人忌功名之過己惡寵祿之踰量蓋謂此

也夫惡欲之大端賢愚所共有而游子殉高位於生前志士思垂名於身後受生之分唯此

而已夫蓋世之業名莫大焉震主之勢位莫盛焉率意無違欲莫順焉借使伊人頗覽天道

知盡不可益盈難久持超然自引高揖而退則巍巍之盛仰邈前賢洋洋之風俯冠來籍而大欲不乏於身至樂無愆乎舊節彌效而德彌廣身逾逸而名逾劭此之不爲彼之必昧然後河海之跡埤爲窮流一簣之壤積成山岳名編凶頑之條身厭荼毒之痛豈不謬哉故聊賦焉庶使百世少有寤云。

弔魏武帝文

元康八年機始以臺郎出補著作遊乎祕閣而見魏武帝遺令愾然歎息傷懷者久之客曰夫始終者萬物之大歸死生者性命之區域是以臨喪殯而後悲視陳根而絕哭今乃傷心百年之際與哀無情之地意者無乃知哀之可有而未識情之可無乎機答之曰夫日食由乎交分山崩起於朽壞亦云數而已矣然百姓怪焉者豈不以資高明之質而不免卑濁之累居常安之勢而終嬰傾離之患故乎夫以迴天倒日之力而不能振形骸之內濟世夷難之智而受困魏闕之下已而格乎上下者藏於區區之木光于四表者翳乎蕞爾之土雄心摧於弱情壯圖終於哀志長算屈於短日遠迹頓於促路鳴呼豈特瞥爾之異闕景黔黎之怪穨頹岸乎觀其所以顧命家嗣貽謀四子經國之略既遠隆家之訓亦弘又云吾在軍中持法是也至於小忿怒大過失不當效也善乎達人之讜言矣持姬女而指季豹以示四子曰以累汝因泣下傷哉曩以天下自任今以愛子託人同乎盡者無餘而得乎亡者無存然而

婉變房闥之內綢繆家人之務則幾乎密與又曰吾婢好伎人皆著銅爵臺堂上施八

尺牀繐帳朝晡上脯糒之屬月朝十五輒向帳作伎汝等時時登銅爵臺望吾西陵墓田又

云餘香可分與諸夫人諸舍中無所爲學作履組賣也吾歷官所得綬皆著藏中吾餘衣裳

可別爲一藏不能者兄弟可共分之既而竟分焉亡者可以勿求存者可以勿違與違不

其兩傷乎悲夫愛有大而必失惡有甚而必得智慧不能去其惡威力不能全其愛故前識

所不用心而聖人罕言焉若乃繫情累於外物留念於閨房亦賢俊之所宜廢乎於是遂

憤懣而獻弔云爾

接皇漢之末緒值王途之多違伫重淵以育鱗撫慶雲而退飛運神道以載德乘靈風而扇

威攉羣雄而電擊舉勍敵其如遺指八極以遠略必翦焉而後綏薀三才之闕典啟天地之

禁闈舉修綱之絕紀紐大晉之解徽掃雲物以貞觀要萬途而來歸丞大德以宏覆援日月

而齊暉濟元功於九有固舉世之所推彼人事之大造夫何往而不臻將覆簣於浚谷擠爲

山乎九天苟理窮而性盡豈長算之所研悟臨川之有悲固梁木其必顚當建安之三八實

大命之所艱雖龍飛於亹載將稅駕於此年惟降神之綿邈眇千載而遐期信斯武之未喪

膺靈符而在茲雖龍飛於文昌非王心之所怡憤西夏以鞠旅泝秦川而舉旗蹴鎬京而不

豫臨渭濱而有疑冀翌日之云瘳彌四旬而成災詠歸途以反斾登崤澠而揭來次洛汭而

大漸指六軍曰念哉伊君王之赫奕寔終古之所難威先天而蓋世力盪海而拔山厄奚險

而弗濟敵何彊而不殘每因禍以禔福亦踐危而必安迄在茲而蒙昧慮噤閉而無端委軀

命以待難痛沒世而永言撫四子以深念循膚體而續歡迨營魄之未離假餘息乎音翰執

姬女以嚬瘁指季豹而灌焉氣衝襟以嗚咽涕垂睫而汍瀾達率土以靖寐戢彌天乎一棺

咨宏度之峻邈壯大業之允昌思居終而卹始命臨沒而肇揚援貞咨以愍悔雖在我而不

臧惜內顧之纏綿恨末命之微詳紆廣念於履組塵清慮於餘香結遺情之婉孌何命促而

意長陳法服於帷座陪窈窕於玉房宣備物於虛器發哀音於舊倡矯戚容以赴節掩零淚

而薦觴物無微而不存體無惠而不亡庶聖靈之響像想幽神之復光苟形聲之蘙沒雖音

景其必藏徽清絃而獨奏進脯糈而誰嘗悼繐帳之冥漠怨西陵之茫茫登爵臺而羣悲貯

美目其何望既睎古以遺累信簡禮而薄葬彼裘紱於何有貽塵謗於後王嗟大戀之所存

故雖哲而不忘覽遺籍以慷慨獻茲文而悽傷

演連珠十首 節錄

臣聞任重於力才盡則困用廣其器應博則凶是以物勝權而衡殆形過鏡則照窮故明主

程才以效業貞臣底力而辭豐

臣聞鑑之積也無厚而照有重淵之深目之察也有畔而眡周天壤之際何則應事以精不

以形。造物以神不以器。是以萬邦凱樂非悅鐘鼓之娛天下歸仁非感玉帛之惠。

臣聞覽影偶質不能解獨指迹慕遠無救於遲是以循虛器者非應物之具覘空言者非致

治之機。

臣聞音以比耳為美色以悅目為歡是以眾聽所傾非假北里之操萬夫婉變非俟西子之

顏故聖人隨世以擢佐明主因時而命官。

臣聞傾耳求音眠聽苦澄心徇物形逸神勞是以天殊其數雖同方不能分其懸理塞其

通則竝質不能共其休

臣聞示應於近遠有可察託驗於顯微或可包是以寸管下傃天地不能以氣欺尺表逆立。

日月不能以形逃

臣聞絃有常音故曲終則改鏡無畜影故觸形則照是以虛己應物必究千變之容挾情適

事不觀萬殊之妙。

臣聞煙出於火非火之利情生於性非性之適。故火壯則煙微性充則情約。是以殷墟於感

物之悲周京無佇立之跡。

臣聞適物之技術仰異用應事之器通塞異任是以鳥棲雲而繳飛魚藏淵而網沈貢鼓密

而含響朗笛疏而吐音。

臣聞足於性者天損不能入貞於期者時累不能淫是以迅風陵雨不謬晨禽之察勁陰殺
節不凋寒木之心。

王羲之　東晉臨沂人字逸少仕為右軍將軍會稽內史去官後與東土人士盡山水之遊弋釣自娛書法為古
今之冠文章亦飄逸不羣卒年五十九

蘭亭集序

永和九年歲在癸丑暮春之初會於會稽山陰之蘭亭修禊事也羣賢畢至少長咸集此地
有崇山峻嶺茂林修竹又有清流激湍映帶左右引以為流觴曲水列坐其次雖無絲竹管
絃之盛一觴一詠亦足以暢敘幽情是日也天朗氣清惠風和暢仰觀宇宙之大俯察品類
之盛所以遊目騁懷足以極視聽之娛信可樂也夫人之相與俯仰一世或取諸懷抱悟言
一室之內或因寄所託放浪形骸之外雖取舍萬殊靜躁不同當其欣於所遇暫得於己快
然自足不知老之將至及其所之既倦情隨事遷感慨係之矣向之所欣俛仰之間已為
陳迹猶不能不以之興懷況修短隨化終期於盡古人云死生亦大矣豈不痛哉每覽昔人
興感之由若合一契未嘗不臨文嗟悼不能喻之於懷固知一死生為虛誕齊彭殤為妄作
後之視今亦猶今之視昔悲夫故列敘時人錄其所述雖世殊事異所以興懷其致一也後
之覽者亦將有感於斯文

古之辭世者或被髮佯狂或污身穢迹可謂艱矣今僕坐而獲免遂其宿心其為慶幸豈非
天賜遠天不祥頃東遊還脩植桑果今盛敷榮率諸子抱弱孫遊觀其間有一味之甘割而
分之以娛目前雖植德無殊邈猶欲教養子孫以敦厚退讓戒以輕薄庶令舉策數馬彷彿
萬石之風君謂此何如此當與安石東遊山海並行田里視地利頤養閒暇衣食之餘欲與親
知時共歡讌雖不能與言高詠銜杯引滿語田里所行故以為撫掌之資其為得意可勝言
耶常依陸賈嗣楊王孫之處世甚欲希風數子老夫志願盡於此矣

陶潛

陶潛　東晉潯陽人本名淵明字元亮入宋改名潛性高尚簡貴著五柳先生傳以自況嘗為彭澤令旋即解去
賦歸去來辭元嘉中卒年六十三世稱靖節先生其所為詩沖穆淡遠而縱逸自然為古今一大家文境亦似其
詩有陶淵明集搜神後記

與子儼等疏

告儼俟份佚佟天地賦命生必有死自古聖賢誰能獨免子夏有言死生有命富貴在天四
友之人親受音旨發斯談者將非窮達不可妄求壽夭永無外請故耶吾年過五十而窮
苦每以家弊東西遊走性剛才拙與物多忤自量為己必貽俗患俛俛辭世使汝等幼而飢
寒余嘗感孺仲賢妻之言敗絮自擁何慚兒子此既一事矣但恨鄰靡二仲室無萊婦抱茲

苦心良獨內愧少學琴書偶愛開靜開卷有得便欣然忘食見樹木交陰時鳥變聲亦復歡

然有喜常言五六月中北窗下臥遇涼風暫至自謂是羲皇上人意淺識罕謂斯言可保日

月遂往機巧好疏緬求在昔眇然如何病患以來漸就衰損親舊不遺每以藥石見救自恐

大分將有限也汝輩稚小家貧無役柴水之勞何時可免念之在心若何可言然汝等雖不

同生當思四海皆兄弟之義鮑叔管仲分財無猜歸生伍舉班荊道舊遂能以敗爲成因喪

立功他人尚爾況同父之人哉潁川韓元長漢末名士身處卿佐八十而終兄弟同居至於

沒齒濟北氾稚春晉時操行人也七世同財家人無怨色詩曰高山仰止景行行止雖不能

爾至心尚之汝其愼哉吾復何言

桃花源記

晉太原中武陵人捕魚爲業緣溪行忘路之遠近忽逢桃花林夾岸數百步中無雜樹芳草

鮮美落英繽紛漁人甚異之復前行欲窮其林林盡水源便得一山山有小口髣髴若有光

便捨船從口入初極狹纔通人復行數十步豁然開朗土地平曠屋舍儼然有良田美池桑

竹之屬阡陌交通雞犬相聞其中往來種作男女衣著悉如外人黃髮垂髫並怡然自樂見

漁人乃大驚問所從來具答之便要還家設酒殺雞作食村中聞有此人咸來問訊自云先

世避秦時亂率妻子邑人來此絕境不復出焉遂與外人間隔問今是何世乃不知有漢無

論魏晉此人一一為具言所聞皆歎惋餘人各復延至其家皆出酒食停數日辭去此中人語云不足為外人道也既出得其船便扶向路處處誌之及郡下詣太守說如此太守即遣人隨其往尋向所誌遂迷不復得路南陽劉子驥高尚士也聞之欣然親往未果尋病終後遂無問津者。

五柳先生傳

先生不知何許人也亦不詳其姓字宅邊有五柳樹因以為號焉閑靜少言不慕榮利好讀書不求甚解每有會意便欣然忘食性嗜酒家貧不能常得親舊知其如此或置酒而招之造飲輒盡期在必醉既醉而退曾不吝情去留環堵蕭然不蔽風日短褐穿結簞瓢屢空晏如也常著文章自娛頗示己志忘懷得失以此自終

贊曰黔婁有言不戚戚於貧賤不汲汲於富貴其言茲若人之儔乎銜觴賦詩以樂其志無懷氏之民歟葛天氏之民歟。

歸去來辭

歸去來兮田園將蕪胡不歸既自以心為形役奚惆悵而獨悲悟已往之不諫知來者之可追實迷途其未遠覺今是而昨非舟搖搖以輕颺風飄飄而吹衣問征夫以前路恨晨光之熹微乃瞻衡宇載欣載奔僮僕歡迎稚子候門三徑就荒松菊猶存攜幼入室有酒盈樽引

壺觴以自酌。眄庭柯以怡顏。倚南窗以寄傲。審容膝之易安。園日涉以成趣。門雖設而常關。策扶老以流憩。時矯首而遐觀。雲無心以出岫。鳥倦飛而知還。景翳翳以將入。撫孤松而盤桓。歸去來兮。請息交以絕游。世與我而相遺。復駕言兮焉求。悅親戚之情話。樂琴書以消憂。農人告余以春及。將有事於西疇。或命巾車。或棹孤舟。既窈窕以尋壑。亦崎嶇而經邱。木欣欣以向榮。泉涓涓而始流。羨萬物之得時。感吾生之行休。已矣乎。寓形宇內復幾時。曷不委心任去留。胡為遑遑欲何之。富貴非吾願。帝鄉不可期。懷良辰以孤往。或植杖而耘耔。登東皋以舒嘯。臨清流而賦詩。聊乘化以歸盡。樂夫天命復奚疑。

自祭文

歲惟丁卯律中無射。天寒夜長。風氣蕭索。鴻雁于征。草木黃落。陶子將辭逆旅之館。永歸於本宅。故人悽其相悲。同祖行於今夕。羞以嘉蔬。薦以清酌。候顏已冥。聆音愈漠。嗚呼哀哉茫茫大塊。悠悠高旻。是生萬物。余得爲人。自余爲人。逢運之貧。簞瓢屢罄。絺綌冬陳。含歡谷汲。行歌負薪。翳翳柴門。事我宵晨。春秋代謝。有務中園。載耘載耔。迺育迺繁。欣以素牘。和以七絃。冬曝其日。夏濯其泉。勤靡餘勞。心有常閒。樂天委分。以至百年。惟此百年。夫人愛之。懼彼無成。愒日惜時。存爲世珍。沒亦見思。嗟我獨邁。曾是異茲。寵非己榮。涅豈吾緇。捽兀窮廬。酣飲賦詩。識運知命。疇能罔眷。余今斯化。可以無恨。壽涉百齡。身慕肥遁。從老得終。奚所復戀。

寒暑逾邁亡既異存外姻晨來良友宵奔葬之中野以安其魂蕭蕭墓門奢恥宋臣儉笑王孫廓兮已滅慨焉已遁不封不樹日月遂過匪貴前譽孰重後歌人生實難死如之何嗚呼哀哉

顏延之　南朝宋臨沂人文章之善冠絕當時與謝靈運齊名仕宋官至太常加金紫光祿大夫卒年六十三有

顏光祿集

陶徵士誄

夫璿玉致美不爲池隍之寶桂椒信芳而非園林之實豈其樂深而好遠哉蓋云殊性而已故無足而至者物之藉也隨踵而立者人之薄也若乃巢高之抗行夷皓之峻節故已父老堯禹錙銖周漢而絲世浸遠而靈光不屬至使菁華隱沒芳流歇絕不其惜乎雖今之作者人自爲量而首路同塵輟塗殊軌者多矣豈所以昭末景汎餘波乎有晉徵士潯陽陶淵明南岳之幽居者也弱不好弄長實素心學非稱師文取指達在眾不失其寡處言每見其默少而貧病居無僕妾井臼弗任藜菽不給母老子幼就養勤匱遠惟田生致親之議追悟毛子捧檄之懷初辭州府三命後爲彭澤令道不偶物棄官從好遂乃解體世紛結志區外定迹深棲於是乎遠灌畦鬻蔬爲供魚菽之祭織絇緯蕭以充糧粒之費心好異書性樂酒德簡棄煩促就成省曠殆所謂國爵屏貴家人忘貧者與有詔徵爲著作郎稱疾不到春秋六十

有三元嘉四年月日卒於濤陽縣之某里。近識悲悼遠士傷情。冥默福應。嗚呼淑貞。失實以

誅華名由諡高。苟允德義貴賤何算焉。若其寬樂令終之美。好廉克己之操。有合諡典無愆。

前志故詢諸友好宜諡曰靖節徵士。其辭曰

物尚孤生人固介立。豈伊時遘。曷云世及。嗟乎若士。望古遙集。韜此洪族。蔑彼名級。睦親之

行。至自非敦。然諾之信。重於布言。廉深簡潔。貞夷粹溫。而能峻博。而不繁。依世尚同詭時

則異有一於此。兩非默置。豈若夫子。因心違事。畏榮好古。薄身厚志。世霸虛禮。州壞推風。孝

惟義養道。必懷邦人之秉彝。不隘不恭。爵同下士。祿等上農。度量難鈞。進退可限。長卿棄官。

稚賓自免。子之悟之。何悟之辯。賦詩歸來。高蹈獨善。亦既超曠。無適非心。汲流舊巘。葺宇家

林。晨煙暮靄。春煦秋陰。陳書綴卷。置酒弦琴。居備勤儉。躬兼貧病。人否其憂。子然其命隱約

就閑。遷延辭聘。非直也明。是惟道性。糾纏斡流。冥漠報施。孰云與仁。實疑明智。謂天蓋高。胡

醫期義履。信晷憑思順心。何實年在中身。疢維疢疾視化如歸。臨凶若吉。藥劑弗嘗。禱祀非恤。

儼幽告終。懷和長畢。嗚呼哀哉。敬述靖節。式尊遺占。存不願豐。沒無求贍。省訃卻賻。輕哀薄

斂。遭壤以穿。旋葬而窆。嗚呼哀哉。深心追往。遠情逐化。自爾介居。及我多暇。伊好之洽。接閣

鄰舍。宵盤晝憩。非舟非駕。念昔宴私。舉觴相誨。獨正者危。至方則閡。哲人卷舒。布在前載。取

鑒不遠。吾規子佩。爾寶愀然。中言而發。違眾速尤。迕風先蹶。身才非實。榮聲有歇。徽音永矣。

誰箴余闕嗚呼哀哉仁焉而終智焉而弊黔婁既沒展禽亦逝其在先生同塵往世旌此靖

節加彼康惠嗚呼哀哉

鮑照　南朝宋東海人字明遠文辭贍逸文帝時為中書舍人臨海王子頊為荊州照為前軍參軍有鮑參軍集

蕪城賦

溺池平原南馳蒼梧漲海北走紫塞雁門柂以漕渠軸以崑岡重江複關之隩四會五達之

莊當昔全盛之時車挂轊人駕肩廛閈撲地歌吹沸天孳貨鹽田鏟利銅山才幹雄富士馬

精妍故能侈秦法佚周令劃崇墉刳濬洫圖修世以休命是以板築雉堞之殷井幹烽櫓之

勤格高五嶽袤廣三墳崒若斷岸矗似長雲製磁石以禦衝糊赬壤以飛文觀基局之固護

將萬祀而一君出入三代五百餘載竟瓜剖而豆分澤葵依井荒葛罥塗壇羅虺蜮階鬭麋

麌木魅山鬼野鼠城狐風嘷雨嘯昏見晨趨飢鷹厲吻寒鴟嚇雛伏虣藏虎乳血餐膚崩榛

塞路崢嶸古馗白楊早落塞草前衰稜稜霜氣蔌蔌風威孤蓬自振驚砂坐飛灌莽杳而無

際叢薄紛其相依通池既已夷峻隅又已頹直視千里外惟見起黃埃凝思寂聽心傷已摧

若夫藻扃黼帳歌堂舞閣之基璇淵碧樹弋林釣渚之館吳蔡齊秦之聲魚龍爵馬之玩皆

薰歇燼滅光沈響絕東都妙姬南國麗人蕙心紈質玉貌絳脣莫不埋魂幽石委骨窮塵豈

憶同輿之愉樂離宮之苦辛哉天道如何吞恨者多抽琴命操為蕪城之歌歌曰邊風急兮

城上寒井徑滅兮邱隴殘千齡兮萬代共盡兮何言。

江淹　南朝梁考城人字文通少孤貧好學仕齊歷御史中丞彈劾不避權貴梁天監中遷金紫光祿大夫封醴陵侯嘗宿治亭夢一丈夫自稱郭璞曰吾筆在卿處多年可見還淹乃探懷中得五色筆還之後爲文絕無美句。時人謂之才盡有江文通集

恨賦

試望平原蔓草縈骨拱木斂魂人生到此天道寧論於是僕本恨人心驚不已直念古者伏恨而死至如秦帝按劍諸侯西馳削平天下同文共規華山爲城紫淵爲池雄圖既溢武力未畢方架黿鼉以爲梁巡海右以送日一旦魂斷宮車晚出若乃趙王既虜遷於房陵薄暮心動昧旦神興別豔姬與美女喪金輿及玉乘置酒欲飲悲來塡膺千秋萬歲爲怨難勝至於李君降北名辱身冤拔劍擊柱弔影慚魂情往上郡心留雁門裂帛繫書誓還漢恩朝露溘至握手何言若夫明妃去時仰天太息紫臺稍遠關山無極搖風忽起白日西匿隴雁少飛代雲寡色望君王兮何期終絕兮異域至乃敬通見抵罷歸田里閉關卻掃塞門不仕左對孺人顧弄稚子脫略公卿跌宕文史齎志沒地長懷無已及夫中散下獄神氣激揚濁醪夕引素琴晨張秋日蕭索浮雲無光鬱青霞之奇意入脩夜之不暘或有孤臣危涕孽子墜心遷客海上流戍隴陰此人但聞悲風颯起泣下霑衿亦復含酸茹歎銷落湮沈若乃騎

疊跡車同軌黃塵市地歌吹四起。無不煙斷火絕閉骨泉裏已矣哉春草暮兮秋風驚秋風

罷兮春草生綺羅畢兮池館盡琴瑟滅兮邱隴平自古皆有死莫不飲恨而吞聲

別賦

黯然銷魂者唯別而已矣。況秦吳兮絕國復燕宋兮千里或春水兮始生乍秋風兮暫起。是

以行子腸斷百感悽惻風蕭蕭而異響雲漫漫而奇色舟凝滯於水濱車逶遲於山側棹容

與而詎前馬寒鳴而不息掩金觴而誰御橫玉柱而霑軾居人愁臥若有亡日下壁而沈

彩月上軒而飛光見紅蘭之受露望青楸之離霜巡層楹而空掩撫錦幕而虛涼知離夢之

躑躅意別魂之飛揚故別雖一緒事乃萬族至若龍馬銀鞍朱軒繡軸帳飲東都送客金谷

琴羽張兮簫鼓陳燕歌兮傷美人珠與玉兮豔暮秋羅與綺兮嬌上春驚駟馬之仰秣聳

淵魚之赤鱗造分手而銜涕感寂寞而傷神乃有劍客慚恩少年報士韓國趙廁吳宮燕市

割慈忍愛離邦去里瀝泣共訣抆血相視驅征馬而不顧見行塵之時起方銜感於一劍非

買價於泉裏金石震而色變骨肉悲而心死或乃邊郡未和負羽從軍遼水無極雁山參雲

閨中風暖陌上草薰日出天而曜景露下地而騰文鏡朱塵之照爛襲青氣之煙煴攀桃李

兮不忍別送愛子兮霑羅裙至如一赴絕國詎相見期視喬木兮故里決北梁兮永辭左右

兮魂動親賓兮淚滋可班荊兮贈恨唯樽酒兮敘悲值秋雁兮飛日當白露兮下時怨復怨

兮遠山曲去復去兮長河湄。又若君居淄右。姜家河陽。同瓊珮之晨照。共金爐之夕香。君結

緩兮千里。惜瑤草之徒芳。懟幽閨之琴瑟。晦高臺之流黃。春宮闃此青苔色。秋帳含茲明月

光。夏簟清兮晝不暮。冬釭凝兮夜何長。織錦曲兮泣已盡。迴文詩兮影獨傷。儻有華陰上士。

服食還仙術。既妙而猶學。道已寂而未傳。守丹竈而不顧。鍊金鼎而方堅。駕鶴上漢。驂鸞騰

天。暫遊萬里。少別千年。惟世間兮重別。謝主人兮依然。下有芍藥之詩。佳人之歌。桑中衞女。

上宮陳娥。春草碧色。春水綠波。送君南浦。傷如之何。至乃秋露如珠。秋月如珪。明月白露。光

陰往來。與子之別。思心徘徊。是以別方不定。別理千名。有別必怨。有怨必盈。使人意奪神駭。

心折骨驚。雖淵雲之墨妙。嚴樂之筆精。金閨之諸彥。蘭臺之羣英。賦有凌雲之稱。辯有雕龍

之聲。誰能摹暫離之狀。寫永訣之情者乎。

邱遲　　南朝梁烏程人。字希範。武帝時官中書。出為永嘉太守。遲文采麗逸。時人評為點綴映媚如落花依草。初

陳伯之戰敗入魏。詔臨川王宏率軍北討。遲為宏記室。承命與之書。伯之見書。即擁衆而歸。其辭之動人如此。

與陳伯之書

遲頓首。陳將軍足下無恙。幸甚幸甚。將軍勇冠三軍。才為世出。棄燕雀之小志。慕鴻鵠以高

翔。昔因機變化。遭遇明主。立功立事。開國稱孤。朱輪華轂。擁旄萬里。何其壯也。如何一旦為

奔亡之虜。聞鳴鏑而股戰。對穹廬以屈膝。又何劣邪。尋君去就之際。非有他故。直以不能內

審諸己外受流言沈迷猖獗以至於此聖朝赦罪責功棄瑕錄用推赤心於天下安反側於

萬物將軍之所知不假僕一二談也朱鮪涉血於友于張繡剚刃於愛子漢主不以為疑魏

君待之若舊況將軍無昔人之罪而勳重於當世夫迷塗知反往哲是與不遠而復先典攸

高主上屈法申恩吞舟是漏將軍松柏不翦親戚安居高臺未傾愛妾尚在悠悠爾心亦何

可言今功臣名將膺行有序佩紫懷黃讚帷幄之謀乘軺建節奉疆埸之任並刑馬作誓傳

之子孫將軍獨靦顏借命驅馳氈裘之長寧不哀哉夫以慕容超之強身送東市姚泓之盛

面縛西都故知霜露所均不育異類姬漢舊邦無取雜種北虜僭盜中原多歷年所惡積禍

盈理至焦爛況偽孽昏狡自相夷戮部落攜離酋豪猜貳方當繫頸蠻邸懸首藁街而將軍

魚遊於沸鼎之中燕巢於飛幕之上不亦惑乎暮春三月江南草長雜花生樹羣鶯亂飛見

故國之旗鼓感平生於疇日撫絃登陴豈不愴恨所以廉公之思趙將吳子之泣西河人之

情也將軍獨無情哉想早勵良規自求多福當今皇帝盛明天下安樂白環西獻楛矢東來

夜郎滇池解辮請職朝鮮昌海蹶角受化惟北狄野心掘強沙塞之間欲延歲月之命耳中

軍臨川殿下明德茂親總茲戎重弔民洛汭伐罪秦中若遂不改方思僕言聊布往懷君其

詳之邱遲頓首。

庚信　北朝周新野人字子山小字蘭成文藻豔麗與徐陵齊名時稱徐庾體初仕梁為右衞軍元帝時聘西魏。

被留後周明帝武帝並好文學。皆恩禮之累遷驃騎大將軍開府儀同三司。世稱庾開府信雖位望通顯常有鄉

關之思乃作哀江南賦以致意焉有庾開府集

哀江南賦

粵以戊辰之年建亥之月。大盜移國金陵瓦解。余乃竄身荒谷公私塗炭。華陽奔命有去無

歸中興道銷窮於甲戌三日哭於都亭三年四於別館天道周星物極不反傅燮之但悲身

世無處求生袁安之每念王室自然流涕昔桓君山之志事杜元凱之平生並有著書咸能

自敍潘岳之文彩始述家風陸機之辭賦先陳世德信年始二毛卽逢喪亂藐是流離至於

暮齒燕歌遠別悲不自勝楚老相逢泣將何及畏南山之雨忽踐秦庭讓東海之濱遂餐周

粟下亭漂泊高橋羈旅楚歌非取樂之方魯酒無忘憂之用追為此賦聊以紀言不無危苦

之辭惟以悲哀為主日暮途遠人閒何世將軍一去大樹飄零壯士不還寒風蕭瑟荊璧睨

柱受連城而見欺載書橫階捧珠槃而不定鍾儀君子入就南冠之囚季孫行人留守西河

之館申包胥之頓地碎之以首蔡威公之淚盡加之以血鈞臺移柳非玉關之可望華亭鶴

唳豈河橋之可聞孫策以天下為三分眾纔一旅項籍用江東之子弟人惟八千遂乃分裂

山河宰割天下豈有百萬義師一朝捲甲芟夷斬伐如草木焉江淮無涯岸之阻亭壁無藩

籬之固頭會箕斂者合從締交鉏耰棘矜者因利乘便將非江表王氣終於三百年乎是知

幷吞六合。不免軹道之災。混一車書。無救平陽之禍。嗚呼山岳崩頹。既履危亡之運。春秋迭

代。必有去故之悲。天意人事。可以悽愴傷心者矣。況復舟楫路窮。星漢非乘槎可上。風飈道

阻。蓬萊無可到之期。窮者欲達其言。勞者須歌其事。陸士衡聞而撫掌。是所甘心。張平子見

而陋之。固其宜矣。

我之掌庾承周。以世功而爲族。經邦佐漢。用論道而當官。稟嵩華之玉石。潤河洛之波瀾。居

負洛而重世。邑臨河而晏安。逮永嘉之艱虞。始中原之乏主。民枕轀於牆壁。路交橫於豺虎。

值五馬之南奔。逢三星之東聚。彼淩江而建國。始播遷於吾祖。分南陽而賜田。裂東嶽而胙

土。誅茅宋玉之宅。穿徑臨江之府。水木交運。山川崩竭。家有直道。人多全節。訓子見於紛深。

事君彰於義烈。新塋有生祠之廟。河南有胡書之碣。況乃少微眞人。天山逸民。階庭空谷門

巷蒲輪。移談講樹。就簡書筠。降生世德。載誕貞臣。文詞高於甲觀。模楷盛於漳濱。嗟有道而

無鳳。歎非時而有麟。既奸回之熠逆。終不悅於仁人。王子洛濱之歲。蘭成射策之年。始含香

於建禮。仍矯翼於崇賢。遊洊雷之講肆。齒明離之胄筵。既傾蠡而酌海。遂測管以窺天。方

水白鈎洛池圓。侍戎韜於武帳。聽雅曲於文絃。乃解懸而通籍。遂崇文而會武。居笠里而掌

兵出蘭池而典午。論兵於江漢之君。拭玉於西河之主。於是朝野歡娛。池臺鐘鼓。里爲冠蓋。

門成鄒魯。連茂苑於海陵。跨橫塘於江浦。東門則鞭石成橋。南極則鑄銅爲柱。橘則圓植萬

株竹則家封千戶。西貰浮玉。南琛泛羽。吳歙越吟。荊豔楚舞草木之遇陽春魚龍之逢風雨。

五十年中江表無事王歙為和親之侯班超為定遠之使馬武無預於甲兵馮唐不論於將帥豈知山嶽闇然江湖潛沸漁陽有閭左戍卒離石有將兵都尉天子方刪詩書定禮樂設重雲之講開士林之學談劫燼之灰飛辨常星之夜落地平魚齒城危獸角臥刁斗於滎陽絆龍媒於平樂宰衡以干戈為兒戲搢紳以清談為廟署乘漬水以膠船馭奔駒以朽索小人則將及水火君子則方成菀鶴斂筆不能救鹽池之鹹阿膠不能止黃河之濁既而魴魚頳尾四郊多壘殿狎江鷗宮鳴野雉湛盧去國餘糧失水見披髮於伊川知百年而為戎矣彼奸逆之熾盛久遊魂而放命大則有鯨有鯢小則為梟為獍負其牛羊之力凶其水草之性非玉燭之能調豈璿璣之可正值天下之無為尚有欲於羈縻飲其琉璃之酒賞其虎豹之皮見胡柯於大夏識鳥卵於條枝豺牙密厲虺毒潛吹輕九鼎而欲問聞三川而遂窺始則王子召戎奸臣介冑既官政而離逿遂師言而泄漏望廷尉之逋逃反淮南之窮寇出狄泉之蒼鳥起橫江之困獸地則石鼓鳴山天則金精動宿北闕龍吟東陵麟鬥爾乃桀黠構扇馮陵畿甸擁狼望於黃圖壙埋山於赤縣青袍如草白馬如練天子履端廢朝單于長圍高宴兩觀戟千門受箭白虹貫日蒼鷹擊殿竟遭夏臺之禍終視堯城之變官守無奔問之人干戚非平戎之戰陶侃空爭米船顧榮虛搖羽扇將軍死綏路絕長圍烽隨星落書逐

鳶飛。遂乃韓分趙裂，鼓臥旗折，失羣班馬，迷輪亂轍。猛士嬰城，謀臣卷舌。昆陽之戰象走林，常山之陣蛇奔穴。五郡則兄弟相悲，三州則父子離別。護軍慷慨，忠能死節；三世爲將，終於此滅。濟陽忠壯，身參末將，兄弟三人，義聲俱唱。主辱臣死，名存身喪。敵人歸元，三軍慘愴。尚書多算，守備是長。雲梯可拒，地道能防。有齊將之閉壁，無燕師之臥牆。大事去矣，人之云亡。申子奮發，勇氣咆勃，寶總元戎，身先士卒。胄落魚門，兵填馬窟。屢犯城中，頻遭刮骨。功業天枉，身名埋沒。或以隼翼鸑披，虎威假沾。漬鋒鏑，膏原野。兵弱虜強，城孤氣奪。聞鶴唳而心驚，聽胡笳而淚下。拒神亭而忘戟，臨橫江而棄馬。崩於鉅鹿之沙，碎於長平之瓦。於是桂林顛覆，長洲糜鹿。潰潰沸騰，茫茫慘黷。天地離阻，神人慘酷。晉鄭靡依，魯衞不睦。競動天關，爭迴地軸。探雀鷇而未飽，待熊蹯而詎熟。乃有車側郭門，筋懸廟屋。鬼同曹社之謀，人有秦庭之哭。爾乃假刻璽於關塞，稱使者之酬對。逢坂之讒嫌，值形門之征稅。乘白馬而不前，策青騾而轉礙。吹落葉之扁舟，飄長風於上游。彼鋸牙而鉤爪，又循江而習流。排青龍之戰艦，鬭飛燕之船樓。張遼臨於赤壁，王濬下於巴邱。乍風驚而射火，或箭重而回舟。未辨聲於黃蓋，已先沈於杜侯。落帆黃鶴之浦，藏船鸚鵡之洲。路已分於湘漢，星猶看於斗牛。若乃陰陵路絕，鈞臺斜趣。望赤壁而沾衣，歛烏江而不渡。雷池柵浦，鵲陵焚成。旅舍無煙，巢禽無樹。謂荊衡之杞梓，庶江漢之可恃。淮海維揚，三千餘里。過漂渚而寄食，託蘆中而渡水。届於七

澤濱於十死嗟天保之未定見殷憂之方始本不達於危行又無情於祿仕謬掌衞於中軍，

濫尸承於御史信生世等於龍門辭親同於河洛奉立身之遺訓受成書之顧託昔三世而

無憾今七葉而方落泣風雨於梁山惟枯魚之銜索入欹斜之小徑掩蓬藋之荒扉就汀洲

之杜若待蘆葦之單衣於時西楚霸王劍及繁陽鏖兵金匱校戰玉堂蒼鷹亦雀鐵軸就牙檣

沈白馬而誓衆負黃龍而渡江海潮迎艦江萍送王戎車屯於石城戈船掩於淮泗諸侯則

鄭伯前驅盟主則荀罃暮至剖巢熏穴奔魑走魅埋長狄於駒門斬蚩尤於中冀然腹與燈

飲頭爲器直虹貫壘長星屬地昔之虎踞龍蟠加以黃旗紫氣莫不隨狐兔而窟穴與風塵

而珍瘁西瞻博望北臨玄圃月榭風臺池平樹古倚弓於玉女窗扉繫馬於鳳凰樓杜仁壽

之鏡徒懸茂陵之書空聚若夫立德立言讚明寅亮聲超於繫表道高於河上更不遇於浮

邱遂無言於師曠以愛子而託人知西陵而誰望非無北闕之兵猶有雲臺之仗司徒之表

裏經綸狐偃之惟王實勤珊瑚戈而對霸主執金鼓而問賊臣平吳之功壯於杜元凱王室

是賴深於溫太眞始則地名全節終則山稱枉人南陽校書去之已遠上蔡逐獵知之何晚

鎮北之負譽矜前風飆凜然水神遭箭山靈見鞭是以蟄熊傷馬浮蛟沒鳶才子佇命俱非

百年中崇之夷凶靖亂大雪寃恥去代邱而承基遷唐郊而纂祀反舊章於司隸歸餘風於

正始沈猜則方逞其欲藏疾則自矜於已天下之事沒焉諸侯之心搖矣既而齊交北絕秦

患西起況背關而懷楚異端委而開吳驅綠林之散卒拒驪山之叛徒營軍梁溠蒐乘巴渝

問諸淫昏之鬼求諸厭劾之巫荊門遭廩延之戮夏口濫逢達泉之誅薀因親以敎愛忍訕樂

於彎弧既無謀於肉食非所望於論都未深思於五難先自擅於三端登陽城而避險臥砥

柱而求安既言多於忌刻實志勇而形殘但坐觀於時變本無情於急難惟黑子城猶彈

丸其怨則鸇其盟則寒豈冤禽之能塞海非愚叟之可移山況以鷙氣朝浮妖精夜殞赤烏

則三朝夾日蒼雲則七重圍輪亡吳之歲既窮入郢之年斯盡周含鄭怒楚結秦冤有南風

之不競值西鄰之責言俄而梯衝亂舞冀馬雲屯僄秦車於暢轂鎣漢鼓於雷門下陳倉而

連弩渡臨晉而橫船雖復楚有七澤人稱三戶箭不麗於六麋雷無驚於九虎辭洞庭兮落

木去涔陽兮極浦熾火兮焚旗貞風兮害蠱乃使玉軸揚灰龍文折柱下江餘城長圍故營

徒思拑馬之秣未見燒牛之兵章曼支以轂走河無冰而馬渡關未曉而雞

鳴忠臣解骨君子吞聲華望祭之所雲夢僞遊之奇以族行荒谷縊於莫敖治父囚於羣帥碉谷

摺拉鷹鸇批攪冤霜夏零憤泉秋色染湘妃之淚水毒秦涇山高趙陘十

里五里長亭短亭飢隨蟄蔫暗逐流螢秦中水黑關上泥青於時瓦解冰泮風飛電散渾然

千里淄澠一亂雪暗如沙冰橫似岸逢赴洛之陸機見離家之王粲莫不聞隴水而掩泣向

關山而長歎況復君在交河妾在青波石望夫而逾遠山望子而逾多才人之憶代郡公主

之去清河栩楊亭有離別之賦。臨江王有愁思之歌。別有飄颻武威。羈旅金微。班超生而望
返。溫序死而思歸。李陵之雙鳧永去。蘇武之一鴈空飛。若江陵之禍。始離借
人之外力。實蕭牆之內。起撥亂之主。忽焉中興之宗。不祀伯兮叔兮。同見戮於猶子荊山鵲
飛而玉碎。隋岸蚍生而珠死。鬼火亂於平林。簒魂遊於新市。梁故豐徙楚實秦亡不有所廢。
其何以昌。有嬀之後。將育於姜。輪我神器。居爲讓主。天地之大德曰生。聖人之大寶曰位用
無顙之子。弟舉江東而全棄。天下之一家。遭東南之反氣。以鶉首而賜秦。天何爲而此醉。
且夫天道迴旋。生民預焉。余烈祖始流播於東川。洎余身而七葉。又遭時而北遷。提
挈老幼。關河累年。死生契闊。不可問天。況復零落將盡。靈光巋然。日窮於紀。歲將復逼迫
危慮端憂。暮齒踐長樂之神皋。望宣平之貴里。渭水貫於天門。驪山迴於地市。幕府大將軍
之愛客。丞相平津侯之待士。見鐘鼎於金張。聞絃歌於許史。豈知灞陵夜獵。是故時將軍
咸陽布衣。非獨思歸王子。

王勃　絳龍門人字子安隋王通之諸孫麟德初對策高第父爲交趾令勃往省道過南昌會都督閻伯嶼宴
　客於滕王閣即席作序伯嶼歎爲天才後復往省父渡南海溺死年二十九勃文章鉅麗與楊炯盧照鄰駱賓
王共稱初唐四傑而勃爲之冠每爲文先磨墨引被而臥及寤援筆書之時人謂之腹稿有王子安集

滕王閣序

南昌故郡洪都新府星分翼軫地接衡廬襟三江而帶五湖控蠻荊而引甌越物華天寶龍
光射牛斗之墟人傑地靈徐孺下陳蕃之榻雄州霧列俊彩星馳臺隍枕夷夏之交賓主盡
東南之美都督閻公之雅望棨戟遙臨宇文新州之懿範襜帷暫駐十旬休暇勝友如雲千
里逢迎高朋滿座騰蛟起鳳孟學士之詞宗紫電清霜王將軍之武庫家君作宰路出名區
童子何知躬逢勝餞時維九月序屬三秋潦水盡而寒潭清煙光凝而暮山紫儼驂騑於上
路訪風景於崇阿臨帝子之長洲得仙人之舊館層巒聳翠上出重霄飛閣流丹下臨無地
鶴汀鳧渚窮島嶼之縈迴桂殿蘭宮列岡巒之體勢披繡闥俯雕甍山原曠其盈視川澤盱
其駭矚閭閻撲地鐘鳴鼎食之家舸艦迷津青雀黃龍之軸虹銷雨霽彩徹雲衢落霞與孤
鶩齊飛秋水共長天一色漁舟唱晚響窮彭蠡之濱雁陣驚寒聲斷衡陽之浦遙吟俯暢逸
興遄飛爽籟發而清風生纖歌凝而白雲遏睢園綠竹氣凌彭澤之樽鄴水朱華光照臨川
之筆四美具二難并窮睇眄於中天極娛遊於暇日天高地迥覺宇宙之無窮興盡悲來識
盈虛之有數望長安於日下指吳會於雲間地勢極而南溟深天柱高而北辰遠關山難越
誰悲失路之人萍水相逢盡是他鄉之客懷帝閽而不見奉宣室以何年嗚呼時運不齊命
途多舛馮唐易老李廣難封屈賈誼於長沙非無聖主竄梁鴻於海曲豈乏明時所賴君子
安貧達人知命老當益壯寧知白首之心窮且益堅不墜青雲之志酌貪泉而覺爽處涸轍

以猶懷北海雖賒扶搖可接東隅已逝桑楡非晚孟嘗高潔空懷報國之心阮籍猖狂豈效

窮途之哭勃三尺微命一介書生無路請纓等終軍之弱冠有懷投筆慕宗慤之長風舍簪

笏於百齡奉晨昏於萬里非謝家之寶樹接孟氏之芳鄰他日趨庭叨陪鯉對今晨捧袂喜

託龍門楊意不逢撫淩雲而自惜鍾期既遇奏流水以何慚嗚呼勝地不常盛筵難再蘭亭

已矣梓澤坵墟臨別贈言幸承恩於偉餞登高作賦是所望於羣公敢竭鄙誠恭疏短引一

言均賦四韻俱成滕王高閣臨江渚佩玉鳴鸞罷歌舞畫棟朝飛南浦雲朱簾暮捲西山雨

閒雲潭影日悠悠物換星移幾度秋閣中帝子今何在檻外長江空自流

駱賓王

唐義烏人初為趙王府屬武后時除臨海丞棄官去徐敬業勤王兵起署為府屬為敬業傳檄天下后

武后罪后讀之俱嘻笑至一抔之土未乾六尺之孤何託變然曰誰為之或以賓主對后曰宰相安得失此人敬

業敗賓王亡命不知所之中宗時詔求其遺文得數百篇有駱臨海集

為徐敬業以武后臨朝移諸郡縣檄

偽臨朝武氏者性非和順地實寒微昔充太宗下陳曾以更衣入侍洎乎晚節穢亂春宮潛

隱先帝之私陰圖後房之嬖入門見嫉蛾眉不肯讓人掩袖工讒狐媚偏能惑主踐元后於

翬翟陷吾君於聚麀加以虺蜴為心豺狼成性近狎邪僻殘害忠良殺姊屠兄弒君鴆母人

神之所同嫉天地之所不容猶復包藏禍心窺竊神器君之愛子幽之於別宮賊之宗盟委

之以重任嗚呼霍子孟之不作。朱虛侯之已亡。燕啄皇孫。知漢祚之將盡龍漦帝后。識夏庭之遽衰敬業皇唐舊臣公侯冢子奉先君之成業荷本朝之厚恩宋微子之興悲良有以也袁君山之流涕豈徒然哉是用氣憤風雲志安社稷因天下之失望順宇內之推心爰舉義旗以清妖孽南連百越北盡三河鐵騎成羣玉軸相接海陵紅粟倉儲之積靡窮江浦黃旗匡復之功何遠班聲動而北風起劍氣衝而南斗平喑嗚則山岳崩頹叱咤則風雲變色以此制敵何敵不摧以此圖功何功不克或家傳漢爵或地叶周親或膺重寄於爪牙或受顧命於宣室言猶在耳忠豈忘心一坏之土未乾六尺之孤何託儻能轉禍為福送往事居共立勤王之圖無廢大君之命凡諸爵賞同指山河若其眷戀窮城徘徊歧路坐昧先幾之兆必貽後至之誅請看今日之域中竟是誰家之天下移檄州郡咸使知聞

王維　唐太原人字摩詰開元初擢進士官至尚書右丞工詩善畫時謂其詩中有畫畫中有詩文亦有詩意有別墅在輞川嘗與裴迪遨遊其中歌咏為樂卒年六十一有王右丞集

與裴秀才迪書

近臘月下景氣和暢故山殊可過足下方溫經猥不敢相煩輒便往山中憩感配寺與山僧飯訖而去北涉元灞清月映郭夜登華子岡輞水淪漣與月上下寒山遠火明滅林外深巷寒犬吠聲如豹村墟夜舂復與疏鐘相間此時獨坐僮僕靜默多思曩昔攜手賦詩步仄逕

臨清流也。當待春中草木蔓發春山可望輕鯈出水白鷗矯翼露濕青皋麥隴朝雊期之不遠儻能從我遊乎非子天機清妙者豈能以此不急之務相邀然是中有深趣矣無忽。山中人王維白

李華　唐贊皇人字遐叔擢進士弘辭科天寶間官監察御史劾宰相楊國忠姻婭橫暴無狀後去官隱山陽戒子弟力農安於窮稿文辭綿麗煥發與蕭穎士齊名有李遐叔文集。

弔古戰場文

浩浩乎平沙無垠敻不見人河水縈帶羣山糾紛黯兮慘悴風悲日曛蓬斷草枯凜若霜晨鳥飛不下獸挺亡羣亭長告余曰此古戰場也嘗覆三軍往往鬼哭天陰則聞傷心哉秦歟漢歟將近代歟吾聞夫齊魏徭戍荊韓召募萬里奔走連年暴露沙草晨牧河冰夜渡地闊天長不知歸路寄身鋒刃腷臆誰訴秦漢而還多事四夷中州耗斁無世無之古稱戎夏不抗王師文教失宣武臣用奇奇兵有異於仁義王道迂闊而莫為嗚呼噫嘻吾想夫北風振漠胡兵伺便主將驕敵期門受戰野豎旌旗川迴組練法重心駭威尊命賤利鏃穿骨驚沙入面主客相搏山川震眩聲折江河勢崩雷電至若窮陰凝閉凜冽海隅積雪沒脛堅冰在鬚鷙鳥休巢征馬踟蹰繒纊無溫墮指裂膚當此苦寒天假強胡憑凌殺氣以相翦屠徑截輜重橫攻士卒都尉新降將軍復沒屍填巨港之岸血滿長城之窟無貴無賤同為枯骨可

勝言哉鼓衰兮力盡矢竭絃絕白刃交兮寶刀折兩軍蹙兮生死決降矣哉終身夷狄戰

矣哉暴骨沙礫鳥無聲兮山寂寂夜正長兮風淅淅魂結兮天沈沈鬼神聚兮雲冪冪日

光寒兮草短月色苦兮雪白傷心慘目有如是耶吾聞之牧用趙卒大破林胡開地千里遁

逃匈奴漢傾天下財殫力痛任人而已其在多乎周逐獫狁北至太原既城朔方全師而還

飲至策勳和樂且閑穆穆棣棣君臣之間秦起長城竟海為關荼毒生靈萬里朱殷漢擊匈

奴雖得陰山枕骸徧野功不補患蒼蒼蒸民誰無父母提攜捧負畏其不壽誰無兄弟如足

如手誰無夫婦如賓如友生也何恩殺之何咎其存其沒家莫聞知人或有言將信將疑悁

悁心目寤寐見之布奠傾觴哭望天涯天地為愁草木悽悲弔祭不至精魂無依必有凶年

人其流離鳴呼噫嘻時耶命耶從古如斯為之奈何守在四夷

陸贄

陸贄　唐嘉興人字敬輿德宗時為翰林學士甚見親任時號內相從幸奉天詔書旁午皆出於其手所下制書

武夫悍卒聞者無不感泣累遷中書侍郎同平章事為裴延齡所讒貶忠州別駕卒年五十二諡宣贄在朝論諫

言省劃切其文多用駢句蓋當時之體裁然眞意篤摯反覆曲暢不復見排偶之迹所謂經世之文也有陸宣公

翰苑集

奉天請數對羣臣兼許令論事狀

朝隱奉宣聖旨頻覽卿表狀勸朕數對羣臣兼許令論事辭理懇切深表盡忠朕本心甚好

推誠亦能納諫但緣上封事及奏對者。少有忠良多是論人長短或探朕意旨朕雖不受讒

諧出外卽謗譏生是非以為威福朕往日將謂君臣一體都不隄防緣推誠信不疑多被姦人

賣弄今所致患害朕思亦無他故卻是失在推誠又諫官論事少能愼密例自衒衒歸過於

朕以自取名朕從卽位以來見奏對論事者甚多大抵皆是雷同道聽塗說試加質問卽便

辭窮若有奇才異能在朕豈惜拔擢朕見從前已來事祇如此所以近來不多取次對人亦

不是倦於接納卿宜深悉此意者聖德廣大如天包容俯於狂愚仍賜獎諭嘉臣以懇切目

臣以盡忠雖甚庸駑實懷感勵夫知無不言之謂盡忠臣之夙心久以自誓

以此為奉上之道以此為報主之資幸逢休明獲展誠願既免罪戾又蒙襃稱庶奉周旋不

敢失墜儻陛下廣推此道施及萬方咸直以矜愚各錄長而捨短人之欲善誰不如臣自

然聖德益彰羣心盡達然臣竊謂天子之道與天同方天不以地有惡木而廢發生天子

慮遠防微固非常識所逮然臣竊謂天子之盛盛於堯雖四凶在朝而僉議靡輟故曰惟天為大惟

不以時有小人而廢聽納帝王之盛莫盛於堯雖四凶在朝而僉議靡輟故曰惟天為大惟

堯則之是知人有因噎而廢食者又有懼溺而自沈者其為矯枉防患之慮豈不過哉願陛下

之道也昔人有邪直賢愚者各得其所而已必不可以忠良者少而關於詢謀獻納

取鑒於茲勿以小虞而妨大道也臣聞人之所助在乎信信之所立由乎誠守誠於中然後

俾衆無惑存心於己可以敕人不欺惟信與誠有補無失一不誠則心莫之保一不信則言

莫之行故聖人重焉以爲食可去而信不可失也又曰誠者物之終始不誠無物者事也

嘗不誠則無復有事矣凡夫不誠無復有事況王者賴人之誠以自固而可不誠於人乎陛

下所謂失於誠信以致患害者臣竊以斯言爲過矣孔子曰可與言而不與之言失

人不可與言而與之言失言由此論之陛下可審其所言而不可不慎信其

所與而不可不誠海禽至微猶誠情僞含靈之類固必難誣前志所謂衆庶者至愚而神蓋

以蟲蟲之徒或昏或鄙此其似於愚也然而上之得失靡不辨上之好惡靡不知上之所祕

靡不傳上之所爲靡不效此其類於神也故馭之以智則人偽接不以禮

則徇義之意輕撫不以恩則效忠之情含薄上行之則下從之上施之則下報之若響應聲若

影從表枉則影曲聲淫則響邪懷鄙詐而求顏色之不形顏色形而求觀者之不辨觀者

辨而求衆庶之不惑衆惑而求叛亂之不生自古及今未之得也故惟天下至誠爲能盡

其性能盡其性則能盡人之性若不盡於己而望盡於人衆必給而不從矣不誠於前而曰

誠於後衆必疑而不信矣今方岳有不誠於國者陛下則興師以伐之臣庶有齮信於上者

陛下則出令以誅之有司順命誅伐而不敢縱捨者蓋以陛下之所有責彼之所無故也向

若陛下不誠於物不信於人人將有辭何以致討是知誠信之道不可斯須去身願陛下慎

守而行之有加恐非所以爲悔者也。臣聞春秋傳曰人誰無過而能改善莫大焉易曰日
新之謂盛德禮記曰德日新日日新又日新商書仲虺述成湯之德曰用人惟己改過不吝
周詩吉甫美宣王之功曰袞職有闕惟仲山甫補之夫禮易春秋百代不刋之典也皆不以
無過爲美而謂大善盛德在於改過日新成湯聖君也仲虺聖輔而贊揚聖君不
稱其無過而美其改過周宣中興之賢主也吉甫文武之賢臣也以賢臣而歌誦賢主不美
其無闕而美其補闕是則聖賢之意較然著明惟以改過爲貴蓋人之行
已必有過差上智下愚俱所不免智者改過而遷善愚者恥過而遂非遷善則其德日新是
爲君子遂非則其惡彌積斯謂小人故聞義能徙者常情之所難從諫弗咈者聖人之所尙
至於贊揚君德歌迩其功或以改過不吝爲言或以有闕能補爲美中古已降淳風浸微臣
既尙諫君亦自聖掩盛德而行小道於是有入則造膝出則詭辭之態興矣姦由此滋善由
此沮帝王之意由此惑譖臣之罪由此生媚道一行爲害斯甚太宗文皇帝挺秀千古清明
在躬再恢聖謨一變流弊以虛受爲理本以直言爲國華有面折廷爭者必爲霆霳之威
而明言奬納有上封獻議者必爲黜心意之欲而手敕褒揚故得有過必知而必改存致
雍熙之化沒齊堯舜之名向若太宗徇中主之常情滯習俗之凡見聞過則羞已之短納諫
又畏人之知雖有求得之心必無濟代之效雖有悔過之意必無從諫之名此則聽納之實

不殊。隱見之情小異。其於損益之際。已有若此相懸。又況不及中才。師心自用。肆於人上。以

遂非拒諫。孰有不危者乎。且以太宗有經緯天地之文。有躬行仁義之德。

有致理太平之功。其爲休光烈耿。可謂盛極矣。然而人到於今稱詠。以爲道冠前古。澤被無

窮者。則從諫改過爲其首焉。是知諫而能從。過而能改。帝王之美。莫大於斯。陛下所謂諫官

論事。少能愼密。例自矜衒。歸過於朕者。臣以爲不密自矜。信非忠厚。其於聖德。固亦無虧。陛

下若納諫不違。則傳之適足增美。陛下若違諫不納。又安能禁之勿傳。伏願以貞觀

楷模。使太宗風烈。重光於聖代。恐不可謂此爲歸過。而阻絕直言之路也。臣聞虞舜察邇言。

故能成聖化。晉文聽誦。故能恢霸功。大雅有詢于芻蕘之言。洪範有謀及庶人之義。是則

聖賢爲理。務詢衆心。不敢忽細微。不敢侮鰥寡。言無驗不必用。質言當理不必違。遜於志

者不必然。逆於心者不必否。異於人者不必非。辭拙而效速者不必愚。言

甘而利重者不必智。是皆考之以實。慮之以終。其用無他。惟善所在。則可以盡天下之理。見

天下之心。夫人之常情。罕能無惑。大抵蔽於所信。忽於所疑。溺於所欲。信既偏則

聽言而不考其實。由是有過當之言。疑甚則雖實而不聽。其言於是有失實之聽。輕其人

則遺其可重之事。欲其事則存其可棄之人。斯並苟徇私懷。不稽皇極。於以虧天下之理。於

以失天下之心。故常情之所輕。乃聖人之所重。圖遠者先驗於近。務大者必愼於微。將在博

探而審用其中固不在慕高而好異也陛下所謂比見奏對論事皆是雷同道聽塗說者臣

竊以眾多之議足見人情必有可行亦有可畏恐不宜一概輕侮而莫之省納也陛下又謂

試加質問即便辭窮者臣竊以陛下雖窮其辭而未盡其理能服其口而未服其心何以知

其然臣每讀史書見亂多理少因懷感歎嘗試思之竊謂為下者莫不願忠為上者莫不求

理然而下每苦上之不理上每苦下之不忠若是者何兩情不通故也下之情莫不願達於

上上之情莫不求知於下然而下恆苦上之難達上恆苦下之難知若是者何九弊不去故

也所謂九弊者上有其六而下有其三好勝人恥聞過騁辯給眩聰明厲威嚴恣彊愎此六

者君上之弊也諂諛顧望畏愞此三者臣下之弊也上好勝必甘於佞辭上恥過必忌於直

諫如是則下之諂諛者順旨而忠實之語不聞矣上騁辯必剿說而折人以言上眩明必臆

度而虞人以詐如是則下之顧望者自便而切磨之辭不盡矣上厲威必不能降情以接物

上恣愎必不能引咎以受規如是則下之畏愞者避辜而情理之說不申矣夫以區域之廣

大生靈之眾宮闕之重深高卑之限隔自黎獻而上獲覩至尊之光景者躧億兆而無一

焉就獲覩之中得接言議者又千萬不一幸而得接者猶有九弊居其間則上下之情所通

鮮矣就上情不通於下則人惑下情不通於上則君疑疑則不納其誠惑則不從其令誠而不

見納則應之以悖令而不見從則加之以刑下悖上刑不敗何待是使亂多理少從古以然

考其初心不必淫暴亦在乎兩情相阻馴致其失以至於艱難者焉昔龍逢誅而夏亡比干
剖而殷滅宮奇去而虞敗屈原放而楚衰臣謂夏殷虞楚之君若知四子之盡忠必不剷棄
若知四子之可用必不拒違所以至於忍害而捨絕者蓋其言不足行心不足保故也四
子既去四君亦危然則言之固難聽亦不易趙武吶吶而為晉賢臣絳侯木訥而為漢元輔
公孫弘上書論事帝使難弘以十策弘不得其一及為宰相卒有能名周昌進諫其君病吃
不能對詔乃曰臣口雖不能言心知其不可然則口給者事或非信辭缺者理或未窮人之
難知堯舜所病胡可以一訕一詰而謂盡其能哉以此察天下之情固多失實以此輕天下
之士必有遺才是以竊廬陛下雖窮其辭而未窮其理能服其口而未服其心良有以也
古之王者明四目達四聰蓋欲幽抑之必通且求聞己之過也曩旋於前哲於側蓋惡視
聽之太察惟恐彰人之非也降及末代則反於斯聰明不務通物情視聽祇以伺罪覘與眾
違欲與道乖方於是相尚以言相示以智相冒以詐而君臣之義薄矣以陛下性含仁聖意
務雍熙而使至道未孚臣竊為陛下懷愧於前哲也古人所以有恥君不如堯舜者故亦以
是為心乎夫理天下而不務於得人心則天下固不可理矣務得人心而不勤於接下則
人心固不可得矣務勤接下而不辯君子小人則下固不可接矣務辯君子小人而惡其言
過悅其順己則君子小人固不可辨矣趣利求媚人之甚利存焉犯顏取怨人之甚害存焉

居上者易其害而以美利利之猶懼忠告之不蔵況有疏隔而勿接又有猜忌而加損者乎

天生蒸人合以為國人之有口不能無言人之有心不能無欲言不宣於上則怨讟於下欲

不歸於善則湊集於邪聖人知衆之不可以力制也故植謗木陳諫鼓列爭臣之位置采詩

之官以宣其言尊禮義安誠信厚賢能之賞廣功利之途以歸其欲使上不至於冗下不至

於窮則人心安得而離亂兆何從而起古之無為而理者其率用此歟苟有理之意而不

知其方苟知其方而心守不壹則得失相半天下之理亂未可知也其又違道以師心棄人

而任己謂欲可遏謂衆可誣謂專斷無傷謂詢謀無益謂忠順謂獻替為妄愚謂進

善為比周謂嫉惡為嫌忌謂多疑為御下之術謂深察為照物之明理道全乖國家之顛危

可立待也理前哲備言之矣安危之效歷代嘗試之矣舊典盡在殷鑒足徵其於措

置施為在陛下明識所擇耳伏願廣接下之道開獎善之門宏納諫之懷勵推誠之美其接

下也待之以禮煦之以和虛心以盡其言端意以詳其理不禦人以給不自眩以明不以先

覺為能不以臆度為智不形好惡以招謗不大聲色以示威如權衡之懸不作其輕重故輕

重自辨無從而詐也如水鏡之設無意於妍蚩而妍蚩自彰莫得而怨也有犯顏讜直者獎

而親之有利口讒佞者疏而斥之自然物無壅情言不苟進君子之道浸長小人之態日消

何憂乎少忠良何有乎作威福何患乎妄說是非如此則接下之要備矣其獎善也求之若

不及用之懼不周如梓人之任材曲直當分如滄海之歸水洪涓必容能小事則處之以小官立大勞則報之以大利不忌怨不避親不抉瑕不求備不以人廢舉不以己格人聞其才必試以事能其事乃進以班自然無不用之才亦無不實之舉如此則獎善之道得矣其納諫也以補過爲心以求過爲急以能改其過爲善以得聞其過爲明故諫者多表我之能好諫者直示我之能賢諫者之狂誣明我之能恕諫者之漏泄彰我之能從有一於斯皆爲盛德是則人君之與諫者交相益之道也諫者有爵賞之利君亦有理安之利諫者得獻替之名君亦得採納之名然猶諫者有失中而君無不美惟恐讜言之不切天下之不聞如此則納諫之德光矣其推誠也在彰信在任人彰信不務於盡言所貴乎出言則可復任人不可以無擇所貴乎已擇則不疑而必誠然後可求人之聽命任而勿貳然後可責人之成功誠信一虧則百事無不紕繆疑貳一起則羣下莫不憂虞是故言或乖宜可引過以改其言而不可苟也任或乖當可求賢以代其任而不可疑也如此則推誠之義孚矣微臣所以屢屢塵瀆而不能自抑者蓋以陛下有拯亂之志而多難未平有務理之誠而庶績未乂有堯舜聰明之德而未光宅於天下有覆載含宏之量而未翕受於衆情故臣每中夜靜思無不竊歎而深惜也向若陛下有其位而無必行之志有其志而無可致之資則臣固已從俗浮沈何苦而汲汲如是惟陛下詳省所關亟行所宜歸天下之心濟中興之業此臣之願也億

兆之福也宗社無疆之休也謹奏。

劉禹錫　唐中山人字夢得以進士登博學宏辭科官至集賢直學士出為蘇州刺史遷太子賓客晚年以文章

自適先後與柳宗元白居易齊名年七十二卒有劉賓客集

陋室銘

山不在高有仙則名。水不在深有龍則靈。斯是陋室惟吾德馨苔痕上階綠草色入簾青談笑有鴻儒往來無白丁可以調素琴閱金經無絲竹之亂耳無案牘之勞形南陽諸葛廬西蜀子雲亭孔子云何陋之有。

白居易　唐下邽人字樂天元和進士遷左拾遺奏對強諫貶江州司馬後詔還官至刑部尚書致仕居香山稱

香山居士卒諡文居易文章清切尤工詩平易近人多存諷刺先後與元稹劉禹錫齊名有白氏長慶集

廬山草堂記

匡廬奇秀甲天下山山北峰曰香鑪峰峰北寺曰遺愛寺介峰寺間其境勝絕又甲廬山元和十一年秋太原人白樂天見而愛之若遠行客過故鄉戀戀不能去因面峯腋寺作為草堂明年春草堂成三間兩柱二室四牖廣袤豐殺一稱心力洞北戶來陰風防徂暑也敞南甍納陽日虞祁寒也木斲而已不加丹牆圬而已不加白礱階用石冪窗用紙竹簾紵幃率稱是焉堂中設木榻四素屏二漆琴一張儒道佛書各兩三卷樂天既來為主仰觀山俯聽

泉旁睨竹樹雲石自辰及酉應接不暇俄而物誘氣隨外適內和一宿體寧再宿心恬三宿

後頹然嗒然不知其然而然自問其故答曰是居也前有平地輪廣十丈中有平臺半地

臺南有方池倍平臺環池多山竹野卉池中生白蓮白魚又南抵石澗夾澗有古松老杉大

僅十人圍高不知幾百尺修柯戛雲低枝拂潭如幢豎如蓋張如龍蛇走松下多灌叢蘿蔦

葉蔓駢織承翳日月光不到地盛夏風氣如八九月時下鋪白石爲出入道堂北五步據層

崖積石嵌空垤塊雜木異草蓋覆其上綠陰蒙蒙朱實離離不識其名四時一色又有飛泉

植茗就以烹煇好事者見可以永日堂東有瀑布水懸三尺瀉階隅落石渠昏曉如練色夜

中如環佩琴筑聲堂西倚北崖右趾以剖竹架空引崖上泉脈分線懸自簷注砌纍纍如貫

珠霏微如雨露滴瀝飄灑隨風遠去其四旁耳目杖履可及者春有錦繡谷花夏有石門澗

雲秋有虎谿月冬有鑪峯雪陰晴顯晦昏旦含吐千變萬狀不可殫紀覼縷而言故云甲廬

山者噫凡人豐一屋華一簀而起居其間尚不免有驕穩之態今我爲是物主物至致知各

以類至又安得不外適內利體寧心恬哉昔永遠宗雷輩十八人同入此山老死不返去我

千載我知其心以是哉剡余自思從幼迨老若白屋若朱門凡所止雖一日二日輒覆簀土

爲臺聚拳石爲山環斗水爲池其喜山水病癖如此一旦蹇剝來佐江郡郡守以優容撫我

廬山以靈勝待我是天與我時地與我所卒獲所好又何求焉尚以冗員所羈餘累未盡或

往或來未追寧處待余異日弟妹婚嫁畢司馬歲秩滿出處行止得以自遂則必左手引妻

子右手抱琴書終老於斯以成就我平生之志淸泉白石實聞此言時三月二十七日始居

新堂四月九日與河南元集虛范陽張允中南陽張深之東西二林長老湊公朗滿晦堅等

凡二十有二人具齋施茶果以樂之因爲草堂記

杜牧　唐萬年人字牧之官中書舍人爲人剛直有奇節不拘細行敢論列大事指陳利病尤切時文均豪邁有

樊川集。

阿房宮賦

六王畢四海一蜀山兀阿房出覆壓三百餘里隔離天日驪山北構而西折直走咸陽二川

溶溶流入宮牆五步一樓十步一閣廊腰縵迴簷牙高啄各抱地勢鈎心鬭角盤盤焉囷囷

焉蜂房水渦不知其幾千萬落長橋臥波未雲何龍複道行空不霽何虹高低冥迷不知

西東歌臺暖響春光融融舞殿冷袖風雨淒淒一日之內一宮之間而氣候不齊妃嬪媵嬙

王子王孫辭樓下殿輦來於秦朝歌夜絃爲秦宮人明星熒熒開妝鏡也綠雲擾擾梳曉鬟

也渭流漲膩棄脂水也煙斜霧橫焚椒蘭也雷霆乍驚宮車過也轆轆遠聽杳不知其所之

也一肌一容盡態極妍縵立遠視而望幸焉有不得見者三十六年燕趙之收藏韓魏之經

營齊楚之精英幾世幾年取掠其人倚疊如山一旦不能有輸來其間鼎鐺玉石金塊珠礫

襄擲邐迤，秦人視之，亦不甚惜。嗟乎！一人之心，千萬人之心也。秦愛紛奢，人亦念其家，奈何取之盡錙銖，用之如泥沙，使負棟之柱，多於南畝之農夫；架梁之椽，多於機上之工女；釘頭磷磷，多於在庾之粟粒；瓦縫參差，多於周身之帛縷；直欄橫檻，多於九土之城郭；管絃嘔啞，多於市人之言語。使天下之人，不敢言而敢怒，獨夫之心，日益驕固。戍卒叫，函谷舉，楚人一炬，可憐焦土！嗚呼！滅六國者，六國也，非秦也；族秦者，秦也，非天下也。嗟夫！使六國各愛其人，則足以拒秦；秦復愛六國之人，則遞三世可至萬世而為君，誰得而族滅也？秦人不暇自哀，而後人哀之；後人哀之而不鑑之，亦使後人而復哀後人也。

王禹偁　宋鉅野人，字元之。太平興國進士，為右拾遺，遇事敢言，以直躬行道為己任，文章敏贍，獨步一時，累遷翰林學士，有五代史闕文、小畜集。

黃岡竹樓記

黃岡之地多竹，大者如椽，竹工破之，剖去其節，用代陶瓦，比屋皆然，以其價廉而工省也。予城西北隅，雉堞圮毀，蓁莽荒穢，因作小樓二間，與月波樓通。遠吞山光，平挹江瀨，幽闃遼夐，不可具狀。夏宜急雨，有瀑布聲；冬宜密雪，有碎玉聲；宜鼓琴，琴調和暢；宜詠詩，詩韻清絕；宜圍棋，子聲丁丁然；宜投壺，矢聲錚錚然；皆竹樓之所助也。公退之暇，被鶴氅衣，戴華陽巾，手執周易一卷，焚香默坐，消遣世慮。江山之外，第見風帆沙鳥、煙雲竹樹而已。待其酒力醒，茶

煙歇送夕陽迎素月亦謫居之勝概也彼齊雲落星高則高矣井幹麗譙華則華矣止於貯

妓女藏歌舞非騷人之事吾所不取吾聞竹工云竹之為瓦僅十稔若重覆之得二十稔噫

吾以至道乙未歲自翰林出滁上丙申移廣陵丁酉又入西掖戊戌歲除日有齊安之命己

亥閏三月到郡四年之間奔走不暇未知明年又在何處豈懼竹樓之易朽乎後之人與我

同志嗣而葺之庶斯樓之不朽也

范仲淹

范仲淹　宋吳縣人字希文幼孤苦刻厲讀書舉祥符進士仁宗時以龍圖閣直學士經略陝西夏人相戒不敢
犯其境旋拜樞密副使進參知政事卒年六十四諡文正仲淹內剛外和為秀才時即以天下為己任尤樂善好
施嘗置義田以贍族人卒之日聞者莫不歎息云有范文正公集

岳陽樓記

慶曆四年春滕子京謫守巴陵郡越明年政通人和百廢具興乃重修岳陽樓增其舊制刻

唐賢今人詩賦於其上屬予作文以記之予觀夫巴陵勝狀在洞庭一湖銜遠山吞長江浩

浩湯湯橫無際涯朝暉夕陰氣象萬千此則岳陽樓之大觀也前人之述備矣然則北通巫

峽南極瀟湘遷客騷人多會於此覽物之情得無異乎若夫霪雨霏霏連日不開陰風怒號

濁浪排空日星隱曜山岳潛形商旅不行檣傾楫摧薄暮冥冥虎嘯猿啼登斯樓也則有去

國懷鄉憂讒畏譏滿目蕭然感極而悲者矣至若春和景明波瀾不驚上下天光一碧萬頃

沙鷗翔集錦鱗游泳岸芷汀蘭郁郁青青。而或長煙一空皓月千里浮光耀金靜影沈璧漁歌互答此樂何極登斯樓也則有心曠神怡寵辱皆忘把酒臨風其喜洋洋者矣。嗟夫予嘗求古仁人之心或異二者之爲何哉不以物喜不以己悲居廟堂之高則憂其民處江湖之遠則憂其君是進亦憂退亦憂然則何時而樂耶。其必曰先天下之憂而憂後天下之樂而樂歟。噫微斯人吾誰與歸時六年九月十五日。